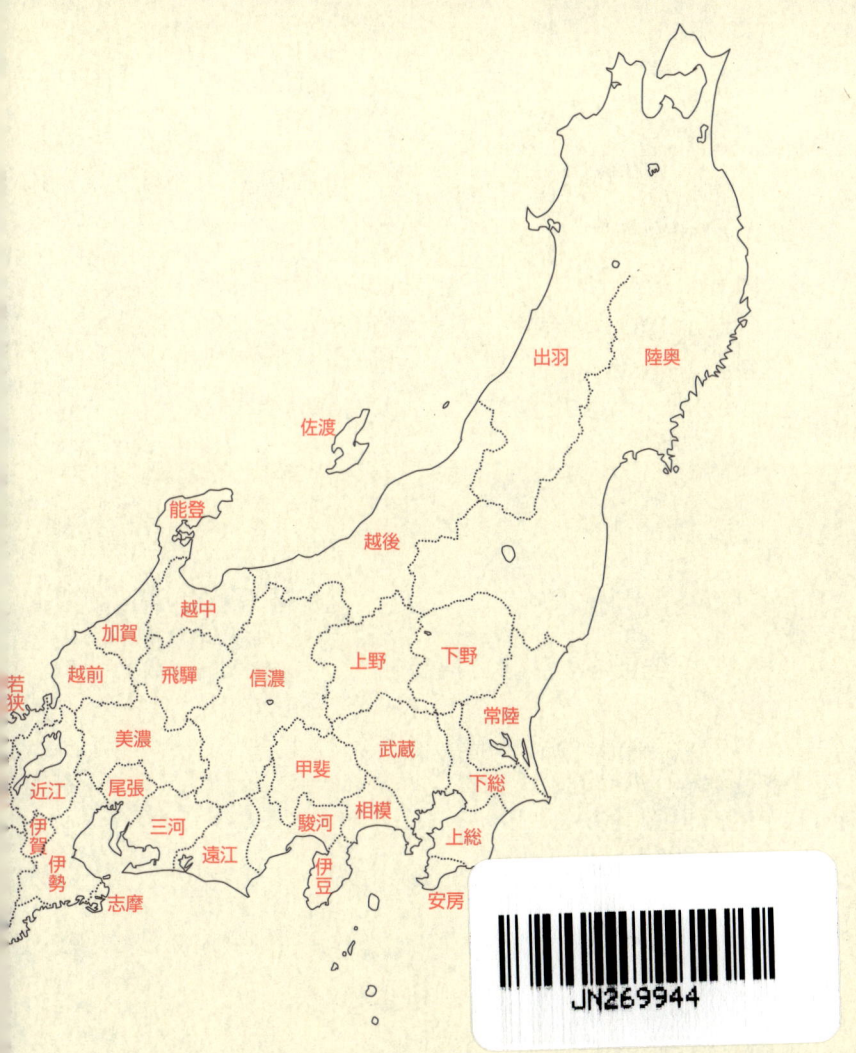

古代の行政区画
※赤シートで国名を隠して学習しましょう。

大学受験 高速マスター（一問一答）シリーズ

2nd edition

日本史B 一問一答【完全版】

東進ハイスクール・東進衛星予備校 講師
金谷　俊一郎
（かな や　しゅん いち ろう）

東進ブックス

1–4	原始	I
5–8	古墳	II
9–12	飛鳥	III
13–19	奈良	IV
20–30	平安	V
31–38	鎌倉	VI
39–50	室町	VII
51–55	安土桃山	VIII
56–82	江戸	IX
83–104	明治	X
105–112	大正	XI
113–131	昭和	XII

はしがき

PREFACE

「**絶対に成績が上がる唯一の方法**」をお教えしましょう。

それは、「**できない問題ができるようになること**」です。

そういうと、「そんなあたりまえのことを偉そうにいうな」といわれそうですが、「できない問題ができるようになる」以外に成績の伸びる方法がないことも事実です。

本書を使うと、**自分はどの問題ができないかが一目瞭然でわかります**。そこで見つかった「自分ができない問題」は、それこそ成績を上げる最大のチャンスなのです。できなかった問題を本書で繰り返し解いてトレーニングしてください。「自分ができない問題」を集中的にやることは、そのまま「成績の上がる部分を集中的にやる」ことにつながります。

実力がないのに難問ばかりやったり、実力があるのに超基本問題しかやらないなど、自分の実力を無視した学習をいくら繰り返しても、成績は伸びません。そこで、本書では、3年以上の歳月をかけて**過去25年分の入試問題を完全データベース化**し、そのデータベースをもとに入試に出る用語をランク分けすることで、志望大学や自分の実力に応じた学習ができるようにしました。

つまり本書は、「今の自分の実力と志望校のレベルから、どこをどのように覚えると最短距離で成績を伸ばすことができるか」を追求した、**センター試験から難関大までのすべてのレベルに対応**できる一問一答集なのです。

おかげさまで全国の受験生から多くのご支持をいただいている本書が、日本史一問一答の分野で圧倒的シェアを得ていることは、著者としてこれ以上の喜びはありません。

それに対するせめてもの恩返しということで、心血を注ぎ、それこそ「新刊5冊分以上」の時間と手間をかけて、今回の改訂作業を行いました。

今回の改訂のテーマは「**これだけやれば良い**」です。主に右ページの点について徹底的に改良・改善し、とにかく「**これ以上受験生がやる必要はない**」という次元にまで質を高めました。

問題文を根こそぎリライトするところから始まっているため、「改訂」と謳いながらも、文章の9割近くを書き直すこととなり、その結果、改訂作業に3年以上もの歳月を要してしまいました。

しかしそのおかげで、【完全版】という名に恥じない内容になったかと自負しております。

改訂の内容

1 最新の重要用語を大量増補
★★★
▶最新の(新課程の)入試傾向も踏まえ,未収録の重要用語・基本用語を徹底的に洗い出して新規収録しました(約1,000問増)。逆に,入試状況の変化等で「受験生がやる必要はなくなった」と判断される用語問題は割愛しました。

2 問題文の徹底的な洗練
★★★
▶大学入試問題が「そのままの形」で収録されていることが本書最大の特長であり,これによって実際の入試問題に対する「実戦力」が高められます。しかし,短文引用のため「全くそのままの形」では解答しづらい場合もありますし,日常学習においては,問題文はシンプルである方が使いやすい面もあります。よって,今回の改訂で,入試問題本来の形を最大限残すことに細心の注意を払いながら,受験生がとり組みやすい形に問題文をリライトし,徹底的に洗練しました。また,問題文の下に入る「注釈」も大幅に加筆・修正することで,日本史の理解が深まるよう改善しました。

3 「流れ」がわかるように問題文を並べかえ
★★
▶問題を順番に解いていくことで日本史の「流れ」もわかるよう,本改訂では,リライトと同時に,問題文の順序などもかなり大幅に修正しました。また,「流れ」には関係のない「超ハイレベル問題」を各時代の最後にまとめて収録することにより,歴史の流れがより鮮明になるよう改善しました。

4 「頻出度」の徹底的な見直し
★★
▶今回の改訂では,近年の入試傾向を踏まえ,各用語の頻出度(★印)についても徹底的な見直しを行いました。なお,原則,2つ星(★★)以上の用語は必ず空欄になるようにし,問題文中で空欄になっていない用語でも,1つ星(★)レベルと基本的に同等である用語は赤文字で記すことを徹底しました。
※赤文字の頻出度 = 1つ星(★)レベル ☞ P.9

5 「索引」をあらたに付載
★
▶要望の多かった用語の「索引」を新しく巻末に付けました。これによって,過去問や模試を解いたときなどに気になった用語が,本当に受験に必要なのか,そしてどのような形で出題されているのかをすぐに確認できるようになるなど,教材としての利便性がいっそう高まりました。

6 本文デザインの一新
★
▶解答部分を赤シートで消える赤文字にするなど,見やすさ・使いやすさを追求して本文デザインを一新しました。また,解答欄を眺めるだけでも重要用語を確認できるよう,空欄の後ろに付随する語尾を解答欄にも黒文字で表示しました(例:稲荷山古墳,雄略天皇,薬師寺)。

ところで,みなさんは何のために日本史を学習しているのでしょうか?
おそらく多くの受験生が「大学受験のため」と答えるでしょう。
しかし,日本史学習の行き着く先は,大学受験だけではありません。日本史を理解するということは,実は,自国の歴史・文化を外国人に自ら紹介できる「**インターナショナルな日本人になること**」にもつながるのです。

急速に進む国際化社会の中,みなさんにはこれから国際人として活躍することが求められます。しかし,ただ英語を話せるだけで国際人かというと,そうではありません。日本の歴史や文化を理解し,その上で世界の歴史・文化を理解する。そうして初めて,相手と互いに理解しあえる,**真の国際的な人間力**が培われていくのではないでしょうか。

日本史学習の中で,先人の知恵や,歴史上の人物が人生をかけて下した決断を心に刻み込んでください。そして,良い決断は教訓に,悪い決断は反面教師にして自らの血肉にしてほしいのです。それはきっと,みなさんがグローバルな世界で活躍するための大きな武器になることでしょう。

本書は,日頃の学習,および入試対策として,常に手元において繰り返し読んでほしいと思います。そして数カ月後,見違えるように大きく成長したあなたが,そこにいることと信じてやみません。

最後になりましたが,受験生のことを第一に考え,今回増補改訂版の発行についてご快諾いただいた東進ハイスクールの永瀬昭幸理事長,ならびにこれだけ膨大な編集作業に付き合ってくださった編集担当の八重樫清隆さま,私の個人事務所のスタッフたちに心より感謝申し上げると共に,毎年,それこそ膨大に寄せられる「本書を使って合格しました」という受験生のみなさまの声に,これ以上ないほどの謝意を述べたいと存じます。

2013年7月
——インドネシアのジャカルタにて

本書の特徴

SPECIAL FEATURES

「頻出度」が一目でわかる

用語集などに掲載されている「日本史用語」は全部で12,000語程度ありますが、時間の限られた受験生がそれらをすべて覚えることはまず不可能です。

では、**受験生は何をどこまで覚えればよいのか**。そのテーマを長年集計・分析してきた結果を簡潔に示したのが下のグラフです。

おおざっぱにいうと、入試で問われる（可能性がある）用語はたくさんあるものの、そのうち、**頻出度の高い順に約3割（★★★）を覚えるだけで70%得点でき、約半分（★★★＋★★）を覚えれば80%も得点できる**ということです。逆に、頻出度の低い用語をいくら覚えても、そもそも入試で問われることが少ないため、得点にはあまり結びつきません。

また、日本史の用語は、志望校レベルによっても「出る用語」と「出ない用語」があるため、本書のような一問一答集をやる場合、覚えるべき用語問題の選別が非常に大切になってきます。**「どの用語を重点的に覚えればよいのか」という選択は、大学受験の合否を確実に左右する**のです。

本書では、頻出度を★印でシンプルに表すことにより、自分の志望校レベルに合わせて、「解くべき問題」や「飛ばしてもよい問題」が一目でわかるようになっています。

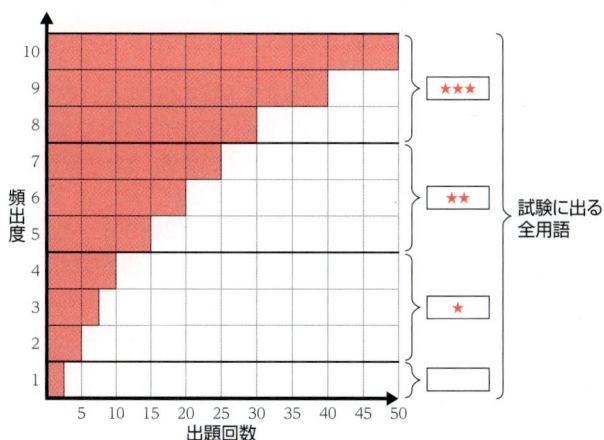

▲用語の頻出度別ランク分けのイメージ

 # 圧倒的な大学入試カバー率

　大学入試に出題された日本史用語を，本書に収録されている日本史用語がどのくらいカバーしているのかを表したのが「カバー率」です。

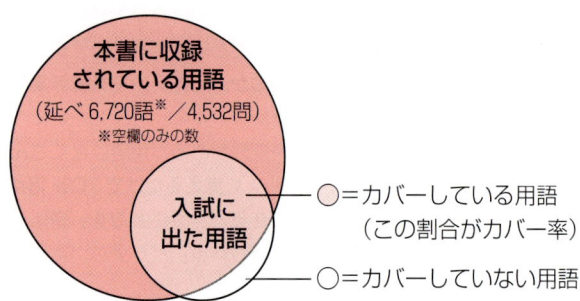

　例えば，センター試験で，「桓武天皇」や「応仁の乱」など，日本史用語が合計100語出題されたとします。その100語のうち98語が本書に収録されてあった（残りの2語は収録されていなかった）とすれば，カバー率は98％となります。入試に出た用語の98％を本書はカバーしているという意味です。

　カバー率の集計作業は右ページ（上）のとおり行いました。そして，各入試問題についてこの方法で用語のカバー率を算出した結果が右の表です。

❗カバーしていない用語は「無視してよい用語」だけ！

　センター試験・国立大入試・私立大入試すべてにおいて，非常に高いカバー率が出ています。カバーしていない用語は，選択肢の中の「ひっかけ」として出されただけの用語（＝正解に関係なく無視してよい用語，大半の教科書には掲載されていない用語）がほとんどです。

　旧版においても，カバー率はどの大学も軒並み90％台でしたが，**今回の改訂で重要用語や基本用語が大幅増補されたことにより，当然ながら，さらにカバー率は高まりました。**本書の知識を完璧に身につけておけば，用語の知識が関係する大学入試問題において，ほぼ全試験で満点近くを取ることができるといえます。

※近年出題されたマイナー用語：蠣崎慶広，津太夫，山本五十六，覚如，清沢満之，三浦義澄，三条西実隆，集会及政社法，日仏協約，小沢征爾，長谷川町子，笏　など

カバー率の算出方法

❶ センター試験，主要国立・私立大の入試問題から，カバー率の算出対象となる「選択肢（記述問題の場合は設問文と正解例）にあるすべての用語（正解含む）」を抜き出す。

❷ 抜き出した用語と本書の用語データをコンピューターで照合する（問題文の黒文字も含む）。

対象用語が { 本書の用語データにある→◎（カバーしている） / 本書の用語データにない→×（カバーしていない）

❸ 「◎の数÷抜き出した用語の数＝カバー率」でカバー率を算出する。
例：抜き出した用語＝65語，◎＝60語，×＝5語のとき，60÷65＝**92.3%** ←カバー率

▼大学入試カバー率一覧表
※総語数…上記「抜き出した用語」の総語数のこと

	算出対象	年度/学部	カバー語数/総語数※	カバー率
1	センター試験	2015年度	181/181	100%
2	センター試験	2014年度	184/184	100%
3	センター試験	2013年度	184/184	100%
4	センター試験	2012年度	160/160	100%
5	センター試験	2011年度	179/179	100%
6	センター試験	2010年度	188/189	99.5%
7	センター試験	2009年度	154/154	100%
8	センター試験	2008年度	137/137	100%
9	センター試験	2007年度	134/135	99.3%
10	センター試験	2006年度	159/160	99.4%
11	東京大	文科一類	17/17	100.0%
12	京都大	文学部	95/98	96.9%
13	北海道大	文学部	83/83	100.0%
14	名古屋大	経済学部	56/57	98.2%
15	大阪大	外国語学部	38/38	100%
16	早稲田大	政経学部ほか	152/155	98.0%
17	慶應義塾大	法学部ほか	246/262	93.9%
18	上智大	文学部ほか	243/245	99.1%
19	明治大	政経学部ほか	157/162	96.9%
20	青山学院大	文学部ほか	122/124	98.3%
21	立教大	文学部ほか	131/135	97.0%
22	法政大	法学部ほか	143/146	97.9%
23	中央大	法学部ほか	107/109	98.1%
24	関西学院大	文学部ほか	224/228	98.2%
25	関西大	社会学部ほか	95/99	95.9%
26	同志社大	法学部ほか	120/121	99.1%
27	立命館大	文学部ほか	112/116	96.5%

(Rows 1–10: センター試験; Rows 11–15: 国立大; Rows 16–27: 私立大)

本書の使い方

HOW TO USE

　本書は，下図のような一問一答形式の日本史用語問題集です。赤シートやしおりで正解欄を隠す基本的な学習のほか，問題文の赤文字を隠す（正解欄は隠さずに見る）という応用も可能。右ページにある「スパイラル方式」の学習もオススメです。自分に合った学習法で効率的・多角的に用語の知識をかためていきましょう。

1 解答欄を隠して学習する（基本）

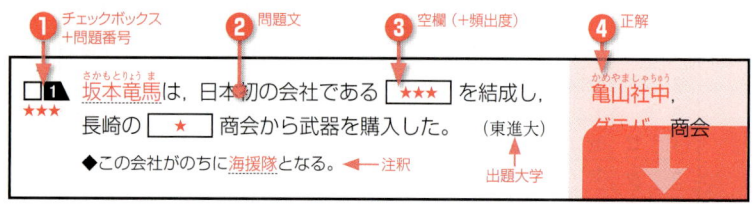

2 問題文の赤文字を隠して学習する（応用）

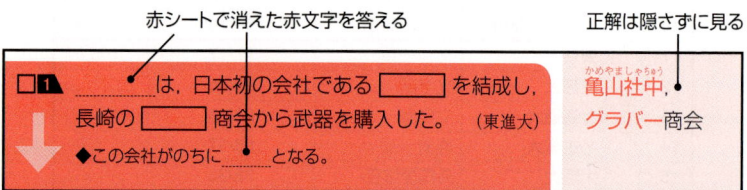

―〈 凡 例 〉―

❶＝**チェックボックス**。間違った問題に✔を入れ，あとで集中的に攻略する際などに使ってください。**1**は問題番号。

❷＝**問題文**。大学入試問題をテーマごとに一問一答式に再編して収録しています。◆印の文は「補足情報」や「問の解説」などです。

❸＝**空欄（＋頻出度）**。重要な用語や知識が空欄になっています。空欄内の★印は，大学入試における頻出度を4段階で示したものです。

※同じ用語で★の数が異なるものは，その用語の問われ方の頻度の違いによるものです。

※チェックボックスの下にも★印で頻出度を表示しています。問題文中で最も★の数が多い空欄と同じ★の数になっているので，「どの問題を解くか」を選ぶときに参照してください。

❹＝**正解**。原則，空欄と「同じ行の位置」に正解がくるようにしています。正解と正解の間は黒いカンマ（,）で区切っています。

「頻出度」とスパイラル方式学習

　本書の問題は，過去25年分の入試問題を完全データベース化し，その「頻出度」を下記のように4段階に分けました。

　学習法としては，まず星3つの問題だけ完璧にしてください。全体の3割程度なので，すぐに終わるでしょう。星3つが完璧になったら，次に星2つにチャレンジしましょう。このとき，例えば「星2つの問題を解きながら，星3つの問題も一緒に解く」といった学習をオススメします。星1つをやるときは，星2つ・3つの問題も一緒に解く。これによって，頻度度の高い用語から順にバランス良く強化（星3つの問題は最大4回復習）することができます。これが，本書の特長を活かした"スパイラル（らせん）式"の学習法です。

1周目の学習 ▼
2周目の学習 ▼
3周目の学習 ▼
4周目の学習 ▼

| ★★★ | ＝センターレベル（最頻出） | （問題数／空欄の延べ数）
1,430問／1,802個 | ● ● ● ● |

▶星3つの用語は，覚えていないとあらゆる入試で痛い目にあう，センター試験レベルで絶対に必須の最頻出用語です。まず最初はこの用語を完璧にしましょう。

| ★★ | ＝一般私大レベル | 1,444問／2,240個 | ● ● ● |

▶星2つの問題は，一般的な私立大学で合格点を取るために必要な重要用語です。星3つの問題を解きながら解いてください。時間がなければ，星2つの問題だけピックアップして解いても構いません。

| ★ | ＝難関私大レベル | 1,194問／1,960個 | ● ● |

▶星1つと，問題文中にある赤文字の用語は，難関私大等で高得点をとるために必要な用語です。時間があれば，星3つ・星2つの問題を解きながらやってください。ここまで完璧にすれば，日本史の偏差値は70を超えることでしょう。

| | ＝マニアレベル（超ハイレベル） | 464問／718個 | ● |

▶星無しの用語は，日本史を極めたい人，日本史の試験で常に満点近くとりたい人向けの用語です。マニアックではありますが，稀に入試に出題されますので，時間の許す限りとり組んでみてください（解かずに眺めておくだけでも効果はあります）。

頻出度の高い用語を優先的に覚えられる

※同じ用語なのに，★の数（または空欄か赤文字か）が異なるものは，その問われ方の頻度の違いによるものです。

目次

CONTENTS

第1部 原始・古代

I 原始時代
1. 日本文化のあけぼの ……… 14
2. 縄文文化の成立 ……… 16
3. 弥生文化の成立 ……… 19
4. 小国の形成と東アジア ……… 22

II 古墳時代
5. 小国の形成と東アジアとの関係 ……… 26
6. 古墳文化 (1) ～古墳の変遷～ ……… 28
7. 古墳文化 (2) ～大陸文化の受容と信仰～ ……… 30
8. ヤマト政権の成立 ……… 32

III 飛鳥時代
9. 統一国家への道 ……… 36
10. 飛鳥文化 ……… 38
11. 律令国家の形成 ……… 42
12. 白鳳文化 ……… 46

IV 奈良時代
13. 律令体制 (1) ～律令国家のしくみ～ ……… 50
14. 律令体制 (2) ～律令国家の支配組織～ ……… 51
15. 律令体制 (3) ～律令国家の税制～ ……… 54
16. 奈良時代の政治 (1) ～平城京の時代～ ……… 58
17. 奈良時代の政治 (2) ～奈良時代の政変～ ……… 61
18. 天平文化 (1) ～鎮護国家の仏教～ ……… 64
19. 天平文化 (2) ～天平文化の展開～ ……… 67

V 平安時代
20. 平安初期の政治 ……… 72
21. 弘仁・貞観文化 ……… 76
22. 藤原氏の他氏排斥 ……… 80
23. 摂関政治の展開と平安時代の対外関係 ……… 83
24. 国風文化 (1) ～国風文化の展開～ ……… 86
25. 国風文化 (2) ～浄土教文化の発展～ ……… 89
26. 地方政治の変容と荘園制度 ……… 91
27. 地方政治の混乱と武士の台頭 ……… 94
28. 院政の開始 ……… 97
29. 平氏政権の成立 ……… 99
30. 院政期の文化 ……… 101
◆ COLUMN-I そして時代が変わる ……… 106

第2部 中世

VI 鎌倉時代
31. 源平の争乱と鎌倉幕府の成立 ……… 108
32. 執権政治の確立 ……… 112
33. 元寇と鎌倉幕府の衰退 ……… 115
34. 武士の生活と鎌倉時代の経済 ……… 118
35. 鎌倉文化 (1) ～宗教～ ……… 120
36. 鎌倉文化 (2) ～美術～ ……… 124
37. 鎌倉文化 (3) ～学問・文学～ ……… 126
38. 鎌倉幕府の滅亡 ……… 129

VII 室町時代
39. 南北朝の動乱 ……… 134
40. 室町幕府の組織 ……… 135
41. 室町幕府の展開と動揺 ……… 138

| 42 惣村と土一揆 140
| 43 室町時代の外交 (1) ~日明関係~ 143
| 44 室町時代の外交 (2) ~対外関係~ 146
| 45 室町時代の産業と経済 148
| 46 戦国大名 151
| 47 室町時代の都市の発展 155
| 48 室町時代の文化 (1) ~宗教・学問~ 157
| 49 室町時代の文化 (2) ~絵画・建築・工芸~ 161
| 50 室町時代の文化 (3) ~能楽・連歌など~ 163
◆ COLUMN-2 そして時代が変わる 168

第3部 近世

VIII 安土桃山時代

| 51 ヨーロッパ人の来航 170
| 52 信長の政治 172
| 53 秀吉の政治 (1) ~秀吉の天下統一~ 174
| 54 秀吉の政治 (2) ~秀吉の対外政策~ 177
| 55 桃山文化 178

IX 江戸時代

| 56 江戸幕府の成立 182
| 57 大名の統制 185
| 58 朝廷・寺社の統制 188
| 59 農民・町人の統制 190
| 60 江戸時代初期の外交 193
| 61 鎖国への展開と長崎貿易 197
| 62 江戸時代初期の文化 199
| 63 文治政治と正徳の治 200
| 64 江戸時代の農業 204
| 65 江戸時代の諸産業 207
| 66 江戸時代の交通 209
| 67 江戸時代の商業 212
| 68 元禄文化 (1) ~儒学の興隆~ 215
| 69 元禄文化 (2) ~元禄時代の諸文化~ 219
| 70 享保の改革 221
| 71 田沼時代と農村 224
| 72 寛政の改革 226
| 73 列強の接近と生産の近代化 229
| 74 天保の改革と藩政改革 231
| 75 化政文化 (1) ~国学・洋学~ 234
| 76 化政文化 (2) ~教育と諸学問~ 237
| 77 化政文化 (3) ~文学・芸能~ 240
| 78 化政文化 (4) ~美術・工芸~ 243
| 79 開国 (1) ~開国~ 245
| 80 開国 (2) ~不平等条約の締結と開国後の貿易~ 247
| 81 江戸幕府の滅亡 (1) ~幕末の動揺と混乱~ 250
| 82 江戸幕府の滅亡 (2) ~幕府滅亡と幕末社会~ 252
◆ COLUMN-3 そして時代が変わる 258

第4部 近代・現代

X 明治時代

| 83 明治維新 (1) ~明治政府の政治体制~ 260
| 84 明治維新 (2) ~明治政府の経済政策~ 263
| 85 明治維新 (3) ~明治政府の殖産興業政策~ 265
| 86 不平士族の反乱と自由民権運動 268
| 87 松方財政と激化事件 271
| 88 憲法と諸法典の整備 274
| 89 初期議会 277
| 90 条約改正 279
| 91 日清戦争 281
| 92 政党内閣の誕生と立憲政友会の成立 284
| 93 中国分割と日露戦争 286
| 94 日露戦争後の外交 290

95	官営事業の払い下げと軽工業の発展	293
96	重工業の形成と発展	296
97	社会運動の発生	299
98	明治時代の文化 (1) ～思想～	302
99	明治時代の文化 (2) ～宗教～	305
100	明治時代の文化 (3) ～教育～	307
101	明治時代の文化 (4) ～学問～	310
102	明治時代の文化 (5) ～新聞・雑誌～	311
103	明治時代の文化 (6) ～文学～	312
104	明治時代の文化 (7) ～芸術・その他～	316

XI 大正時代

105	第一次護憲運動	320
106	第一次世界大戦	322
107	政党内閣の成立と終焉	326
108	ワシントン体制と護憲運動	328
109	大正時代の社会運動	332
110	大正時代の文化 (1) ～学問・思想～	334
111	大正時代の文化 (2) ～文学～	337
112	大正時代の文化 (3) ～美術・芸能・生活～	340

XII 昭和時代

113	恐慌の時代	344
114	政党内閣の終焉	347
115	ファシズムの台頭と昭和初期の経済	351
116	日中戦争	355
117	第二次世界大戦	359
118	太平洋戦争	363
119	戦前の文化	367
120	占領と戦後処理	368
121	戦後の経済の民主化	371
122	民主化政策	373
123	日本国憲法の公布と政治	375
124	冷戦と占領政策の転換	378
125	日本の独立	382
126	55年体制	384
127	高度経済成長	389
128	高度経済成長の終焉	394
129	1980年代の日本と世界	397
130	1990年代以降の日本と世界	400
131	戦後の文化と生活	402

◆ COLUMN-4 そして時代は続く … 406

● 索引 … 407

【備考】

※各時代の最後に「超ハイレベル問題」をまとめて収録しています(ただし、大正・昭和時代の「超ハイレベル問題」は無し)。

※ P.49, 133, 257には、「試験には出ない日本史」という特別コラムを収録しています。

※「28 院政の開始」以降は本来「中世」に属しますが、本書では時代別に構成している都合上、平安時代(古代)に組み入れています。同様に、「79 開国」以降は本来「近代」に属しますが、本書では江戸時代(近世)に組み入れています。

第 1 部
原始・古代

PRIMITIVE AGES & ANCIENT TIMES

I 原始時代
B.C.30000 — A.D.3C

II 古墳時代
The late 3C — 7C

III 飛鳥時代
593 — 710

IV 奈良時代
710 — 794

V 平安時代
794 — 1185

原始時代
PRIMITIVE AGE

B.C.30000 — A.D.3C

1 日本文化のあけぼの

ANSWERS ☐☐☐

1 人類の祖先が地球上に現れるのは、今から約650万年前の□□□世後期のことといわれている。
(青山学院大)

中新世

2 今から数万年前、地質年代でいう ★★★ 世の終わり頃は海水面は低く、日本列島は大陸と地続きだった。
(早稲田大)

更新世（洪積世）

◆「地質年代」とあるので、「旧石器時代」等の解答は不可。

3 更新世は ★ 時代ともよばれ、寒冷な ★ 期と、比較的温暖な ★ 期とが交互に訪れた。
(青山学院大)

氷河時代、氷期、間氷期

4 □□□学とは遺跡や遺物によって人類の歴史を学ぶ学問のことである。
(中央大)

考古学

5 大型動物では、南方からは ★★ 象や ★ ・□□□象が、北方からは ★★ や ★ ・□□□がやってきた。
(立命館大)

ナウマン象、大角鹿、ステゴドン象、マンモス、ヘラジカ、エゾジカ

6 長野県の ★★ 湖底遺跡では、★★★ の骨が発掘されている。
(立教大)

野尻湖、ナウマン象

7 人類の進化の過程は、化石人骨の研究から、猿人、★ 、★ 、新人の順に進化したと考えられている。
(青山学院大)

原人、旧人

8 静岡県で発見された化石人骨は ★★ 人骨である。
◆日本で発見される化石人骨は新人段階のものである。(明治大)

浜北人骨

9 沖縄県で発見された化石人骨は ★★★ 人骨である。
(立命館大)

港川人骨

I 原始

1 日本文化のあけぼの

□10 港川人骨は，頭蓋骨の特徴から中国南部で発見された□□□人に近い。 (甲南大)

柳江人

□11 ★ ★ 人骨は，最も古いと考えられている化石人骨である。 (関西学院大)

山下人骨

◆この人骨は，沖縄県で発見された。

□12 ★★ 縄文文化以前の時代は，縄文文化に先行するので，先縄文文化とも， ★★ 文化ともいわれている。

先土器文化
（無土器文化）

◆「縄文文化に先行」とあるので，「旧石器文化」は不可。(東洋大)

□13 ★★★ 旧石器文化では， ★★★ 石器が用いられた。 (京都大)

打製石器

□14 ★★★ ★★ 県の ★★★ 遺跡から打製石器が発見され，日本の旧石器文化の存在が証明された。 (南山大)

群馬，岩宿遺跡

□15 ★★ ↳この遺跡は， ★★ という地層から発見された。 (立教大)

関東ローム層

◆前問と関係が深い（前問の正解が冒頭にくる）問題文の場合，頭に「↳」という印を入れてあります。(以下同)

□16 ★ 1946年に ★ が群馬県の岩宿遺跡から打製石器を発掘したことによって，1949年に旧石器文化の存在が確認された。 (関西大)

相沢忠洋

□17 大分県の□□□遺跡は，旧石器文化の遺跡である。 (立正大)

早水台遺跡

◆旧石器文化の遺跡：置戸安住・白滝・樽岸（北海道），茂呂（東京），月見野（神奈川），上ノ平（長野）
◆これらの遺跡は，「旧石器文化のもの」と識別できればよい。

□18 ★★ 旧石器時代の石器には，多目的に使用された ★ ，切断機能をもった ★★ ，刺突用の ★★ などがある。 (明治大)

握槌（握斧），
石刃（ブレイド・ナイフ形石器），
尖頭器（ポイント）

□19 ★★ 旧石器時代の末期から新石器時代にかけて ★★ などの小型石器が使用された。 (同志社女子大)

細石器（マイクロリス）

□20 ★ ↳この石器が使用された時代を ★ 時代という。 (青山学院大)

中石器時代

◆この時代は，旧石器時代と新石器時代の過渡期にあたる。
◆細石器とは，細石刃を埋め込んだ組み合わせ石器のこと。

2 縄文文化の成立

1 日本列島の気候が温暖になったのは、地質年代でいうと ★★★ 世である。 (青山学院大)
◆海面が上昇する海進がおこり、現代の日本列島が形成された。

完新世（沖積世）

2 縄文時代、日本は ★★★ 文化の段階を迎えるが、農耕と ★ は行われなかった。 (慶應大)

新石器文化, **牧畜**

3 今から約 ★★★ 年前に、人類の歴史は新石器文化を迎える。 (成城大)
◆縄文時代は、約12000年前から紀元前4世紀までの期間をさす。

1万

4 縄文文化の生活は、★★★ ・ ★★★ ・ ★★★ など、自然産物の獲得を主としていた。 (青山学院大)

狩猟, 漁労, 採集

5 縄文時代、中小動物を狩るために ★★★ が発明された。 (慶應大)
◆中小動物には、イノシシやニホンシカなどがいた。

弓矢

6 縄文時代には ★★★ 石器が使用されるようになった。
◆ただし、依然として打製石器も使用されていた。 (早稲田大)

磨製石器

7 縄文土器は、★★ 期・★★ 期・★★ 期・中期・★★ 期・★★ 期に区分される。(西南学院大)
◆縄文土器は厚手で黒褐色。

草創期, 早期, 前期, 後期, 晩期

8 ★ 測定法は、土器などの年代測定法である。
◆年輪年代法は、樹木や木材の年代測定法である。 (立教大)

放射性炭素^{14}C 測定法

9 世界最古の土器とされる豆粒文土器が発見されたのは、□□□県の□□□である。 (立正大)
◆草創期の土器である。

長崎, 泉福寺洞穴

10 長崎県の福井洞穴からは □□□ 土器が発見された。 (駒澤大)
◆草創期の土器である。草創期の土器には、無文土器や爪形文土器などもある。

隆起線文土器

11 早期の縄文土器は、★ 土器が主である。 (同志社女子大)

尖底土器

□12	縄文土器に装飾的なものが現れたのは，主に ★ 期からである。（同志社女子大）	中期
	◆火炎土器などが現れた。	
□13	青森県の ★ 式土器は，縄文時代晩期の土器である。（立教大）	亀ヶ岡式土器
	◆福岡県の夜臼式（ゆうすしき）土器も，縄文時代晩期の土器。	
□14	縄文時代の人々は，台地などに ★★★ 住居の集落を営み，住居の中央には炉が設けられた。（同志社大）	竪穴住居 堅×
□15	集落の近くには，当時のゴミ捨て場である ★★★ ができることが多かった。（実践女子大）	貝塚
	◆環状や馬蹄形に形成されるものが多かった。	
□16	アメリカ人の動物学者で進化論を日本に紹介したモースは，1877年に ★★★ を発見した。（青山学院大）	大森貝塚
□17	★ 県の加曽利貝塚や姥山貝塚では， ★ 集落の形に従って貝塚が形成された。（明治大）	千葉，環状集落
□18	福井県の □ 貝塚からは，漁労のために使用した ★ とよばれる原始的な船が発見された。（明治大）	鳥浜貝塚，丸木舟
	◆岡山県の津雲貝塚も，縄文文化を代表する貝塚である。	
□19	★★ 県の ★★ 遺跡は，縄文時代前期から中期にかけての遺跡で，大型の竪穴住居や6本の巨大掘立柱跡があることで知られる。（慶應大）	青森，三内丸山遺跡
□20	縄文 ★ 期の中部・関東地方では原始農耕が行われたとする説もある。（立命館大）	中期
□21	縄文時代の原始農耕の跡といわれる尖石遺跡は □ 県にある。（立教大）	長野
□22	縄文時代，土掘り用の ★ ，木の実をすりつぶす ★★ ・ ★★ などの石器が使用された。（立命館大）	石鍬，石皿，すり石
□23	縄文時代の石器で，動物の皮をはぐためのものを ★ という。（同志社女子大）	石匙
□24	漁労の道具には，釣針，銛，やすなどの ★★★ などが使用された。（青山学院大）	骨角器 格×

I 原始

2 縄文文化の成立

I 原始時代　2 縄文文化の成立

□25 漁労の道具には，網のおもりに使用した ★ や ★ がある。　(関西大)

石錘，土錘

□26 ★★★ は黒色でガラスのような石材であり，北海道の ★ ・ ★ や，長野県の ★★ などの限られた地点からしか産出しない。　(立命館大)

◆その他の生産地：阿蘇山(熊本)，姫島(大分)

黒曜石，十勝岳，白滝，和田峠

□27 ★★ の材料として用いられた特殊な石を黒曜石という。　(早稲田大)

石鏃

□28 ★★★ は，新潟県姫川流域に産し，主に勾玉の材料に用いられた。　(同志社女子大)

ひすい(硬玉)

□29 大阪府と奈良県の境に位置する二上山は ★★ の産地である。　(立命館大)

サヌカイト

□30 あらゆる自然物や自然現象に霊威を認める考え方を ★★★ という。　(明治学院大)

アニミズム

□31 縄文時代，女性をかたどった ★★★ がつくられた。

◆特殊な文様をほどこした土版もつくられた。　(同志社大)

土偶
隅×

□32 男性の性器をかたどった ★★ も，多産や収穫増を願う呪術道具といわれている。　(立命館大)

石棒

□33 縄文時代の人骨に見られる ★★ は，成人になる者の通過儀礼であったと考えられている。　(青山学院大)

◆呪術者の証として，三叉(さんさ)状に歯を研ぐ研歯(けんし)を行った人骨も発見されている。

抜歯

□34 縄文時代の ★★★ という埋葬方法は，死者のこの世への再帰を防ぐためとの説が有力である。　(学習院大)

屈葬

□35 ★ は，大小様々な石が環状に配列されている縄文時代の墓地で， ★ 県の大湯などにある。　(同志社大)

環状列石，秋田

3 弥生文化の成立

1 紀元前3世紀に，中国では ★ ・前漢という強力な統一国家が形成された。　(明治大)
秦

2 紀元前3・4世紀頃，約 ★★★ 年の長期にわたった縄文文化が終わり，★★★ 文化が形成された。　(早稲田大)
1万，弥生文化

◆最近の研究では，縄文時代の終わり（＝弥生時代の始まり）は500年以上早まるという見解がある。

3 弥生文化は ★★★ の使用と ★★★ を特徴とした。　(津田塾大)
金属器の使用，水稲耕作

◆弥生時代には，農耕文化のほか，機織りの技術も伝来した。

4 わが国では，★★★ 器・★★★ 器・□器は，ほぼ同時にもたらされた。　(立教大)
青銅器，鉄器，ガラス器

5 ★ は，糸を紡ぐ道具で，当時機織りが行われていたことを示している。　(立命館大)
紡錘車

6 弥生文化が形成された当時，北海道では ★★★ 文化，南西諸島では ★★★ 文化が形成された。　(上智大)
続縄文文化，南島（貝塚）文化

7 7世紀以降，北海道では鉄器や櫛の歯のような文様をもつ土器を使用した□文化が13世紀頃まで存続した。　(立教大)
擦文文化

8 道北から道東の沿岸一帯にはサハリンに起源をもつ狩猟漁労民の□文化が展開していた。　(早稲田大)
オホーツク文化

9 弥生土器の名称は東京都文京区本郷弥生町の□貝塚での発見にちなんだものである。　(慶應大)
向ヶ岡貝塚

10 土器は，貯蔵用の ★★ ，煮たき用の ★★ ，盛りつけ用の ★★ ，蒸し器としての ★★ など，用途に応じた形のものがつくられるようになった。　(早稲田大)
壺，甕，高杯（坏），甑

◆弥生土器は薄手で赤褐色。縄文土器は厚手で黒褐色。

11 中国大陸では，紀元前5000〜4000年頃，★ 中流域で畑作がおこった。　(同志社大)
黄河

I 原始時代　3 弥生文化の成立

12 弥生時代の遺跡から発見される米は ★ 米である。
◆中国ではこの米以外に長粒米も栽培されていた。（龍谷大）
→ 短粒米

13 稲作技術は、 ★ 中・下流域から朝鮮半島を経て日本列島に伝わった。（明治大）
→ 長江

14 福岡県の ★★★ 遺跡や佐賀県の ★★★ 遺跡は、縄文時代晩期の水稲耕作の跡と見られている。（立教大）
→ 板付遺跡, 菜畑遺跡

15 弥生時代前期の稲作は、地下水位の高い ★★★ 田で行われていたが、後期になると、西日本ではより生産性の高い ★★★ 田がつくられるようになった。（慶應大）
→ 湿田, 乾田

16 弥生時代、籾のまき方は一般に ★★ で、稲が実ると ★★★ で ★★ 刈りを行った。（早稲田大）
◆弥生時代に田植えもすでに始まっていたとされる。
→ 直播, 石包丁, 穂首刈り

17 弥生時代後期以降になると、収穫も、鉄鎌を利用した ★ 刈りが行われるようになった。（立教大）
→ 根刈り

18 収穫された稲は、貯蔵穴や ★★★ で蓄えられた。（立命館大）
→ 高床倉庫

19 弥生時代前期、農耕道具の原料は主に ★★ であったが、後期になると、 ★★ の刃先をもつ農具も登場した。（立命館大）
→ 木, 鉄

20 弥生時代には、田に足がめり込まないように履く ★★ や、肥料とするために青草を田に踏み込む ★★ が現れた。（早稲田大）
→ 田下駄, 大足

21 弥生時代、穀物の脱穀には ★★ と ★★ を用いていた。（駒澤大）
→ 木臼, 竪杵 堅×

22 水稲耕作の農具のうち、水田面を平らにならしたり、収穫した籾を干すために平均に広げたりする道具を ★ という。（西南学院大）
◆木製農具には、木鍬・木鋤もある。
→ えぶり

23 稲の運搬には ★ が用いられた。（立命館大）
→ 田舟

24 稲作の北限を示す遺跡として、青森県 ★★ 遺跡では弥生時代前期の水田跡が出土し、青森県 ★★ 遺跡でも中期の水田跡などが発掘されている。（同志社大）
→ 砂沢遺跡, 垂柳遺跡

☐25 ★★★	★★ 県の ★★★ 遺跡は，1943年に発見された弥生時代後期の遺跡で，高床倉庫，畦畔，水田跡などが見つかっている。(慶應大)	静岡，登呂遺跡
☐26	岡山市の ___ 遺跡は，田植えがすでに行われていたことを裏づける遺跡である。(関西学院大)	百間川遺跡

◆弥生時代のその他の農耕遺跡：山木（静岡），唐古・鍵（奈良），服部（滋賀）

☐27 ★★★	集落の周りに溝をめぐらす ★★★ は，地域集団間の争いに備えた防衛機能をもつ集落であった。(同志社大)	環濠集落
☐28 ★★★	↳この集落の代表例として，佐賀県の ★★★ 遺跡がある。(同志社大)	吉野ヶ里遺跡
☐29 ★★	大阪府の ★ 遺跡や，奈良県の ★★ 遺跡は大規模な環濠集落遺跡である。(立教大)	池上曽根遺跡，唐古・鍵遺跡
☐30 ★★	神奈川県の ★★ 遺跡は，環濠集落の遺跡である。	大塚遺跡

◆秋田県の地蔵田B遺跡も環濠集落の一種。(青山学院大)

☐31 ★★★	環濠集落や ★★★ 集落が示すように，弥生時代には集落自体が防御機能・軍事機能をもっていた。(京都大)	高地性集落
☐32 ★	↳この集落の代表的なものに香川県の ★ 遺跡がある。(青山学院大)	紫雲出山遺跡
☐33 ★★★	弥生時代になると，北部九州では土器でつくられた ★★ 墓や，朝鮮半島との関係が指摘される ★★★ 墓が現れた。(青山学院大)	甕棺墓，支石墓
☐34	弥生時代の北九州では，平石を長方形に組んで遺体を埋葬する ___ などがつくられた。(南山大)	箱式石棺墓

◆ほかにも，土壙墓や木棺墓などに埋葬された。

☐35 ★★★	弥生時代前期の近畿地方に出現した平地の区画墓を ★★★ という。(立命館大)	方形周溝墓
☐36 ★★	弥生時代後期に入ると，近畿・中国地方などに，盛り土をして墓域を区画した ★★ がつくられた。(東北学院大)	墳丘墓

◆東日本では，死者の骨を土器につめた再葬墓が見られた。

I 原始時代　3 弥生文化の成立

□37 弥生時代後期には、出雲では ★★ 墳丘墓が、岡山県では ★★ 墳丘墓が盛んにつくられた。（立命館大）

四隅突出墳丘墓, 楯築墳丘墓

□38 弥生時代の埋葬方法は ★★★ が多く見られる。
◆縄文時代の埋葬方法は屈葬。　2-34　（甲南大）

伸展葬

□39 青銅器のうち、瀬戸内中部を中心として分布するものは ★★ である。（立命館大）
◆細形銅剣は、北九州に分布する。

平形銅剣

□40 青銅器のうち、★★ ・ ★★ ・細形銅剣は九州北部を中心に、★★★ は近畿地方に分布した。（同志社大）
◆これらは主に青銅製祭器として使用された。青銅は銅と錫（すず）の合金。

銅矛（鉾）, 銅戈, 銅鐸

□41 島根県の ★ 遺跡は、358本の銅剣・16本の銅矛などがまとまって出土した。（立命館大）

神庭荒神谷遺跡

□42 島根県の ★ 遺跡では、39個もの銅鐸がまとまって発見された。（学習院大）

加茂岩倉遺跡

4 小国の形成と東アジア

ANSWERS □□□

□1 弥生時代になると、強力な集落は周辺の集落を武力などで統合して、次第に ★★ とよばれる政治的まとまりを形成した。（新潟大）

クニ

□2 ★★★ という中国の史書には、★★★ 世紀の倭の様子が記されている。（同志社大）

『漢書』地理志, 紀元前1, 誌×

□3 ↳この史書は、□世紀に□によって編纂された。（中央大）

1, 班固

□4 『漢書』地理志によると、倭人は ★★ 余国に分かれていて、定期的に朝鮮半島の ★★★ に使者を送っていた。（早稲田大）

百, 楽浪郡

□5 楽浪郡は現在の ★★ の付近にあった。（学習院大）
◆史料では、「夫（そ）れ楽浪海中（かいちゅう）に倭人有り…」と記されている。

ピョンヤン

□6 楽浪郡は、 ★ 〈国名〉の ★ が、□年に設置した。（青山学院大）

前漢, 武帝, 紀元前108

I 原始

4 小国の形成と東アジア

7 ★★★ 〈書名〉によると、北部九州の ★★★ 国の王が、紀元 ★★ 年に使者を派遣し、印綬を授けられたとある。 (同志社大)
『後漢書』東夷伝, 奴国, 57

◆この年を中国の史書では「建武中元二年」と記している。
◆倭(わ)の奴国(なこく)とは、現在の福岡市博多付近にあった一小国と推定されている。
◆この史書の編者は、范曄(はんよう)。

8 後漢の都は ★★ である。 (同志社大)
洛陽

◆魏の都も晋の都も同じ場所。

9 奴国王が、 ★★★ 〈国名〉の ★★★ より授けられたといわれる金印には、 ★ の文字が刻まれている。 (早稲田大)
後漢, 光武帝, 漢委奴国王

◆金印の文字は、「かんのわ(委)のな(奴)のこくおう」・「かんのいと(委奴)のこくおう」の2つの読み方がある。

10 光武帝が授けたといわれる金印は、1784年、 ★★ 県の ★★ で発見された。 (同志社大)
福岡, 志賀島

11 紀元107年、倭国王帥升が ★★ を献じたことを記す歴史書は ★★ である。 (立命館大)
生口, 『後漢書』東夷伝

◆この年を中国の史書では「永初元年」と記している。

12 倭国大乱のおこった桓帝・霊帝の頃とは、 ★★ 世紀の〔前半・後半〕〈2択〉をさす。 (同志社大)
2, 後半

13 紀元 ___ 年、中国では ★★ が滅び、三国時代となった。 (駒澤大)
220, 後漢

14 3世紀前半の中国は、 ★★★ ・ ★★ ・ ★★ の三国が分立していた。 (上智大)
魏, 呉, 蜀

15 魏の都は ★★ である。 (横浜市立大)
洛陽

16 3世紀の日本の様子は主に ★★★ という中国の史書に記されている。 (関西大)
『魏志』倭人伝

◆この書は『三国志』の一部であるため、選択問題では語群に『三国志』しかない場合もある。

17 ↳この史書の著者は ★ である。 (早稲田大)
陳寿

◆著者は晋の人。

I 原始時代　4 小国の形成と東アジア

□18 3世紀には ★★★ を女王とする ★★★ が ★★ 余国の小国をまとめていた。　(早稲田大)
　◆この国の位置については、近畿説と九州説がある。
　◆奈良県桜井市にある纒向(まきむく)遺跡は、邪馬台国近畿説の有力な論拠となっている。

卑弥呼, 邪馬台国, 30

□19 『魏志』倭人伝には、卑弥呼は「 ★★ を事とし能く衆を惑はす」とある。　(立命館大)
　◆これは、呪術や妖術を意味する。

鬼道

□20 卑弥呼は、 ★★ 〈国名〉との交渉を深めるため、使いを ★★★ を通じて洛陽に送った。　(青山学院大)

魏, 帯方郡

□21 現在の ★★ 付近に帯方郡はあった。　(学習院大)
　◆帯方郡は、3世紀に遼東の公孫氏が楽浪郡の南部を分割して新設した。

ソウル

□22 卑弥呼は ★★ 年に ★★★ 〈国名〉に使いを派遣して、皇帝から「 ★★★ 」の称号を得た。　(学習院大)

239, 魏, 親魏倭王

□23 ↳このとき、卑弥呼は ＿＿＿ 帝から金印紫綬や ★ も授かった。　(甲南大)

明帝, 銅鏡

□24 邪馬台国は ★★ 〈国名〉と敵対関係にあった。(慶應大)
　◆卑弥呼はこの国との抗争中、247年頃亡くなった。

狗奴国

□25 『魏志』倭人伝によると、王と ★★ という支配者たち、それに従属する ★★ や生口・奴婢らがいたという。　(早稲田大)

大人, 下戸

□26 『魏志』倭人伝によると、倭国内では市もあり ＿＿＿ といわれる役人が管轄した。　(早稲田大)
　◆租税・刑罰の制度も整っていた。

大倭

□27 卑弥呼の後継者となった宗女 ★★ は、 ★ 年、晋の都である洛陽に使者を派遣した。　(慶應大)
　◆宗女とは一族の女性のこと。
　◆壹与の遣使は、『晋書』に記されている。

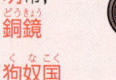

壹与, 266

I 超ハイレベル問題
日本史を極めたい人のための

I 原始 ■超ハイレベル問題

☐ **1** 人類が現れた当時登場した人類は□□□□という猿人である。　　（立教大）

アウストラロピテクス

☐ **2** ネアンデルタール人は，人類学上□□□人である。　　（青山学院大）

旧人

☐ **3** 1931年，直良信夫は兵庫県で□□□人骨を発見した。
◆「明石原人」の命名者は長谷部言人（ことんど）。　　（南山大）

明石人骨

☐ **4** 日本語は，北方アジア系の□□□語系に属すると考えられている。　　（龍谷大）
◆日本人の原型は南方系の古モンゴロイド。
◆弥生時代以降，北方系の新モンゴロイドがやってきた。

アルタイ語

☐ **5** 縄文時代は，堅果類や魚介類等の調理・加工に適した□□□形土器が主であった。　　（京都大）

深鉢形土器

☐ **6** 日本列島で発見される古い栽培稲は，インド南部の□□□から中国の□□□高地にかけての地帯に起源をもつ。　　（早稲田大）

アッサム，雲南高地

☐ **7** 弥生時代には，伐採用の□□□や，加工用でノミの用途をもつ扁平片刃石斧などが用いられた。　　（立命館大）

太型蛤刃石斧

☐ **8** 岡山県の楯築墳丘墓や，島根県の四隅突出墳丘墓からは，□□□とよばれる複雑な文様をもった土器が見つかっている。　　（駒澤大）

特殊器台

☐ **9** 金印の上部の突起の形は□□□〈動物名〉を表現している。　　（同志社大）

蛇

☐ **10** 福岡県の□□□遺跡には，甕棺墓が多く存在し，奴国の遺跡と考えられている。　　（早稲田大）

須玖遺跡

☐ **11** 『魏志』倭人伝の正式名称は□□□である。　　（同志社大）

『三国志』魏書東夷伝倭人条

☐ **12** 卑弥呼が239年に帯方郡に遣わした大夫は□□□〈人名〉である。　　（立命館大）

難升米

☐ **13** 『魏志』倭人伝によると，国々を検察するために□□□国に一大率がおかれていた。　　（慶應大）

伊都国

古墳時代
KOFUN PERIOD

The late 3C — 7C

5 小国の形成と東アジアとの関係

ANSWERS □□□

1 中国では三国時代を経て国内統一に成功した ★★ 〈国名〉が、4世紀はじめに北方諸民族の侵入を受け、★★★ 時代となった。　　　　　　　　　　（駒澤大）

- ここでいう北方諸民族とは匈奴をはじめとする五胡のこと。
- 侵入を受けた国は、南に移り東晋となった。

晋、

南北朝時代

2 紀元前1世紀頃に建国された、朝鮮半島北東部の国は ★★★ である。　　　　　　　　　　　　（青山学院大）

高句麗

3 ↳この国は、朝鮮半島北部にあった ★ を313年に滅ぼした。　　　　　　　　　　　　　　　　（駒澤大）

楽浪郡

4 4世紀半ば頃、★★ からは百済が、★★ からは新羅がおこった。　　　　　　　　　　　　　　　（慶應大）

馬韓、辰韓

5 ↳この頃、伽耶の地は ★★ とよばれていた。

- この地域を『日本書紀』では任那と記している。　（同志社大）

弁韓

6 倭の朝鮮半島進出は、★★ 資源の獲得が大きな目的であった。　　　　　　　　　　　　　　　　（同志社大）

鉄

7 4世紀終わり頃の倭の行動が、高句麗にある ★★★ の碑文に記されている。　　　　　　　　　　　　（早稲田大）

好太王(広開土王)

8 ↳この碑文には、□□□〈干支〉年(=西暦 ★ 年)より倭が朝鮮半島に侵入したと記されている。（中央大）

辛卯、391

9 好太王の石碑は、現在□□□〈国名〉の□□□省にある□□□流域におかれている。　　　　　　（専修大）

- 好太王の石碑は、高句麗の都丸都にあった石碑で、長寿王が建立した。

中国、吉林省、
鴨緑江

10 5世紀の日本のことが記載されている中国の歴史書の書名は ★★★ である。　　　　　　　　　　（早稲田大）

- 編者は沈約。

『宋書』倭国伝

- □11 倭の五王とは，[★★]・[★]・[★]・[★★]・[★★★]のことである。（同志社大）

讃, 珍, 済, 興, 武

- □12 倭の五王のうち済は[★]天皇，興は[★]天皇，武は[★★★]天皇に比定されている。（早稲田大）
  ◆讃は応神天皇・仁徳天皇・履中天皇をさす説があり，珍は反正天皇・仁徳天皇をさす説がある。

允恭天皇, 安康天皇, 雄略天皇

- □13 倭王武の父は，倭王[★]である。（京都大）
  ◆興と武は兄弟。親子ではない。

済

```
   済
  ┌─┴─┐
  武  興
```

- □14 倭の五王が朝貢した中国の王朝は[南朝・北朝]〈2択〉である。（同志社大）

南朝

- □15 倭王[★★★]は，478年，宋の[★]帝に上表した。（南山大）
  ◆中国の年号では，昇明2年にあたる。

武, 順帝

- □16 倭王武は，宋の順帝から「六国諸軍事[★]倭王」の称号を得た。（同志社大）
  ◆倭王武は「七国諸軍事安東大将軍倭国王」を自称したが，百済がのぞかれたため，「六国諸軍事安東大将軍倭王」となった。

安東大将軍

- □17 [★★★]古墳は，埼玉県にある[★★]世紀の遺跡で，出土した鉄剣には「獲加多支鹵大王」の文字が刻まれている。（同志社大）

稲荷山古墳, 5

- □18 「獲加多支鹵大王」は[★★★]天皇，つまり，倭の五王の中の[★★★]をさすといわれている。（東京女子大）

雄略天皇, 武

- □19 「獲加多支鹵」は[★★]と読む。（明治大）

ワカタケル

- □20 稲荷山古墳出土鉄剣には，[　]〈干支〉年（＝西暦[★]年）の銘が刻まれている。（明治大）

辛亥, 471

- □21 熊本県の[★★★]古墳出土の大刀の銘文に見える大王も獲加多支鹵大王，すなわち『日本書紀』に見える[★★★]天皇であることが判明した。（青山学院大）

江田船山古墳, 雄略天皇

II 古墳

5 小国の形成と東アジアとの関係

6 古墳文化(1) ~古墳の変遷~

ANSWERS

1 前・中期古墳の多くは、★★★ という独特な形式をしている。 (同志社大)

前方後円墳

◆古墳時代は、前期は3世紀後半～4世紀、中期は4世紀末～5世紀、後期は6～7世紀をさす。
◆3世紀後半を出現期、7世紀を終末期とよぶ場合もある。

2 古墳時代前・中期の埋葬施設の構造は ★★★ 石室が一般的であった。 (早稲田大)

竪穴式石室
堅×

3 古墳時代の前・中期の、石室をつくらず木棺の周りを固めた形態を ★★ という。 (慶應大)

粘土槨

4 奈良県の ★★ 古墳は、出現期の前方後円墳の中で最大の規模をもっている。 (関西大)

箸墓

5 出現期の前方後円墳には京都府の ★ 古墳や、福岡県の ★ 古墳などがある。 (青山学院大)

大塚山古墳,
石塚山古墳

6 古墳時代 ★★ 期の副葬品は、銅鏡・玉(勾玉)など宗教的色彩のものが多かった。 (早稲田大)

前

◆古墳時代前・中期には碧玉製腕飾りもつくられた。

7 前期古墳の副葬品として代表的な銅鏡は ★★ である。 (駒澤大)

三角縁神獣鏡

◆奈良県の黒塚古墳から大量に発見され、話題となった。
◆同じ鋳型でつくられた鏡を、同笵鏡(どうはんきょう)という。

8 古墳時代中期になると、副葬品には武具の占める割合が大きくなり、★ の副葬も始まった。 (立命館大)

馬具

9 墳丘の表面は ★★ によって覆われ、その周囲には ★★★ が並べられた。 (早稲田大)

葺石,
埴輪

10 埴輪には土管状の ★★ 埴輪と、家・器財・動物・人物などをかたどった ★★ 埴輪がある。 (京都大)

円筒埴輪,
形象埴輪

11 形象埴輪の中でも、盾・靫・蓋などの形をした埴輪を □ 埴輪という。 (立命館大)

器財埴輪

◆形象埴輪には、人物埴輪や家形埴輪などもある。

II 古墳 ⑥ 古墳文化(1) ～古墳の変遷～

- ☐ 12 日本最大の規模をもつ前方後円墳は大阪府の ★★★ 古墳で，その全長は ○○○ 百メートル近くにまで及んでいる。 (立命館大)

  大仙陵古墳，五（正確には486m）

- ☐ 13 ★ 古墳は応神天皇陵，★★ 古墳は仁徳天皇陵，○○○ 古墳は履中天皇陵とよばれている。
  ◆応神天皇，仁徳天皇，履中天皇の順に即位した。 (國學院大)

  誉田御廟山古墳，大仙陵古墳，ミサンザイ古墳

- ☐ 14 中期古墳には，★ 古墳群の誉田御廟山古墳や，★ 古墳群の大仙陵古墳がある。 (慶應大)

  古市古墳群，百舌鳥古墳群

- ☐ 15 吉備地方には，墳丘の全長が360mで全国第4位の規模をもつ ★★ 古墳がある。 (中央大)
  ◆この古墳は岡山県にある。

  造山古墳

- ☐ 16 東日本最大の前方後円墳は，★ 古墳である。
  ◆この古墳は群馬県にある。 (学習院大)

  天神山古墳

- ☐ 17 古墳時代中期には，現在の ★ 県（上毛野）・★ 県（吉備）・★ 県（出雲）・★ 県（日向）など，大和以外でも巨大古墳が多くつくられた。 (早稲田大)

  群馬，岡山，島根，宮崎

- ☐ 18 古墳時代後期には，山間部や島などにも ★★★ とよばれる小古墳が多数営まれた。 (駒澤大)

  群集墳，郡衆×

- ☐ 19 後期の古墳には，遺体を収める ★★ と外界とを ★★ でつなぐ ★★★ 石室が見られる。 (同志社大)
  ◆古墳時代後期には，土器の副葬も行われた。

  玄室，羨道，横穴式石室

- ☐ 20 ↳この石室は，羨道を塞ぐ閉塞石をとると ★ が可能で，家族墓としての性格を帯びていた。 (明治大)

  追葬

- ☐ 21 群集墳の代表的なものに和歌山県の ★ がある。 (学習院大)

  岩橋千塚

- ☐ 22 群集墳の代表的なものに，奈良県の ★ 古墳群がある。 (慶應大)
  ◆大阪府の平尾山千塚も群集墳の代表的。

  新沢千塚古墳群

- ☐ 23 古墳時代末期の ★ には，埼玉県の吉見百穴という群集墳がある。 (学習院大)

  横穴墓

II 古墳時代　6 古墳文化(1) 〜古墳の変遷〜

□24 古墳時代後期には，古墳の石室壁面に絵画を描いた ★★ 古墳が現れた。 (青山学院大)

装飾古墳

□25 ↪代表的なものに，福岡県の ____ 古墳がある。 (関西学院大)

竹原古墳

□26 岩戸山古墳には埴輪のかわりと考えられる ★ ・ ★ が立て並べられている。 (関西大)

石人，石馬

7 古墳文化(2) 〜大陸文化の受容と信仰〜

ANSWERS □□□

□1 ★★ 〈寺社名〉の ★★ には，369年に百済の肖古王が倭王に贈る目的で製作したという銘文がある。
◆この神宝は奈良県にある。 (早稲田大)

石上神宮，七支刀

□2 和歌山県の ★★ 〈神社名〉に所蔵される人物画像鏡は，日本における漢字の使用を示す史料である。 (中央大)

隅田八幡神社

□3 古墳時代の中期には大陸から種々の技術が ★★★ によって伝えられた。 (青山学院大)

渡来人

□4 応神天皇期に，養蚕・機織りを伝えた ★★ 氏の祖は ★★ である。 (國學院大)

秦氏，弓月君

□5 応神天皇の時代に渡来し，文筆の技術をもとに史部の職務に貢献したといわれる ★★ は， ★ 氏・ ★ 氏の祖である。 (明治大)

阿知使主，東漢氏，漢氏

□6 ★★ は，論語や ★ などの儒教の経典をもたらし，西文氏の祖となった。 (同志社大)

王仁，千字文

□7 6世紀に百済から ★★ が渡来して，日本に儒教を本格的に伝えた。 (岡山大)

五経博士

□8 6世紀には，医・易・ ★ の博士も渡来したといわれる。 (同志社大)

暦

□9 ★★★ 〈国名〉の ★★★ が， ★★★ 天皇に仏教を公伝した。 (関西学院大)

百済，聖明王，欽明天皇

□10 『 ★★ 説』や『 ★ 』に538年に仏教が公伝したとする記録がある。 (青山学院大)

上宮聖徳法王帝説，元興寺縁起

□11 ★★	『日本書紀』によると，仏教伝来は ★★ 年となっている。 (関西学院大)	552
□12 ★★	仏教の伝来については，西暦 ★★ 年とする説が現在多く支持されている。 (学習院大)	538
□13 ★	538年は ★ 〈干支〉年，552年は ★ 〈干支〉年にあたる。 (関西学院大)	戊午，壬申
□14 ★	★ は仏教が公式に伝えられる以前に日本に渡来し，飛鳥の私宅で仏像を礼拝したという。 (早稲田大)	司馬達等

◆彼の孫は，飛鳥文化の代表的な仏師である鞍作鳥。
◆彼の様子は，皇円作の『扶桑略記』に記されている。

□15 ★★	6世紀半ば頃，大王の系譜である『 ★★ 』や，朝廷の説話・伝承である『 ★★ 』が朝廷でまとめられた。 (京都大)	帝紀，旧辞
□16 ★★★	古墳時代に朝鮮から伝えられた灰色の硬質陶器のことを ★★★ という。 (早稲田大)	須恵器
□17 ★★★	古墳時代につくられた，弥生土器の系譜をひく赤褐色の土器を ★★★ という。 (立命館大)	土師器
□18 ★	古墳時代には，群馬県の ★ 遺跡のように濠がめぐる豪族の居館が成立し，榛名山噴火で壊滅した群馬県の ____ 遺跡のような一般集落とは一線を画するようになる。 (京都大)	三ツ寺Ⅰ，黒井峯

◆当時の住居には堀立柱で建てた平地住居も見られる。
◆当時の住居にはカマドも見られるようになった。
◆当時の人々の服装は，男性は衣と乗馬ズボン風の袴（はかま），女性は衣とスカート風の裳（も）であった。

□19 ★★	毎年春には豊作祈願の ★★ の祭りが，秋には収穫感謝の ★★ の祭りが行われた。 (明治学院大)	祈年の祭り，新嘗の祭り
□20 ★★	天皇が即位したあと初めて行う，秋の収穫を感謝する儀式を ★★ という。 (慶應大)	大嘗祭
□21 ★★	川や海に入り水によって心身をすすぎ洗い清めることを ★★ といい，神具や唱え言葉によって清めることを ★★ という。 (同志社大)	禊，祓

Ⅱ 古墳

7 古墳文化(2) ～大陸文化の受容と信仰～

II 古墳時代　7 古墳文化(2) 〜大陸文化の受容と信仰〜

☐22 禊や祓は，人間の罪や ★ をのぞく儀礼であった。
（同志社大）
穢(けがれ)

☐23 ★★★ は，鹿の骨を焼いて吉凶を占うことである。
（立命館大）
太占(ふとまに)

☐24 ★★★ は，熱湯に手を入れさせて真偽を判断することである。
（防衛大学校）
盟神探湯(くかたち)

☐25 自然神や氏の祖先神を祀るため ★ がつくられた。
（同志社大）
社(やしろ)

☐26 社には，大王家の祖先神を祀る三重県の ★★ や，国譲り神話に登場する大国主神を祀った島根県の ★★ などがある。
◆大王家の祖先神は天照大神。
（上智大）
伊勢神宮(いせじんぐう)，
出雲大社(いずもたいしゃ)

☐27 「海の正倉院」ともよばれる ★★ を祀った社は福岡県の ★ である。
（上智大）
沖ノ島(おきのしま)，
宗像大社(むなかたたいしゃ)

☐28 奈良県の ★ は，三輪山を神体とする。
（立教大）
◆大阪府の住吉大社は海神を祀った。
大神神社(おおみわじんじゃ)

☐29 出雲大社の建築様式は ☐ 造，伊勢神宮の建築様式は ★ 造である。
（立教大）
大社造(たいしゃ)，
神明造(しんめい)

8 ヤマト政権の成立

ANSWERS ☐☐☐

☐1 古墳時代前期，畿内に形成された政治連合を ★★★ という。
（駒澤大）
ヤマト政権(せいけん)

☐2 ↳この政治連合の首長を漢字で記すと ★★★ となり，これを ★★★ と読む。
（中央大）
大王，
おおきみ

☐3 ヤマト政権は大王を中心に，徐々に地方政権を統制し，5世紀の終わり頃に ★★★ 制度を整えた。
（早稲田大）
氏姓(しせい)制度

☐4 各地の豪族は，同族集団である ★★★ の首長である ★★ を政治に参加させた。
（学習院大）
氏(うじ)，
氏上(うじのかみ)

☐5 各地の氏は，祖先神や守護神を ★ として祀った。
（日本大）
氏神(うじがみ)

II 古墳 ⑧ ヤマト政権の成立

- [ ] 6 ヤマト政権に従った豪族たちは，家柄に応じた ★★★ が与えられた。 (駒澤大) — 姓(かばね)

- [ ] 7 葛城(かずらき)・平群などの大和の有力豪族には ★★ ，中臣・忌部など特定の職能をもって朝廷に仕える有力豪族には ★ などの姓が与えられた。 (学習院大) — 臣(おみ)，連(むらじ)

- [ ] 8 毛野など地方の有力豪族には ★★ ，ヤマト政権の支配に服した一般の地方豪族には ★ の姓が与えられた。 (学習院大) — 君(きみ)，直(あたえ)

◆姓には，ほかに造（みやつこ）・首（おびと）・史（ふひと）・村主（すぐり）・忌寸（いみき）などがある。

- [ ] 9 ★★ 氏には大臣が与えられ， ★★ 氏・ ★★ 氏には大連が与えられた。 (上智大) — 蘇我氏，大伴氏，物部氏 友×

- [ ] 10 軍事を担当する豪族は ★★ 氏・ ★★ 氏，祭祀を担当する豪族は ★★ 氏・ ★ 氏である。 (國學院大) — 大伴氏，物部氏，中臣氏，忌部氏

- [ ] 11 ヤマト政権は地方豪族に直や君などの姓を与えると共に ★★★ ・ ★ ・稲置(いなぎ)などに任じた。 (関西学院大) — 国造(くにのみやつこ)，県主(あがたぬし)

- [ ] 12 6世紀には，地方豪族を国造に任じ，その子女を ☐・☐ として出仕させた。 (日本大) — 舎人(とねり)，采女(うねめ)

- [ ] 13 大臣・大連のもとで， ★★ が， ★ やそれを支える ★★ とよばれる集団を率いて職掌を分担した。 (駒澤大) — 伴造(とものみやつこ)，伴(とも)，部(べ)

- [ ] 14 渡来人は， ★★ や ★ に編成され， ★★ の集団がそれを支えた。 (日本大) — 伴造，伴，品部(しなべ)

- [ ] 15 高級絹織物の生産に従事した品部を ★★ ，鉄器製作を担当する品部を ★★ ，馬具の製作を担当する品部を ★ という。 (立命館大) — 錦織部(にしごりべ)，韓鍛冶部(からかぬちべ)，鞍作部(くらつくりべ)

- [ ] 16 製陶を担当する品部には ★★ ・ ★★ がある。 (中央大) — 陶部(すえべ)(陶作部)，土師部(はじべ)

◆その他の品部：史部（ふひとべ）・馬飼部（うまかいべ）・犬養部（いぬかいべ）・忌部（いんべ）・玉造部（たまつくりべ）

II 古墳時代 8 ヤマト政権の成立

□17 大王の直轄地を ★★★ といい，そこを耕作するために労働力を提供する者たちを ★★★ という。
(早稲田大)

屯倉, 田部

□18 ヤマト政権下の豪族は， ★★★ とよばれる私有民と， ★★★ とよばれる土地をもち，勢力の基盤としていた。
(関西学院大)

部曲, 田荘

□19 ヤマト政権は，各地に大王やその一族に対し貢納・奉仕する ★★ を設けた。
(慶應大)

子代・名代

◆代表例：長谷部（はせべ）・春日部（かすがべ）・刑部（おさかべ）・穴穂部（あなほべ）・舎人部（とねりべ）

□20 豪族や朝廷の支配下に組織されていた人々の集団を ★ と称した。
(同志社大)

部民（部）

日本史を極めたい人のための 超ハイレベル問題 II

□**1** 475年，[　　]〈国名〉が，漢江流域の漢山城に王都をおく[　　]〈国名〉をおとしいれた。 (関東学院大)

高句麗，百済

□**2** 一つの大木を二つに割って，それぞれの中をくりぬいて合わせた木棺を[　　]という。 (立命館大)

割竹形木棺

□**3** 前期の古墳からは，鍬形石や[　　]などとよばれる呪術性の強い，日本独特の碧玉製品が発見されることがある。 (青山学院大)

車輪石

□**4** 法隆寺のすぐそばにある[　　]古墳からは，高い工芸技術の水準を示した鞍が発見された。 (青山学院大)
◆この古墳は奈良県にある。

藤ノ木古墳

□**5** 石上神宮は，[　　]氏の氏神である。 (中央大)

物部氏

□**6** 6世紀につくられた島根県の[　　]古墳から出土した大刀には，部民制の存在を示す「[　　]臣」という氏族名が記された銘文が刻まれている。 (同志社大)

岡田山1号古墳，額田部臣

□**7** 日本にもたらされた仏教は，[　　]仏教の系列のものである。 (津田塾大)

北方仏教（大乗仏教）

□**8** 常陸国の[　　]神宮は，[　　]氏の氏神である。 (関西大)

鹿島神宮，中臣氏

II 古墳 ■ 超ハイレベル問題

III 飛鳥時代
ASUKA PERIOD
593 — 710

9 統一国家への道

1 ★★ 大伴金村は ★★ 天皇を擁立したと伝えられる。
◆この天皇は，武烈（ぶれつ）天皇の死後擁立された。（学習院大）
◆この天皇は，応神（おうじん）天皇の系統で，三国（みくに）（福井県）から迎えられて皇位を継承した。

→ 継体天皇

2 ★★ ★★ は，512年 ★★ 〈国名〉の求めに応じて，任那（みまな）の一部を割譲した。(龍谷大)

→ 大伴金村，百済

3 ★★★ 527年， ★★★ 〈地域名〉の ★★★ 〈身分〉であった ★★★ 〈人名〉が， ★★ 〈国名〉と結んでヤマト政権に対して反乱をおこした。(東京女子大)

→ 筑紫，国造，磐井，新羅

4 ★★ ↳このときの天皇は ★★ 天皇である。(早稲田大)

→ 継体天皇

5 ★ 磐井の乱の鎮圧に成功した人物は ★ である。(上智大)

→ 物部麁鹿火

6 ★★ ★★ 古墳は，磐井の墓といわれている。(早稲田大)

→ 岩戸山古墳

7 ★★ 540年に，大連（おおむらじ）の ★★ が外交政策の失敗をとがめられて失脚した。(同志社大)

→ 大伴金村

8 ★★★ 倭と密接な関係にあった ★★★ 諸国は562年までに， ★★ 〈国名〉や ★★ 〈国名〉の支配下に入った。(駒澤大)

→ 伽耶（加羅），新羅，百済

◆この結果，ヤマト政権は朝鮮半島における拠点を失うこととなる。

9 ★★ 欽明（きんめい）天皇のもとで，大臣（おおおみ）の ★★ と大連の ★★ とが権力を握った。(同志社大)

→ 蘇我稲目，物部尾輿

10 ★★★ 6世紀中頃，仏教の受容をめぐって崇仏派の ★★★ 氏と排仏派の ★★★ 氏が抗争を繰り返した。(明治大)

→ 蘇我氏，物部氏

☐11 ★★★	蘇我馬子は，仏教の受容をめぐって対立していた ★★★ を587年に滅ぼした。 (北海道大)	物部守屋
☐12 ★★	蘇我馬子は，592年に ★★ 天皇を暗殺した。 ◆東漢直駒を使って暗殺した。 (立教大)	崇峻天皇
☐13 ★	蘇我氏は， ★ ・内蔵・大蔵の三蔵を掌握するなど，朝廷内の財政を管理した氏族であった。 (青山学院大)	斎蔵
☐14 ★★★	日本で初めての女帝は， ★ 氏と血縁関係の深い ★★★ 天皇である。 (同志社大)	蘇我氏，推古天皇
☐15 ★★★	★★ 年， ★★★ は推古天皇の摂政となったといわれる。 (日本大) ◆彼の父は用明（ようめい）天皇。 ◆推古天皇は，炊屋姫（かしきやひめ）とよばれ，敏達（びだつ）天皇の皇后だった。	593，厩戸王（聖徳太子）
☐16 ★★★	推古天皇の頃，朝廷において権勢をふるっていた豪族は ★★★ である。 (立命館大)	蘇我馬子
☐17 ★★★	7世紀前半には，氏族制とは異なる原理で豪族を再編成するために ★★★ が定められた。 (慶應大) ◆603年に定められた。	冠位十二階
☐18 ★★	★★ ・仁・ ★★ ・信・義・ ★★ を，それぞれ大小に分けたものが冠位十二階である。 (早稲田大) ◆最高位は大徳となる。	徳，礼，智
☐19 ★★★	厩戸王（聖徳太子）は，604年に ★★★ を制定して，豪族たちに国家の役人としての心構えなどを説いた。 (関西大)	憲法十七条
☐20 ★★	厩戸王（聖徳太子）は ★★ と共に，歴史書である『 ★★ 』や『 ★★ 』を編集した。 (同志社大) ◆620年に編纂された。	蘇我馬子，天皇記，国記
☐21 ★	中国は北朝系の隋によって ★ 年に統一された。 ◆隋は581年に建国された。 (明治大)	589
☐22 ★★★	遣隋使の記述は，日本の正史『 ★★★ 』と，中国の史書 ★★★ にある。 (日本大)	日本書紀，『隋書』倭国伝

III 飛鳥

⑨ 統一国家への道

III 飛鳥時代　9 統一国家への道

□23 ★　[★]年に倭王が中国の皇帝である文帝に使者を派遣したと『隋書』倭国伝には記述があり，これが隋への最初の派遣となる。　(学習院大)

600

◆最初の隋への使者派遣は，開皇20年。
◆この記載は『日本書紀』にはない。

□24 ★★★　607年，[★★★]天皇は，[★★★]を隋に派遣した。　(明治大)

推古天皇，小野妹子

◆『隋書』倭国伝には，607年は「大業三年」と記されている。

□25 ★★★　隋の皇帝[★★★]は，608年に答礼使として，当時文林郎であった[★★★]を来日させた。　(中央大)

煬帝，裴世清

□26 ★★★　608年の遣隋使に同行した留学生に[★★★]が，留学僧に[★★★]・[★★★]がいる。　(早稲田大)

高向玄理，旻，南淵請安

◆裴世清の来日と留学生の派遣は，607年でない。

□27 ★　のちに唐で客死した人物の中で，608年の遣隋使に同行した人物は[★]である。　(立命館大)

高向玄理

◆彼は，654年に遣唐使として入唐した際に，長安で死去した。

□28 ★　小野妹子に続いて，614年に派遣された遣隋使は[　]である。　(関西学院大)

犬上御田鍬

◆彼が最後の遣隋使となった。

10 飛鳥文化

ANSWERS □□□

□1 ★★　飛鳥文化は，中国の[★★]時代の文化の影響を強く受けている。　(日本大)

南北朝時代

□2 ★★★　古墳にかわって，豪族の権力の象徴として建てられた建築物を[★★★]という。　(慶應大)

氏寺

□3 ★★★　日本最古の寺院は[★★★]で，これは[★★★]の発願により建てられた。　(同志社大)

飛鳥寺，蘇我馬子

◆法隆寺は「現存最古の木造建築物」であり，「日本最古の寺院」ではない。

□4 ★　↳この寺院の別名を[★]という。　(立教大)

法興寺

◆飛鳥寺は，平城京に移築される際に「元興寺」と改称した。

III 飛鳥　10 飛鳥文化

5 ★ 飛鳥寺は、屋根に ★ をふき、柱を ★ で支える技法が用いられた。　（早稲田大）
瓦、礎石

6 ★★ 飛鳥寺の造営には、 ★★ 〈国名〉の技術者が参加した。　（北海道大）
百済

7 ★★★ ★★★ 寺は、厩戸王（聖徳太子）の発願で607年に創建された。　（日本大）
法隆寺

8 ★ ↳この寺院の別名を ★ という。　（立教大）
斑鳩寺
班×

◆法隆寺の中門・金堂・五重塔・歩廊（回廊）が、現存する世界最古の木造建築物といわれている。

9 ★ ★ とは、法隆寺金堂の柱のように、中央にふくらみをもたせたギリシャ風の柱の形のことである。　（京都産業大）
エンタシス

10 ★★ 法隆寺は、『日本書紀』に ★ 年に焼失したとある。1939年の ★★ 跡の発掘調査で、現存の金堂・五重塔などは焼失後に再建されたと考えられている。　（慶應大）
670、
若草伽藍跡

11 ★★ 摂津国にある ★★ は、厩戸王（聖徳太子）の発願で建立された寺院である。　（慶應大）
四天王寺

12 ★★ ★★ は、秦河勝が建立した氏寺である。　（明治大）
広隆寺

13 ★ 舒明天皇創建と伝えられる寺院は ★ である。　（法政大）
百済大寺

14 山背大兄王らは聖徳太子の病気平癒のために ＿＿＿ を建立した。　（日本大）
法輪寺

15 ★ 寺院内の建物の配置を ★ という。　（同志社大）
伽藍配置

16 ★ 寺院の伽藍配置は、はじめ ★ が中心におかれていたが、やがて仏像を安置する ★ が中心におかれるようになった。　（摂南大）
塔、
金堂

17 寺院内の塔は、本来 ＿＿＿ を安置する建物であった。　（慶應大）
仏舎利

III 飛鳥時代　10 飛鳥文化

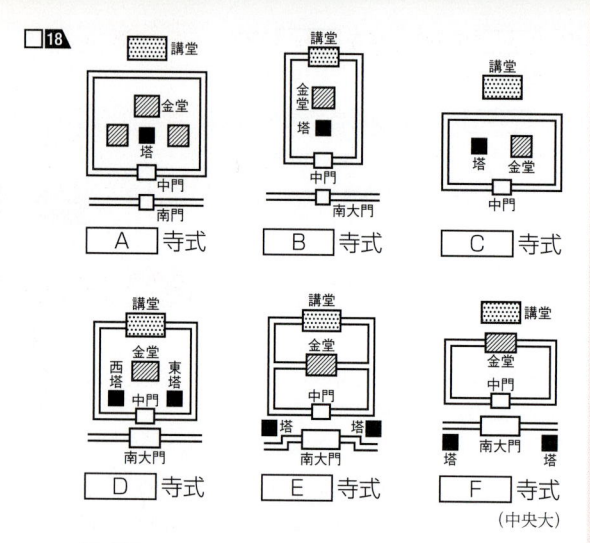

□18

- A 寺式（講堂・金堂・塔・中門・南門）
- B 寺式（講堂・金堂・塔・中門・南大門）
- C 寺式（講堂・塔・金堂・中門）
- D 寺式（講堂・金堂・西塔・東塔・中門・南大門）
- E 寺式（講堂・金堂・中門・塔・塔・南大門）
- F 寺式（講堂・金堂・中門・南大門・塔・塔）（中央大）

A 飛鳥寺式,
B 四天王寺式,
C 法隆寺式,
D 薬師寺式,
E 東大寺式,
F 大安寺式

□19 ★ ★ 寺は，一塔三金堂式伽藍配置である。（青山学院大）

飛鳥寺

□20 ★ ★ 寺は，南大門・中門・塔・金堂・講堂が一直線上に並んで配置される伽藍配置である。（関西大）

四天王寺

□21 ★ 法隆寺は伽藍の玄関に南大門があり，中門を入ると，左側に ★ ，右側に ★ があり，その向こうに講堂が配置されている。（関西大）

塔, 金堂

□22 ★ ★ 寺は，南大門から入り，中門をくぐったところで左右に西塔・東塔があり，正面には金堂が見えている伽藍配置である。（北海道大）

薬師寺

□23 ★ ★ 寺は，南大門から入ると，すぐに左右に西塔・東塔がある伽藍配置である。（日本大）

東大寺

□24 ★ ★ 寺は，南大門の前に東西二つの塔を配した特異な伽藍配置である。（青山学院大）

大安寺

□25 法隆寺の若草伽藍は ▢ 式伽藍配置である。（上智大）

四天王寺式

□26★★★ 飛鳥寺釈迦如来像の作者は ★★★ である。（同志社大）

◆これは，現存する日本最古の仏像である。

鞍作鳥（止利仏師）

27 ★★★	法隆寺金堂の釈迦三尊像の作者は ★★★ である。	鞍作鳥（止利仏師）
	◆彼の仏像は、いずれも金銅像である。 （立教大）	
28 ★	鞍作鳥作の仏像は、一般に ★ 様式とよばれる。 （駒澤大）	北魏様式
29 ★	鞍作鳥は ★ の孫にあたる。 （慶應大）	司馬達等
30 ★★	明治時代にアメリカ人フェノロサの調査によって知られるようになった秘仏は ★★ 寺 ★★ 像である。 （明治学院大）	法隆寺夢殿救世観音像
	◆法隆寺の仏像：『百済観音像』・『金堂薬師如来像』・『金堂四天王像』	
31 ★★	飛鳥文化を代表する半跏思惟像は、 ★★ 寺と ★★ 寺にある。 （立教大）	中宮寺、広隆寺
32 ★	★ 寺 ★ 像は、聖徳太子が秦河勝に授けた朝鮮渡来の仏像と伝えられている。 （早稲田大）	広隆寺半跏思惟像（弥勒菩薩像）
	◆秦河勝が創建した寺院を連想するとよい。☞ 10-12	
33 ★★	厩戸王（聖徳太子）は経典の研究にもあたり、『 ★★ 』という注釈書を残している。 （京都産業大）	三経義疏
34 ★★	三経義疏は、 ★★ ・ ★★ ・ ★★ の注釈書である。 （東洋大）	法華経、勝鬘経、維摩経
35	高句麗の僧 は厩戸王（聖徳太子）の仏教の師となった。 （関西大）	恵慈
36 ★★	法隆寺の『 ★★ 』は、須弥座絵や扉絵が描かれた工芸品である。 （同志社大）	玉虫厨子
37 ★★	★★ 寺に伝わる『玉虫厨子』は密陀絵で装飾されている。 （学習院大）	法隆寺
38 ★	★ 寺の玉虫厨子などに見ることができる忍冬唐草文様は、 におこり、 ・ローマから中国を経て日本に伝わった。 （上智大）	法隆寺、古代エジプト、ギリシャ
	◆その他の法隆寺の工芸品：『獅子狩文様錦』・『竜首水瓶』	
39 ★★	★★ 寺の『 ★★ 』は、橘大郎女が厩戸王（聖徳太子）の冥福を祈ってつくったものである。 （実践女子大）	中宮寺、天寿国繡帳

III 飛鳥

10 飛鳥文化

III 飛鳥時代　10 飛鳥文化

□40 ★★ 〈国名〉の僧 ★★★ が暦法・天文などを伝え，★★ 〈国名〉の僧 ★★★ が彩色・紙・墨の技法を伝えたといわれる。　(早稲田大)

百済，観勒，高句麗，曇徴

11 律令国家の形成

ANSWERS □□□

□1 隋は ★ の征討の失敗が一因になって □年滅亡し，かわって ★★★ が建国された。　(東北学院大)

高句麗，618，唐

□2 ★ 天皇は，630年 ★★★ を唐に送り，国交を開始した。　(東京経済大)

舒明天皇，犬上御田鍬

□3 推古天皇の没後，★★ 天皇・★★ 天皇と移っていった。　(慶應大)

舒明天皇，皇極天皇

□4 643年，蘇我入鹿が厩戸王（聖徳太子）の子である ★★ を攻め滅ぼした。　(成城大)
◆この人物は斑鳩宮で滅ぼされた。

山背大兄王

□5 ★★ 年，中大兄皇子は ★★★ と共に中央集権国家をめざし，★★★ ・ ★★★ 父子を滅ぼした。　(関西大)
◆このクーデターを乙巳(いっし)の変といい，その後の一連の改革を「大化改新(たいかのかいしん)」という。
◆中大兄皇子の父は舒明天皇，母は皇極天皇。

645，中臣鎌足，蘇我蝦夷，蘇我入鹿

□6 645年，★★ は飛鳥板蓋宮で暗殺され，★★ は自殺に追い込まれた。　(青山学院大)

蘇我入鹿，蘇我蝦夷

□7 大化改新は，★★★ 〈国名〉にならった官僚制的な ★★ 国家体制の樹立を目的としていた。　(龍谷大)

唐，中央集権

□8 大化改新に際し，★★ 天皇は，軽皇子に譲位し ★★ 天皇が即位した。　(関西大)

皇極天皇，孝徳天皇

□9 大化改新に際し，孝徳天皇は都を ★★ に移した。　(同志社大)

難波長柄豊碕宮

□10 大化改新で，★★★ や僧 ★★★ は国博士となり，中臣鎌足は ★★ となった。　(岡山大)

高向玄理，旻，内臣

□11 大化の改新で，□が左大臣となり，★★ が右大臣となった。　(予想問題)

阿倍内麻呂，蘇我倉山田石川麻呂

- ☐12 ★★★ ｜ ★★ ｜年に出された改新の詔で，土地・人民は国家が所有するという制度が定められた。これを｜ ★★★ ｜という。 (聖心女子大)

  646,
  公地公民制

- ☐13 ★★ 上級官人は，一定数の戸が納める生産物を給与として与えられた。これを｜ ★★ ｜という。 (國學院大)
  ◆下級役人には布帛（ふはく）が支給された。
  ◆問題文中の「一定数の戸」のことを封戸（ふこ）という。

  食封

- ☐14 ★★ 律令政府は，東北地方の在地の人々を｜ ★★ ｜とよんだ。 (國學院大)

  蝦夷

- ☐15 ★★ 孝徳天皇の頃，｜ ★★ ｜国に，｜ ★★ ｜柵・｜ ★★ ｜柵の二柵が設けられた。 (学習院大)

  越後，淳足柵，磐舟柵

- ☐16 孝徳天皇の皇子であった｜　　　｜は，中大兄皇子と対立し，謀反の疑いをかけられ死刑となった。 (立教大)
  ◆古人大兄皇子や右大臣の蘇我倉山田石川麻呂も滅ぼされた。

  有間皇子

- ☐17 ★★ 孝徳天皇のあと，皇極天皇が再び皇位につき，｜ ★★ ｜天皇となった。 (立教大)

  斉明天皇

- ☐18 ★ 斉明天皇のように，一度退位した天皇が再び即位することを｜ ★ ｜という。 (北海道大)

  重祚

- ☐19 ★★★ 斉明天皇は，｜ ★★★ ｜を日本海沿いに派遣して，水軍による蝦夷征討を行った。 (早稲田大)
  ◆蝦夷征討は，658年から660年の間に行われた。

  阿倍比羅夫

- ☐20 ★ 阿倍比羅夫の遠征軍は，蝦夷とは異なった言葉を話す人々とも戦っている。これらの人々は｜ ★ ｜とよばれた。 (青山学院大)

  粛慎

- ☐21 ★★★ 660年，｜ ★★★ ｜が，唐と｜ ★★ ｜の連合軍に滅ぼされた。 (東京女子大)

  百済，新羅

- ☐22 660年に百済の首都扶余が陥落すると，百済の王族であった｜　　　｜は，日本に対して救援と王子の豊璋の返還を求めた。 (慶應大)

  鬼室福信

- ☐23 斉明天皇は百済救援に乗り出し，北九州の｜　　　｜宮に遷都した。 (共立女子大)

  朝倉宮

Ⅲ 飛鳥

11 律令国家の形成

III 飛鳥時代　11 律令国家の形成

24 百済救援軍は，[★★]年に，錦江河口の白村江で[★★]の軍隊と戦って敗北した。　　　　（慶應大）
663，唐

25 天皇が空位のときに，皇太子などが天皇として即位せず政務をとることを[★★]という。　　　（慶應大）
◆斉明天皇の死後，皇太子の中大兄皇子が行った。
称制

26 668年には[★★]が滅ぼされ，676年に朝鮮半島は[★★★]によって統一された。　　　（東北学院大）
高句麗，新羅

27 大宰府防衛のため，北方には[★]，南方には[★]という朝鮮式[★★★]がつくられた。（早稲田大）
大野城，基肄城，山城

28 667年には大和に[★]，讃岐に屋島城，対馬に[ ]を築いた。　　　（同志社大）
高安城，金田城

29 664年には，大宰府の近くに[★★]を築き，[★]・壱岐・筑紫に防人と通信手段としての[★]をおいた。　　　（同志社大）
水城，対馬，烽

30 九州北部から瀬戸内海周辺にかけて発見されている[ ]は，白村江の戦のあと，国土防衛の目的でつくられたものである。　　　（慶應大）
神籠石

31 中大兄皇子は，664年に氏ごとに[ ]を定め，それぞれが領有する民を確認し，有力豪族層の編成を試みた。　　　（立命館大）
氏上

32 中大兄皇子は，668年に[★★★]天皇になり，[★★★]に遷都した。　　　（同志社大）
天智天皇，近江大津宮

33 天智天皇は，[★]に，[★★★]という法典を編集させたといわれる。　　　（神奈川大）
中臣鎌足，近江令

34 中臣鎌足が臨終の際の669年に，[★★]天皇から大織冠と藤原の姓を賜った。　　　（成城大）
天智天皇

35 天智天皇は，[★]年にはわが国最初の全国的戸籍である[★★★]を作成させた。　　　（青山学院大）
670，庚午年籍

36 天智天皇の没後，彼の子の[★★]と弟の[★★]との間で，皇位継承をめぐって[★★★]がおこった。　　　（早稲田大）
大友皇子，大海人皇子，壬申の乱

□37 ★　[　★　]で挙兵した大海人皇子は，[　★　]を拠点に，東国の兵力を動員して近江朝廷と戦った。（関西学院大）　吉野，美濃

□38 ★★★　壬申の乱では[★★★]が勝利し，[★★★]で即位して天武天皇となった。（同志社大）　大海人皇子，飛鳥浄御原宮　清×
◆大友皇子は，のちに弘文（こうぶん）天皇の名を贈られた。

□39 ★★　壬申の乱は，西暦[★★]年におこった。（慶應大）　672

□40 ★　天武天皇は，675年に豪族の私有民である[　★　]を廃止した。（慶應大）　部曲

□41 ★★★　天武天皇は[★★★]を定め，豪族を天皇中心の身分秩序に編成する[★★]政治を行った。（神奈川大）　八色の姓，皇親政治

□42 ★★　[　★　]年に制定された八色の姓は，[★★]・朝臣・宿禰・忌寸・[★★]・臣・連・稲置である。（横浜国立大）　684，真人，道師

□43 ★★★　天武天皇の時代に編纂が開始され，持統天皇の時代に完成した令を[★★★]という。（埼玉大）　飛鳥浄御原令

□44 ★★★　和同開珎に先がけて，7世紀に発行されたと考えられる銭貨を[★★★]という。（同志社大）　富本銭

□45 ★　[　★　]遺跡からは，富本銭が，鋳造に関わる遺物と共に多数出土した。（早稲田大）　飛鳥池遺跡
◆この遺跡は奈良県にある。

□46 「[　　　]は 神にしませば 赤駒の はらばう田井を 都となしつ」は[　　　]がうたった。（慶應大）　大君，大伴御行
◆「大君は 神にしませば 天雲の 雷の上に いほらせるかも」は柿本人麻呂の歌。
◆ここでいう「大君」とは天武天皇のこと。

□47 ★　天武天皇の皇子で，皇太子だった[　★　]皇子は，天皇になることなく死亡した。（獨協大）　草壁皇子

□48 ★★★　天武天皇の皇后は[★★★]天皇である。（立教大）　持統天皇

□49 ★★★　持統天皇は，689年に[★★★]を施行した。（早稲田大）　飛鳥浄御原令
◆この法令は，天武天皇が制定し，持統天皇が施行した。

Ⅲ 飛鳥
11 律令国家の形成

III 飛鳥時代　11 律令国家の形成

- [ ] **50** 持統天皇は，　★　年に飛鳥浄御原令にもとづいて　★★★　という戸籍をつくった。（京都大）

690，庚寅年籍

- [ ] **51** 持統天皇は，中国の都城制をモデルにして，　★★　年に　★★★　に遷都した。（國學院大）

694，藤原京

- [ ] **52** 藤原京は　★★★　・　★★　・　★★　の3天皇にわたって継承された。（同志社大）

持統，文武，元明

- [ ] **53** 藤原京は　★　山・　★　山・　★　山からなる大和三山に囲まれた地に営まれた。（上智大）

畝傍山，耳成山，天香久山

12 白鳳文化

ANSWERS □□□

- [ ] **1** 天武・持統天皇の時代になると律令国家の形成期に向けてあらたな文化がおこった。これを　★★★　文化という。（早稲田大）

白鳳文化

- [ ] **2** 白鳳文化は，中国の　★　文化の影響を受けている。
◆この文化は7世紀には新羅から伝えられた。（専修大）

初唐文化

- [ ] **3** 　★★★　天皇は，仏教による国家の繁栄を期待して，これを保護し統制する政策をとり，大官大寺・薬師寺などの官立の大寺院を建てた。（関西学院大）

天武天皇

- [ ] **4** 大官大寺は平城京遷都と共に　★★　に改称され，その京内に移された。（立命館大）

大安寺

- [ ] **5** 藤原京の四大寺は，　★★　寺・　★★　寺・　★　寺・弘福寺である。（早稲田大）
◆弘福寺は，別名川原寺とよばれた。

大官大寺，薬師寺，法興寺

- [ ] **6** 蘇我石川麻呂が創建した寺院は　★　である。（明治大）

山田寺

- [ ] **7** 天武天皇は，皇后の病気平癒のため　★★★　を建立した。（慶應大）

薬師寺

- [ ] **8** 　★★★　寺の東塔は三重塔であるが，各層に　★　がついていることから6層に見られた。（関西大）

薬師寺，裳階

9. ★ ★ は，★★★ を「凍れる音楽」と評したとされる。　　フェノロサ，薬師寺東塔
   ◆塔の頂上には，天女と飛雲を配した水煙がある。（学習院大）

10. ★★ 寺の本尊の頭部は ★★★ 寺に伝わっている。　　山田寺，興福寺
    （関西大）
    ◆これを興福寺仏頭という。
    ◆代表的仏像（薬師寺編）：『金堂薬師三尊像』・『東院堂聖観音像』
    ◆代表的仏像（法隆寺編）：『阿弥陀三尊像』・『夢違観音像』

11. 白鳳文化の ★★★ は，アジャンター石窟壁画や中国の ★ 石窟壁画との類似が指摘されている。　　法隆寺金堂壁画，敦煌石窟壁画
    ◆この壁画は1949年に，その大部分が焼損した。（慶應大）

12. 1972年奈良県明日香村で ★★★ の壁画が発見された。石槨内部の天井や壁には男女人物，★ 、星宿が描かれていた。　　高松塚古墳，四神
    （慶應大）
    ◆東西南北の四方の守護神である四神は，青龍（東）・白虎（西）・朱雀（南）・玄武（北）からなる。

13. 高松塚古墳壁画には ★ 〈国名〉の影響が強く見られる。　　高句麗
    （学習院大）

14. 　　　　　には，古墳壁画としては国内唯一の朱雀を含む四神などが描かれており，現在，壁画をはぎとって保存されている。　　キトラ古墳
    （早稲田大）

15. 白鳳時代の万葉歌人には，★★ ・ ★★ などがいる。　　額田王，柿本人麻呂
    （同志社大）
    ◆彼らの和歌は，奈良時代に成立した『万葉集』に見られる。

16. 白鳳時代の漢詩人には，★★ ・ ★ などがいる。　　大津皇子，大友皇子
    （立命館大）
    ◆彼らの漢詩は，奈良時代に成立した日本最古の漢詩集『懐風藻（かいふうそう）』に見られる。

III 飛鳥

12 白鳳文化

飛鳥時代　超ハイレベル問題

日本史を極めたい人のための 超ハイレベル問題

□**1** 朝鮮半島における倭国の後退を防ぐため，527年，□□〈人名〉の率いる軍隊が朝鮮に派遣された。 (関東学院大)

近江毛野

□**2** 推古天皇は，□□年に□□宮で即位し，のちに□□宮に遷都した。 (関西大)

592，豊浦宮，小墾田宮

□**3** 厩戸王（聖徳太子）の宮殿は□□である。 (共立女子大)

斑鳩宮

□**4** 奈良県にある石舞台古墳は□□の墓といわれている。 (青山学院大)

蘇我馬子

□**5** 小野妹子が，派遣された隋で名乗っていた氏名は□□である。 (上智大)

蘇因高

□**6** 『飛鳥寺釈迦如来像』は□□年に，法隆寺金堂釈迦三尊像は□□年につくられた。 (駒澤大)

606，623

□**7** 大化改新に際し，葬制の簡素化を定めた法令が出された。その法令の名を□□という。 (立教大)

薄葬令

□**8** 薬師寺金堂薬師如来像の台座（須弥座）の装飾などにも見られる□□文様は，白鳳期に流行した代表的なデザインである。 (同志社大)

葡萄唐草文様

覚える必要全く無し!? おまけうんちくマニア問題

試験には出ない日本史 ~古代編~

III 飛鳥

□**1** 古事記には，日本の国をつくった祖神は，高天原（たかまがはら）に住んでいた ▢ と ▢ であるいう神話がある。
　◆この二人が結婚して，日本の数々の島や神を出産したとある。

伊邪那岐の命，
伊邪那美の命

□**2** 現在，八咫鏡は ▢ に，草薙剣は ▢ にある。

伊勢神宮，熱田神宮

□**3** 天叢雲剣は，高天原を追放されたあと出雲にやってきた ▢ が，八岐の大蛇を退治したとき，大蛇の尾から出現したものといわれている。
　◆八つの頭の大蛇に八つの酒樽を同時に飲ませ，酔わせて退治した。

素戔嗚尊

□**4** ▢ は，草むらの中で火に巻かれたとき，天叢雲剣で草を薙ぎ払って火の害から免れた。そのため，天叢雲剣は ▢ とよばれるようになった。
　◆この場所は静岡県で，焼津（やいづ）とよばれるようになった。

日本武尊，
草薙剣

□**5** １万円札の肖像画にもなった聖徳太子像に描かれている冠や衣装は ▢ 世紀のもので，聖徳太子が生きていた当時のものではない。
　◆そのため，描かれている人物は別人とする説もある。

8世紀

□**6** 元明天皇は『風土記』の編纂をさせる際に，長い地名では支障があるとして地名を全て ▢ にそろえるよう命じた。
　◆例えば「和泉（いずみ）」国はもともと「泉」一文字であったが，命令に応えるため縁起の良い「和」の字をつけて「和泉」となった。ただし読み方は変わらなかったため「いずみ」のまま残った。

漢字二文字

□**7** 安倍晴明が紙でつくった鳥は， ▢ に呪いをかけた法師のもとに飛んでいったといわれている。

藤原道長

□**8** 平清盛は， ▢ と祇園女御の妹の間に生まれた子であったため，18歳の若さで従四位という武士としては異例のスピード出世をしたといわれている。
　◆祇園女御は，平安後期の女性で，白河法皇の寵姫。

白河法皇

□**9** 瀬戸内海に生息する ▢ は，甲羅が怒った人の顔のように見えるため，「平家の落武者の怨念がのり移っている」といわれ，その名がついた。

平家蟹

IV 奈良時代
NARA PERIOD
710 — 794

13 律令体制（1）〜律令国家のしくみ〜

ANSWERS ☐☐☐

1 今日の刑法にあたるものを ★★★ といい，行政組織や租税，労役などの制度を規定したものを ★★★ という。 （法政大）

律，令

2 律令法は ★★★ 〈国名〉のそれを模範としてつくられた。 （関西学院大）

唐

3 701年には，★★★ や ★★★ が中心となって ★★★ を制定。律令国家の根本法典となった。 （早稲田大）

刑部親王，藤原不比等，大宝律令

4 大宝律令は，★★ 年，★★★ 天皇のときに制定された。 （関西学院大）

◆この天皇は，天武天皇の孫にあたる。

701，文武天皇

5 718年には，藤原不比等らによって ★★★ 律令が制定された。 （学習院大）

◆このときの天皇は元正天皇。

養老律令

6 ★★ 年になると，★★★ の制定した養老律令が ★★★ によって施行された。 （東海大）

757，藤原不比等，藤原仲麻呂

7 養老律令が施行されたときの天皇は ★★★ である。 （立教大）

孝謙天皇

8 中央官庁は，☐官 ★★ 省 ★★ 台 ★★ 衛府からなる。 （中央大）

二官，八省，一台，五衛府

9 二官とは，★★★ 官と ★★★ 官である。 （中央大）

神祇官，太政官

10 太政官の最高の官として ★★★ がおかれたが，この官は適任者がなければ常置せず，「則闕の官」といわれた。 （上智大）

太政大臣

11 ★★
重要政務は、<u>太政大臣</u>以下の ★★ によって構成される会議で審議された。　　　　　　　　（関西大）

公卿

◆公は<u>太政大臣・左大臣・右大臣</u>、卿は<u>大納言・中納言・参議・三位以上</u>。

12 ★
太政官には左右の ★ がおかれ、八省を統轄する事務を扱った。　　　　　　　　　　　　　　（中央大）

弁官

13 ★
<u>左弁官</u>は、<u>中務</u>省・<u>式部</u>省・<u>治部</u>省・ ★ 省からなる。　　　　　　　　　　　　　　　　　　（早稲田大）

民部省

◆<u>右弁官</u>は、兵部省・刑部省・大蔵省・宮内省からなる。

14 ★★★
詔書の作成、侍従の職務などを司るのは ★★★ 省である。　　　　　　　　　　　　　　　　　　（明治大）

中務省

15 ★★★
文官の人事、朝廷の儀式の実施等を司るのは ★★★ 省である。　　　　　　　　　　　　　　　　（青山学院大）

式部省

◆学問もこの省が担当した。

16 ★★
国家の仏事、外国使の接待などを司るのは ★★ 省である。　　　　　　　　　　　　　　　　　　（青山学院大）

治部省

17 ★★★
戸籍の管理や租税・財政のことを司るのは ★★★ 省である。　　　　　　　　　　　　　　　　　　（中央大）

民部省

18 ★★
裁判を扱ったのは ★★ 省である。　　（明治大）

刑部省

◆その他の省：兵部省（軍事を司る）・大蔵省（出納・物価を司る）

19 ★★
律令体制における役人の監察機関を ★★ という。　　　　　　　　　　　　　　　　　　　　　（関西大）

弾正台

20 ★★
京内宮中の警備を司る機関は ★★ である。（関西大）

五衛府

21 ★
↳これは、左右 ★ 、左右 ★ 、 ★ からなる。　　　　　　　　　　　　　　　　　　　　　（中央大）

衛士府, 兵衛府, 衛門府

14 律令体制(2) ～律令国家の支配組織～

ANSWERS ☐☐☐

1 ★★★
律令体制下、特別の機関として北九州に ★★★ 、難波津に ★★ 、京に ★★ がおかれた。（埼玉大）

大宰府, 摂津職, 京職

2 ★
大宰府は、別名 ★ とよばれた。　（立命館大）

遠の朝廷

IV 奈良時代　14 律令体制(2) 〜律令国家の支配組織〜

□3 大宰府には、外国の使臣の接待のため ★ が設けられていた。　(関西大)
→ 鴻臚館

□4 全国は五畿（畿内）・ ★★ の行政区に分けられた。　(同志社大)
→ 七道

□5 五畿（畿内）は、 ★★ ・ ★★ ・ ★★ ・ ★★ ・ ★★ の5カ国である。　(関西学院大)
→ 大和, 山背, 摂津, 河内, 和泉
◆山城国は、平安京遷都前は「山背国」と記していた。

□6 七道は、東海・ ★★ ・北陸・山陰・山陽・ ★★ ・ ★★ の各道であった。　(中央大)
→ 東山, 南海, 西海

□7 近江国は ★★ 道に属する。　(同志社大)
→ 東山道

□8 紀伊国は ★★ 道に属する。　(上智大)
→ 南海道

□9 淡路島は ★ 道に属する。　(上智大)
→ 南海道

□10 伊勢国・伊賀国・志摩国は ★ 道に属する。　(神奈川大)
→ 東海道
◆注意!! ☞ 7〜10 はいずれも「畿内」ではない！

□11 長門国は ★ 道に属する。　(立命館大)
→ 山陽道

□12 大宰府は ★★★ 道に属する。　(明治大)
→ 西海道
◆南海道（四国周辺）と西海道（九州周辺）の区別に注意！

□13 771年に、武蔵国は ＿＿＿ 道に所属がえとなった。　(学習院大)
→ 東海道

□14 畿内・七道の下に ★★★ ・ ★★★ ・ ★★★ が設けられた。　(関西学院大)
→ 国, 郡, 里

□15 ★★ 施行以前は「郡」の字のかわりに「 ★★★ 」の文字が用いられた。　(同志社大)
→ 大宝律令, 評

□16 評の文字が用いられていたことは、 ★★ から出土された ★★ で明らかとなった。　(中央大)
→ 藤原京, 木簡

□17 国・郡・里は、それぞれ ★★★ ・ ★★★ ・ ★★★ が管理した。　(立教大)
→ 国司, 郡司, 里長

□18 国司が事務をとった役所を ★★★ といい、その場所を ★★ という。　(横浜国立大)
→ 国衙, 国府

□19 ★★	郡司が事務をとった役所を ★★ という。 (関西大)	郡家（郡衙）
□20 ★★	国造は律令制のもとでは ★★ に任命されることが多く，国司の支配下で公民の支配を行った。 (福井大) ◆国司は中央政府から派遣された。	郡司
□21 ★	四等官は，長官・ ★ ・ ★ ・ ★ である。 (早稲田大)	次官，判官，主典
□22 ★★	国司は， ★★ ・ ★★ ・ ★ ・ ★ の四等官からなっていた。 (中央大)	守，介，掾，目
□23 ★	郡司は， ★ ・ ★ ・ ★ ・ ★ の四等官からなっていた。 (立教大)	大領，少領，主政，主帳
□24 ★	八省は， ★ ・輔・丞・録の四等官からなっていた。 (立命館大)	卿
□25 ★★	大宰府の長官は ★★ とよばれ，中央の大・中納言とほぼ同格の高官であった。 (学習院大) ◆大宰府の次官は大弐。	帥 師×
□26 ★★	厩戸王（聖徳太子）の定めた冠位十二階の制は，大化改新以降たびたび改正され，大宝律令で ★★ 制へ切りかわった。 (南山大)	位階
□27	大宝律令で ▢ 階の位階制となった。 (早稲田大) ◆最高位は正一位，最低位は少初位下。	30
□28 ★★★	役人はそれぞれの位階に応じた官職に任命された。この制度を ★★★ という。 (東洋大)	官位相当の制
□29 ★★★	★★★ とは，父や祖父の位階に応じて一定の位階が授けられた制度である。 (関西学院大)	蔭位の制
□30 ★★	★★ 位以上までの子と， ★★ 位以上までの孫に，蔭位の制の特典が及んだ。 (早稲田大)	五，三
□31 ★	位階に応じて ★ という田地が，官職に応じて ★ という田地が与えられた。 (成城大)	位田，職田
□32	公田，口分田，位田，職田以外には，功労で給せられる功田や，その他の特別の事情で給せられる ▢ などがあった。 (同志社大)	賜田

IV 奈良

14 律令体制(2) 〜律令国家の支配組織〜

IV 奈良時代　14 律令体制(2) ~律令国家の支配組織~

☐33 位階に応じて与えられる封戸を ★ ，官職に応じて与えられる封戸を ★ という。 （関西大）

位封,
職封

◆春秋の年2回官人に給するものは「季禄（きろく）」といった。

☐34 ★ は，位階・官職に応じ皇族・貴族に支給される従者である。 （関西大）

資人

☐35 律に定められた5種の刑罰（五刑）とは， ★★ ・ ★ ・ ★ ・ ★ ・ ★ である。 （中央大）

笞，杖，徒，流，死

☐36 律では，国家・天皇・尊属に対する罪を重罪としたが，それらの罪を ★★ とよんだ。 （早稲田大）

八虐

◆謀反・不孝など，有位者でも減免されない8つの重い罪。

15 律令体制(3) ~律令国家の税制~

ANSWERS ☐☐☐

☐1 里は ★★★ 戸からなった。 （國學院大）

50

☐2 奈良時代，里は ★★ に改められ，その下に5戸をもって構成する ★ が設けられた。 （慶應大）

郷，
保

☐3 里の下にある班田や租税負担の単位を ★ ，実際の生活単位である小家族を ★ という。 （甲南大）

郷戸，
房戸

☐4 律令体制下における ★★★ は，唐の制度にならって定められた土地制度である。 （日本大）

班田収授法

☐5 ↳この制度は，唐の ★ にならって導入された。 （関西学院大）

均田法

☐6 班田収授を行う年を ★★ といい，その際， ★★★ が作成された。 （日本大）

班年，戸籍

☐7 庸・調を課税するもととなった台帳を ★★★ という。 （実践女子大）

計帳

☐8 戸籍は ★★★ 年に1度つくられた。 （京都大）

6

◆計帳は毎年作成された。

☐9 戸籍は ★★ を代表者とする戸（郷戸）単位で記載された。 （関西学院大）

戸主

IV 奈良 15 律令体制(3)〜律令国家の税制〜

☐**10** ★ 一般の戸籍は ★ 年（＝5比）を過ぎると廃棄された。　（駒澤大）
30

☐**11** ★★★ ★★★ は、　　　をただす根本台帳として永久保存が義務づけられた。　（駒澤大）
庚午年籍, 氏姓

☐**12** ★★★ 口分田の班給は ★★★ 年に1度、★★★ 歳以上の男女に行われた。　（関西学院大）
◆口分田は、死後班年（はんねん）を待って収公された。
6, 6

☐**13** ★★★ ★★★ 歩＝1段（反）、10段＝1 ★ と定められた。　（京都府立大）
360, 町

☐**14** ★★★ 良民の口分田は、男子は ★★★ 段、女子は ★★★ 段 ★★★ 歩である。　（中央大）
◆女子の口分田は、男子の3分の2。
2, 1, 120

☐**15** ★★ 律令体制下における農地の土地区画制度を ★★ という。　（中央大）
条里制

☐**16** ★★★ 律令制のもとでは、生産された稲穀の一部が ★★★ という税目で国家に納められた。　（学習院大）
租

☐**17** ★★ 1段あたりの租は、★★ 束 ★★ 把である。
◆のちに1段あたり1束5把に変更された。　（関西学院大）
2, 2

☐**18** ★ 租は、公定収穫量の約 ★ ％にあたる。　（法政大）
3

☐**19** ★★ 租を納める田は ★★ と総称され、神田・寺田は租が免除された。　（中央大）
◆職田も租は免除されたが、郡司の職田の租は免除されなかった。
輸租田

☐**20** ★★★ 絹・糸・布などの各地の特産品を中央政府に納める負担を ★★★ という。　（札幌学院大）
調

☐**21** ★★★ ★★★ は、★★ とよばれる労役のかわりに布を納めるものであった。　（早稲田大）
庸, 歳役

☐**22** ★★ 庸は、歳役 ★★ 日のかわりに、正丁に布 ★★ 丈 ★★ 尺を納めさせるものであった。　（関西学院大）
10, 2, 6

☐**23** ★★★ 租庸調のうち、★★★ は地方の財源、★★★ と ★★★ は中央の財源となった。　（関西大）
租, 庸, 調

IV 奈良時代　15 律令体制(3) 〜律令国家の税制〜

24 庸・調などの貢納物を中央まで運搬する人夫役を ★★★ という。（埼玉大）　運脚
◆これは正丁の義務で，食料は自弁（自分で費用を出すこと）であった。

25 調・庸などにつけられた納入者を示す荷札を ★★ という。（中央大）　木簡

26 農民には，一定の日数に限り地方官庁である ★ などで使役する ★★★ を課した。（早稲田大）　国衙，雑徭

27 正丁の負担する雑徭は ★★★ 日である。（関西学院大）　60

28 正丁は ★★ 歳から ★★ 歳までである。（共立女子大）　21，60

29 中男は ★ 歳から ★ 歳までである。（上智大）　17，20

30 次丁は ★ 歳から ★ 歳までである。（上智大）　61，65

31 庸・調・雑徭のうち中男が免除されたのは，★ である。（同志社大）　庸
◆畿内農民は，調の半分と，庸の全額が免除された。

32 次丁の庸・調・雑徭は正丁の ★ 分の1，中男の調・雑徭は，正丁の ★ 分の1である。（上智大）　2，4

33 ★★ とは，凶作に備えて粟を納めることである。（駒澤大）　義倉

34 ★★★ とは，春に稲を貸し与え，秋の収穫時に利息と共に返済させる制度である。（京都産業大）　出挙

35 ↳この制度には，国家が行う ★★ のほか，民間で行われる ★★ もあった。（学習院大）　公出挙，私出挙

36 公出挙の利息は ★★ 割である。（駒澤大）　5
◆私出挙の利息は10割程度。

37 1里ごとに2人の ★ が，都の官庁の雑役夫として出されることになっていた。（西南学院大）　仕丁

□38 口分田等を班給した残りの田を [★] という。　乗田（公田）
（東京経済大）

◆園宅地は私有地，山川藪沢は共有地として利用された。

□39 乗田などを賃貸借することを賃租といい，収穫の [★★] 分の [★★] を [★★] として太政官に納めた。　5, 1, 地子
（成城大）

□40 各国に設置された兵士の集団を [★★] という。　軍団
（明治大）

□41 兵士の一部は，中央で [★★★] として宮城の警備にあたった。一方で九州で軍務につく兵士たちは [★★★] とよんだ。　衛士，防人
（同志社大）

□42 兵士の任期は，衛士は [★] 年，防人は [★] 年であった。　1, 3
（立命館大）

□43 律令体制下では，人々は国家によって [★] と [★] の2種類に大別された。　良民，賤民
（慶應大）

□44 律令体制下の賤民は，総称して [★★] とよばれた。　五色の賤
（埼玉大）

□45 官有の賤民には [★★]・[★★]・[★★] があり，私有の賤民には [★★]・[★★] がある。　陵戸, 官戸, 公奴婢, 家人, 私奴婢
（立正大）

□46 民間の賤民で戸を成して生活し，売買されなかったものを [★] という。　家人
（明治大）

◆公奴婢・私奴婢は，戸の形成が許されず，売買の対象となった。

□47 家人・私奴婢は，良民男女の [★★★] 分の [★★★] の口分田が与えられた。　3, 1
（法政大）

◆官有の賤民は，良民と同じ口分田が与えられた。

□48 [★]・[★] は良民の地位を与えられながら，実質は良民と賤民の中間に位置して，諸官司に組織され，特殊な技芸や特定の労役を義務づけられていた。　品部, 雑戸
（福岡大）

Ⅳ 奈良

15 律令体制(3) 〜律令国家の税制〜

16 奈良時代の政治(1) ～平城京の時代～

1 710年，元明天皇は ★★★ への遷都を行った。 (大東文化大)
→ 平城京

2 平城京遷都は ★★ 年に行われた。 (日本大)
→ 710
◆この年は和銅3年にあたる。

3 ↳このときの天皇は ★★★ 天皇である。 (立教大)
→ 元明天皇
◆この天皇は女帝で，父は天智天皇。

4 平城京は，当時の中国の首都 ★★ にならった広大な都城である。 (新潟大)
→ 長安

5 平城京は藤原京の短所を唐の □ 城を手本に手直ししたものである。 (京都大)
→ 長安城

6 平城京は，★★★ 制によって，そのほぼ全体が整然と区画されている。 (北海道大)
→ 条坊制

7 平城京は北部中央に宮城をもち，南北に貫く ★★ によって左京・右京に分けられ，その南端には ★★ が設けられた。 (学習院大)
→ 朱雀大路，羅城門

8 平城宮には，天皇の日常生活の場である ★ や，政務を行う ★ などがあった。 (同志社大)
→ 内裏，朝堂院

9 平城京は，朱雀大路を挟んで東側を ★★★ ，西側を ★★★ と区分していた。 (早稲田大)
→ 左京，右京
◆天皇のいる内裏側から見ると，左は東で，右は西となるため。

10 平城京は，東側に ★★ とよばれる広い張り出し区画があった。 (北海道大)
→ 外京
◆右京の北側に張り出した部分を，右京の北辺(ほくへん／きたのへ)という。

11 平城京の左京におかれた市を ★★ ，右京におかれた市を ★★ という。 (日本大)
→ 東市，西市

12 平城京には東市と西市がおかれ，東西 ★ によって管理されていた。 (同志社大)
→ 市司
◆大和には軽市・海石榴市があった。

13 708年には ★★★ とよばれる銭貨が鋳造された。 (同志社大)
→ 和同開珎
銅×宝

IV 奈良 ⑯ 奈良時代の政治(1) 〜平城京の時代〜

- ⑭ [★★] 天皇は，[★] 国から銅が献上されたことをきっかけに，元号を [★★] と改元し，銭貨を鋳造させた。 （立教大）
  元明天皇，武蔵国，和銅
  同×

- ⑮ 和同開珎は，唐の王朝が発行した [★] にならって [★★] 年に鋳造された。 （立命館大）
  開元通宝，708
  ◆和同開珎は，銀銭と銅銭が発行された。

- ⑯ 和同開珎は，[   ] 国や [   ] 国などにおかれた [   ] で鋳造された。 （慶應大）
  周防国，山背国，鋳銭司

- ⑰ 和同開珎から平安時代の中頃までつくられた貨幣を総称して [★★] という。 （南山大）
  本朝(皇朝)十二銭

- ⑱ 711年には，貨幣の流通をはかるため [★★] が出された。 （東海大）
  蓄銭叙位令
  ◆当時は，米・絹・布などが貨幣の役目をしていた。

- ⑲ 中央と地方を結ぶ交通・通信制度として [★★] がしかれた。 （学習院大）
  駅制

- ⑳ 中央から地方へは [★★] 〈駅路〉が七道の諸地域に向けて整備されており，途中の約 [★★] km ごとに [★★★] が設置され公用の際に使われた。 （上智大）
  官道，16，駅家
  ◆30里にあたる。

- ㉑ 駅家には一定数の [★] が配されており，[★] をもった役人が使役できた。 （青山学院大）
  駅馬，駅鈴

- ㉒ 奈良時代におかれていた三関は，[★] 関，[★] 関，[★] 関からなる。 （関西学院大）
  鈴鹿関，不破関，愛発関
  ◆平安時代には，愛発関にかわり逢坂関となった。

- ㉓ 東海道には [★] 関，[   ] 道には不破関，北陸道には愛発関がおかれた。 （慶應大）
  鈴鹿関，東山道

- ㉔ 鈴鹿関は伊勢国に，不破関は [   ] 国に設けられた。 （関西大）
  美濃国

- ㉕ 749年には [★★] 国から金が献上された。 （同志社大）
  陸奥国

IV 奈良時代　16 奈良時代の政治(1) ～平城京の時代～

26 石油は◻◻◻国から産出された。　　　　（同志社大）　越後国
◆その他の産出物：銅（周防・武蔵・長門）・銀（対馬）・鉄（近江・美作）・水銀（伊勢）

27 712年に, 越後国と陸奥国をさいて★★国をおいた。　　　　（青山学院大）　出羽国

28 ★★ は, 708年頃, 最上川流域に設置されたとされる ★ が733年に移転されたものであるという。　　　　（青山学院大）　秋田城, 出羽柵

29 724年, 蝦夷を支配するために築かれた施設の名称は ★★★ で, 設置された役所の名称は ★★★ である。　　　　（和歌山大）　多賀城, 鎮守府
◆設置した人物は大野東人。

30 ↳この城は, ★ 国（現在の ★ 県）にあった。　　　　（京都大）　陸奥国, 宮城
◆多賀城のような古代東北地方に設置された城のことを城柵という。

31 720年, 大伴旅人が中心になって, ★★ 国の隼人が征討された。　　　　（共立女子大）　大隅
◆南西諸島の屋久島・種子島も朝廷に服属した。

32 ★★ とは, 薩摩・大隅地方に住む人々で, 長く政府に反抗していた。　　　　（東京農業大）　隼人

33 遣唐使は, 702年に遣唐大使 ★★ らを派遣して再開する。　　　　（慶應大）　粟田真人
◆遣唐使は, およそ20年に一度派遣された。

34 遣唐使船は◻◻◻から船出をした。　　　　（関西学院大）　難波津

35 遣唐使派遣の経路は, 最初 ★ , 次いで◻◻◻, 最後の頃は ★★ がとられた。　　　　（同志社大）　北路, 南島路, 南路　東×

36 遣唐使が南路をとらざるをえなくなった背景には, ★★ との関係悪化がある。　　　　（立教大）　新羅

37 遣唐使の留学生には, 入唐後に朝衡と改名し王維・李白らと交流した ★★★ がいる。彼は帰国を試みたがはたせず, 玄宗皇帝に仕えて唐で没した。　　　　（関西大）　阿倍仲麻呂　安部×

■38 752年の遣唐大使 [＿＿＿] は帰国時に渡海に失敗し，その後も安史の乱を理由に帰国を許されず，唐朝に仕えて生涯を終えた。 (慶應大) 藤原清河

◆奈良時代のその他の主な遣唐使：吉備真備・玄昉・山上憶良

■39 ★★★ 7世紀末に中国東北部におこった [★★★]〈国名〉は，唐や新羅に対抗する必要から日本に使いを送った。 (岡山大) 渤海

■40 ★★ 渤海使が越前国敦賀付近で滞在した施設を [★★] とよび，ほかにも滞在施設として [★] がおかれた。 (同志社大) 松原客院, 能登客院

■41 ★ 8世紀半ば，[★] は新羅征討軍を送ることを計画した。 (同志社大) 藤原仲麻呂

17 奈良時代の政治 (2) 〜奈良時代の政変〜

ANSWERS □□□

■1 ★★★ 奈良時代初期に権勢をふるったのは，中臣鎌足の子の [★★★] である。 (法政大) 藤原不比等

■2 ★ ↳この人物は，娘宮子を [★] 天皇の夫人とした。 (学習院大) 文武天皇

■3 ★★★ 藤原不比等の死後，[★★] 天皇のもとで [★★★] が政治の実権を握った。 (上智大) 元正天皇, 長屋王

◆後者は，最終的に左大臣にまでのぼりつめた。

■4 ★ 長屋王は [★] 天皇の孫にあたる。 (慶應大) 天武天皇

◆長屋王の父は高市皇子。

■5 ★★★ 長屋王政権のもとで，人口増加に伴う口分田の不足に対処するため，722年には [★★★] が出され，その翌年には [★★★] が出された。 (学習院大) 百万町歩開墾計画, 三世一身法

◆当時の天皇は元正天皇。

■6 ★★★ 百万町歩開墾計画は，[★★★] 政権の [★★] 年に出された。 (中央大) 長屋王, 722

■7 ★★★ 三世一身法は，[★★★] 政権の [★★] 年に出された。 (関西大) 長屋王, 723

IV 奈良時代 17 奈良時代の政治(2) ～奈良時代の政変～

8 ★★ 「養老七年の格」は，★★ のことをさす。（学習院大）　→ 三世一身法

9 ★★★ ★★★ 天皇は，藤原不比等の孫であり，不比等の娘光明子を皇后とした。（立教大）　→ 聖武天皇

◆この天皇の父は文武天皇で，母は宮子。

10 聖武天皇は □ 年に即位した。（東洋大）　→ 724

11 ★★★ 聖武天皇が即位すると，★★★ の四人の子は政界に進出した。（國學院大）　→ 藤原不比等

12 ★★ 藤原南家の祖は藤原 ★★ であり，北家の祖は藤原 ★★ ，京家の祖は藤原 ★★ ，式家の祖は藤原 ★★ である。（國學院大）　→ 藤原武智麻呂，藤原房前，藤原麻呂，藤原宇合

◆藤原四子の長兄は武智麻呂。

13 ★★★ 729年，藤原四子は，左大臣の ★★★ に謀反の疑いをかけて自殺させた。（上智大）　→ 長屋王

◆長屋王の妻は吉備内親王。

14 ★★★ 藤原不比等と県犬養三千代との間に生まれた ★★★ は，聖武天皇の ★★ となった。（関西学院大）　→ 光明子，皇后

◆県犬養三千代は，橘諸兄の母でもある。

15 ★★★ 藤原四子の死後，皇族出身の ★★★ が政権を握り，唐から戻った ★★★ ・ ★★★ を登用した。（上智大）　→ 橘諸兄，吉備真備，玄昉

16 ★★★ 740年には九州で ★★★ の乱が勃発した。（法政大）　→ 藤原広嗣の乱

17 ★★ 藤原 ★★ 家の祖 ★★ の子である藤原広嗣は □ に任じられ，九州に遠ざけられていた。（関西学院大）　→ 式家，藤原宇合，大宰少弐

18 ★★★ 藤原広嗣は，★★★ および ★★★ の追放を求めて，九州の ★ で反乱をおこした。（同志社大）　→ 玄昉，吉備真備，大宰府，太×

19 ★★ 聖武天皇は，藤原広嗣の乱の平城京への波及をおそれ，山背国の ★★ に遷都した。（学習院大）　→ 恭仁京

20 ★★ 聖武天皇は，恭仁京，摂津国 ★★ ，近江国 ★★ など，都を転々とした。（國學院大）　→ 難波宮，紫香楽宮

21 ★ 国分寺建立の詔は ★ 年に出された。（関西大）　→ 741

IV 奈良

17 奈良時代の政治(2) ～奈良時代の政変～

□22 ★★ ［★★］年に，大仏（盧舎那仏）造立の詔が［★★］宮で出された。　（早稲田大）

743，紫香楽宮

◆当時の天皇は聖武天皇。政権担当者は橘諸兄。
◆当時の都は恭仁京で，詔が出された場所とは異なる。

□23 ★★ 大仏造立の際に大僧正に任じられた，当時社会事業を行っていた僧侶は［★★］である。　（京都大）

行基

□24 ★★★ 743年には［★★★］が出され，この後，貴族や大寺院などが墾田開発に熱心にとり組むようになった。　（学習院大）

墾田永年私財法

◆この法は「天平十五年の格」ともいわれた。
◆大仏造立の詔と同じ年に出された。

□25 墾田の面積は身分に応じて制限され，一品の親王や一位は［　　］町，初位以下庶民の場合は10町を限度とした。ただし，郡司については，大領・少領は［　　］町，主政・主帳は10町を限度とした。　（中央大）

500，30

□26 ★ 大仏開眼供養は，［★］年に［★］天皇のもとで行われた。　（早稲田大）

752，孝謙天皇

◆大仏は，大仏師国中公麻呂の技術でつくられた。

□27 大仏開眼供養は，インド僧［　　］を開眼導師とした。　（専修大）

菩提僊那

◆林邑僧の仏哲も招かれた。

□28 ★★★ 光明皇太后の信任を得て台頭した［★★★］は，757年に［★★★］らの勢力を倒した。　（上智大）

藤原仲麻呂，橘奈良麻呂

□29 ★ 藤原仲麻呂は，藤原［★］の孫で，藤原［★］の子である。　（明治大）

藤原不比等，藤原武智麻呂

□30 ★★★ 藤原仲麻呂は，自らのことを唐風に［★★★］と名乗った。　（立教大）

恵美押勝

◆藤原仲麻呂は紫微中台の長官であり，太師（太政大臣のこと）であった。

□31 ★★★ ［★★］上皇の信頼が［★★★］に移ったため，764年に恵美押勝は反乱をおこした。　（上智大）

孝謙上皇，道鏡

◆760年の光明皇太后の死が，恵美押勝の権力にかげりをもたらしていた。

□32 ★★ 恵美押勝の乱の結果，［★★］天皇は淡路に流された。　（関西学院大）

淳仁天皇

IV 奈良時代　17 奈良時代の政治(2) ～奈良時代の政変～

33 孝謙上皇は重祚して ★★ 天皇となった。　（慶應大）
→ 称徳天皇

34 道鏡は，765年には ★ ，翌年には ★★ となった。　（青山学院大）
→ 太政大臣禅師，法王

35 765年，道鏡政権は ★ などをのぞいて新規の開墾を禁止した。　（関西大）
→ 寺院

36 769年，道鏡は皇位を狙って ★★ 事件をおこしたが， ★★ に阻止された。　（東洋大）
→ 宇佐八幡宮神託事件，和気清麻呂

37 称徳天皇の没後，式家の ★★ らは， ★★ 天皇の孫にあたる光仁天皇を立てた。　（実践女子大）
→ 藤原百川，天智天皇

38 770年，道鏡は現在の ★ 県にあった ★★ へ追放された。　（慶應大）
→ 栃木，下野薬師寺

39 772年， □□□ 天皇のときに開墾制限は撤廃され， ★★★ 荘園が誕生した。　（慶應大）
→ 光仁天皇，初期荘園

40 生活の苦しい農民が，口分田を捨て，戸籍に登録されている土地を離れて他所にのがれる行為を ★★★ という。　（立命館大）
→ 浮浪
◆行先不明で調・庸も納めないことを「逃亡」という。

41 生活の苦しい農民が，戸籍の男女の性別・年齢を偽ることを ★★ という。　（同志社大）
→ 偽籍

42 勝手に僧侶の姿をしたりして，課役をのがれようとする者を，正式に得度した僧侶に対して ★ という。　（京都大）
→ 私度僧

43 律令国家時代における婚姻形態は ★ が一般的であった。　（早稲田大）
→ 妻問婚

18 天平文化 (1) ～鎮護国家の仏教～

ANSWERS □□□

1 天平文化は， ★★ 文化の影響を受けた国際色豊かな文化である。　（明治大）
→ 盛唐文化
◆天平文化は聖武天皇の時代の年号にちなんで名づけられた。

IV 奈良

18 天平文化(1) 〜鎮護国家の仏教〜

- ☐2 奈良時代の国家仏教のあり方を端的に示す思想(言葉)は ★★★ である。 (首都大)
  → 鎮護国家

- ☐3 南都六宗は，★★ 宗・★★ 宗・★★ 宗・★★ 宗・★★ 宗・★★ 宗の各学派からなる。 (横浜国立大)
  → 三論宗，成実宗，法相宗，華厳宗，律宗，倶舎宗

- ☐4 道昭が唐の玄奘に学んで伝えた学派は ★★ である。この学派の義淵のもとからは，奈良時代に活躍する多くの僧が輩出された。 (立命館大)
  → 法相宗
  ◆この学派からは，行基・玄昉・道鏡などが輩出された。

- ☐5 奈良時代に，民衆に仏教の布教を行ったことで著名な人物は ★★★ である。 (宮崎大)
  → 行基

- ☐6 南都六宗のうち ★★ は良弁らによって広められ，東大寺を中心に講説された。 (関西大)
  → 華厳宗

- ☐7 南都六宗のうち鑑真の渡来によって隆盛した宗派(学派)は ★★ である。 (埼玉大)
  → 律宗

- ☐8 総国分寺である ★★ は，★ 宗の寺院で，★ 国の国分寺でもある。 (慶應大)
  → 東大寺，華厳宗，大和国

- ☐9 国分寺の正式名称は ★ ，国分尼寺の正式名称は ★ である。 (青山学院大)
  → 金光明四天王護国之寺，法華滅罪之寺

- ☐10 国分寺で読ませた経典は ★ ，国分尼寺で読ませた経典は ★ である。 (明治大)
  → 金光明最勝王経，法華経(妙法蓮華経)

- ☐11 国分寺は ___ 人の僧が，国分尼寺は ___ 人の尼が配置された。 (青山学院大)
  → 20，10

- ☐12 国王が仏教を尊崇すれば諸仏が国を護ってくれることを説く経典を「護国の経典」といい，★★ 経や法華経，仁王経を読経・写経させた。 (明治大)
  → 金光明経
  ◆法華経の正式名称は妙法蓮華経。

- ☐13 唐僧 ★★★ は，東大寺に初めて ★★★ を設けて聖武天皇らを授戒した。 (成城大)
  → 鑑真，戒壇(戒壇院)
  ◆授戒とは，仏教において僧が守らねばならない戒律という規範を授けること。

IV 奈良時代　18 天平文化(1) 〜鎮護国家の仏教〜

☐14 東大寺には，[★]という仏教の戒律を授ける施設がおかれた。　(京都大)
→ 戒壇(戒壇院)

☐15 正式に僧侶になることを[★]という。　(早稲田大)
→ 得度

☐16 本朝(天下)三戒壇は，東大寺・[★]・[★]である。　(東洋大)
→ 筑紫観世音寺，下野薬師寺

☐17 南都七大寺は，[★]・[★]・[★]・[★]・興福寺・東大寺・[★]である。　(早稲田大)
◆唐招提寺は南都七大寺ではない。
→ 元興寺，法隆寺，薬師寺，大安寺，西大寺

☐18 毎年法華会が行われている天平時代の仏像を収めた東大寺の建築を[★]という。　(明治学院大)
◆創建当時のもので現存する唯一の門に東大寺転害門がある。
◆盧舎那仏を安置している殿堂を東大寺大仏殿という。
→ 東大寺法華堂(三月堂)

☐19 鑑真は，来日して[★★★]寺を開いた。　(関西学院大)
→ 唐招提寺

☐20 法隆寺の[★★★]や伝法堂は，天平文化の代表的建築物である。　(明治大)
→ 夢殿

☐21 平城京遷都の年には，藤原氏の氏寺である厩坂寺が，移建されて[★★★]と寺名をかえた。　(青山学院大)
◆藤原氏の氏神は春日神社。
→ 興福寺

☐22 興福寺の前身は，[   ]の創建した山階寺である。　(青山学院大)
→ 藤原鎌足

☐23 西大寺は，[★]が創建した。　(青山学院大)
◆西大寺は恵美押勝の乱の鎮定を祈念して建立された。
→ 称徳天皇

☐24 天平文化の仏像彫刻の技法には，粘土を固めてつくる[★★★]や，漆で麻布を固めて像の表面を形成する[★★★]がある。　(明治大)
→ 塑像，乾漆像

☐25 乾漆像には，東大寺法華堂の『[★★]』や，興福寺の『[★★]』などがある。　(同志社大)
◆主な塑像：『日光・月光菩薩像』・『執金剛神像』(東大寺法華堂)・『四天王像』(東大寺戒壇院)
→ 不空羂索観音像，阿修羅像

☐26 [★★]寺[★★]像は，三面六臂の脱乾漆による仏像で，八部衆の一つである。　(明治学院大)
→ 興福寺，阿修羅像

☐27 東大寺戒壇院 ★ 像は，塑像の代表的な作品として有名である。 (関西大)

四天王像

◆主な乾漆像：『鑑真和上像』『金堂盧舎那仏像』（唐招提寺）・『十大弟子像』（興福寺）

☐28 『東大寺戒壇院四天王像』の四天王とは，□・□・□・□である。 (共立女子大)

持国天，増長天，広目天，多聞天

☐29 ★★ の発願によって，百万塔とよばれる木製の小塔がつくられ，これに納められた ★★ は，年代の明確な世界最古の印刷物といわれる。 (学習院大)

称徳天皇，陀羅尼経

19 天平文化(2) ～天平文化の展開～

ANSWERS ☐☐☐

☐1 律令時代の教育機関としては，中央に ★★★ ，地方に ★★★ が設けられていた。 (関西大)

大学，国学

☐2 大学では， ★ 位以上の貴族と，東西□の子弟が学んだ。 (早稲田大)

五，史部

☐3 国学では主に ★★★ の子弟を学生に採用した。 (中央大)

郡司

☐4 大学では，儒教の経典を学習する ★ 道や，法律を学ぶ明法道を主体にしていた。 (立命館大)

明経道

☐5 律令制のもとで大学寮を管轄していたのは ★★ 省である。 (早稲田大)

式部省

☐6 石上宅嗣は自らの蔵書を公開し，図書館の先がけといわれる ★★★ を設けた。 (中央大)

芸亭

☐7 ★★★ は，わが国最初の公開図書館を開いた。 (慶應大)

石上宅嗣

☐8 712年に編纂された歴史書は『 ★★★ 』，720年に編纂された歴史書は『 ★★★ 』である。 (首都大)

古事記，日本書紀

☐9 『古事記』を筆録したのは ★★★ である。 (早稲田大)

太安万侶（安麻呂）

◆この歴史書には，神代から推古天皇の頃までの記述がある。

IV 奈良時代 19 天平文化(2)～天平文化の展開～

□10 『古事記』は，古くから伝わる「帝紀」と「旧辞」を ★ が点検し，これを ★★★ によみならわせたものを，のちに筆録したものである。 (成城大)
　天武天皇，稗田阿礼
◆この人物は，天武天皇の命で暗誦していた。

□11 『古事記』は ★★ 天皇に献上された。 (中央大)
　元明天皇

□12 『日本書紀』は，720年に ★★★ 天皇に奏上された。 (関西学院大)
　元正天皇

□13 『日本書紀』の編集は ★★ が中心となった。 (同志社大)
　舎人親王
◆この歴史書には，神代から持統天皇の頃までの記述がある。

□14 『日本書紀』の文体は ★ で， ★ 体という体裁で記されている。 (首都大)
　漢文，編年体
◆『古事記』は紀伝体で記されている。

□15 国家の正史として，『日本書紀』のあと，『 ★★★ 』・『 ★★ 』・『 ★★ 』・『 ★★ 』・『 ★★★ 』という順でつくられた。これらを総称して六国史という。 (明治大)
　続日本紀，日本後紀，続日本後紀，日本文徳天皇実録，日本三代実録
◆六国史は，編年体(年の順を追って書き記す体裁)で記された。

□16 713年に，各地の自然や物産，歴史，風俗などを筆録した『 ★★★ 』が編纂された。 (中央大)
　風土記

□17 ★★ ・ ★★ ・ ★★ ・ ★★ ・ ★★ の『風土記』が現存する。 (同志社大)
　出雲，常陸，播磨，肥前，豊後

□18 ★★ の『風土記』は，ほぼ完全な状態で現存している。 (日本大)
　出雲

□19 ★ 年に成立した『 ★★★ 』は現存最古の漢詩文集である。 (京都大)
　751，懐風藻

□20 『懐風藻』に多くの漢詩を残した奈良時代の代表的詩人に， ★★ ・ ★★ ・長屋王などがいる。 (関西大)
　石上宅嗣，淡海三船
◆大津皇子・大友皇子は，白鳳時代の漢詩人。

□21 ★ は，『唐大和上東征伝』の著者である。 (関西大)
　淡海三船
◆『唐大和上東征伝』は，鑑真の伝記。

IV 奈良

19 天平文化(2) 〜天平文化の展開〜

22 わが国最古の歌集である『★★★』は，★ らによって□年頃に成立した。 (成城大)
→ 万葉集, 大伴家持, 770
◆万葉集には約4500首の歌が収められている。

23 奈良時代には，漢字の楷書や行書を仮名として利用した ★ が多く使われたといわれる。 (同志社大)
→ 万葉仮名

24 『万葉集』に収録されている東国の民謡を ★★ という。 (専修大)
→ 東歌
◆九州に兵士として送られた東国農民の歌は防人(さきもり)の歌。

25 当時の人々の苦しい生活実態は，『万葉集』巻五に収められた山上憶良の長歌である「★★★」に描写されている。 (明治大)
→ 貧窮問答歌
◆彼は，遣唐使の経験者でもある。

26 ★★★ のつくった貧窮問答歌には，厳しい税の徴収を行う里長をよんだ歌がある。 (立教大)
→ 山上憶良

27 山上憶良が筑前在任時，大宰帥として同じく彼の地にあり，彼の作歌活動に刺激を与えた同世代の万葉歌人は□である。 (京都大)
→ 大伴旅人

28 聖武天皇の遺品を中心とする多くの工芸品や大量の文書を伝えてきた建物を ★★★ という。 (北海道大)
→ 正倉院
◆遺品は光明皇太后が寄進したもの。

29 ★★ にある正倉院宝庫は，★★ という建築様式の建築物である。 (津田塾大)
→ 東大寺, 校倉造
◆正倉院宝物：『螺鈿紫檀五絃琵琶』・『銀薫炉』・『白瑠璃碗』・『漆胡瓶』・『楽毅論』(光明皇后の書)・『雑集』(聖武天皇の書)

30 天平文化の絵画の代表作は，薬師寺の『★★』や，正倉院の『★★』がある。 (明治大)
→ 吉祥天像, 鳥毛立女屏風
◆その他の絵画：『過去現在絵因果経』(現存最古の絵巻物)

31 光明皇后は仏教思想にもとづいて，孤児・貧窮者を収容する ★★ や医療を行った ★ を平城京に設置した。 (立命館大)
→ 悲田院, 施薬院

32 法均とも号した ★ は，孤児養育などを仏教思想にもとづいて行った。 (慶應大)
→ 和気広虫

IV 奈良時代 ■ 超ハイレベル問題

IV 日本史を極めたい人のための 超ハイレベル問題

□**1** ［　　　］は笞罪までの裁判権をもった。　（関西学院大）　　郡司

□**2** 租は，［　　　］にある［　　　］に納められた。　（聖心女子大）　　郡衙（国衙），正倉

□**3** 租の一部は［　　　］として京に送られた。　（駒澤大）　　舂米

□**4** 正丁には，正規の調に加えて［　　　］も徴収された。　（駒澤大）　　調の副物

□**5** 長安城には城壁にあたる［　　　］がめぐるが，平城京には一部にしかなかった。　（立命館大）　　羅城

□**6** 平城京は，左京の五条以北は［　　　］坊まで張り出していた。　（同志社大）　　七坊

□**7** 平城京は，東の［　　　］山，北の奈良山，西の生駒山の三山が鎮めとなっている。　（甲南大）　　春日山
◆藤原京の大和三山（畝傍山・耳成山・天香久山）と混同しないように！ ☞ 11-53

□**8** 地方では，駅路と離れて［　　　］などを結ぶ伝路が交通体系を構成した。　（同志社大）　　郡家（郡衙）

□**9** ［　　　］県にある出羽柵は［　　　］川の流域に設けられた。　（上智大）　　山形，最上川

□**10** ［　　　］遺跡からは1978年に古代の文字が記された漆紙文書が発見された。　（中央大）　　多賀城遺跡

□**11** 702年に派遣された遣唐使に遣唐少録として入唐した人物は［　　　］である。　（早稲田大）　　山上憶良

□**12** 2004年，西安市（かつての唐の都長安）で日本人の遣唐使の留学生［　　　］の墓誌が発見された。　（同志社大）　　井真成

□**13** 7世紀末，旧高句麗人やツングース系の［　　　］族が中国東北部に渤海を建国した。　（立命館大）　　靺鞨族

□**14** 長屋王の妻である［　　　］は，草壁皇子の娘である。　（上智大）　　吉備内親王

- ☐ **15** 玄昉は，のちに［　　］寺に流された。（早稲田大）　　筑紫観世音寺

- ☐ **16** 藤原広嗣の乱は，［　　］を大将軍とする征討軍により鎮圧された。（学習院大）　　大野東人

- ☐ **17** 仏の説いた全経典を［　　］経という。（日本大）　　一切経（大蔵経）

- ☐ **18** 鑑真は［　　］年に来日に成功した。（同志社大）　　753
  ◆何度も失敗を重ね，盲目になりながらも6度目に成功した。

- ☐ **19** 唐招提寺は［　　］年に創建された。（日本女子大）　　759
  ◆唐招提寺には金堂や，平城京朝集殿を移築した講堂があった。

- ☐ **20** 舎人親王は［　　］天皇の子である。（関西学院大）　　天武天皇

- ☐ **21** 『万葉集』に最も多数の作品が収められている歌人は［　　］である。（同志社大）　　大伴家持
  ◆女性で最も多くの作品が収められているのは大伴坂上郎女。

- ☐ **22** 大伴家持の父は［　　］である。（専修大）　　大伴旅人

Ⅳ 奈良 ■ 超ハイレベル問題

V 平安時代
HEIAN PERIOD
794 — 1185

20 平安初期の政治

1 ★★★ 784年，★★★ 天皇は ★★★ 京に遷都した。
(法政大)
→ 桓武天皇, 長岡京

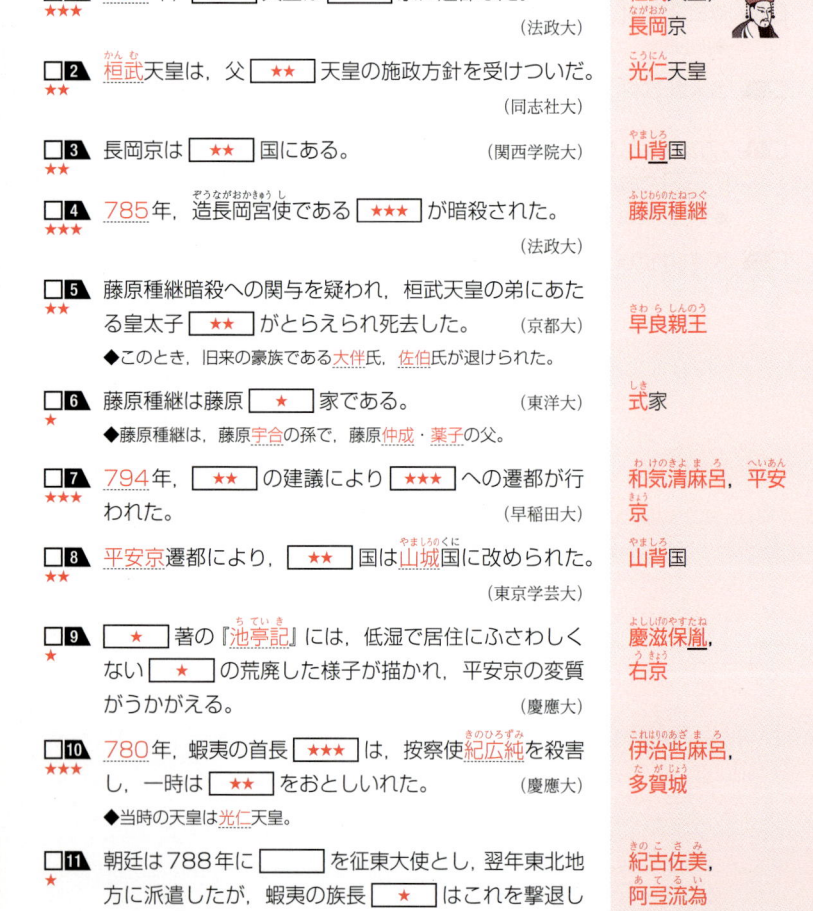

2 ★★ 桓武天皇は，父 ★★ 天皇の施政方針を受けついだ。
(同志社大)
→ 光仁天皇

3 ★★ 長岡京は ★★ 国にある。 (関西学院大)
→ 山背国

4 ★★★ 785年，造長岡宮使である ★★★ が暗殺された。
(法政大)
→ 藤原種継

5 ★★ 藤原種継暗殺への関与を疑われ，桓武天皇の弟にあたる皇太子 ★★ がとらえられ死去した。 (京都大)
→ 早良親王
◆このとき，旧来の豪族である大伴氏，佐伯氏が退けられた。

6 ★ 藤原種継は藤原 ★ 家である。 (東洋大)
→ 式家
◆藤原種継は，藤原宇合の孫で，藤原仲成・薬子の父。

7 ★★★ 794年，★★ の建議により ★★★ への遷都が行われた。 (早稲田大)
→ 和気清麻呂, 平安京

8 ★★ 平安京遷都により，★★ 国は山城国に改められた。
(東京学芸大)
→ 山背国

9 ★ ★ 著の『池亭記』には，低湿で居住にふさわしくない ★ の荒廃した様子が描かれ，平安京の変質がうかがえる。 (慶應大)
→ 慶滋保胤, 右京

10 ★★★ 780年，蝦夷の首長 ★★★ は，按察使紀広純を殺害し，一時は ★★ をおとしいれた。 (慶應大)
→ 伊治呰麻呂, 多賀城
◆当時の天皇は光仁天皇。

11 ★ 朝廷は788年に ☐ を征東大使とし，翌年東北地方に派遣したが，蝦夷の族長 ★ はこれを撃退した。 (駒沢大)
→ 紀古佐美, 阿弖流為

- ☐12 797年に ★★★ は征夷大将軍となり、蝦夷平定にあたった。 （慶應大） — 坂上田村麻呂
- ☐13 ★★★ 天皇のとき、蝦夷平定のため坂上田村麻呂は ★★★ に任命された。 （東京学芸大） — 桓武天皇, 征夷大将軍
- ☐14 802年、坂上田村麻呂は ★ の率いる蝦夷を投降させた。 （慶應大） — 阿弖流為
- ☐15 802年、坂上田村麻呂は北上川の中流域に ★★★ を築いて、そこに ★★★ を移した。 （京都大） — 胆沢城, 鎮守府
- ☐16 803年には胆沢城の北方に対蝦夷戦争の前線拠点として ★★ が築かれた。 （法政大） — 志波城
- ☐17 811年、嵯峨天皇の命を受けた ★★ が蝦夷を征討して以降、蝦夷の征討はなくなった。 （慶應大） — 文室綿麻呂
- ☐18 平安時代初期、日本海側では ____ 川流域まで政府の支配が及ぶようになった。 （青山学院大） — 米代川
- ☐19 蝦夷征討の結果、帰順同化した蝦夷は ★★ とよばれた。 （関西学院大） — 俘囚 （浮×）
- ☐20 東国から移住させて開拓と防衛にあたらせた農民を ★ という。 （関西学院大） — 柵戸
- ☐21 878年には ★ がおこり、秋田城が焼き討ちにあった。 （慶應大） — 元慶の乱
- ☐22 桓武天皇は ★★★ という令外官を設置して、国司の交代を厳しくとりしまった。 （早稲田大） — 勘解由使
- ☐23 国司が在任中に不正がなかったことを示す証明書を ★★ という。 （駒澤大） — 解由状
  ◆勘解由使はこの証明書の審査を行った。
- ☐24 792年、九州・東北以外の諸国では ★ を廃止して、★★★ というあらたな兵制が採用された。 （北海道大） — 軍団, 健児の制
- ☐25 792年に採用されたあらたな兵制では、 ★★ の子弟などが採用された。 （上智大） — 郡司
  ◆60日交替で国府などの警備にあたらせた。

V 平安

20 平安初期の政治

V 平安時代　20 平安初期の政治

26 801年には、班田を ★ 年に1度行うことに改めた。　(関西大)
12

◆この制度を一紀一班という。班田の励行を目的に行われた。

27 桓武天皇は、★★ の利率を5割から ★★ 割にし、雑徭を60日以内から ★★ 日以内に軽減した。　(中央大)
公出挙, 3, 30

28 桓武天皇の死の直前に行われた ★★ の裁定によって ★ (蝦夷の征討)と ★ (平安京の造営)は停止された。　(京都大)
徳政相論, 軍事, 造作

29 蝦夷征討・平安京造営の中止は ★★ の建議で、★ はこれに異を唱えた。　(上智大)
藤原緒嗣, 菅野真道

30 桓武天皇の次には、子の ★★ 天皇が即位し、その次には ★★★ 天皇が即位した。　(駒澤大)
平城天皇, 嵯峨天皇

31 ★★ は兄の ★★★ と共に、平城還都を主張する平城太上天皇の復位をはかった。この政変を ★★★ という。　(同志社大)
藤原薬子, 藤原仲成, 平城太上天皇の変(薬子の変)

32 810年におこった薬子の変は、★★★ 太上天皇の重祚をはかって失敗した事件である。　(明治大)
平城太上天皇

◆重祚とは、再び天皇に即位すること。

33 薬子の変をきっかけに、藤原 ★★ 家は衰えた。　(上智大)
式家

34 薬子の変の際、天皇側の機密保持のために設けられた役所を ★★★ という。　(京都大)
蔵人所

35 ★★★ と ____ は、蔵人所の長官である ★★★ に初代として任命された。　(上智大)
藤原冬嗣, 巨勢野足, 蔵人頭

36 ★★★ 天皇の信任を得た藤原冬嗣は、藤原 ★★ 家の人物である。　(東京女子大)
嵯峨天皇, 北家

37 嵯峨天皇の時代に ★★★ がおかれ、京内の警察・裁判を司った。　(埼玉大)
検非違使

38 養老令のどの条文にも、その名称や役割の規定されていない官職や役所は ★★★ と総称される。　(北海道大)
令外官

- ☐ **39** 桓武天皇のときに令外官として設置されたのは ★★ と ★★ である。（龍谷大）
  - 勘解由使, 征夷大将軍

- ☐ **40** 嵯峨天皇のときに令外官として設置されたのは ★★ と ★★ である。（龍谷大）
  - 検非違使, 蔵人頭（蔵人）

  ◆その他の令外官…平安時代以前：中納言・参議・内大臣
  平安時代：関白・押領使（おうりょうし）・追捕使（ついぶし）

- ☐ **41** 律令を補足修正した追加法を ★★★ ，基本法の施行細則を ★★★ という。（関西大）
  - 格, 式

- ☐ **42** 平安時代初期に編纂された格式を総称して ★★★ という。（日本大）
  - 三代格式
  - 大×

- ☐ **43** 格や式の編纂事業は， ★★★ ・ ★★ ・ ★★★ の3度にわたって行われた。（学習院大）
  - 弘仁, 貞観, 延喜

- ☐ **44** 820年に成立した弘仁格式は， ★★ らの編で，当時の天皇は ★★ 天皇である。（神奈川大）
  - 藤原冬嗣, 嵯峨天皇

- ☐ **45** ★★ は，弘仁格・貞観格・延喜格を分類・編集したものである。（関西学院大）
  - 類聚三代格

- ☐ **46** 格は『 ★★ 』という形で，式は『 ★ 』という形で現代に残っている。（法政大）
  - 類聚三代格, 延喜式

- ☐ **47** 養老令の公撰注釈書は『 ★★★ 』で，私撰注釈書は『 ★★★ 』である。（関西大）
  - 令義解, 令集解

- ☐ **48** 平安時代に編纂された ★ によって，令はかなりの部分を知ることができる。（関西学院大）
  - 令義解

- ☐ **49** 『令義解』は ★ の編，『令集解』は ___ の編である。（神奈川大）
  - 清原夏野, 惟宗直本

- ☐ **50** 国司交替についての規定として，___，___，延喜の三代の ★ が制定された。（慶應大）
  - 延暦, 貞観, 交替式

- ☐ **51** 9世紀に大宰府管内に設置された国家の直営田を ★★★ という。（早稲田大）
  - 公営田

  ◆小野岑守の建議で設置された。

- ☐ **52** 879年に畿内に設けられた直営田を ★★★ とよぶ。（立命館大）
  - 官田

V 平安

20 平安初期の政治

V 平安時代　20 平安初期の政治

□53 皇室財政収入のため開墾された土地を ★ とよぶ。
◆皇族には天皇から賜田が与えられた。 （関西大）
勅旨田

□54 9世紀後半になると，天皇と親近な関係にある少数の皇族や貴族は， ★ とよばれ，その立場を背景に多くの土地を私的に所有し，勢いをふるうようになった。 （法政大）
院宮王臣家

21 弘仁・貞観文化

ANSWERS □□□

□1 平安時代初期の ★★★ 文化の時期になると，密教が隆盛化し，密教美術が発展した。 （京都府立大）
弘仁・貞観文化

□2 天台宗は ★★★ が，真言宗は ★★★ が開いた。 （明治大）
最澄，空海

□3 比叡山に建てられた天台宗の総本山は ★★★ ，高野山に建てられた真言宗の総本山は ★★★ である。 （北海道大）
延暦寺，金剛峰寺

□4 最澄は帰国後， ★★ 経にもとづく ★★★ 宗を開いた。 （津田塾大）
法華経，天台宗

□5 ★★ が，天台大乗戒壇創設の必要性を訴えた書を ★★ という。 （立命館大）
◆戒壇は彼の死後設置された。
最澄，顕戒論

□6 最澄は，『 ★ 』を著して，天台僧の教育方針を明確にした。 （同志社大）
山家学生式

□7 空海は，京都の ★★ でも布教にあたった。 （慶應大）
東寺(教王護国寺)

□8 空海に東寺を与えたのは ★ 天皇である。 （関西学院大）
嵯峨天皇

□9 空海の著作には，儒教・仏教・道教を比較し，仏教が最もすぐれていると論じた『 ★★ 』がある。（関西大）
◆『十住心論（じゅうじゅうしんろん）』も空海の著作。
三教指帰

- □**10** ★★ とよばれる秘密の修法によって ★★ （現世の様々な願い）を実現する仏教を ★★★ という。 (宮崎大)

　加持祈禱, 現世利益, 密教

- □**11** 天台宗の密教を ★★ とよぶのに対して, 真言宗の密教は ★★ とよばれる。 (関西学院大)
  ◆天台宗は, 最澄の死後, 密教化された。
  ◆言語・文字で明らかにした仏教の教えを顕教という。

　台密, 東密

- □**12** 真言密教の中心仏は ★★ である。 (大東文化大)
  ◆真言宗は大日経と金剛頂経を中心経典とした。

　大日如来

- □**13** 838年, 最澄の弟子 ★★★ は, 最後となった遣唐使に加わって入唐し『入唐求法巡礼行記』を著した。その後, 入唐して主に密教を学んだ ★★★ は, 延暦寺第5世座主となった。 (早稲田大)
  ◆後者による入唐中の巡礼記を『行歴記』という。

　円仁, 円珍

- □**14** ☐世紀末, 延暦寺内で ★★ の門徒と ★★ の門徒との派閥抗争が激化し, 後者は下山し ★★ 寺に入った。 (早稲田大)

　10, 円仁, 円珍, 園城寺（三井寺）

- □**15** 円仁の末流を ★★ 派, 円珍の末流を ★★ 派とよぶ。 (関西学院大)

　山門派, 寺門派

- □**16** 仏教が在来の信仰と結びつくことを ★★★ という。 (宮崎大)

　神仏習合

- □**17** 神社の境内に建立された寺院を ★ という。 (日本大)

　神宮寺

- □**18** 僧侶が神に経典を読むことを ★ という。 (東洋大)

　神前読経

- □**19** 寺院の境内には ★ が守護神として祀られた。 (専修大)

　鎮守

- □**20** 山中での修行を重んじる密教と山岳信仰が結びつき, 後世の ★★★ の基礎が築かれた。 (明治大)
  ◆大峰山（おおみねさん）や白山（はくさん）が中心となった。

　修験道

- □**21** 修験道の開祖とされ, 699年に文武天皇によって伊豆の大島へ流された人物は ☐ である。 (立教大)

　役小角

Ⅴ 平安

21 弘仁・貞観文化

V 平安時代　21 弘仁・貞観文化

22 ★★　　★★　寺の金堂は，山間の地にあるため，以前のような形式にとらわれない伽藍配置でつくられた。
- ◆この寺は女人高野（にょにんこうや）とよばれた。（関西大）
- ◆この寺の金堂は檜皮葺（ひわだぶき）であった。

室生寺

23 ★★★　弘仁・貞観文化期における仏像作法は　★★★　が多く，　★　の衣文が流行した。（同志社大）

一木造，翻波式

24 ★★　弘仁・貞観文化を代表する密教彫刻に，　★★　寺の如意輪観音像がある。（同志社大）

観心寺

25 ★★★　★★★　寺の　★★★　は，神仏習合を示す代表的な神像彫刻である。（北海道大）
- ◆同寺院には神功皇后像もある。

薬師寺，僧形八幡神像

26 ★★　★★　寺を代表する密教彫刻に不動明王像がある。（学習院大）
- ◆その他の仏像：
- 室生寺…弥勒堂釈迦如来像・金堂釈迦如来像
- 元興寺・神護寺・新薬師寺…薬師如来像，法華寺十一面観音像

東寺（教王護国寺）

27 ★★★　★★★　は，密教の世界観を独特な構図で説いたものである。（関西学院大）

曼荼羅
漫茶×

28 ★　両界曼荼羅の「両界」とは　★　と　★　をさす。
- ◆代表的な両界曼荼羅は，神護寺・教王護国寺にある。（立教大）

金剛界，胎蔵界

29 ★★　★★　寺には，　★★　が描かせた不動明王像があり，これは黄不動ともよばれる。（京都府立大）
- ◆『高野山明王院不動明王像』は赤不動（あかふどう）とよばれる。

園城寺，円珍

30 ★★　弘仁・貞観文化では，文芸の興隆によって治世や国家の発展を願う　★★　の考え方が広まった。（上智大）

文章経国

31 ★★★　最初の勅撰漢詩文集である　★★★　は，　　　　らによって編纂された。（関西学院大）
- ◆『懐風藻』は，勅撰漢詩文集ではない。
- ◆勅撰…天皇（上皇・法皇）が詩歌や詩文を撰ばせること。

凌雲集，小野岑守
陵×

32 ★★★　2番目の勅撰漢詩文集は『　★★★　』，3番目の勅撰漢詩文集は『　★★★　』である。（中央大）
- ◆前者は藤原冬嗣らが，後者は良岑安世らが編集した。
- ◆小野篁・都良香・菅原清公らが代表的漢詩人。

文華秀麗集，経国集

#	問題	解答
33	『凌雲集』は ★ の命で，『文華秀麗集』は ★ の命で，『経国集』は ★ の命で編纂された。(上智大)	嵯峨天皇，嵯峨天皇，淳和天皇
34	空海の個人詩文集は『 ★★ 』である。(専修大) ◆この文集は，弟子の真済（しんぜい）が編集した。	性霊集
35	空海の著書のうち，『 ★ 』は主に詩文の作法を論じたものである。(成城大)	文鏡秘府論
36	唐風の書の名手を ★★★ とよぶ。(センター)	三筆
37	唐風の書の名手である三筆は，★★★・★★★・★★★ である。(学習院大)	空海，橘逸勢，嵯峨天皇
38	空海の書の代表として， ★ に宛てられた書簡である『 ★ 』がある。(同志社大)	最澄，風信帖
39	813年，最澄が弟子の泰範に宛てた書状を『　　　』という。(駒澤大)	久隔帖
40	平安時代になると，漢文や歴史を学ぶ ★★ が盛んになった。(立命館大)	紀伝道
41	平安時代になると，有力な貴族は一族の子弟の教育のために，寄宿舎と研究室を兼ねた施設として ★★★ を建てた。(関西大)	大学別曹荘×
42	大学別曹には，橘氏の ★★ ，和気氏の ★★ ，藤原氏の ★★ ，在原氏の ★ などがある。(関西大)	学館院，弘文院，勧学院，奨学院
43	828年頃に，庶民の教育を目的とする ★★★ が，★★★ によって建立された。(駒沢大)	綜芸種智院，空海
44	★ は，現存する日本最古の説話集『 ★★ 』を著した。(関西大) ◆彼は薬師寺の僧。	景戒，日本霊異記
45	★ は，畿内の諸氏の系譜を集成したもので，万多親王らを中心に編集された。(立教大)	新撰姓氏録

V 平安
21 弘仁・貞観文化

22 藤原氏の他氏排斥

1 藤原冬嗣の子の [★★★] は、842年におこった [★★★] で勢力を伸ばした。 (関西大)
◆藤原冬嗣は、藤原四家のうち北家にあたる。

藤原良房、承和の変

2 承和の変で、謀反を企てたと密告され失脚させられたのは [★★★] と [★★★] である。 (早稲田大)
◆この政変は嵯峨上皇の死を契機におこった。
◆当時の天皇は仁明天皇。

橘逸勢、伴健岑

3 承和の変で伊豆に流された人物は [　　]、隠岐に流された人物は [　　] である。 (東京学芸大)

橘逸勢、伴健岑

4 承和の変で皇太子を廃された人物は [★] である。 (東京女子大)
◆この政変の結果道康親王(のちの文徳天皇)が皇太子となった。

恒貞親王

5 承和の変の詳細を記した正史は『[★]』である。 (早稲田大)

続日本後紀

6 文徳天皇のもとで、藤原良房は [　　] となった。 (日本大)

太政大臣

7 858年、[★★★] 天皇が幼少で即位したため [★★★] が臣下で初めて摂政になった。 (早稲田大)

清和天皇、藤原良房

8 866年の応天門の変は、大納言 [★★★] が左大臣 [★★] を失脚させようとして応天門に放火した事件である。 (明治大)
◆この様子は『伴大納言絵巻』に記されている。☞ 30-20

伴善男、源信

9 応天門の変によって、伴善男は [　　] 氏共々没落させられ、[　　] に流された。 (明治大)

紀、伊豆

10 応天門は [　　] の正門である。 (明治大)
◆応天門は、大伴氏が守衛していた。

朝堂院

11 藤原良房の養子の [★★★] は、関白の地位についた。 (早稲田大)

藤原基経

12 藤原基経は陽成天皇を退位させ、かわりに [★★] を即位させて関白の地位についた。 (明治学院大)
◆この天皇は、仁明天皇の子。

光孝天皇

V 平安 22 藤原氏の他氏排斥

□13 ★★★ が887年に即位すると、藤原基経は名実共に関白となった。 （立命館大）
→ 宇多天皇 田×
◆この天皇は、光孝天皇の子。

□14 藤原基経は、宇多天皇が出した勅書に異議を申し立て、それを撤回させた。この事件を ★★ という。 （埼玉大）
→ 阿衡の紛議（阿衡事件）

□15 阿衡の紛議で、問題の勅書を起草したため、処罰されたのは ★ である。 （上智大）
→ 橘広相

□16 ★★★ 天皇は、★★★ の死後天皇親政を行った。これを寛平の治という。 （日本大）
→ 宇多天皇、藤原基経

□17 宇多天皇は、文章博士であった ★★★ を登用した。 （共立女子大）
→ 菅原道真 管×

□18 宇多天皇は、菅原道真を ★ に登用した。 （駒澤大）
→ 蔵人頭

□19 宇多天皇の譲位後、子の ★★★ 天皇が即位した。 （関西大）
→ 醍醐

□20 宇多天皇が醍醐天皇に与えた政治の心得を _____ という。 （学習院大）
→ 寛平御遺誡

□21 醍醐天皇は ★★★ を右大臣に、★★ を左大臣においた。 （関西学院大）
→ 菅原道真、藤原時平

□22 901年、菅原道真は左大臣 ★★ の讒言にあい失脚した。これを昌泰の変という。 （明治大）
→ 藤原時平
◆空欄の人物は藤原基経の子。
◆斉世親王を即位させようとしているとの讒言を受けた。

□23 菅原道真は、右大臣から ★★ に左遷され、_____ 年に没した。 （京都産業大）
→ 大宰権帥、903

□24 10世紀前半の天皇親政のことを、後世、「★★★ ・ ★★★ の治」とよぶことになる。 （早稲田大）
→ 延喜・天暦の治

□25 延喜の治は ★★★ 天皇の治世、天暦の治は ★★★ 天皇の治世である。 （國學院大）
→ 醍醐天皇、村上天皇

□26 902年、★★★ 天皇は、私的大土地所有を制限するため ★★★ を出した。 （明治大）
→ 醍醐天皇、延喜の荘園整理令
◆このとき、最後の班田が行われた。

V 平安時代　22 藤原氏の他氏排斥

27 醍醐天皇の勅を奉じて，最初の荘園整理令を出したのは ★ である。　(立教大)
→ 藤原時平

28 延喜の荘園整理令では ★ の禁止がうたわれた。　(立命館大)
→ 勅旨田

29 ★★ 天皇のもとで，六国史の最後である『 ★★★ 』が編纂された。　(学習院大)
→ 醍醐天皇，日本三代実録
◆藤原時平・菅原道真らによって編纂された。

30 菅原道真が編纂した『 ★★ 』は，六国史にある事件・事例が部門別に編纂されている。　(関西大)
→ 類聚国史

31 ★★ は，六国史の最後となる正史の編者の一人で，『類聚国史』の編纂にも携わった。　(北海道大)
→ 菅原道真
◆漢詩文集『菅家文草』も彼の著。

32 ★★★ は， ★★★ 天皇に対して，地方支配の再建策を中心とする意見封事十二箇条を提出した。　(北海道大)
→ 三善清行，醍醐天皇
◆914年に提出された。

33 927年に完成した延喜式を中心となって編纂したのは ★ である。　(慶應大)
→ 藤原忠平

34 醍醐天皇の次には， ★★ 天皇が即位した。　(駒澤大)
→ 朱雀天皇

35 ★★ は，朱雀天皇の摂政・関白をつとめた。　(同志社大)
→ 藤原忠平

36 958年， ★★★ 天皇のもとで本朝(皇朝)十二銭の最後の貨幣である ★★★ が鋳造された。　(学習院大)
→ 村上天皇，乾元大宝

37 967年に ★ が 　　 天皇の関白となって以後，摂政・関白が常置されるようになった。　(同志社大)
→ 藤原実頼，冷泉天皇

38 ★★★ の変で源高明が左遷され，藤原氏の地位は確立した。　(関西大)
→ 安和の変
◆彼は『西宮記』という有職故実書も著した。☞ 23-23

39 969年， 　　 天皇の子である ★★★ は， ★ の密告によって大宰府に左遷された。これを安和の変という。　(國學院大)
→ 醍醐天皇，源高明，源満仲

40 安和の変のあと， 　　 天皇が譲位し 　　 天皇が即位した。　(早稲田大)
→ 冷泉天皇，円融天皇

23 摂関政治の展開と平安時代の対外関係

1 幼少の天皇を補佐するのが ★★★、成人の天皇を後見するのが ★★★ である。 (早稲田大)
摂政、関白

2 安和の変によって他氏排斥が終了すると、藤原氏の ★★ 家の内部で主導権をめぐる争いが始まった。
◆藤原氏の氏の長者をめぐった争いである。 (流通経済大)
北家

3 ★★ と藤原兼家の兄弟は、氏の長者の地位をめぐって争った。 (学習院大)
藤原兼通

4 藤原兼家の長兄 ▢ と次兄藤原道兼は、氏の長者の地位をめぐって争った。 (学習院大)
藤原道隆

5 藤原道長と甥の ★★ は、氏の長者の地位をめぐって争った。 (学習院大)
藤原伊周

6 藤原伊周とその弟 ★★ が失脚することによって、藤原道長の勢力は固まった。 (関西大)
◆このとき、藤原道長は左大臣になった。
藤原隆家

7 ★★★ は、3天皇の外祖父として権力をふるった。 (日本大)
藤原道長

8 藤原道長は、★・★・★ の3天皇の外祖父として権力をふるった。 (青山学院大)
後一条、後朱雀、後冷泉

9 藤原道長は ★ の子である。 (京都府立大)
藤原兼家

10 藤原道長の娘 ★★ には紫式部が、藤原道隆の娘 ★★ には清少納言が仕えた。 (学習院大)
◆2人とも一条天皇の后となった。
彰子、定子

11 藤原道長の娘威子は、1018年に ★ 天皇に入内した。 (國學院大)
後一条天皇

12 藤原道長の「此の世をば 我が世とぞ思ふ 望月の…」の歌が収録されている史料は、★★★ の著による『★★★』である。 (國學院大)
◆この歌は威子が入内した際によまれた。
藤原実資、小右記

13 藤原道長は別名 ★★ とよばれ、彼の日記を『★★』という。 (学習院大)
御堂関白、御堂関白記

V 平安

23 摂関政治の展開と平安時代の対外関係

V 平安時代 23 摂関政治の展開と平安時代の対外関係

14 1017年、藤原道長は ★ になった。 （上智大）
◆藤原道長は「御堂関白」とよばれたが、実際には関白になっていない。

→ 太政大臣

15 藤原道長の子 ★★★ は、 ★ ・ ★ ・ ★ の3天皇の ★★ として、約50年にわたり摂政・関白をつとめた。 （京都大）
◆3天皇は「23-8」と同じ。
◆彼は3天皇の祖父ではないので「外祖父」は不可。

→ 藤原頼通、後一条、後朱雀、後冷泉、外戚

16 宇治殿とは、 ★★ のことである。 （早稲田大）
◆宇治に平等院鳳凰堂をつくったことにちなむよび名。

→ 藤原頼通 道×

17 藤原氏の氏の長者が受けついだ荘園群を ☐ とよぶ。 （龍谷大）

→ 殿下渡領

18 摂関政治では、国政に関わる重要問題については、☐ で公卿の意見が求められた。 （早稲田大）
◆これは、内裏の近衛の陣で行われた。

→ 陣定

19 この頃、太政官符にかえて、摂関家の ☐ が国政の下達文書として用いられた。 （南山大）

→ 政所下文

20 宮中で慣例として毎年行われる政務や儀式を ★★ という。 （駒澤大）

→ 年中行事

21 年中行事には、☐・☐ といった神事や、☐ のような仏事などがあった。 （日本大）

→ 大祓、賀茂祭、灌仏会

22 官職を任命する行事を ★ という。 （立命館大）
◆官人に位階を与える行事を叙位という。

→ 除目

23 儀式のあり方を詳しく記した儀式書には、源高明の『 ★ 』や、院政期の大江匡房の『 ☐ 』などがある。 （慶應大）
◆藤原公任の『北山抄』も儀式書としておさえておきたい。

→ 西宮記、江家次第

24 平安時代中期、貴族社会における結婚形態は、妻問婚から ★ へと変化していった。 （法政大）
◆男が女の家に入って夫婦同居するというこの婚姻形態が、外戚（がいせき）の力を強めることになった。

→ 招婿婚（婿入婚）

25 唐が衰退するきっかけとなった8世紀後半におこった内乱を ★ という。 （青山学院大）

→ 安史の乱

□26	平安時代、遣唐使として派遣された人物には、新仏教を開いた ★★★ ・ ★★★ や、能書家として知られる ★★★ がいた。(関西大)	最澄, 空海, 橘 逸勢
□27	最澄・空海を乗せた遣唐使船が出発したのは ★★ 天皇のときのことである。(早稲田大)	桓武天皇
□28	838年の最後の遣唐使に従って唐に渡った円仁の見聞録を『 ★★★ 』という。(学習院大)	入唐求法巡礼行記
□29	9世紀末、遣唐大使に任命された ★★★ は、唐の疲弊と航路の危険を理由に遣唐使派遣の停止を ★★★ 天皇に建議し、受け入れられた。(立命館大)	菅原道真, 宇多天皇
□30	遣唐使の廃止は、西暦でいうと ★★★ 年にあたる ★ 六年のことである。(岡山大)	894, 寛平
□31	唐が滅びたのは ★★ 年である。(関西学院大) ◆中国の王朝：隋 (581〜618) →唐 (618〜 ★★) →五代十国→宋 (960〜1279) →元 (1271〜1368) →明 (1368〜1644) →清 (1616〜1912)	907
□32	10世紀後半、中国に ★★★ が建国されたあとにも、日本はこの国と正式な国交を開かなかった。(立命館大) ◆この国の建国は960年。	宋
□33	10世紀後半には ★★ が入宋して太宗に謁見し、もち帰った釈迦如来像が ★ に安置された。 ◆天台僧の成尋も宋の商船に乗って中国へ赴いた。(國學院大)	奝然, 清涼寺
□34	926年に、中国東北部の ★★ 〈国名〉が滅亡した。 ◆滅亡後は、遼 (契丹) がこの地域を支配した。(学習院大)	渤海
□35	1019年に、 ★★ 族が博多湾に侵入した出来事を ★★ という。(同志社大) ◆この民族はのちに金を建国した。	女真族, 刀伊の入寇
□36	大宰権帥の ★★ が刀伊の入寇を撃退した。(学習院大)	藤原隆家
□37	10世紀前半、朝鮮半島では ★★★ が滅び、 ★★★ が建国された。(立教大)	新羅, 高麗

V 平安

23 摂関政治の展開と平安時代の対外関係

24 国風文化(1) 〜国風文化の展開〜

ANSWERS □□□

1 平安中・後期には，日本独特の文学や美術などが数多くつくられる[★★★]文化が，[★★]を中心に営まれた。 (慶應大)

国風文化，貴族

2 仮名文字では，草書体を簡略にした[★★]と，漢字の一部をとってつくった[★★]が使われだした。 (駒澤大)

平仮名，片仮名

3 『[★★★]』は，最初の勅撰和歌集である。 (専修大)
◆注意!! 『万葉集』は勅撰和歌集ではない！

古今和歌集

4 『古今和歌集』は，[　]年に，[★★★]天皇の命で編纂された。 (青山学院大)
◆『古今和歌集』の繊細で技巧的な歌風は，古今調とよばれて長く和歌の模範とされた。

905，醍醐天皇

5 古今和歌集仮名序は，[★★]によって書かれた。 (明治学院大)
◆古今和歌集真名序（まなじょ）は，紀淑望（きのよしもち）が書いた。

紀貫之

6 最初の勅撰和歌集から『新古今和歌集』にいたる勅撰和歌集を総称して[★]という。 (専修大)

八代集

7 六歌仙は平安時代の和歌の名手で，[★★★]・遍昭・喜撰・[★★]・文屋康秀・[★]の6人をいう。 (成蹊大)

在原業平，小野小町，大友黒主

8 [★★]の撰した『[★★]』は，朗詠（和歌や漢詩文に節をつけて詠ずる）にすぐれた和歌と漢詩文を集めたものである。 (学習院大)
◆彼は『北山抄』という儀式書も著した。☞23-23

藤原公任，和漢朗詠集

9 藤原明衡の撰と伝えられる『[★]』は，9世紀以降の漢詩文の秀作を分類しまとめたものである。 (学習院大)
◆中国六朝時代の『文選』にならって分類しまとめたものである。

本朝文粋

□10 ★★	9世紀頃,『 ★★ 』という伝奇物語が成立した。(立教大)	竹取物語

◆この物語は,「物語の出で来はじめの祖」と『源氏物語』で評されている。

□11 ★★★ 歌物語の『 ★★★ 』は,六歌仙の一人である ★ をモデルとした作品である。(慶應大)

伊勢物語,在原業平

◆10世紀半ばに成立した『大和物語』も歌物語の要素をもつ。

□12 ★ 10世紀末,『 ★ 』という継子いじめの物語が書かれた。(福岡大)

落窪物語

◆10世紀後半に書かれた物語:『宇津保物語』

□13 ★★★ 11世紀になると, ★★★ の『源氏物語』と, ★★★ の随筆『枕草子』という,国文学の最高傑作とされるすぐれた文芸が誕生した。(慶應大)

紫式部,清少納言

□14 ★★★ 『 ★★★ 』という長編物語は紫式部によって著された。(日本大)

源氏物語

◆この人物は彰子に仕えた。☞ 23-10

□15 ★★★ 『 ★★★ 』という随筆は清少納言によって著された。(東洋大)

枕草子

◆この人物は定子に仕えた。☞ 23-10

□16 ★★★ 10世紀前半,日本初の仮名書き日記である『 ★★★ 』が ★★★ によって書かれた。(法政大)

土佐日記,紀貫之

□17 ★★ 10世紀後半,藤原道綱の母は『 ★★ 』を著した。(立命館大)

蜻蛉日記

◆これは,自叙伝を日記風に綴った作品である。

□18 ★★ 11世紀後半,菅原孝標の女は『 ★★ 』を著した。(立教大)

更級日記

◆この作品は,自らの一生を物語の世界に没頭するあまり,現実や仏法の世界をおろそかにしたため,老いて孤独の身にいたったものとして描いている。

□19 ★ 『蜻蛉日記』の作者は ★ の母,『更級日記』の作者は ★ の女である。(駒澤大)

藤原道綱の母,菅原孝標の女

◆11世紀前半に書かれた日記:『紫式部日記』・『和泉式部日記』

□20 ★★★ 書道では,和風の能書家である ★★★ ・ ★★★ ・ ★★★ が三蹟(三跡)と称された。(慶應大)

小野道風,藤原佐理,藤原行成

V 平安

24 国風文化(1) 〜国風文化の展開〜

V 平安時代　24 国風文化(1) 〜国風文化の展開〜

21 三蹟の一人である藤原行成は和様書道を完成させて、その子孫は ★ 流とよばれ能書の家となった。（慶應大）
→ 世尊寺流

22 『 ★ 』は、三蹟の一人である藤原佐理の代表作である。（慶應大）
◆この作品は、作者が大宰大弐に赴任する途中で書いたもの。
→ 離洛帖

23 三蹟の一人である □ の作品には、『秋萩帖』や『屏風土代』がある。（学習院大）
◆藤原行成の作品には『白氏詩巻（はくししかん）』がある。
→ 小野道風

24 10世紀には、□ という百科漢和辞典が源順によって編まれた。（早稲田大）
◆9世紀末には『新撰字鏡』という漢和辞書もつくられた。
→ 倭名類聚抄

25 この頃、★ にかわって、日本の風物を題材とした ★★★ が描かれた。（明治大）
→ 唐絵、大和絵

26 大和絵の祖とよばれる画家は ★★ である。（早稲田大）
→ 巨勢金岡

27 漆で文様を描き、金銀粉を表面に吹きつけた漆工芸を ★★ という。（東洋大）
→ 蒔絵

28 夜光貝などの貝殻を薄く磨き、木地にはめ込んで装飾する技法を ★ という。（同志社大）
◆この技法は正倉院宝物にも作例が見られる。
→ 螺鈿

29 平安時代には貴族の住宅として、中央に ★ 、東西に ★ をおく ★★★ が成立した。（京都大）
◆畳や円座をおいて座る生活だった。
→ 寝殿、対屋、寝殿造

30 平安時代の貴族の住宅は、開放的な構造をもつ白木造で、屋根は ★ 葺であった。（関西大）
→ 檜皮葺

31 寝殿造では、池に面して ★ が建てられ、これが ★ でつながれている場合が多い。（センター）
→ 釣殿、渡殿

32 平安貴族男子の正装には、★★ や、それを簡略にした ★★ がある。（明治大）
→ 束帯、衣冠

33 平安貴族男子の通常服には ★ ・ ★ がある。（駒澤大）
→ 直衣、狩衣

- □34 平安時代の庶民の男子や武士は，一般に ［ ★ ］ や ［ ★ ］ を着用した。 (駒澤大)

  水干, 直垂

- □35 平安貴族女子の正装は ［ ★★ ］ を用いた。 (明治大)
  ◆これはのちに十二単とよばれた。

  女房装束

- □36 平安貴族女子の通常服は，［ ★ ］・［ ★ ］ の上下が主なものである。 (明治大)
  ◆この下に下着として小袿（こそで）を着用した。

  袿（小袿），袴

- □37 成人の儀式として，男子は ［ ★★★ ］，女子は ［ ★★★ ］ の式が行われた。 (明治大)

  元服, 裳着

- □38 平安時代以降，人々は中国の宇宙観・哲学観である ［ ★ ］ にもとづいて成立した陰陽道に影響された。 (早稲田大)

  陰陽五行

- □39 陰陽寮でつくられた暦を ［ ★ ］ とよんだ。 (京都女子大)
  ◆日の吉凶や日の出入りなどの注が具備されていたことからこうよばれた。

  具注暦

- □40 一定期間，特定の建物の中で謹慎することを ［ ★★★ ］ という。 (明治大)

  物忌

- □41 忌むべき方角を避けるために，前夜に吉方の家に一泊することを ［ ★★★ ］ という。 (成城大)

  方違

- □42 貴族は ［　　］ の指示に従って方違や物忌を行った。 (日本大)

  陰陽師

25 国風文化(2) ～浄土教文化の発展～

ANSWERS □□□

- □1 ［ ★★★ ］ は，［ ★★★ ］ を信仰し，来世において極楽浄土に往生することを願う教えである。 (成蹊大)

  浄土教, 阿弥陀仏

- □2 10世紀前半，京都の市中で往生極楽の思想を説いた ［ ★★★ ］ は，［ ★★★ ］〈漢字6字〉という文言をいつも唱えていたといわれる。 (北海道大)

  空也, 南無阿弥陀仏

- □3 国風文化期の貴族層が特に信仰し，盛んに書写したり埋納したりした仏教の根本経典は ［ ★ ］ である。 (北海道大)

  法華経（妙法蓮華経）

V 平安

24 国風文化(1) ～国風文化の展開～

V 平安時代 25 国風文化(2) ～浄土教文化の発展～

4 空也は，★★ とよばれていた。 (関西学院大)
→ 市聖

5 極楽往生を願い，「南無阿弥陀仏」を口に唱えることを ★★★ という。 (日本大)
→ 念仏

6 10世紀後半，源信は念仏実践の書である『★★★』を記した。 (慶應大)
→ 往生要集
◆985年に著された。

7 延暦寺に学び，のちに念仏往生を説いた『往生要集』を著したのは ★★★ である。 (高崎経済大)
→ 源信(恵心僧都)

8 浄土往生を遂げた人々の伝記を集めたものを ★★★ という。 (慶應大)
→ 往生伝

9 日本最初の往生伝は，★★★ の著した『★★★』である。 (新潟大)
→ 慶滋保胤，日本往生極楽記

10 『拾遺往生伝』の作者は ★ である。 (早稲田大)
→ 三善為康　好×
◆大江匡房は『続本朝往生伝』を著した。

11 ★★★ という思想が，往生極楽の思想を広めることに大きな影響を及ぼしていた。 (北海道大)
→ 末法思想

12 浄土教では，この世は ★★ ・ ★★ を経て末法にいたると説いている。 (早稲田大)
→ 正法，像法

13 末法元年は，永承七年(＝西暦 ★ 年)にあたる。 (学習院大)
→ 1052

14 仏が仮に形をかえてこの世に現れたのが神である，とする説のことを ★★★ という。 (関西学院大)
→ 本地垂迹説

15 仏などが救済のため神となって仮に姿を見せたものを ★ とよぶ。 (上智大)
→ 権現

16 天照大神は □ の化身と考えられた。 (明治大)
→ 大日如来

17 怨霊を慰めるための法会を ★★ といい，菅原道真を祀った京都の ★★ や，現在八坂神社とよばれている ★ などで行われた。 (学習院大)
→ 御霊会，北野神社，祇園社

18 863年，朝廷は平安京内の ★ で御霊会を開催した。 (慶應大)
→ 神泉苑

- □19 藤原道長は，1020年に ★★★ を建立し，阿弥陀堂である無量寿院をおいた。(東洋大) … 法成寺
  - ◆その他の阿弥陀堂：法界寺阿弥陀堂
  - ◆その他の建築物：醍醐寺五重塔

- □20 1053年に ★★★ が宇治に建立した ★★★ は，阿弥陀堂の代表的遺構である。(慶應大) … 藤原頼通，平等院鳳凰堂

- □21 ★★★ は，従来の一木造にかわる ★★★ という新しい手法を完成し，優美な阿弥陀如来像を多くつくった。
  - ◆部分ごとに分けてつくり最後に合体させる技法。(埼玉大) … 定朝，寄木造

- □22 『平等院鳳凰堂阿弥陀如来像』の作者は ★★★ である。(國學院大) … 定朝
  - ◆その他の阿弥陀如来像：『法界寺阿弥陀如来像』・『浄瑠璃寺阿弥陀如来像』

- □23 往生する人を迎えるために仏が来臨する場面を描いたものを一般に ★★★ という。(明治大) … 来迎図
  - ◆その他の絵画作品：『高野山聖衆来迎図』・『平等院鳳凰堂扉絵』・『青蓮院不動明王像』

26 地方政治の変容と荘園制度

ANSWERS □□□

- □1 地方豪族や有力農民は，9世紀後半までには院宮王臣家と結んで自らの墾田を ★★★ としていった。(京都大) … 荘園

- □2 8,9世紀頃の荘園を ★★★ といい，別名を ★ 荘園という。(立命館大) … 初期荘園，墾田地系荘園

- □3 8,9世紀頃の荘園は，自ら開墾した ★ 系荘園と，開墾してある土地を買収した ★ 系荘園に分かれる。(中央大) … 自墾地系荘園，既墾地系荘園
  - ◆国司・郡司と協力する形で開墾された。

- □4 10世紀に入ると，田地は ★★★ とよばれる徴税単位に編成された。(京都大) … 名田（名）
  - ◆この田地には負名とよばれる請負人の名がつけられた。

- □5 10世紀になると，★★★ という農民が名田の耕作を請け負う ★ 体制が生まれた。(宮崎大) … 田堵，負名体制

V 平安

25 国風文化(2)〜浄土教文化の発展〜

V 平安時代 26 地方政治の変容と荘園制度

6 10世紀になると、徴税も名田を単位に ★★ や ★★ を課す方法に変化していった。 (立教大)
→ 官物, 臨時雑役

7 大規模な経営を行う田堵を ★★ という。 (京都大)
→ 大名田堵

8 藤原明衡の『 ★ 』には、大名田堵の農業経営の様子が描かれている。 (早稲田大)
→ 新猿楽記

9 強欲な大名田堵の例として、出羽国の □ が有名である。 (立教大)
→ 田中豊益
◆この様子は『新猿楽記』に記されている。

10 10世紀以降、★★★ は地方支配をゆだねられて徴税請負人の性格を強めた。 (北海道大)
→ 国司

11 朝廷儀式や寺社の造営を請け負うかわりに官職に任じてもらう行為を ★★★ という。 (新潟大)
→ 成功

12 一度国司に任じられたものが引き続き任期を重ねる ★★ が多く行われた。 (同志社大)
→ 重任

13 任国に赴任せずに収入のみを受けとる国司を ★★ という。 (北海道大)
→ 遙任
◆この場合、国衙に設置された中央機関のことを留守所という。

14 当時の国司の中には、地方に赴任しないで ★★ を派遣して現地の実務を行わせる者もいた。 (関西学院大)
→ 目代

15 任国に赴任する国司の最上席者のことを ★★★ という。 (北海道大)
→ 受領

16 988年、郡司や百姓によって暴政を告発された尾張守は ★★★ である。 (京都大)
→ 藤原元命
◆この訴状を尾張国郡司百姓等解（文）という。

17 □ 守藤原陳忠が、「受領は倒るる所に土をつかめ」といったという話が『 ★ 』に収録されている。
◆この一節は記述や選択問題で出題されるので注意。 (関西大)
→ 信濃守, 今昔物語集

18 11世紀になると、大名田堵の中には、一定の領域を支配し ★★★ に成長していく者が現れた。 (京都大)
→ 開発領主

19 開発領主の多くは ★★★ として国衙の実務を行う地方役人に成長した。 (慶應大)
→ 在庁官人

| 20 ★★★ | 開発領主の中には、国司の圧迫からのがれるため、中央の有力者に所領を ★★★ する者も多く、このようにして生まれた荘園を ★★★ という。 (慶應大) | 寄進, 寄進地系荘園 |

| 21 ★★★ | 開発領主は、中央の権門勢家を ★★★ と仰ぎ、所領を寄進した。 (國學院大)
◆「開発領主」が直接寄進する相手なので「本家」は不可。 | 領家 |

| 22 ★★★ | 中央の権門勢家に寄進された荘園が、さらに上級の有力者に寄進されたとき、その領主は ★★★ とよばれた。 (立命館大) | 本家 |

| 23 ★★ | 領家・本家を問わず実質的に荘園の支配権をもつものを ★★ といった。 (明治大) | 本所 |

| 24 ★★ | 寄進を行った開発領主は、★★・★★・★★ などとよばれる ★★ となり、引き続き現地を支配した。 (京都大) | 下司, 公文, 荘司, 荘官 |

| 25 ★ | 寄進を受けた貴族や寺社の中には得分を取得するだけでなく、★ や雑掌を現地に派遣して、経営にあたらせるものもあった。 (京都大) | 預所 |

| 26 | 肥後国にあり、11世紀末に藤原実政に寄進された荘園を ＿＿＿ という。 (立命館大)
◆この内容は『東寺百合文書』に記されている。 | 鹿子木荘 |

| 27 ★★ | ★★ の特権を与えられた荘園は、国司に租税を納入しなくてもよかった。 (成城大) | 不輸(の権) |

| 28 ★★★ | 中央官庁から公式に不輸を認められた荘園を ★★★ とよぶ。 (成城大) | 官省符荘 |

| 29 ★★★ | 11世紀には、中央官庁である ★★★ や ★★★ 省から公式に不輸を認められた荘園が成立した。 (成蹊大) | 太政官, 民部省 |

| 30 ★★ | 荘園のうち、国司が独自に租税の不輸を認めたものを ★★ とよぶ。 (京都大) | 国免荘 |

| 31 ★★★ | 国衙の使者などの立ち入りを拒否できる権限のことを ★★★ とよぶ。 (京都大) | 不入(の権) |

| 32 ★★ | 国司が荘園内の田地を調査するために派遣した使いを ★★ という。 (成城大) | 検田使 |

Ⅴ 平安　26 地方政治の変容と荘園制度

V 平安時代　26 地方政治の変容と荘園制度

33 ★★　国司の管轄する地域と荘園とからなる土地制度を　★★　という。　(京都大)
→ 荘園公領制

34 ★★★　国司によって直接支配された地域を　★★★　，もしくは　★★　とよぶ。　(学習院大)
→ 公領, 国衙領

35 ★★　国司は，公領を　★★　・　★★　・　★★　の行政区画に編成した。　(京都大)
→ 郡, 郷, 保

36 ★★　国司は，それぞれの行政区画に　★★　・　★★　・　★★　といった徴税の責任者をおき，在地領主や有力農民らをそれらに任用した。　(甲南大)
→ 郡司, 郷司, 保司

◆平安後期以後，荘園・公領問わず課税された雑役を一国平均役という。

37　国衙では　　　・　　　などが設けられ，行政機構が整備された。　(早稲田大)
→ 田所, 税所

38 ★★★　荘園公領制のもとで，田堵は次第に土地に対する権利を強めて　★★★　といわれるようになる。　(関西学院大)
→ 名主

39 ★　名主は耕地の一部を　★　などの隷属民に，またそのほかの一部を　★　などとよばれる小農民などに耕作させた。　(明治大)
→ 下人, 作人

40 ★★　名主は，米・絹布で納める　★★　のほか，手工業製品や特産物を納める　★★　，労役奉仕をする　★★　を負担した。　(関西大)
→ 年貢, 公事, 夫役

27 地方政治の混乱と武士の台頭

1 ★★★　9世紀末頃に禁中警衛のために　★★★　が設置された。
◆宇多天皇のときに設置された。　(早稲田大)
→ 滝口の武士

2 ★★　地方の状況が悪化すると，中央政府は国司や彼らの配下に　★★　や　★★　の称号を与えて軍事・警察権を委任した。　(同志社大)
→ 押領使, 追捕使

◆彼らの中には土着して武士化する者が現れた。

3 ★★　武士団において，主人の一族を　★★　，配下の従者を　★★　とよぶ。　(京都大)
→ 家子, 郎党

☐ 4 ★★	地方に成長した武士団は，中・下級貴族の出身者を ★★ と仰いで，武士団の中心においた。 (慶應大)	棟梁
	◆国司のもとに組織された地方武士を国の兵(つわもの)という。	
☐ 5 ★★	武士の棟梁には， ★★ 天皇の末裔とされる平氏や， ★★ 天皇の末裔とされる源氏などがいた。 (日本大)	桓武天皇, 清和天皇
☐ 6 ★	桓武天皇の曽孫である ★ は，平の姓を賜り上総介となった。 (関西学院大)	高望王
☐ 7 ★★★	939年，下総国の猿島を拠点とする ★★★ は，中央政府からの独立をはかって反乱をおこした。 (上智大)	平将門
	◆この人物は，高望王の孫にあたる。	
☐ 8	平将門は935年頃に伯父の □ を合戦で殺害したため追討の対象になっていた。 (早稲田大)	平国香
☐ 9 ★★★	平将門は ★★★ と自称し，関東の独立をはかった。 (早稲田大)	新皇 親×
☐ 10 ★	939年，平将門は ★ 国の国衙を焼き払い，次いで ★ ・ ★ の国衙をおとしいれた。 (青山学院大)	常陸国, 下野，上野
☐ 11 ★★★	平将門の反乱は， ★★★ と，下野押領使 ★★ が鎮圧した。 (國學院大)	平貞盛，藤原秀郷
☐ 12 ★★★	10世紀前半，伊予の国司であった ★★★ が，海賊を率いて伊予国府や大宰府を襲撃した。 (青山学院大)	藤原純友
	◆平将門の反乱とほぼ同時期におこった。	
☐ 13 ★	藤原純友は，元 ★ の国司で， □ を拠点とした。 (早稲田大)	伊予，日振島
	◆藤原純友は，この国の国司の掾(じょう)であった。	
☐ 14 ★★★	藤原純友の乱は，清和源氏の祖である ★★★ や， ★ らによって平定された。 (早稲田大)	源経基, 小野好古
☐ 15 ★★	平将門の乱・藤原純友の乱を総称して ★★ という。 (中央大)	承平・天慶の乱
☐ 16 ★★	源経基の子の ★★ は，摂津国に土着し， ★ 源氏の祖となった。 (上智大)	源満仲，多田源氏
	◆この人物は安和の変で源高明を密告した。 ☞ 22-39	

V 平安

27 地方政治の混乱と武士の台頭

V 平安時代　27 地方政治の混乱と武士の台頭

17 源経基の孫の源頼信は，★　源氏と称した。
（立命館大）
河内源氏

18 源頼信の兄にあたる ★ は藤原兼家・藤原道長に仕え，受領を歴任した。
（京都大）
源　頼光

19 源氏は，11世紀前半に房総地方でおこった ★★★ の乱を鎮圧して，関東進出のきっかけをつくった。
（京都大）
平 忠常の乱

20 ★★★ は，　　年に平忠常の乱を平定した。
◆この反乱は1028年に始まった。
（立命館大）
源　頼信，1031

21 陸奥の俘囚の長であった安倍頼時・貞任父子がおこした戦乱を ★★★ という。
（明治大）
前九年合戦（前九年の役）

22 前九年合戦を平定したのは ★★★ ・ ★★★ の父子である。
（関西学院大）
源　頼義，源　義家

23 前九年合戦は，　　の豪族 ★★ 氏の助けを借りて平定した。
（京都大）
出羽，清原氏

24 源頼義の父は ★★ である。
（早稲田大）
源　頼信

25 源頼義は陸奥守と ★ に任じられた。
（慶應大）
鎮守府将軍

26 源義家は，清原氏の内紛に介入し，★★★〈人名〉を助けて清原氏一族を滅ぼした。この争乱を ★★★ という。
◆この争乱は，藤原清衡とその兄弟である清原家衡（いえひら）・真衡（さねひら）の内紛が発端となった。
（中央大）
藤原清衡，後三年合戦（後三年の役）

27 ★★★〈人名〉は後三年合戦を平定し，関東の武士の信望を集めた。
（早稲田大）
源　義家

28 前九年合戦は ★ 年に始まり，後三年合戦は ★ 年に始まった。
（成城大）
1051，1083

29 末法初年とされる年の前年に始まった戦乱を ★ という。
（立命館大）
前九年合戦（前九年の役）

30 ★★★ は，後三年の役のあと，奥羽地方で勢力を強め，やがて陸奥国の ★★★ に本拠を移した。
（同志社大）
藤原清衡，平泉

- **31** 藤原清衡とその子 ★★ ，孫の ★★ が，奥州藤原氏三代の栄華を築いた。(青山学院大)　　藤原基衡, 藤原秀衡
  - ◆四代目の藤原泰衡が源頼朝に滅ぼされ，奥州藤原氏は滅亡した。

28 院政の開始

ANSWERS ☐☐☐

- **1** 藤原頼通の娘女に皇子が生まれなかったため，藤原氏を外戚としない ★★★ が即位した。(関西大)　　後三条天皇

- **2** 後三条天皇は，☐☐☐ を関白にしたが，実質的には ★★★ ら有能な官吏を登用した。(関西大)　　藤原教通, 大江匡房
  - ◆後者は，『江家次第』という有職故実書も著した。☞ 23-23

- **3** 後三条天皇は，寄進地系荘園の増大が ★ を圧迫しているとして ★★★ を出した。(慶應大)　　公領（国衙領）, 延久の荘園整理令

- **4** ★★ 年，★★★ 天皇は延久の荘園整理令を出した。(同志社大)　　1069, 後三条天皇

- **5** 後三条天皇が，荘園を整理するために設けた機構を ★★★ 〈漢字7字〉という。(慶應大)　　記録荘園券契所

- **6** 延久の荘園整理令以前は，荘園整理の実務は ★★ に任されていた。(西南学院大)　　国司

- **7** 延久の荘園整理令では，西暦1045年，すなわち ★ 二年以後の ★ 荘園と， ★ 不明な荘園が停止された。(学習院大)　　寛徳, 新立荘園, 券契
  - ◆国務の妨げになる荘園も停止された。

- **8** ★ 〈神社名〉は，延久の荘園整理令で34カ所の荘園のうち13カ所を収公された。(西南学院大)　　石清水八幡宮

- **9** 1072年に後三条天皇によって制定された公定枡を ★★ という。(立命館大)　　宣旨枡

- **10** 後三条天皇の次に即位したのが，子の ★★ 天皇である。(関西大)　　白河天皇

- **11** ★★★ 天皇は，1086年に幼少の ★★ 天皇に譲位したあとも上皇として政務をとる ★★★ を始めた。(岡山大)　　白河天皇, 堀河天皇, 院政

V 平安時代　28 院政の開始

12 「　★★　」〈4文字〉とも称される院が天皇家の家長として国政を握ることを院政という。　（同志社大）
→ 治天の君

13 院の執務機関として　★★　が開かれ，その職員は　★　とよばれた。　（明治学院大）
→ 院庁，院司

14 上皇が自ら命令を伝える文書を　★★　，院庁から出される公文書を　★　という。　（駒澤大）
→ 院宣，院庁下文

15 院政では，中小貴族や受領階級の者が　★★　となって，権勢をふるった。　（上智大）
→ 院の近臣

16 　★★★　は，白河上皇のときに院の御所を警備するために設置された。　（関西大）
→ 北面の武士

17 白河法皇の次に院政を行ったのは，　★★★　法皇である。　（早稲田大）
→ 鳥羽法皇
◆彼は，堀河天皇の子で，白河上皇の孫にあたる。

18 　★★★　制度は，上級貴族に国を与え，その子弟や近親者が　★　となり，現地には目代を派遣して統治する制度である。　（学習院大）
→ 知行国制度，国守
◆知行国主は，その国からの収益を得ることができた。

19 院が知行国主となった国を　★　という。　（学習院大）
→ 院分国

20 　★　上皇が皇女八条院に伝えた荘園群を八条院領，　★　法皇が長講堂に寄進した荘園群を長講堂領という。　（明治学院大）
→ 鳥羽上皇，後白河法皇
◆前者はのちに大覚寺統，後者はのちに持明院統の財政基盤となった。

21 六勝寺とは，白河天皇の造立した　★★★　，堀河天皇の造立した　　　　　など，天皇家によって院政期に造営された「勝」の字がつく6つの寺をさす。　（明治大）
→ 法勝寺，尊勝寺

22 院政期，院や貴族の間で　★★　詣や　★★　詣が流行した。　（龍谷大）
→ 熊野詣，高野詣

23 京都・奈良の大寺院の　★★★　は，集会を開いて談合し，主張が通らない場合は　★★★　を行うようになった。　（上智大）
→ 僧兵，強訴

□24 延暦寺の僧兵は ★★ とよばれ，しばしば ★ 〈神社名〉の神輿を先頭に立てて強訴を行った。 （立教大）

山法師，日吉神社

□25 興福寺の僧兵は ★ 〈神社名〉の神木をかついで強訴を行った。 （上智大）

春日神社

□26 ★★ は，「□□□，双六のさい，山法師，これぞ朕が心に随はぬ者」と嘆いたと『源平盛衰記』に記されている。 （京都大）

白河法皇，鴨川の水

□27 南都とは ★★ を，北嶺とは ★★ をさす。 （津田塾大）

興福寺，延暦寺

29 平氏政権の成立

ANSWERS □□□

□1 伊勢平氏の ★★★ が，白河上皇に私領を寄進し，源義親の乱を鎮定して以来，平氏が重用されるようになった。 （関西大）

平 正盛

□2 平正盛は，所領を寄進して ★★ 上皇に近づき，★ にとりたてられた。 （京都大）

白河上皇，北面の武士

□3 平正盛は，反乱を企てた ★★★ を討伐して武名をあげた。 （京都大）

源 義親

□4 1108年，★ でおこった源義親の乱を鎮めた平正盛は，白河上皇の厚い信任を得ることとなる。（明治大）

出雲

□5 ★★ は，瀬戸内海の海賊平定などで ★★ 上皇の信任を得た。 （学習院大）

平 忠盛，鳥羽上皇

□6 平忠盛の父は ★★ である。 （関西学院大）

平 正盛

□7 天皇家・藤原氏内部の争いに武士団が傭兵として活躍した，1156年におこった内乱を ★★★ という。 （立命館大）

保元の乱

□8 1156年の ★★★ 法皇の死去が，保元の乱のきっかけとなった。 （成蹊大）

鳥羽法皇

V 平安時代 29 平氏政権の成立

9 保元の乱では ★★★ が勝利し、敗北した ★★★ は ★★ 国に配流された。 (関西大)
→ 後白河天皇, 崇徳上皇, 讃岐国

10 保元の乱で後白河天皇側についた摂関家は ★ , 崇徳上皇側についた摂関家は ★★ である。 (中央大)
→ 藤原忠通, 藤原頼長

11 保元の乱で後白河天皇は、平氏の ★★★ や源氏の ★★★ らを動員した。 (関西大)
→ 平清盛, 源義朝

12 保元の乱で崇徳上皇側についた平氏は ★★ 、源氏は ★★ ・ ★★ 父子である。 (上智大)
→ 平忠正, 源為義, 源為朝

13 1159年には ★★★ の乱がおきた。源義朝は平清盛と対立し、京都で挙兵したが清盛の反撃により敗死、以後政権は平氏のものとなった。 (成城大)
→ 平治の乱

14 1159年, ★★★ は、後白河上皇の近臣 ★★ と結んで兵をあげ、平清盛と親しい ★★★ を殺害した。 (駒澤大)
→ 源義朝, 藤原信頼, 藤原通憲（信西）

◆この後、平清盛は最初の2つの空欄に入る人物を倒し、乱は終結した。

15 平治の乱の結果、源義朝の子 ★★ は、伊豆に流された。 (関西大)
→ 源頼朝

◆源義朝は源義経の父でもある。

16 ★ 年に保元の乱がおこり、 ★ 年に平治の乱がおこった。 (慶應大)
→ 1156, 1159

17 平清盛は、1167年、武士として初めて ★★★ に就任した。 (東洋大)
→ 太政大臣

18 平清盛は一族の居宅があったところから ★★ 殿とよばれた。 (関西大)
→ 六波羅殿

19 ★★ は、「此一門にあらざらむ人は皆人非人なるべし」と述べた。 (早稲田大)
→ 平時忠

20 1177年の平氏打倒計画が発覚した事件を ★★ という。 (青山学院大)
→ 鹿ヶ谷の陰謀

21 鹿ヶ谷の陰謀が発覚し、 ★ は鬼界ヶ島に流罪、 ★ は備前に流罪となった。 (福岡大)
→ 俊寛, 藤原成親

◆このとき、西光（藤原師光）は死罪となった。

☐22 1179年, 平清盛は後白河法皇を ★★ に幽閉した。
(青山学院大)
鳥羽殿

☐23 平氏政権は各地で成長した武士団の一部を, 荘園や公領の現地支配者である ★★ に任命することで, 西国一帯の武士を ★★ とすることに成功した。
(明治学院大)
地頭, 家人

☐24 平氏政権は, 多数の荘園や ★★ を経済基盤としていた。
(宮崎大)
知行国

☐25 平氏政権は積極的に ★★★ 〈国名〉との貿易を行った。
(関西学院大)
宋

☐26 平清盛は, ★★★ を修築し, ★ 航路を整え, 安芸国の ▢ を開削した。
(慶應大)
大輪田泊, 瀬戸内海航路, 音戸瀬戸

☐27 ★★★ が修築した大輪田泊は, ★★ 国（現在の ★★ 県）にあり, 現在の ▢ 港にあたる。
◆音戸瀬戸は, 現在の広島県にある。
(慶應大)
平清盛, 摂津国, 兵庫, 神戸港

☐28 日宋貿易における日本の主な輸出品は, 金・水銀・ ★ などの鉱産物や, 刀剣などであった。 (立教大)
硫黄

☐29 日宋貿易における日本の主な輸入品は ★★★ ・陶磁器などであった。
(関西学院大)
宋銭

☐30 日宋貿易における日本の輸入品は ★ と総称された。
(同志社大)
唐物

30 院政期の文化

☐1 院政期になると, 浄土信仰は寺院に属さない ★ や上人と称された民間布教者によって全国的な展開を見せた。
(駒澤大)
聖

☐2 ★★★ は, 1124年に藤原清衡が陸奥国 ★★★ に建てた阿弥陀堂で, 須弥壇の下に藤原氏三代のミイラを納めている。
(京都府立大)
◆岩手県にあり, 世界遺産にも登録された。
中尊寺金色堂, 平泉

V 平安時代 30 院政期の文化

□3 藤原基衡が平泉に建立したとされる寺院は ★ である。(立命館大) — 毛越寺

□4 藤原秀衡は宇治の平等院を模して ___ を建立した。(慶應大) — 無量光院

□5 豊後にある ★★ は、院政期に浄土教美術が地方で開花した例である。(甲南大) — 富貴寺大堂

□6 白水阿弥陀堂は ★ 国に、富貴寺大堂は ★ 国に、三仏寺投入堂は ★ 国にある。(立教大) — 陸奥国, 豊後国, 伯耆国

◆いずれも院政期の寺院とおさえておく。

□7 白水阿弥陀堂は ★ 県に、富貴寺大堂は ★ 県に、三仏寺投入堂は ★ 県にある。(学習院大) — 福島, 大分, 鳥取

□8 後白河法皇は、平清盛に ___ の宝蔵をつくらせた。(早稲田大) — 蓮華王院

□9 院政期には、藤原道長の人生を肯定的に描いた『 ★★ 』や、藤原氏の摂関政治の様子をやや批判的に記録した『 ★★★ 』などが著された。(中央大) — 栄花(華)物語, 大鏡

□10 院政期には、平将門の乱や前九年合戦の経過を記した ★★★ がつくられた。(関西大) — 軍記物語

□11 平将門を主人公とした軍記物を『 ★★ 』という。(青山学院大) — 将門記

□12 前九年合戦を描いた軍記物語は『 ★★★ 』である。(京都大) — 陸奥話記

□13 インド・中国・日本の説話を集め、武士や庶民の姿を生き生きと描いた説話集を『 ★★★ 』という。(龍谷大) — 今昔物語集

□14 後白河法皇は『 ★★★ 』という歌謡集を編纂した。(同志社大) — 梁塵秘抄

□15 『梁塵秘抄』は ★★★ の撰で、当時、庶民の間に流行した ★★★ を集めたものである。(早稲田大) — 後白河法皇, 今様

◆この歌謡は白拍子(しらびょうし)とよばれる芸人がうたった。

□16 ★★ ★★ は，田植えのときの豊作を祈る踊りからおこり，平安中期以降芸能化したものである。 (上智大)

田楽

◆物まねや言葉芸を中心とする猿楽や，雅楽の歌い物である催馬楽（さいばら）も当時流行した。

□17 ★ 平安時代の末に現れ，男装して歌舞を演じた女性の芸能者を ★ という。 (南山大)

白拍子

□18 ★★★ ★★★ は， ★★ の手法で描かれた絵画の部分と， ★ とよばれる文字を記した部分とが交互に貼りつがれた巻子本である。 (和歌山大)

絵巻物，大和絵，詞書

□19 ★★★ 鳥羽僧正らの作とされる『 ★★★ 』は，擬人化された動物の行動を通して，当時の上級貴族や僧侶を風刺したものである。 (早稲田大)

鳥獣戯画

◆京都の高山寺に納められている。

□20 ★★★ 応天門の変を題材にした絵巻物は『 ★★★ 』である。 (青山学院大)

伴大納言絵巻

□21 ★ 院政期の絵巻物には，霊験談をダイナミックに描いた『 ★ 』がある。 (慶應大)

信貴山縁起絵巻

□22 院政期の絵巻物には，平安後期の宮廷行事や祭礼・法会などを描いた『 』がある。 (同志社大)

年中行事絵巻

◆院政期の絵巻物には『源氏物語絵巻』もある。

□23 ★★ 『 ★★ 』は，平清盛が一門の繁栄を祈って発願し，一門が経典を書写したものである。 (上智大)

平家納経

□24 ★★★ 『平家納経』は， ★ 国の ★★★ に奉納されている。 (関西大)

安芸国，厳島神社

□25 ★ 大阪府の四天王寺に伝わる『 ★ 』は，当時の代表的な装飾経である。 (同志社大)

扇面古写経

◆庶民の生活や風俗がみごとに描かれている。

Ⅴ 平安

30 院政期の文化

V 平安時代　超ハイレベル問題

MANIAC V　日本史を極めたい人のための
超ハイレベル問題

☐ **1** 桓武天皇の実母は 〔　　　〕 である。　(立教大)
→ 高野新笠

☐ **2** 天皇の居所は10世紀後半に全焼して以来，たびたび火災にみまわれたため，貴族の邸宅などに移り住むようになり，〔　　　〕 とよばれた。　(慶應大)
→ 里内裏

☐ **3** 平安京は羅城門を挟んで東西二寺が，平安宮の南に接して 〔　　　〕 という禁苑があった。　(慶應大)
→ 神泉苑

☐ **4** 坂上田村麻呂は渡来人の 〔　　　〕 氏の後裔氏族出身である。　(慶應大)
→ 東漢氏

☐ **5** 検非違使の長官を 〔　　　〕 と称した。　(同志社大)
→ 別当

☐ **6** 学館院は，844年頃，〔　　　〕 の皇后の橘嘉智子が設置した。　(駒沢大)
→ 嵯峨天皇

☐ **7** 道康親王（藤原良房の妹 〔　　　〕 の子）が即位して文徳天皇となった。　(青山学院大)
→ 順子

☐ **8** 文徳天皇が即位すると，藤原良房は娘の 〔　　　〕 を入内させた。彼女はのちの清和天皇を産むこととなる。　(青山学院大)
→ 明子（めいし）

☐ **9** 〔　　　〕 は事実上の最後の遣唐使の副使に任命されながら，正使と対立して 〔　　　〕 に流された。　(学習院大)
◆彼の和歌は六歌仙を超えたと評せられた。
→ 小野篁，隠岐

☐ **10** 遣唐使は合計 〔　　　〕 回派遣された。　(上智大)
→ 15

☐ **11** 清涼寺は平安京の 〔　　　〕〈方位〉にあった。　(学習院大)
→ 北西

☐ **12** 藤原氏歴代の氏長者が住居とした 〔　　　〕 殿は，寝殿造の代表的建築であった。　(関西大)
→ 東三条殿

☐ **13** 源信は幼少の頃 〔　　　〕 寺で学んだ。　(関西学院大)
→ 延暦寺

☐ **14** 自然石や樹木などを用いた，所領の境界を確定するための標識を 〔　　　〕 という。　(立命館大)
→ 牓示

- □**15** 1087年に[　　　]の激戦で清原氏が滅び，後三年の役は終結した。 (明治大)　**金沢柵**

- □**16** 9世紀以降，内裏以外の天皇別宮は[　　　]とよばれたが，譲位後の居地，太上天皇の居所という意味ももつようになった。 (同志社大)　**後院**

- □**17** 源為朝は[　　　]〈地方名〉で武名を高めたが保元の乱に敗れて流罪に処せられた。 (関西学院大)　**九州**

- □**18** 1159年，藤原信頼は源義朝と結んで，後白河上皇の御所である[　　　]を襲撃した。 (近畿大)　**三条殿**

- □**19** 富貴寺大堂は，内部に[　　　]があることで知られている。 (青山学院大)　**来迎壁画（阿弥陀如来像）**

- □**20** 『栄花物語』の作者は，大江匡衡の妻の[　　　]といわれる。 (学習院大)　**赤染衛門**

- □**21** 猿楽に発展した中国伝来の芸能を[　　　]という。 (同志社大)　**散楽**

- □**22** 『源氏物語絵巻』の作者は[　　　]といわれている。 (立命館大)　**藤原隆能**

V 平安 ■ 超ハイレベル問題

COLUMN-1 そして時代が変わる ~時の狭間を掘り下げて~

古代から中世へ ~武士の台頭~

有史以来,政治の頂点に立つ者は,「軍事力」と「経済力」を兼ね備えた者であるという傾向があります。

どれだけすばらしい政治理論をもっていたとしても,軍事力と経済力がなければ,長く政権を維持することはできない。

これが,歴史を見ていて感じられることです。

律令体制のときは,「軍事力」は律令国家が掌握していました。

また,公地公民制のため「経済力」も律令国家が牛耳っていました。

しかし,公地公民制は間もなく崩壊します。

それに伴って,今度は貴族や寺社が経済力をもつようになっていきます。

また,律令体制が崩壊すると,国家が軍事・警察機能を果たさなくなってしまいました。

自分の土地や命は自分で守らなければいけない,という時代になったのです。

そこで誕生したのが武士です。

自分の土地を守るために自ら武装化した者もいましたが,その多くは,貴族や寺社に雇われて警備を行っていました。

つまり,成立当時の武士には,「軍事力」はありましたが,「経済力」はなかったのです。

ところが,院政の頃になると,院は摂関家に対抗するため,武士たちを「院の近臣」とよばれる側近にしていきます。

そして,こうした武士たちの中には確実に財力を蓄えていく者も出てきました。

また,平氏は瀬戸内海の海賊を平定して日宋貿易の権利を独占します。

このように,院政の頃から,武士は「軍事力」だけではなく「経済力」をも兼ね備えるようになっていき,武士が政治の実権を握る中世へと移っていくのです。

第 2 部
中世
THE MEDIEVAL PERIOD

VI 鎌倉時代
1185 — 1333

VII 室町時代
1336 — 1573

VI

鎌倉時代
KAMAKURA PERIOD
1185 — 1333

31 源平の争乱と鎌倉幕府の成立

ANSWERS ☐☐☐

1 ★★★ 平清盛は，1180年に即位した ★★★ 天皇の外祖父となった。
(慶應大)

安徳天皇

2 ★★ 安徳天皇の母は平清盛の娘である ★★ である。
(防衛大学校)

建礼門院徳子

3 ★ 安徳天皇の父は ★ 天皇である。 (青山学院大)

高倉天皇

4 ★★★ 安徳天皇の父方の祖父は ★★ であり，母方の祖父は ★★★ である。
(駒澤大)

後白河法皇，
平清盛

5 ★★ 1180年から始まった源平の合戦のことを ★★ の乱という。
(関西学院大)

治承・寿永の乱

6 ★★★ 1180年， ★★ は後白河法皇の皇子 ★★★ を奉じて平氏打倒の兵をあげた。
(慶應大)

源頼政，以仁王

7 ★★ 源頼政は，決起を促す以仁王の ★★ を諸国の武士に伝えた。
(慶應大)

令旨

◆これは，天皇以外の皇族が命令等を伝える文章のこと。天皇の場合は宣旨（せんじ）という。

8 1180年，源頼政は平家軍と ☐ で戦い，敗死した。
(関西大)

宇治

9 ★ 源頼朝は，西暦 ★ 年（＝ ☐ 四年）に ★ で挙兵した。
(神奈川大)

1180，治承，伊豆

10 ★★ 1180年，木曽で挙兵したのは ★★ である。(日本大)

源義仲

11 ★ 梶原景時は，1180年8月 ★ の戦いにおいて源頼朝を救ったことから信任を得た。
(同志社大)

石橋山の戦い

◆源頼朝は，このあとの富士川の戦いで平維盛に勝利した。

108

□12 ★★★	平清盛は，1180年に摂津国 ★★★ に遷都した。(中央大)	福原京
□13 ★	平清盛が遷都した都は， ★ 〈現在の市町村名〉にあった。(新潟大)	神戸市
□14 ★★	★★ 天皇は福原京遷都を行った。(同志社大)	安徳天皇
□15 ★★★	1180年，★★★ が東大寺・★★ などの奈良の諸大寺を焼失させた。これを ★★ という。(國學院大)	平重衡，興福寺，南都焼き打ち
□16 ★★	治承・寿永の内乱が勃発した翌年の1181年には ★★ の大飢饉が発生した。(早稲田大) ◆この年(1181年)，平清盛は亡くなった。	養和の大飢饉
□17 ★★	1183年，★★ は □ の戦いで平氏を破って上洛し，翌年 ★ に任じられた。(京都大) ◆彼は，1184年の粟津の戦いで敗死した。	源義仲，砺波山(俱利伽羅峠)の戦い，征夷大将軍
□18 ★	平氏の都落ちした1183年，京都では ★ 天皇が即位した。(京都大)	後鳥羽天皇
□19 ★	源頼朝は，1183年に ★ ・ ★ の支配権を後白河法皇から認められた。(中央大) ◆この命令を寿永二年十月宣旨という。	東海道，東山道
□20 ★★	平氏は，1184年には摂津の ★★ の戦いで敗走し，翌年には讃岐の ★ の戦いに敗れた。(甲南大)	一の谷の戦い，屋島の戦い
□21 ★★★	★★ 年に長門国で行われた ★★★ の戦いで，平氏は滅亡した。(早稲田大)	1185，壇の浦の戦い
□22 ★★	平氏滅亡の戦いで指揮をとったのは，★★ と ★★ である。(成蹊大)	源義経，源範頼
□23 ★★★	右大将とは ★★★ 〈人名〉のことをさす。(早稲田大)	源頼朝
□24 ★★★	源頼朝は ★ 年，諸国に ★★★ を，荘園や公領には ★★★ を任命する権利を獲得した。(慶應大)	1185，守護，地頭
□25 ★★	源頼朝は，★★ から国衙の実権を握る ★ を支配する権利を獲得した。(慶應大)	後白河法皇，在庁官人

Ⅵ 鎌倉

31 源平の争乱と鎌倉幕府の成立

VI 鎌倉時代　31 源平の争乱と鎌倉幕府の成立

26 守護・地頭の設置は ★★ の献策である。（慶應大）
→ 大江広元

27 守護は，当初は ＿＿ や ＿＿ などとよばれた。（獨協大）
→ 惣追捕使，国地頭

28 地頭は ★★ ・ ★★ ごとに設置された。（法政大）
◆当初，地頭の設置範囲は平家没官領と謀叛人の所領に限られていた。
→ 荘園，公領（国衙領）

29 1185年，源頼朝は地頭に反別 ★★ 升の ★★ を徴収する権利を与えたが翌年廃止された。（駒澤大）
→ 5，兵粮米

30 守護の権限は ★★★ とよばれ，大番催促・謀叛人の逮捕・殺害人の逮捕を内容とする。（早稲田大）
→ 大犯三カ条

31 大番催促とは，任国内の ★★ を ★★ につかせるものである。（早稲田大）
→ 御家人，京都大番役

32 後白河法皇は，1190年に源頼朝に ★★ の官職を与えた。（日本大）
→ 右近衛大将

33 ★ 年，★★ の死をきっかけに，源頼朝が征夷大将軍に就任した。（立命館大）
→ 1192，後白河法皇

34 源頼朝は1180年，関東の武士団を ★★ として編成するため ★★★ を設置し，★★★ を初代長官に任じた。（東京学芸大）
→ 御家人，侍所，和田義盛

35 源頼朝は1184年には一般政務を担当する ★★ と，裁判業務を司る ★★★ を設けた。（東京学芸大）
◆「1184年」とあるので，最初の空欄は「政所」ではない！
→ 公文所，問注所

36 一般政務を担当する機関は，1191年頃に ★★★ と名称が変更された。（東京学芸大）
→ 政所

37 公文所の初代長官には ★★★ が，問注所の初代長官には ★★★ が就任した。（法政大）
→ 大江広元，三善康信

38 侍所の長官を ★ ，公文所の長官を ★ ，問注所の長官を ★ という。（法政大）
→ 別当，別当，執事

39 源頼朝は，親幕府派の公卿であった ★★ を ★★ 公卿に指名し，幕府の意思が朝廷に伝わるようにした。（早稲田大）
→ 九条兼実，議奏公卿

- ☐ **40** 藤原基実を祖とする家を ▭ 家，藤原兼実を祖とする家を ▭ 家という。 （京都府立大） …… 近衛家，九条家

- ☐ **41** 摂関家においては，まず近衛・九条の両家に分立し，さらに近衛家から ▭ 家が分かれ，九条家からは ▭ ・ ▭ 各家が分立し，いわゆる五摂家の成立となった。 （立命館大） …… 鷹司家，二条，一条

- ☐ **42** 源頼朝は，1185年に在京の御家人の統率，洛中の警備・裁判，朝廷と幕府との交渉などの目的で ▭ を設置し， ▭ をその任にあたらせた。 （明治大） …… 京都守護，北条時政
  ◆頼朝が設置したものなので，六波羅探題は不可。☞ 32-26

- ☐ **43** ▭ は，九州の御家人の統率や軍事警察などを任務とした。 （京都大） …… 鎮西奉行

- ☐ **44** 奥州藤原氏滅亡後，1189年，源頼朝は奥州の御家人の統率と幕府への訴訟やとり次ぎを目的として ▭ の職をおいた。 （明治大） …… 奥州総奉行

- ☐ **45** 将軍と御家人が ▭ と ▭ との関係で結ばれている制度を ▭ という。 （高崎経済大） …… 御恩，奉公，封建制度

- ☐ **46** 源頼朝は，御家人に対して父祖伝来の所領を ▭ し，さらに軍功などによってあらたな所領を与える ▭ を行った。 （防衛大学校） …… 本領安堵，新恩給与

- ☐ **47** 御家人が自己の所領を守ることを ▭ という。 （高崎経済大） …… 一所懸命

- ☐ **48** 御家人は戦時には軍役を，平時は ▭ や ▭ などをつとめた。 （慶應大） …… 京都大番役，鎌倉番役

- ☐ **49** 将軍と主従関係を結んでいない武士を ▭ という。 （関西学院大） …… 非御家人

- ☐ **50** 将軍の財政基盤の一つである ▭ は，平家没官領が主で500カ所ほどあった。 （関西学院大） …… 関東御領

- ☐ **51** 将軍が知行国主となる ▭ は，9カ国あった。 （近畿大） …… 関東御分国（関東知行国）

- ☐ **52** 幕府の所領外でありながら守護・地頭の設置権のある荘園・国衙領を ▭ という。 （東京経済大） …… 関東進止の地

VI 鎌倉

31 源平の争乱と鎌倉幕府の成立

| □53 | 10世紀以降，朝廷で出された法令を ★ という。(学習院大) | 新制 |

32 執権政治の確立

ANSWERS ☐☐☐

| □1 | 北条氏は □ 国の在庁官人の家であった。(京都大) | 伊豆国 |

| □2 | ★★★ の娘である ★★★ は源頼朝の妻になった。(同志社大) | 北条時政，北条政子 |

| □3 | 1199年に源頼朝が亡くなると，★★★ が2代将軍となり，十三人の合議制が始まった。(慶應大) | 源頼家 |

| □4 | 1200年，★★ は鎌倉を追放され戦死した。(上智大) | 梶原景時 |

| □5 | 源頼家は1203年，妻の父 ★★ と結んで北条氏打倒を企てたが失敗し，妻の父と，子の ★ が相次いで殺された。(早稲田大) | 比企能員，一幡 |

| □6 | 源頼家は，1203年に伊豆の ★ に幽閉され，翌年殺された。(日本大) | 修禅寺 |

| □7 | 1203年，源頼家が幽閉されると ★★★ が将軍となった。(関西大) | 源実朝 |

| □8 | 1203年，★★★ は初代執権となった。(明治学院大) | 北条時政 |

| □9 | 北条時政は ★★ に就任することで，最初の執権となった。(京都大) | 政所別当 |

| □10 | 1205年に，★★ ・□ の父子が北条時政に倒された。(早稲田大) | 畠山重忠，畠山重保 |

| □11 | 1205年，★★ は，源実朝を殺害して自らの後妻の娘婿である ★ を将軍に立てようとして失敗したため，引退させられて伊豆に帰った。(学習院大) | 北条時政，平賀朝雅 |

| □12 | 1205年に ★★★ 別当となったのは，北条時政の子の ★★★ である。(駒澤大)
◆2代執権にあたる。 | 政所別当，北条義時 |

□13 ★★★	1213年，北条義時は，[★★★]を倒し，彼にかわって[★★★]別当となった。 (早稲田大)	和田義盛，侍所別当
□14 ★	源実朝は，1218年に[★]に任官した。 (慶應大)	右大臣
□15 ★★★	将軍[★★★]は，[★]年に暗殺され，源氏は断絶した。 (西南学院大)	源実朝，1219
□16 ★★	↳この将軍を暗殺したのは，[★]の子の[★★]で，[★★]〈場所〉で暗殺した。 (関西大)	源頼家，公暁，鶴岡八幡宮
□17 ★★★	源実朝の死後，摂関家の[★★★]が将軍として迎えられた。 (法政大)	九条頼経
□18 ★★★	源実朝の死後，[★★★]上皇は院政を敷き，あらたに[★★★]をおくなどして幕府に対抗する姿勢を示した。 (早稲田大)	後鳥羽上皇，西面の武士
□19 ★★★	源実朝暗殺を契機に，京都の朝廷は政権の奪回をはかり，[★★★]追討令を下して討幕の兵をあげたが，幕府側の反撃により敗れた。これを[★★★]という。 (高崎経済大)	北条義時，承久の乱
□20 ★★★	承久の乱後，[★★★]上皇を隠岐に，[★★]上皇を土佐に，[★★]上皇を佐渡に配流した。 (京都大)	後鳥羽上皇，土御門上皇，順徳上皇
□21 ★	承久の乱後，幕府は[★]天皇を廃位して[★]天皇を立てた。 (慶應大)	仲恭天皇，後堀河天皇
□22 ★	承久の乱後，鎌倉幕府が没収した京都方の所領は，およそ[★]カ所である。 (神奈川大)	3000
□23 ★★★	朝廷側についた貴族や武士の所領を没収し，そこにあらたに[★★★]を任命した。それ以前からおかれていた地頭は[★★★]という。 (高崎経済大)	新補地頭，本補地頭
□24 ★★★	[★★★]によると，新補地頭の得分は，田地[★★]町につき1町の免田，1段あたり5升の[★★]をとる権利，山や川の収益の半分であった。 (学習院大)	新補率法，11，加徴米
□25 ★★	1223年に，執権[★★]は諸国に土地調査を命じ，[★★]という台帳を作成させた。 (甲南大)	北条義時，大田文

VI 鎌倉

32 執権政治の確立

VI 鎌倉時代　32 執権政治の確立

- [ ] 26 承久の乱後、京都には従来の ★★ にかわって、朝廷監視などのために ★★★ を設けた。（早稲田大）
  → 京都守護、六波羅探題

- [ ] 27 初代の六波羅探題に任命されたのは、★★ ・ ★★ である。（関西大）
  → 北条泰時、北条時房

- [ ] 28 六波羅探題は、最初は____以西、のちに____以西の御家人の統括にあたった。（上智大）
  → 尾張、三河

- [ ] 29 3代執権 ★★★ は、★★ の子である。（法政大）
  → 北条泰時、北条義時

- [ ] 30 執権を補佐し、執権と共に幕府の政務文書に署名する役職を ★★★ といい、その初代には ★★★ が就任した。（京都大）
  → 連署、北条時房

- [ ] 31 北条泰時は1225年、有力御家人からなる ★★★ を設けて、合議制による政治や裁判の運営にあたった。（関西大）
  → 評定衆

- [ ] 32 幕府の最高の評議機関である ★ を構成するのは、執権・連署・ ★★ である。（青山学院大）
  → 評定、評定衆

- [ ] 33 武家社会における最初の成文法は、★★★ である。（関西学院大）
  → 御成敗式目（貞永式目）

- [ ] 34 執権 ★★★ は、西暦 ★★ 年（＝ ★★★ 元年）に御成敗式目を制定した。（同志社大）
  → 北条泰時、1232、貞永

- [ ] 35 御成敗式目は、源頼朝以来の ★★ や、武家社会の ★★ を規範とした。（関西大）
  → 先例、道理

- [ ] 36 御成敗式目は ★ カ条からなり、適用の対象は ★★ である。（明治大）
  → 51、御家人

- [ ] 37 御成敗式目に対して、荘園領主のもとで効力をもつ法を ★★ 、朝廷のもとで効力をもつ法を ★★ という。（関西学院大）
  → 本所法、公家法

- [ ] 38 御成敗式目を補充した法令を ★★ という。（東京女子大）
  → 式目追加

- [ ] 39 北条泰時は、弟である ★ に消息文（＝手紙）を送り、御成敗式目制定の趣旨を述べた。（関西学院大）
  → 北条重時

□40 御成敗式目には、「右、当知行の後、★ 年を過ぐれば、理非を論ぜず改替に能わず」とある。（早稲田大）
◆実効支配を一定期間行うと所領の支配が保証されるという内容で、これを年紀法という。

20

□41 御成敗式目の制定は、1231年の ★ の大飢饉による社会不安・紛争増加への対応が契機とも考えられる。（早稲田大）

寛喜の大飢饉

□42 5代執権 ★★★ は、★★ の孫である。（法政大）
◆4代執権は北条泰時の孫の北条経時。

北条時頼、北条泰時

□43 北条時頼は ★ 年の宝治合戦で ★★★ 一族を滅ぼして反北条勢力を一掃した。（上智大）

1247、三浦泰村

□44 北条時頼は、評定衆の下に ★★ をおいて ★★★ を任命し、所領裁判の迅速・公正化をはかった。（明治学院大）

引付、引付衆

□45 北条時頼は、前将軍 ★★★ を京に送り返し、その子である将軍 ★★ の力を弱めた。（学習院大）

九条頼経、九条頼嗣

□46 執権 ★★ は、★ 天皇の子 ★★ を最初の皇族将軍として迎えた。（神奈川大）

北条時頼、後嵯峨天皇、宗尊親王

33 元寇と鎌倉幕府の衰退

ANSWERS □□□

□1 元寇のときの執権 ★★★ は、★★ の子にあたる。（学習院大）

北条時宗、北条時頼

□2 13世紀はじめ、モンゴル高原に現れた ★★ が、モンゴル民族を統一した。（明治大）

チンギス＝ハン（成吉思汗）

□3 オゴタイは、1234年に東方の ★ 〈国名〉を滅ぼした。（明治大）
◆彼は、チンギス＝ハンの後継者であり、西方ではアッバース朝を滅ぼして、現在の東ヨーロッパにまで及ぶ大帝国を築いた。

金

□4 チンギス＝ハンの孫といわれる ★★★ は都を ★ に移し、1271年に国号を ★★★ と改め、日本に対してしばしば朝貢を強要してきた。（明治大）

フビライ、大都、元

VI 鎌倉時代 33 元寇と鎌倉幕府の衰退

5 1274年の1度目の元の来襲を ★★★ , 1281年の2度目の元の来襲を ★★★ という。 (明治大)

◆この二つを合わせて「元寇(蒙古襲来)」という。
◆元は3度目の襲来を計画していたが、実現しなかった。

文永の役,
弘安の役

6 元は朝鮮半島の ★★★ 〈国名〉を征服した。 (慶應大)

高麗

7 元軍は1273年に高麗の ★★ の乱を鎮圧すると、翌1274年、対馬・壱岐を攻めたのち、 ★ 湾に上陸した。 (立教大)

三別抄の乱,
博多湾

8 執権 ★★★ は、元の来襲に備え、御家人を北九州の防衛に動員する ★★★ という制度を整備した。 (北海道大)

北条時宗,
異国警固番役
護×

9 1276年、元の来襲に備えて、北条氏一門は ___ の任務についた。 (早稲田大)

◆「北条氏一門」とあるので、「異国警固番役」は×。異国警固番役は、九州の御家人に課せられたもの。

長門警固番役
(長門探題)

10 ★★ 〈戦乱名〉ののち、元軍の再度の来襲に備えて博多湾岸に ★★ が構築された。 (同志社大)

文永の役,
防塁(石塁)

11 文永の役のあとの1279年、元は ★★ 〈国名〉を滅亡させた。 (明治大)

南宋

12 弘安の役では朝鮮半島からの ★ 軍と、中国本土からの ★ 軍の2軍に分かれた。 (立正大)

東路軍,
江南軍

13 肥後の御家人 ★★ は、元寇での武功を子孫に伝えるために『蒙古襲来絵詞』とよばれる絵巻物を制作させた。 (同志社大)

竹崎季長

14 元軍は集団戦法で、「 ★ 」という火薬を利用した武器を使用しているのに対して、日本軍は一騎打ち戦法を主としていた。 (駒澤大)

てつはう

15 北条時宗は、全国の荘園・国衙領内のいわゆる ★★ といわれる武士を動員する権利も獲得するなど、特に西国に勢力を伸ばしていった。 (青山学院大)

非御家人

16 1293年には、西国防備と九州統治の強化を目的に ★★★ が博多に設置された。 (上智大)

鎮西探題

17 北条時宗の子の ★★★ が9代執権になると，幕府の実権は彼一人に握られた。 (明治大)
◆北条氏は全国の守護の半数を占めるようになった。

北条貞時

18 蒙古襲来をきっかけに，北条氏の嫡流である ★★★ の勢力が強大となった。 (南山大)
◆執権（赤字は得宗〔7人〕）：①北条時政 - ②義時 - ③泰時 - ④経時 - ⑤時頼 - ⑥長時 - ⑦政村 - ⑧時宗 - ⑨貞時 - ⑩師時 - ⑪宗宣 - ⑫熙時 - ⑬基時 - ⑭高時 - ⑮貞顕 - ⑯守時

得宗

19 得宗の家臣のことを ★★★ ，その代表を ★★★ という。 (関西大)

御内人，内管領
菅×

20 得宗専制体制では，幕府政治の重要事項は ★ で決定された。 (関西学院大)

寄合

21 1285年，内管領 ★★★ が有力御家人 ★★★ を滅ぼした。 (同志社大)

平頼綱，安達泰盛

22 ↳この事件を ★★★ といい，当時の執権は ★★★ である。 (神奈川大)

霜月騒動，北条貞時

23 平頼綱は，執権 ★★★ によって1293年に滅ぼされた。この事件を □ という。 (立教大)

北条貞時，
平禅門の乱

24 幕府は御家人救済のために，所領の売買・質入れの禁止を定めた，★★★ を発布した。 (慶應大)

永仁の徳政令

25 ↳この法令は，★ 年，執権 ★★★ のときに出された。 (明治学院大)

1297，北条貞時

26 永仁の徳政令では，御家人が御家人に売却した土地で売却後 ★★ 年に満たないものは無償でもとの地主にとり戻させた。 (関西学院大)

20

27 永仁の徳政令では，非御家人や ★ に売却した土地は，年限を問わず無償でもとの地主にとり戻させた。 (立命館大)

凡下

28 永仁の徳政令では，すでに判決が下された裁判の再審を願い出る ★ を禁止した。 (東京女子大)

越訴

VI 鎌倉

33 元寇と鎌倉幕府の衰退

34 武士の生活と鎌倉時代の経済

1 中世の武士の屋敷を ★★ といい，屋敷の門の上には ★ を構えた。 (同志社大)
館, 矢倉

2 武士の屋敷は，周囲を ★★ で囲み，外側に堀をめぐらした。 (東北学院大)
土塁

3 館には ★ という建築様式が用いられた。(京都大)
◆『一遍上人絵伝』には，筑前国の館が描かれている。
武家造

4 館の周辺にあった直営地のことを ★★ という。 (西南学院大)
佃(門田・正作・用作)

5 佃の耕作は， ★★ や ★★ とよばれる農民が行った。 (同志社大)
下人, 所従

6 荘園内には有力層である名主から耕地を直接に請作する ★★ がいて， ★★ を名主に納めていた。 (同志社大)
作人, 加地子

7 「武芸の鍛練」のため鎌倉時代の武士たちが行った三種の馬上弓技の総称を ★★ という。 (埼玉大)
騎射三物

8 鎌倉時代の武士たちは，騎射三物とよばれた ★★ ・ ★★ ・ ★★ を行って武芸を磨き，大規模な ★★ も行った。 (京都大)
笠懸, 流鏑馬, 犬追物, 巻狩

9 ○○の道・武家のならい・○○の道といった武士社会の道徳は， ★ の起源となった。 (日本大)
兵の道, 弓馬の道, 武士道

10 武士の一族が宗家の首長を中心に一門(一家)を形成して団結する体制のことを ★★★ という。 (東京経済大)
惣領制

11 武士たちは強い血縁的統制のもとにあり，一族の長である ★★ を中心に結集していた。一族のほかの者は ★★ とよばれた。 (京都大)
惣領(家督), 庶子

12 鎌倉時代，武家社会においては ★★ 相続が一般的であったが，鎌倉末期になると， ★★ 相続が行われ始めた。 (東京経済大)
分割相続, 単独相続

- **13** 鎌倉時代後期には，女性の相続分については，女性の死後は一族に戻される ★★ という相続方法が多くとられるようになった。 (慶應大)

  一期分

- **14** 武士の社会では，女性が男性の家に入る ★ 婚が一般的な婚姻形態である。 (成城大)

  嫁入婚

- **15** 荘園領主と地頭の間の紛争を解決するために，一定の年貢を得るかわりに，現地の土地や人の支配をすべて地頭にゆだねる ★★★ や，土地を荘園領主と地頭が折半する ★★★ が行われた。 (慶應大)

  地頭請，下地中分

- **16** 地頭と領家が中分を決定するために行う話し合いの手続きを ★ とよぶ。 (慶應大)

  和与

- **17** 下地中分の契約により絵図に描かれた荘園は，□□□国にあった□□□という荘園である。 (國學院大)

  伯耆国，東郷荘

- **18** 紀伊国の ★★ は，鎌倉時代の農民が地頭の悪行を訴えた文書である。 (慶應大)

  阿氐河荘民訴状

  ◆この文書や永仁の徳政令などを含む古文書は東寺百合文書。

- **19** 畿内や西日本の一帯では， ★★ を裏作とする ★★★ が行われた。 (関西大)

  麦，二毛作

- **20** 鎌倉時代の肥料には，刈った植物を焼いてつくる ★★★ や，生育中の植物を田畑にすき込む ★★★ などが使用された。 (駒澤大)

  草木灰，刈敷

- **21** 鎌倉時代は， ★ を使用した農具も広がりを見せ始め，家畜，特に ★ や ★ を主力とした農耕法も増加した。 (上智大)

  鉄，牛，馬

- **22** 鎌倉時代には，家畜も農耕に広範囲に使われるようになり，鉄製の ★ を引かせるなどした。 (立教大)

  犂

- **23** 鎌倉時代には，『□□□』に描かれるような，牛の耕作への利用も進んでいった。 (立命館大)

  松崎天神縁起絵巻

- **24** 鎌倉時代には，紙の原料となる ★★ や，染料の原料である ★★ ，灯油の原料となる ★★ などが栽培された。 (同志社大)

  楮，藍，荏胡麻

  ◆藍染業者のことを紺屋（こうや）という。

VI 鎌倉時代 34 武士の生活と鎌倉時代の経済

□25 鋳物(いもの)を扱っていた手工業者を □□□ という。(同志社大) ... 鋳物師(いもじ)
　◆金属加工業者を鍛冶(かじ)という。

□26 ★★★ 月に3回開かれる定期市を ★★★ という。(同志社大) ... 三斎市(さんさいいち)

□27 ★ 定期市の例として、『 ★ 』に描かれている備前国の □□□ がある。(立命館大) ... 一遍上人絵伝(いっぺんしょうにんえでん)、福岡市(ふくおかいち)
　◆その他の定期市：伴野市(信濃)・奥山荘(越後)

□28 ★★★ 平安時代後期頃から市場が生まれ、同業者の集まりである ★★★ が結成され、生産や販売を独占するかわりに税を納付することとされた。(慶應大) ... 座(ざ)

□29 ★★★ 鎌倉時代の商品取引には主に ★★★ という銭貨が使用された。(関西学院大) ... 宋銭(そうせん)

□30 ★★ 遠隔地取引の拡大と共に貨幣の輸送を ★★ とよばれる手形で代用する ★★ の利用が盛んになった。(慶應大) ... 割符(さいふ)、為替(かわせ)(替銭(かえぜに)・替米(かえまい))

□31 ★★★ 鎌倉時代に、名主・僧侶・庶民などの中から現れた高利貸業者のことを ★★★ という。(國學院大) ... 借上(かしあげ)

□32 ★★★ 各地の港湾には、年貢の輸送と保管を業とする ★★★ が現れた。(東京女子大) ... 問丸(といまる)

35 鎌倉文化(1) ～宗教～

ANSWERS □□□

□1 ★★★ ★★★ とは、ひたすら念仏を唱えることで死後に等しく極楽往生するという教えで、★★★ が唱えた。 ... 専修念仏(せんじゅねんぶつ)、法然(ほうねん)
　◆この人物は美作の出身。(埼玉大)

□2 ★★★ ↳この人物は ★★★ 宗の開祖となった。(学習院大) ... 浄土(じょうど)
　◆この宗派の総本山は、京都の知恩院。

□3 美作出身の法然は別名を □□□ という。(同志社大) ... 源空(げんくう)

□4 ★★★ 法然が著した『 ★★★ 』は、専修念仏の教義を説いた書物である。(埼玉大) ... 選択本願念仏集(せんちゃくほんがんねんぶつしゅう)

□5 「一枚起請文」とは，死期の迫った ◯◯◯ が極楽往生の要点を一枚の紙にわかりやすくまとめたものである。
(法政大)

法然

□6 ★★★ は法然の弟子で，★★★ の開祖となった。
(青山学院大)

親鸞, 浄土真宗

□7 『 ★★ 』は，親鸞の主著である。 (同志社大)
◆『歎異抄』は，親鸞の著作ではない！ ☞35-9

教行信証

□8 親鸞は，煩悩の深い人間こそが阿弥陀仏の救済の対象である，という教えを説いた。この教えを ★★★ という。
(学習院大)

悪人正機説

□9 親鸞の悪人正機の教えは，★★ の作といわれる『 ★★★ 』に記されている。 (南山大)
◆この人物は，親鸞の弟子にあたる。

唯円, 歎異抄(鈔)

□10 法然は ◯◯ 国に流され，親鸞は ◯◯ 国に流された。
(青山学院大)

土佐国, 越後国

□11 浄土真宗は，京都に ★★★ 寺を開き，宗派の中心とした。 (青山学院大)

本願寺

□12 時宗の開祖は ★★★ である。 (専修大)
◆時宗の総本山は，神奈川県にある清浄光寺である。

一遍

□13 一遍は，★★★ という独自の布教形態によって教えを広めた。 (新潟大)

踊念仏

□14 『一遍上人絵伝』は，★★★ の開祖である一遍の生涯を描いた絵巻物である。 (学習院大)
◆一遍上人の法語などは『一遍上人語録』に収められている。

時宗

□15 一遍に従った人々は ★ といわれた。 (中央大)
◆前の問題の解答と読みは同じだが，字が異なる！

時衆
宗×

□16 一遍は別名を ★★ 上人という。 (同志社大)

遊行上人

□17 法華宗（日蓮宗）の開祖は ★★★ である。 (早稲田大)

日蓮

□18 日蓮は ★ 国の出身であった。 (上智大)

安房国

VI 鎌倉

35 鎌倉文化(1)〜宗教〜

VI 鎌倉時代 35 鎌倉文化(1) ～宗教～

19 はじめ ★ 宗を学んだ日蓮は，★★ 経が仏法の正しい教えであることを悟り，★★★ を唱えることによって救われると説いた。　（上智大）
天台宗，法華経，題目

◆「南無妙法蓮華経」を唱えることによって人は救われると説き，他宗を強く攻撃した。

20 日蓮は，『★★★』を著して ★★ に献上し，法華経を信じなければ国難を招くと予言したため ★ に流された。　（上智大）
立正安国論，北条時頼，伊豆

◆日蓮はこのあと，佐渡にも流された。

21 佐渡に流された日蓮は，自らが法華信仰の担い手であることを説いた『★』を著した。　（慶應大）
開目鈔

◆この文書は，その翌年に記した『観心本尊鈔』とあわせて，彼の教えの体系的な理解を可能にしている。

22 日蓮宗の総本山は甲斐国身延山にある ★ 寺である。　（同志社大）
久遠寺

23 臨済宗の開祖は ★★★ である。　（北海道大）
栄西

24 臨済宗は，師から与えられる ★★★ を一つ一つ解決して悟りに近づく宗派である。　（早稲田大）
公案(問答)

25 栄西は ★★★ 宗を開き，『★★★』を著して禅宗の本質を説いた。　（専修大）
臨済宗，興禅護国論

26 栄西は，茶の効用を述べた『★★』を ★ に献上した。　（関西大）
喫茶養生記，源実朝

27 栄西は13世紀はじめ，鎌倉に ★ 寺，京都に ★★ 寺を開いた。　（青山学院大）
寿福寺，建仁寺

28 ひたすら坐禅することで悟りの境地に達することができることを ★★★ という。　（埼玉大）
只管打坐

29 ↳これを唱えたのは，★★★ の開祖である ★★★ である。　（関西学院大）
曹洞宗，道元

30 道元の主著は『★★』である。　（同志社大）
正法眼蔵

122

□31 ★	『<u>正法眼蔵随聞記</u>』は ★ の作で，□世紀につくられた。(津田塾大) ◆只管打坐の教えは，この書に記されている。	<ruby>懐奘<rt>えじょう</rt></ruby>，13
□32 ★★	曹洞宗の総本山は， ★ 県の ★★ 寺である。(青山学院大)	<ruby>福井<rt>ふくい</rt></ruby>，<ruby>永平<rt>えいへい</rt></ruby>寺
□33 ★★★	<u><ruby>北条時頼<rt>き え</rt></ruby></u>の帰依を受けた ★★★ は，鎌倉に ★★★ を開いた。(青山学院大)	<ruby>蘭溪道隆<rt>らんけいどうりゅう</rt></ruby>，<ruby>建長寺<rt>けんちょうじ</rt></ruby>
□34 ★★★	<u>北条時宗</u>の帰依を受けた ★★★ は，鎌倉に ★★★ を開いた。(早稲田大)	<ruby>無学祖元<rt>むがくそげん</rt></ruby>，<ruby>円覚寺<rt>えんがくじ</rt></ruby>
□35 ★★	旧仏教では，解脱上人とよばれた ★★ が<u>法相</u>宗を，高山寺の ★★ が<u>華厳</u>宗を，泉涌寺の ★ が律宗を再興した。(明治学院大)	<ruby>貞慶<rt>じょうけい</rt></ruby>（<ruby>解脱<rt>げだつ</rt></ruby>），<ruby>明恵<rt>みょうえ</rt></ruby>（<ruby>高弁<rt>こうべん</rt></ruby>），<ruby>俊芿<rt>しゅんじょう</rt></ruby>
□36 ★★★	★★★ は，1205年に興福寺奏状を起草して法然の専修念仏を厳しく批判した。(早稲田大)	<ruby>貞慶<rt>じょうけい</rt></ruby>（<ruby>解脱<rt>げだつ</rt></ruby>）
□37 ★	法相宗の貞慶（解脱）は ★ にこもり，戒律を尊重して旧仏教の復興につとめた。(同志社大)	<ruby>笠置寺<rt>かさぎでら</rt></ruby>
□38 ★	明恵（高弁）は，法然の教義を批判する内容を含んだ『 ★ 』を著した。(青山学院大)	<ruby>摧邪輪<rt>ざいじゃりん</rt></ruby>
□39 ★	明恵（高弁）は，<ruby>京都<rt>きょうと</rt></ruby>の<ruby>栂尾<rt>とがのお</rt></ruby>の旧寺を再興して ★ 寺をおこした。(同志社大)	<ruby>高山<rt>こうざん</rt></ruby>寺
□40 ★★	律宗の ★★ は，大和の<u>西大</u>寺で戒律の復興と民衆化につとめた。(関西大)	<ruby>叡尊<rt>えいぞん</rt></ruby>（<ruby>思円<rt>しえん</rt></ruby>）
□41 ★★	叡尊（思円）の弟子である ★★ は病人の治療などの慈善事業に尽力し，奈良に ★★ という病人救済施設を建てた。(同志社大)	<ruby>忍性<rt>にんしょう</rt></ruby>（<ruby>良観<rt>りょうかん</rt></ruby>），<ruby>北山十八間戸<rt>きたやまじゅうはっけんこ</rt></ruby>
□42 ★	忍性（良観）は，のちに鎌倉に招かれ， ★ の再興に尽力した。(関西学院大)	<ruby>極楽寺<rt>ごくらくじ</rt></ruby>
□43 ★★★	伊勢神宮の<ruby>外宮<rt>げくう</rt></ruby>神官 ★★★ は，神道が根本にあってこそ儒教や仏教があることを説き，『 ★★ 』を著した。(埼玉大)	<ruby>度会家行<rt>わたらいいえゆき</rt></ruby>，<ruby>類聚神祇本源<rt>るいじゅうじんぎほんげん</rt></ruby>

VI 鎌倉時代 35 鎌倉文化(1)～宗教～

□44 伊勢神道は、　★★　の立場をとった。　（中央大）

反本地垂迹説（神本仏迹説）

◆従来の、「仏が本体、神はその仮の姿（垂迹）である」という説に対して、「神こそが本体であり、仏はその仮の姿である」とした。

□45 神仏習合の考え方に依拠し、真言宗の思想のもとで形成された神道を　★　、天台宗の思想のもとで形成された神道を　★　という。　（立教大）

両部神道、山王神道

36 鎌倉文化(2) ～美術～

ANSWERS

□1 東大寺の再興にあたった　★★★　は、　★　として各地を回り、費用や資材の調達につとめた。　（早稲田大）

重源（俊乗坊）、勧進上人

◆東大寺や興福寺は、南都焼き打ちによって焼失。☞31-15

□2 　★★　は宋から渡来した工人で、東大寺大仏の首を修復した。　（青山学院大）

陳和卿

□3 東大寺再建のときに用いられた建築様式を　★★★　という。　（南山大）

大仏様（天竺様）

□4 東大寺に現存する　★★★　は、大仏様の代表的な建築物である。　（京都大）

南大門

□5 禅宗寺院の建築様式に用いられた禅宗様は、　★★　ともよばれ、鎌倉の　★★　などが有名である。　（青山学院大）

唐様、円覚寺舎利殿

□6 石山寺多宝塔の建築様式は　★★　である。　（法政大）

和様

□7 内陣の柱間の数から　★　とよばれる蓮華王院本堂は、鎌倉時代の京都における代表的な　★★　〈建築様式〉の寺院建築である。　（関西大）

三十三間堂、和様

□8 観心寺金堂の建築様式は　★★　である。　（法政大）

折衷様

□9 東大寺と興福寺の復興事業には　★★★　・湛慶父子や快慶などの仏師が活躍した。　（早稲田大）

運慶

□10 運慶を筆頭とする慶派仏師は、その活動基盤をなした場所にちなんで　★　仏師ともよばれる。　（成城大）

奈良仏師

VI 鎌倉

36 鎌倉文化(2)〜美術〜

11 東大寺南大門の[★★★]像は鎌倉時代の代表的彫刻で，[★★]・[★★]などの合作である。 (國學院大)
→ 金剛力士像，運慶，快慶

12 [★★]は，[★★]寺の『無著・世親像』などの写実的で力強い木彫像をつくった。 (早稲田大)
→ 運慶，興福寺

13 『東大寺僧形八幡像』は[★★]の作である。 (同志社大)
→ 快慶

14 三十三間堂には[★]が最晩年につくった千手観音像が安置されている。 (明治大)
→ 湛慶

15 六波羅蜜寺の『空也上人像』は，[★★]の作といわれる。 (学習院大)
→ 康勝

16 [★★]寺にある『天灯鬼像』・『竜灯鬼像』は[★]らの作である。 (立教大)
→ 興福寺，康弁

17 鎌倉時代の肖像彫刻には，鎌倉明月院の『[★]』がある。 (立命館大)
→ 上杉重房像

18 鎌倉時代の肖像彫刻には，東大寺の『[★]』がある。
◆「肖像彫刻」とあるので，仏像・神像の名前は不可。 (國學院大)
→ 重源上人像

19 鎌倉時代には，[★★★]の生涯と，没後に神として祀られるにいたる経緯を描いた『[★★★]』といった絵巻物が描かれた。 (京都府立大)
→ 菅原道真，北野天神縁起絵巻

20 ↳この絵巻物は[　　]の筆といわれる。 (日本大)
→ 藤原信実

21 藤原氏の氏神の霊験談を主題に描かれた鎌倉時代後期の絵巻物を『[★★]』という。 (京都大)
→ 春日権現験記

22 『春日権現験記』は，春日神社の縁起を描いたもので，宮廷の絵師である[　　]が制作した。 (学習院大)
→ 高階隆兼

23 一遍の生涯を描いた『[★★]』は[　　]筆のものである。 (学習院大)
→ 一遍上人絵伝，円伊

24 武蔵国坂東に住む地方武士の生活を描いた絵巻物を『[★★]』という。 (早稲田大)
→ 男衾三郎絵巻

◆その他の絵巻物：『法然上人絵伝(行状絵図)』・『鑑真和上東征絵伝』・『石山寺縁起絵巻』・『粉河寺縁起絵巻』・『山王霊験記絵巻』・『後三年合戦絵巻』・『平治物語絵巻』・『西行物語絵巻』

VI 鎌倉時代 36 鎌倉文化(2) ～美術～

- [ ] 25 人物の肖像を写実的に描いた ★★★ の分野では，★★ ・ ★★ 父子が活躍した。 (京都府立大)

  似絵，藤原隆信，藤原信実

- [ ] 26 京都 ★ 寺に伝えられている『源頼朝像』の作者は ★ である。 (上智大)

  神護寺，藤原隆信

- [ ] 27 『平重盛像』の作者は ★ である。 (学習院大)

  藤原隆信

- [ ] 28 『後鳥羽上皇像』の作者は ★ である。 (学習院大)

  藤原信実

- [ ] 29 禅宗の師僧の肖像画を ★★★ という。 (上智大)

  頂相

  ◆これは，修行僧が一人前になった証明として師僧から与えられたものが多い。
  ◆その他の絵画：『明恵上人樹上坐禅図』

- [ ] 30 鎌倉時代末，伏見天皇の皇子である ★★ が，宋や元から伝えられた書風をとり入れて ★★ という新しい書道の一派を創始した。 (埼玉大)

  尊円入道親王，青蓮院流

  ◆この流派はそれまでの書風にかわって書道の主流となり，江戸時代には御家流（おいえりゅう）へと発展した。
  ◆彼の代表的な書に『鷹巣帖（たかのすじょう）』がある。

- [ ] 31 鎌倉時代における甲冑製作の名家に ★ がいる。 (上智大)

  明珍

- [ ] 32 鎌倉時代の代表的な刀工には，京都の ★ ，相模の ★ ，備前の ★ がいる。 (上智大)

  粟田口吉光，岡崎正宗，長船長光

  ◆彼らの作による刀は，国宝・重要文化財が多い。

- [ ] 33 南宋に渡って製陶法を学んだとされる加藤景正は ★★ の開祖といわれる。 (明治大)

  瀬戸焼

  ◆彼は道元と共に入宋した。

37 鎌倉文化(3) ～学問・文学～

ANSWERS □□□

- [ ] 1 朝廷の儀式・先例を研究することを ★★★ という。 (國學院大)

  有職故実

- [ ] 2 順徳上皇が著した有職故実書は『 ★★ 』である。 (京都大)

  禁秘抄

■3	卜部兼方は、『日本書紀』の注釈書である『 ★ 』を著した。(國學院大)	釈日本紀
■4	★ が著した『万葉集註釈』は鎌倉時代における公家社会の懐古趣味の表れとされている。(関西学院大)	仙覚
■5	北条実時が ★ 国に建てた私設図書館を ★★★ という。(青山学院大) ◆鎌倉の六浦（むつら）に建てられ、そこに称名寺が開かれた。	武蔵国、金沢文庫
■6	朱子学は、南宋の □ が大成した。(関西学院大)	朱熹
■7	朱子学は、君臣の分を重んじる ★★ という考え方をもち、この考え方が後醍醐天皇の討幕運動の理論的よりどころとなった。(京都大)	大義名分論
■8	『愚管抄』の作者は ★★★ である。(関西大)	慈円
■9	慈円の『 ★★★ 』は、公家の没落と武家政権の出現の歴史を、 ★★★ という理念でとらえた。(西南学院大)	愚管抄、道理
■10	慈円は、延暦寺最高の僧職である ★★ に4度も任した。(明治大)	天台座主
■11	慈円は ★ の弟にあたる。(日本大)	九条兼実
■12	『 ★★ 』は、鎌倉幕府の記録を日記（編年）体で著したものである。(成城大) ◆1180年の源頼政の挙兵から1266年までの諸事件を記したもの。	吾妻鏡
■13	四鏡のうち、平安末期から鎌倉初期に成立した歴史書は、成立順に『 ★★ 』→『 ★★ 』である。(國學院大) ◆四鏡…『大鏡』・『今鏡』・『水鏡』・『増鏡』（いずれも歴史物語） ◆『今鏡』は藤原為経、『水鏡』は中山忠親が著者といわれる。	今鏡、水鏡
■14	漢文体のわが国最初の日本仏教史である『 ★★ 』は ★★ の著である。(駒澤大)	元亨釈書、虎関師錬
■15	1205年には、 ★★★ の命で『 ★★★ 』という勅撰和歌集が編纂された。(新潟大)	後鳥羽上皇、新古今和歌集
■16	↳この和歌集の撰者は、 ★★ や ★ らである。(上智大)	藤原定家、藤原家隆

VI 鎌倉

37 鎌倉文化(3)～学問・文学～

鎌倉時代 37 鎌倉文化(3) ～学問・文学～

17 将軍 ★★★ は、『万葉集』の調べなどを学び、歌集『 ★★★ 』を残した。 (立命館大)
→ 源実朝, 金槐和歌集

18 隠者となった人々の中で、武士をやめ、歌人として活躍した ★★★ は、『 ★★★ 』という歌集を残した。 (東京学芸大)
→ 西行, 山家集

19 藤原定家の日記は、『 ★ 』である。 (中央大)
→ 明月記

20 九条兼実が残した源平争乱期の基本史料となる日記は『 ★★★ 』である。 (京都大)
→ 玉葉

21 鎌倉時代初期に ★★★ が著した随筆『 ★★★ 』は無常観を根底に記したものである。 (駒澤大)
→ 鴨長明, 方丈記

22 隠者となった、鎌倉時代後期の随筆家として有名な ★★★ は、『 ★★★ 』を著した。 (東京学芸大)
→ 吉田兼好, 徒然草

23 無住によって書かれた仏教説話集は『 ★ 』である。 (成城大)
→ 沙石集

24 『 ★ 』は、橘成季の撰で1254年(＝建長六年)に成立した説話集である。 (明治大)
→ 古今著聞集

◆この時代の説話集には、『宇治拾遺物語』もある。

25 訴訟のために鎌倉に下ったときの紀行文『 ★★★ 』を残した女性は ★★ である。 (中央大)
→ 十六夜日記, 阿仏尼

26 『 ★ 』は、源親行の作との説がある紀行文である。 (同志社大)
→ 東関紀行

◆この作品は、1242年に京都から鎌倉に旅をし、鎌倉に滞在して帰途につくまでの記録を、流麗な和漢混交文で綴った作品である。
◆この時代の紀行文には『海道記』もある。

27 『 ★★★ 』は、盲目の ★★★ によって語られ、各地の人々に親しまれた。 (東京学芸大)
→ 平家物語, 琵琶法師

◆この作者は信濃前司藤原行長といわれる。

28 ↳この物語を語る芸能を ★★★ という。 (日本大)
→ 平曲

29 『 ★ 』は、源為朝の活躍を中心に描いた軍記物である。 (東京学芸大)
→ 保元物語

◆その他の軍記物：『平治物語』・『源平盛衰記』

38 鎌倉幕府の滅亡

□**1** ★★ 上皇の死後、皇室は ★★★ 統と、★★★ 統の両統に分かれ対立していた。 (同志社大)

後嵯峨上皇、大覚寺統、持明院統

□**2** 大覚寺統は ★★★ 天皇に始まる皇統で、持明院統は ★★★ 天皇に始まる皇統である。 (明治大)

亀山天皇、後深草天皇

□**3** 八条院領といわれる荘園群は ★★ 統に、長講堂領といわれる荘園群は ★★ 統に継承され、それぞれの経済的基盤をなした。 (中央大)

大覚寺統、持明院統

□**4** 1317年の文保の和談の結果、大覚寺統と持明院統が交互に皇位につく ★★ が定められた。 (明治大)

◆当時の天皇は、花園天皇。

両統迭立

□**5** 1318年に皇位についた ★★★ 天皇は、父 ★ 上皇の院政を停止し、天皇親政を行った。 (成城大)

後醍醐天皇、後宇多上皇

□**6** 後醍醐天皇が、親政を進めるうえで再興した機関は ★★★ である。 (関西大)

記録所

□**7** この頃鎌倉幕府では、得宗 ★★★ のもとで、内管領 ★★★ が専権をふるっていた。 (西南学院大)

北条高時、長崎高資

□**8** 鎌倉後期以降の、荘園を侵略し、領主や幕府に反抗する新興武士のことを ★★ という。 (関西学院大)

悪党

□**9** 後醍醐天皇の倒幕計画で、1324年のものを ★★★ 、1331年のものを ★★★ とよんだ。 (成城大)

正中の変、元弘の変

□**10** 後醍醐天皇は ★★★ の結果、笠置山でとらえられ1332年に ★★★ に流された。 (東海大)

◆日野資朝(すけとも)・日野俊基(としもと)は殺された。

元弘の変、隠岐

□**11** ★★★ 〈政変名〉の結果、幕府は後醍醐天皇を廃し、★★★ 天皇を擁立した。 (法政大)

元弘の変、光厳天皇

□**12** 後醍醐天皇の子である ★★★ は、討幕の挙兵を行った。 (駒澤大)

護良親王

□**13** 討幕の挙兵を、播磨国で行った有力御家人は ★ である。 (東洋大)

赤松則村

VI 鎌倉

38 鎌倉幕府の滅亡

VI 鎌倉時代　38 鎌倉幕府の滅亡

□14 討幕の挙兵を，河内国で行った武将は ★ である。(東洋大)
　　→楠木正成
　　◆この人物は，河内国の赤坂城や金剛山の千早城を拠点とした。

□15 鎌倉幕府滅亡の際，幕府に背いて六波羅探題を攻め落とした武将は ★★★ ，鎌倉を攻めて北条氏を滅ぼした武将は ★★★ である。(同志社女子大)
　　→足利高氏，新田義貞
　　◆「高」の字は，建武政権のときに「尊」の字に変わった。後醍醐天皇の名「尊治（たかはる）」の一字を許されたため。

□16 鎌倉幕府滅亡時の天皇は ★★ 天皇である。(上智大)
　　→光厳天皇
　　◆このときの鎌倉幕府の執権は，北条守時。

□17 隠岐を脱出した後醍醐天皇を奉じて挙兵した伯耆国の豪族は ★ である。(明治大)
　　→名和長年

□18 鎌倉幕府が滅亡した「 ★ 三年」とは西暦 ★★ 年のことである。(國學院大)
　　→元弘，1333

□19 後醍醐天皇による新政は，西暦 ★ 年に改元された年号をつけて ★★★ とよばれた。(京都産業大)
　　→1334，建武の新政

□20 建武の新政の目標とした，摂政・関白をおかない政治体制を ★★★ という。(明治大)
　　→天皇親政　新×
　　◆後醍醐天皇は「延喜・天暦の治」を理想とした。
　　◆幕府も院政も摂政・関白すら否定した。

□21 土地所有の訴訟においては，天皇が自らの意思を伝える文書である ★★ の裁断を万能とした。(日本大)
　　→綸旨
　　◆これは武士社会の慣習を無視したものであった。☞32–35

□22 後醍醐天皇は ★ 造営計画などの大規模な土木事業を計画し， ★ の銘文をもつ貨幣および紙幣の発行などを企画した。(学習院大)
　　→大内裏，乾坤通宝
　　◆この貨幣は，実際には発行されなかった。

□23 建武政権は，中央の政治機関として ★★★ を復活させて新政の最高機関とした。(同志社大)
　　→記録所

□24 建武政権が設置した所領に関する訴訟機関を ★★★ という。(國學院大)
　　→雑訴決断所

□25 ★★ 雑訴決断所は、鎌倉幕府の ★★ を引きついだものである。 (同志社女子大)

引付

◆機関名が問われているので「引付衆」は不可。

□26 ★★ 建武政権では、京都の治安維持のため ★★ をおき、 ★ をその頭人とした。 (國學院大)

武者所、新田義貞

◆ほかに、論功行賞を扱う恩賞方（おんしょうがた）があった。

□27 ★★ 建武政権下で、 ★★ は征夷大将軍となった。 (京都大)

護良親王

□28 ★★ 建武政権は、諸国に ★★ ・ ★★ を併置した。 (同志社大)

国司、守護

□29 ★★ 建武政権は、 ★★ と ★★ 国に将軍府をおいた。 (京都大)

鎌倉、陸奥国

□30 ★ ★ は、後醍醐天皇の皇子 ★ 親王を奉じて鎌倉将軍府をつくった。 (明治学院大)

足利直義、成良親王

□31 ★ ★ は、後醍醐天皇の皇子 ★ 親王を奉じて陸奥将軍府をつくった。 (立命館大)

北畠顕家、義良親王

□32 ★★★ 建武政権の実態や当時の混乱した世相を、ユーモアと皮肉を交えて批判した文章に ★★★ がある。(中央大)

二条河原の落書

□33 ★★ ↳この文章は『 ★★ 』に収められている。 (明治大)

建武年間記

日本史を極めたい人のための 超ハイレベル問題 VI

□1 梶原景時が所司をつとめた幕府の政務機関は ___ である。 (京都大)

侍所

□2 西園寺の家号は、鎌倉中期に親幕派の公卿として権勢を誇った ___ が、京都北山の地に営んだ寺名に由来する。 (立命館大)

西園寺公経

□3 九条頼経は、摂政 ___ の子である。 (慶應大)

九条道家

◆彼は九条兼実の曾孫にあたる。

□4 後鳥羽天皇は、第一子の ___ 天皇に譲位し、院政を始めた。 (京都大)

土御門天皇

VI 鎌倉時代 ■ 超ハイレベル問題

- [ ] **5** 北条泰時は鎌倉の若宮大路に面した［　　］に御所を移した。　(慶應大)　　**宇都宮辻子**

- [ ] **6** 御成敗式目には，親から子へ譲った所領に関して，［　　］が規定されている。　(慶應大)　　**悔返し権**
  ◆所領を譲ったあとでも，親はその所領をとり返すことができるという内容。

- [ ] **7** 得宗は［　　］の法名「徳崇」に由来するとされるが，実は本来の法名ではなく，子孫が贈った禅宗の追号といわれる。　(慶應大)　　**北条義時**

- [ ] **8** 各地で水上運送業者としての［　　］が年貢を運び，港湾には問丸がいて年貢の輸送・保管などにあたっていた。　(慶應大)　　**梶取**

- [ ] **9** 鎌倉幕府は，交易船が直接鎌倉に着岸できるように［　　］という湾港施設を建設した。　(青山学院大)　　**和賀江島**

- [ ] **10** 和歌山県の［　　］釈迦堂は，禅宗様の遺構として貴重である。　(京都大)　　**善福院**釈迦堂

- [ ] **11** 快慶は，［　　］様とよばれる美しい阿弥陀如来像等の仏像を刻したことで知られる。　(早稲田大)　　**安阿弥**様

- [ ] **12** 軍記物『［　　］』の題材となった兄弟の仇討ちは，頼朝が富士山麓で巻狩を行った際に発生した。　(京都大)　　**曽我物語**

覚える必要全く無し!? おまけうんちくマニア問題

試験には出ない日本史 ~中世編~

Ⅵ 鎌倉

☐ **1** 1180年の富士川の戦いでは、平氏軍は[　　　]を源氏軍の夜襲と勘違いして一斉に退却した。
◆このため、源頼朝は戦わずして平維盛軍に勝利してしまった。
→ 水鳥の羽音

☐ **2** 1185年の屋島の戦いにて、平家側の掲げた扇の的を射落とした弓の名手は[　　　]である。
→ 那須与一

☐ **3** 源義経(=幼名[　　　])は、天狗から[　　　]を学んだといわれている。
◆壇の浦の戦いの際、義経は船から船へと飛び移り、計8艘を飛んだといわれる。
→ 牛若丸、八艘飛び

☐ **4** 源義経の愛妾である白拍子の[　　　]は、義経が頼朝に追われた際、共に落ちのびたが、[　　　]で捕らえられた。
◆彼女は義経の息子を産んだが、その子は翌日殺されてしまった。
→ 静御前、吉野山

☐ **5** 侍から太刀[　　　]本を奪い集めようとしていた弁慶は、[　　　]を通りかかった牛若丸から最後の1本を奪おうとして一騎打ちをしたが敗れ、[　　　]にて義経の家来になると誓ったといわれる。
→ 1000、五条大橋、清水寺

☐ **6** 6代将軍足利[　　　]は、くじ引きの結果、将軍となった。
◆そのため彼は俗に「くじ引き将軍」といわれる。当時はくじ引きも占いの一種であり、くじを引くことは神意を占うことであった。
→ 義教

☐ **7** 「一休さん」で有名な一休和尚(宗純)は、肉食・女犯を恐れず、晩年には常に[　　　]という美しい盲目の女性を侍らせ溺愛した。
→ 森侍者

☐ **8** 毛利元就は、死ぬ間際に3人の子供をよび、「一本の[　　　]は折れやすいが、三本の[　　　]は折れにくい」という言葉を残して、子供同士が力を合わせることの大切さを説いた。
→ 矢、矢

☐ **9** 武田信玄の旗にある「風林火山」の文字は、中国の兵法書『[　　　]』からとったものである。
◆風林火山…「疾(はや)きこと風の如く　徐(しず)かなること林の如く　侵掠すること火の如く　動かざること山の如し」という兵法の極意。
→ 孫子

133

VII 室町時代
MUROMACHI PERIOD
1336 — 1573

39 南北朝の動乱

ANSWERS □□□

■1 1335年，北条高時の子 ★★★ が鎌倉幕府再興をはかって挙兵したが鎮圧された。この反乱を ★★★ という。 （青山学院大）

北条時行，中先代の乱

■2 ↳この反乱を鎮圧したのは ★★ である。 （日本大）

足利尊氏

■3 1335年，鎌倉に幽閉されていた ★ は，足利直義に殺された。 （駒澤大）

護良親王

■4 1336年，足利尊氏の軍が，新田義貞・楠木正成の軍を破った戦いを ★★ という。 （関西大）

湊川の戦い

■5 1336年，後醍醐天皇は ★★★ 宮にのがれた。（関西大）

吉野宮

■6 1336年，足利尊氏は ★★★ 天皇を擁立した。 （防衛大学校）

光明天皇

■7 1336年，幕府を開く目的のもとに，政治の当面の方針を明らかにした ★★★ を定めた。 （東海大）

建武式目

■8 これは，足利尊氏の諮問に鎌倉幕府の旧臣 ★★ が答える形式で制定された。 （共立女子大）

二階堂是円

■9 ★★ 年に制定された建武式目は，2項 ★ 条からなる。 （駒澤大）

1336，17

◆建武式目制定後も，御成敗式目は存続した。

■10 室町幕府の追加法令を ★★ という。 （東京女子大）

建武以来追加

◆御成敗式目の追加法令と混同しないように。☞32-38

■11 1338年に，足利尊氏は北朝の ★★★ 天皇から ★★★ の職に任じられた。 （京都大）

光明天皇，征夷大将軍

◆北朝は持明院統の天皇が即位し，南朝は大覚寺統の天皇が即位した。

□12 後醍醐天皇の子で，父の死後南朝をついだのは ★★ 天皇である。　　　　　　　　　　　　　　　　（早稲田大）
　◆この天皇は，陸奥将軍府の義良親王と同一人物。☞38-31

後村上天皇

□13 ★★★ は，後醍醐天皇の死後，南朝の軍・政両面にわたる指導者となり，有名な歴史書も残した。（学習院大）
　◆この歴史書は『神皇正統記』。☞48-26

北畠親房

□14 南朝側は1348年には河内の _____ の戦いで楠木正行を失い，1354年には北畠親房が死去した。（明治大）

四条畷の戦い

□15 尊氏の弟 ★★★ と，尊氏の執事であり，急進的な改革を求めた ★★★ との対立から，幕府を二分する ★★★ とよばれる激しい争いが生じた。（成城大）

足利直義，
高師直，
観応の擾乱

□16 ↳この争いは， ★ 年に始まり ★ 年に終結した。（東海大）

1350，1352

□17 九州では後醍醐天皇の皇子である征西将軍 ★★ を奉じる菊池氏を中心とした南朝の勢力が強かった。（学習院大）

懐良親王

□18 1371年，九州探題に任命され，九州における南朝勢力を制圧した人物は ★★★ である。（関西大）

今川貞世（了俊）

□19 南北朝の合一は， ★★ 年に行われた。当時の将軍は ★★★ である。（神奈川大）

1392
足利義満

□20 南北朝の合一により，南朝の ★★★ 天皇は退位し，北朝の ★★★ 天皇に神器を渡した。（日本大）

後亀山天皇，
後小松天皇

40 室町幕府の組織

ANSWERS ☐☐☐

□1 2代将軍足利義詮の死後， ★★★ が将軍職をついだ。（早稲田大）

足利義満

□2 足利義満は1378年，京都の室町に ★★ を建てた。（南山大）

花の御所

□3 ★★ は，管領として足利義満の政治を補佐した。（早稲田大）

細川頼之

VII 室町
39 南北朝の動乱

135

VII 室町時代 40 室町幕府の組織

- **4** 室町幕府の幕政機構は、将軍 ★★ の時代にほぼ整えられた。 （近畿大） → **足利義満**

- **5** 室町幕府では、将軍を補佐しながら、政治を統括する職務として ★★★ がおかれた。 （首都大） → **管領**

- **6** ↳ この職務には足利一門である ★★★ ・ ★★★ ・ ★★★ の三氏から選ばれたので、 ★★ とよばれた。 （首都大） → **細川、斯波、畠山、三管領**

- **7** 室町幕府の ★★★ は、京都の警備や裁判を管轄し、その長官を ★★ といった。 （南山大） → **侍所、所司**
  ◆鎌倉時代、この機関の長官を別当とよんだ。☞ 31-38

- **8** 侍所の長官は、 ★★★ ・ ★★★ ・ ★★★ ・ ★★★ の4家から選出されるのが慣例であった。 （早稲田大） → **京極、山名、赤松、一色**

- **9** 侍所の長官は ★ とよばれ、足利氏一門の4家から選出されたので ★★★ といった。 （首都大） → **所司、四職**
  ◆鎌倉時代と呼称が異なるので注意。☞ 31-38

- **10** ★★ は幕府の財政事務を担当し、その長官は執事とよばれた。 （北海道大） → **政所**

- **11** 室町幕府の訴訟審理機関は ★★ である。 （京都大） → **引付**

- **12** 室町幕府の ★★ は、幕府の訴訟関係書類の保管等のみを職掌とした。 （京都女子大） → **問注所**
  ◆鎌倉時代と役割が異なるので注意。☞ 31-35

- **13** 室町幕府の将軍直属の軍事組織を ★★★ という。 （早稲田大） → **奉公衆**

- **14** 室町幕府の財源の一つに、直轄地である ★★★ の収入がある。 （慶應大） → **御料所**　領×

- **15** 室町幕府が、高利貸業者から徴収する税を ★★★ 、酒造業者に課した税を ★★★ という。 （青山学院大） → **倉役（土倉役）、酒屋役**
  ◆これらの徴収・納入は納銭方が請け負った。
  ◆酒屋役は、醸造用の壺の数に応じて恒常的に賦課された。

- **16** 室町幕府は水陸上の交通の要所に ★★ を設けて、 ★★ や ★★ をとりたてた。 （上智大） → **関所、関銭、津料**

| ☐ 17 | 室町幕府は入港税として [★★] を徴収した。(京都産業大) | 津料 |

| ☐ 18 | 室町幕府が、土地一段ごとに課した臨時課税を [★★] という。(慶應大) | 段銭 |

| ☐ 19 | 室町幕府が家屋に課した税を [★★] という。(慶應大) | 棟別銭 |

| ☐ 20 | 室町幕府は、鎌倉に [★★★] を設置し、関東 [★★] カ国と [★★]・[★★] を統轄させた。(神奈川大) | 鎌倉府, 8, 甲斐, 伊豆 |

◆関東8カ国：相模・武蔵・下総・上総・安房・常陸・下野・上野。

| ☐ 21 | 鎌倉府は、のちに [★]・[★] も管轄下においた。(日本大) | 陸奥, 出羽 |

| ☐ 22 | 鎌倉府の長官を [★★★] といい、それを補佐する職を [★★★] という。(青山学院大) | 鎌倉公方, 関東管領 |

| ☐ 23 | 足利尊氏は子の [★★★] を鎌倉公方とした。(早稲田大) | 足利基氏 |

| ☐ 24 | 関東管領は [★★★] 氏が世襲した。(東洋大) | 上杉氏 |

| ☐ 25 | 室町幕府は地方機関として、奥羽に [★★]・[★★] をおき、足利氏一門が就任した。(日本大) | 奥州探題, 羽州探題 |

| ☐ 26 | 室町幕府は地方機関として、九州に [★★] をおき、足利氏一門が就任した。(日本大) | 九州探題 |

| ☐ 27 | 室町時代の守護は従来の「大犯三カ条」のほかに、あらたに [★★★] と [★★★] の権限を与えられた。(京都大) | 刈田狼藉の取り締まり権, 使節遵行 |

| ☐ 28 | 室町幕府の出した [★★★] は、荘園・公領の年貢の半分を徴発するもので、その徴発の権限は守護に与えられた。(関西学院大) | 半済令 |

| ☐ 29 | 半済令の初見は [★] 年のものであり、期間として [★] 限り、また、地域としても [★]・[★]・[★] の三カ国に限定されていた。(青山学院大) | 1352, 1年, 近江, 美濃, 尾張 |

| ☐ 30 | 半済令は、[ ] 元年(=1368年)になると、年貢半分の徴収にとどまらず、土地そのものの分割となった。(獨協大) | 応安 |

VII 室町

40 室町幕府の組織

VII 室町時代　40 室町幕府の組織

- □31 守護が、荘園・公領の年貢の徴収を引き受けることを ★★★ という。（京都大）
  ◆荘園領主や知行国主の代官として年貢の徴収を引き受けた。

  守護請

- □32 守護が、任国を自分の所領のようにした支配体制を ★★ といい、このような守護を ★★★ という。（関西学院大）

  守護領国制、守護大名

41 室町幕府の展開と動揺

ANSWERS □□□

- □1 1390年に ★★ ・尾張・伊勢の守護である ★★ 氏（中心人物 ★ ）の勢力が削減された。（早稲田大）

  美濃、土岐氏、土岐康行

- □2 足利義満は守護大名の統制をはかるため、1391年の ★★★ の乱で11カ国の守護であった ★★★ を滅ぼした。（駒澤大）

  明徳の乱、山名氏清

- □3 11カ国を領有して ★★★ とよばれた山名氏清は、3代将軍足利義満に挑発され、1391年に挙兵して敗れた。（中央大）

  六分一殿

- □4 周防・長門など6カ国の守護大名であった ★★★ は、足利義満に討伐された。（早稲田大）

  大内義弘

- □5 1399年に、大内義弘は鎌倉公方 ◻ と結んで反乱をおこしたが、 ★ に籠城して敗死した。この戦乱を ★★★ という。（中央大）

  足利満兼、堺、応永の乱

- □6 足利義満は1394年に征夷大将軍を辞して、公家としての最高の官職である ★★★ となった。（同志社大）
  ◆義満の妻は後小松天皇の准母となった。

  太政大臣
  大×

- □7 足利義満は、死後に朝廷から「太上法皇」の尊号を贈られたが、彼の後継者の ★★ がこれを固辞した。（國學院大）

  足利義持

- □8 1416年に、関東管領上杉氏憲が鎌倉公方 ★★ に対して反乱をおこした。これを ★★ という。（駒澤大）

  足利持氏、上杉禅秀の乱

9 ★★★
★ 年, ★★★ が急死し、翌年弟の足利義教が6代将軍になった。 (明治大)

◆4代将軍である彼が亡くなったとき、すでに5代将軍足利義量(よしかず)は亡くなっていた。

1428, 足利義持

10 ★★★
★ から還俗して6代将軍となった ★★★ は、管領以下の有力守護勢力の幕政への関与をおさえて、将軍による専制政治を強行しようとした。 (上智大)

天台座主, 足利義教

11 ★★★
1439年、将軍 ★★★ は幕府に背いた鎌倉公方 ★★★ を討った。これを ★★★ という。 (中央大)

足利義教, 足利持氏, 永享の乱

12 ★★★
↳この乱は、鎌倉公方と、関東管領 ★★★ の衝突が原因でおこった。 (同志社大)

上杉憲実

13 ★
足利義教は、1440年, ★ の遺子を擁して挙兵した下総国の ★ を鎮圧した。 (上智大)

◆この遺児は安王丸と春王丸。

足利持氏, 結城氏朝

14 ★★★
1441年に、6代将軍 ★★★ が, ★★ 〈国名〉の守護 ★★★ に暗殺された。この事件を ★★★ という。 (同志社大)

足利義教, 播磨, 赤松満祐, 嘉吉の変

15 ★
赤松満祐は、幕府軍の ★ らに攻められ自害した。 (関西大)

山名持豊(宗全)

16 ★
6代将軍足利義教が殺害されたあと、 ★ が7代将軍になった。 (専修大)

足利義勝

17 ★★★
1467年から11年間にわたって京都市中が主戦場になった戦争は ★★★ である。 (和歌山大)

応仁の乱(応仁・文明の乱)

18 ★★★
↳この戦乱は、将軍 ★★★ の治世から次代の ★★★ の在職初期にかけてであった。 (同志社大)

足利義政, 足利義尚

19 ★★★
8代将軍足利義政の弟 ★★★ と義政の妻 ★★★ が推す子供の ★★★ との間に将軍家の家督争いが応仁の乱の一因である。 (青山学院大)

足利義視, 日野富子, 足利義尚

VII 室町

41 室町幕府の展開と動揺

VII 室町時代　41 室町幕府の展開と動揺

20 ★★　幕府の実権をめぐって争っていた管領の［★★］が将軍の弟足利義視を，有力守護大名の［★★］が将軍義政・足利義尚を支援して対立が深まり［★★］年に応仁の乱が始まった。　　　　　　　　　　（青山学院大）

細川勝元，
山名持豊
（宗全），
1467

◆開戦2年目に，足利義視は山名方につき，足利義尚は細川方についた。

21 ★★　応仁の乱の際，将軍家以外に［★★］氏・［★★］氏の家督相続争いもおこった。　　　　　　　　　　（明治学院大）

畠山氏，斯波氏

22 ★★　応仁の乱では，畠山氏は［★★］と［★★］が，家督争いを行った。　　　　　　　　　　（日本大）

畠山政長，畠山義就

◆彼らの父親は畠山持国。

23 ★　応仁の乱では，斯波氏は［★］と［★］が家督争いを行った。　　　　　　　　　　（日本大）

斯波義敏，斯波義廉

24 ★　応仁の乱では，東軍の総大将は［★］，西軍の総大将は［★］であった。　　　　　　　　　　（宮崎大）

細川勝元，
山名持豊（宗全）

25 ★★　応仁の乱では［★★］とよばれた軽装の傭兵の活動が目立った。　　　　　　　　　　（宮崎大）

足軽

26 『［　　］』は，応仁の乱での足軽の活躍を描いた絵巻物である。　　　　　　　　　　（近畿大）

真如堂縁起

27 ★　10代将軍足利義稙は1493年，管領であった［★］によって廃された。　　　　　　　　　　（京都大）

細川政元

42 惣村と土一揆

ANSWERS □□□

1 ★★★　先進地であった畿内の農村には，自治的な結合体である［★★★］が発展した。　　　　　　　　　　（関西大）

惣（惣村）

2 ★★　惣の指導者を［★★］という。　　　　　　　　　　（関西大）

おとな（沙汰人）

3 ★★　惣村では，地代としての［★★］を徴収する名主が勢力を伸ばした。　　　　　　　　　　（明治大）

加地子

4 ★★★　惣を構成する村民を［★★］，村の自治運営のために行われる会議を［★★★］という。　　　　　　　　　　（明治大）

惣百姓，
寄合

| □5 ★★★ | 惣村の祭礼は, ★★★ とよばれる惣の祭祀集団によって行われた。 (京都大) | 宮座 |

| □6 ★★★ | 惣村では ★★★ を定め, 違反する者は ★★★ という警察権を行使し処分した。 (國學院大)
◆この例に近江国の菅浦荘がある。 | 村掟(惣掟・地下掟), 地下検断(自検断) |

| □7 ★★ | 惣村の共同利用地を ★★ という。 (関西大) | 入会地 |

| □8 ★★★ | 年貢徴収などを惣村が請け負うことを ★★★ という。 (関西大) | 地下請(惣請・村請・百姓請) |

| □9 ★★★ | 室町時代中期に行われた, 支配層に対する土豪・農民などの反抗を ★★★ という。 (上智大) | 土一揆 |

| □10 ★★ | 田畑を捨てる行動を集団的に行うことを ★★ という。 (北海道大) | 逃散 |

| □11 ★★ | 農民は, □ に書いた要求が受け入れられないと, 逃散や ★★ といった強硬手段を行った。 (同志社大)
◆いくつもの惣村がまとまった, より大きな結合体である惣荘(惣郷)が結成されることが多かった。 | 百姓申状, 強訴 |

| □12 ★★ | 神仏に誓う ★★ を書いて参加者全員が署名し, それを焼いた灰を入れた神水を飲み交わし, 自分たちの正義と結束を確認した。このような誓約の儀礼のことを ★ とよぶ。 (甲南大) | 起請文, 一味神水 |

| □13 ★★★ | 農民でありながら侍身分を獲得したものを ★★★ という。 (関西大) | 地侍 |

| □14 ★★★ | ★★★ は, 近江で馬借が徳政を要求して蜂起したのをきっかけにおこった一揆である。 (立教大) | 正長の徳政一揆(正長の土一揆) |

| □15 ★★ | ★★ 年におこった正長の徳政一揆は, ★★ 〈国名〉坂本の ★★ によって行われた。 (関西学院大)
◆実力による債務破棄・売却地のとり戻しである私徳政が行われた。 | 1428, 近江, 馬借 |

| □16 ★ | 正長の徳政一揆を撃退した当時の管領は ★ である。 (上智大) | 畠山満家 |

VII 室町

42 惣村と土一揆

VII 室町時代　42 惣村と土一揆

- [ ] 17　正長の徳政一揆に関する記述が見られる，尋尊によって記された年代記を『□□□』という。（慶應大）　→ 大乗院日記目録

- [ ] 18　正長の徳政一揆の際，奈良市 ★ の地で私徳政が行われたことを示す碑文が残されている。（京都大）　→ 柳生

- [ ] 19　1429年，★★ 国で，守護 ★★★ の家臣の国外追放を主張する ★★★ という一揆が発生した。（京都大）　→ 播磨国，赤松満祐，播磨の土一揆

- [ ] 20　1441年におこった「代始めの徳政」を要求した徳政一揆を ★★★ という。（上智大）　→ 嘉吉の徳政一揆

- [ ] 21　幕府が天下一同の徳政を認めたのは ★★★ の徳政一揆のときである。（京都大）　→ 嘉吉

- [ ] 22　正長の徳政一揆は ★★★ が将軍になったとき，嘉吉の徳政一揆は ★ が将軍に決まったときにおきている。（新潟大）　→ 足利義教，足利義勝

- [ ] 23　室町幕府は，★ という手数料をとることで，債務者には債務の破棄を，のちには債権者には債権の保護を個別に認可するという，★ を考案した。（明治大）　→ 分一銭，分一徳政令
  ◆債権者の債権保護を認可することを徳政禁制令ともいう。

- [ ] 24　1454年の□□□の徳政一揆以後，分一徳政令は通例となった。（明治大）　→ 享徳の徳政一揆

- [ ] 25　★ 年，京都（南山城）を中心とした国人一揆がおこった。これを ★★★ という。（東京学芸大）　→ 1485，山城の国一揆

- [ ] 26　↳この一揆は ★★★ 氏の国外追放を求めるものであった。（日本大）　→ 畠山氏

- [ ] 27　山城の国一揆では，★ と ★ の軍勢を国外に追い払った。（慶應大）　→ 畠山義就，畠山政長

- [ ] 28　山城の国一揆では，★ 年間にわたる自治的支配を実現した。（慶應大）　→ 8

- [ ] 29　山城の国一揆では，寺社本所領の還付と□□□の廃止が要求された。（明治大）　→ 新関

- [ ] 30　山城の国人の寄合は，★ を舞台として開かれ，□□□を定めた。（中央大）　→ 宇治平等院，国中掟法

□31 山城の国一揆が記されている史料の出典は『　　　』で、その著者は　★　寺大乗院の門跡　　　である。 (関西学院大)

大乗院寺社雑事記, 興福寺, 尋尊

□32 1488年におこされた一揆では、守護権力の打倒を成功させた。この一揆を　★★★　という。 (明治大)

加賀の一向一揆

□33 　★　年、加賀国では一向宗信者が結集した一向一揆で、守護　★★★　を敗死させて以降、1世紀にわたって事実上の支配を行った。 (早稲田大)

1488, 富樫政親

□34 加賀の一向一揆がおこった当時、近畿・北陸一帯では、浄土真宗本願寺派が、第8世　★★★　の旺盛な布教活動によって、勢力を拡大していた。 (南山大)

蓮如

□35 加賀の一向一揆は　　　を守護として擁立した。 (早稲田大)

富樫泰高

□36 山城の国一揆は　　　17年におこり、加賀の一向一揆は　　　二年におこった。 (日本大)

文明, 長享

□37 京都では、自治を発展させていた　★★★　を中心とする日蓮宗の信者が、戦乱から町を守るために　★★★　を結び、1532年には一向一揆と戦って　★★　寺を焼き払った。 (聖心女子大)

町衆, 法華一揆, 山科本願寺

□38 京都の商工業者を基盤とした法華一揆は、1536年、　★★　と衝突し、焼き討ちを受けて、一時京都を追われた。この戦いを　★★　という。 (明治大)

延暦寺, 天文法華の乱

43 室町時代の外交(1) ～日明関係～

□1 鎌倉時代の1325年に　★★★　寺を修造するための貿易船が　★★　〈国名〉に派遣された。 (上智大)

建長寺, 元

□2 足利尊氏は、　★★　のすすめで　★★★　建立を計画し、その造営費用を調達するための交易船を1342年に　★★　〈国名〉に派遣した。 (慶應大)

夢窓疎石, 天竜寺, 元

VII 室町時代　43 室町時代の外交(1) 〜日明関係〜

3 天竜寺は，★★★ の冥福を祈る目的で建立された。（同志社大）
→ 後醍醐天皇

4 14世紀後半，中国を統一した国は ★★★ である。（日本大）
→ 明

5 ★ 年に ★★★ が明を建国した。（駒澤大）
→ 1368，朱元璋

6 明の初代皇帝は ★ である。（立命館大）
→ 洪武帝
◆「皇帝」とあるので，皇帝になったあとの名前を書くこと。
◆明の首都ははじめ南京，のちに北京に移された。

7 朝鮮半島や中国沿岸部を襲った海賊集団を ★★★ という。（慶應大）
→ 倭寇

8 ↳この構成員の少なからぬ部分が，★ ・ ★ ・ ★ の人々によって占められた。（北海道大）
→ 対馬，壱岐，肥前松浦

9 明は ★★ 政策をとって，明人の海外渡航や海上貿易を禁止していた。（京都大）
→ 海禁

10 明は，わが国に通交と ★★★ の禁圧を求めてきた。（聖心女子大）
→ 倭寇

11 明は倭寇禁圧のため，南朝の征西将軍 ★★ と交渉した。（同志社大）
→ 懐良親王

12 明との通交を開始した人物は ★★★ である。（聖心女子大）
→ 足利義満

13 明との通交を中止した当時の将軍は ★★★ である。（首都大）
→ 足利義持

14 足利義満は， ★ 年，明に使者を派遣し，明の皇帝から「日本国王源道義」宛の返書と共に明の ★ を与えられた。（早稲田大）
→ 1401，大統暦
◆これを受けとることは，服従を意味した。

15 明との国交を開く際に派遣された，遣明船の正使は ★★★ ，副使は ★★★ であった。（早稲田大）
→ 祖阿，肥富

16 肥富は ★★ 〈都市名〉の商人である。（早稲田大）
→ 博多
◆祖阿は僧侶であった。

43 室町時代の外交(1)〜日明関係〜

17★ 足利義満は自らを「 ★ 臣源」と称している。 （同志社大）
→ 日本国王

◆明の皇帝は、足利義満のことを「日本国王源道義」とよんだ。

18★★★ 日明貿易では、日本は明に臣下の礼をとって貿易を行った。このような形式の貿易を ★★★ という。 （同志社大）
→ 朝貢貿易

◆従属国（日本）が宗主国（明）に使者を送り、貢物（みつぎもの）を献じて礼を表す一方、宗主国は返礼の品を与えるという形。

19★★★ 日明貿易では、私貿易船や倭寇と区別するために、明の皇帝が発行した ★★★ という渡航証明書が使われた。 （関西大）
→ 勘合

20★ 日明貿易では、中国に渡航する日本船は ★ 勘合を、明からの船は ★ 勘合を持参した。 （早稲田大）
→ 本字勘合、日字勘合

21★★ 朝貢形式の日明貿易では、中国上陸後の滞在費や運送費は ★★ 側が負担した。 （日本大）
→ 明

22★ 勘合貿易に携わった商人が上納する ★ は室町幕府の重要な財源となった。 （慶應大）
→ 抽分銭

23★★★ 日明貿易を中断した将軍は ★★★ 、再開した将軍は ★★★ である。 （埼玉大）
→ 足利義持、足利義教

24★★★ 勘合貿易の実権は、堺商人と結んだ ★★★ 氏や博多商人と結んだ ★★★ 氏に移った。 （関西学院大）
→ 細川氏、大内氏

25★★★ 1523年、勘合貿易の主導権をめぐって、大内氏と結ぶ ★★★ 商人と、細川氏と結ぶ ★★★ 商人が、中国の港で衝突した。この事件を ★★★ という。 （立命館大）
→ 博多、堺、寧波の乱

26★★★ 寧波の乱以後の勘合貿易は、 ★★★ 氏が独占するようになった。 （南山大）
→ 大内氏

27★★ 日明貿易における、日本からの輸出品は ★★ ・ ★★ ・ ★★ があげられる。 （早稲田大）
→ 硫黄、銅、刀剣

◆ほかに、武器（槍・鎧など）、工芸品（扇・屏風など）を輸出。

28★★ 日明貿易における、明からの輸入品は ★★ ・ ★★ があげられる。 （早稲田大）
→ 生糸、銅銭

◆ほかに、織物・陶磁器・書籍といった唐物が輸入された。

VII 室町時代　43 室町時代の外交(1)〜日明関係〜

□29 室町時代，外交文書の扱いに携わった ★★ は，中国や朝鮮との外交をまとめて『善隣国宝記』を編纂した。 (学習院大)

瑞渓周鳳

□30 ＿＿＿ は，興福寺大乗院に所属して勘合貿易に従事した。 (同志社大)

楠葉西忍

44 室町時代の外交(2) 〜対外関係〜

ANSWERS □□□

□1 1392年，★★★〈人名〉が ★★★〈国名〉を滅ぼし，朝鮮を建国した。 (関西大)

李成桂, 高麗

□2 14世紀になると ★★★ が盛んに朝鮮半島を襲撃するようになり，朝鮮は室町幕府などにとりしまりの協力を要請すると共に，その見返りとして交易を許可した。 (首都大)

倭寇

□3 朝鮮は，対馬の ★★★ 氏の統制のもとに日本との間で貿易を行った。 (新潟大)

宗氏

□4 朝鮮では日本人の居留地を，★★ ・ ★ ・ ★ の三浦に限定した。 (新潟大)

富山浦, 乃而浦, 塩浦

□5 三浦には日本使節接待のため ★★ がおかれた。 (埼玉大)

倭館

□6 対馬の宗氏は，渡航認可証である ★ の発行によって多くの利益を得た。 (慶應大)

文引

□7 日朝貿易において，朝鮮側から贈られた通行証を，★ という。 (学習院大)
◆ 6 とは発行者が異なる。

通信符

□8 対馬の領主 ＿＿＿ が死去すると，再び朝鮮半島における倭寇の活動が活発になった。 (青山学院大)
◆後継者は宗貞盛(さだもり)。

宗貞茂

□9 1419年に倭寇の復活をおそれた朝鮮は，本拠地とみなされる ★★ に軍船200艘で突如襲撃するという事件をおこした。これを ★★★ という。 (首都大)
◆これによって，日朝貿易は一時的に中断した。

対馬, 応永の外寇

□10 ★★	日朝貿易は，1510年におこった日本居留民による暴動 ★★ のあと衰退した。 (関西大)	三浦の乱
□11 ★★★	朝鮮からの輸入品には，当時日本では生産されていなかった ★★★ があった。 (西南学院大)	木綿（綿布）
□12 ★★★	日朝貿易では，朝鮮から ★★★ ・ ★ などを輸入した。 (新潟大)	木綿（綿布），大蔵経
□13 ★★	日朝貿易では，銅や硫黄以外に ★★ 貿易で入手した蘇木や香木などが輸出された。 (学習院大)	琉球貿易流×
□14 ★	沖縄では11世紀頃から ★ とよばれる豪族が各地を支配していた。彼らの居城は ★ とよばれた。 (早稲田大)	按司，グスク
□15 ★	14世紀中頃，沖縄では按司とよばれる地方豪族が， ★ ・ ★ ・ ★ の三山に分かれて勢力を競っていた。 (関西学院大)	北山，中山，南山
□16 ★★★	★ 年，沖縄本島は中山王であった ★★★ によって統一され，琉球王国が成立した。 (京都大)	1429，尚巴志
□17 ★★	琉球王は，明皇帝の ★★ を受け，琉球からは中国皇帝への恭順の意を表す貢物を献じる進貢船が贈られた。 (千葉大)	冊封
□18 ★★★	琉球王国は，東アジアと東南アジアを結ぶ ★★★ 貿易を行った。 (専修大)	中継貿易
□19 ★★	琉球王国の首都 ★ の外港である ★★ は国際港として賑わった。 (京都府立大)	首里，那覇
□20 ★	『 ★ 』は，琉球の古代歌謡を集めたものである。 (立教大)	おもろそうし
□21 ★★	津軽地方と畿内とを結ぶ日本海交易はすでに14世紀には盛んに行われており，津軽の ★★ は商業拠点として栄えた。 (法政大) ◆京などには北海の産物がもたらされた。	十三湊
□22 ★★	津軽海峡を渡った人たちは ★ とよばれていた北海道の南部に進出し，渡島半島の南部一帯に連なる ★★ を中心にした居住地をつくった。 (上智大)	蝦夷ヶ島，道南十二館

VII 室町

44 室町時代の外交(2)〜対外関係〜

VII 室町時代　44 室町時代の外交(2)〜対外関係〜

□23 北海道の南部沿岸に移住した人々は，津軽の豪族 ★★ 氏の支配のもと館主に成長した。 (慶應大)

安東氏 (安藤氏)

□24 津軽海峡を渡って北海道南部に進出した ★★ とよばれる人々は，狩猟を生業としていた ★★ の人々とも交易を行っていた。 (法政大)

和人, アイヌ

□25 1457年，和人の収奪に抗してアイヌの首長 ★★★ が大軍を率いて蜂起した。 (新潟大)
◆アイヌの蜂起は，江戸時代のものと混同しないように。☞60-39

コシャマイン

45 室町時代の産業と経済

ANSWERS □□□

□1 室町時代には，畿内では一つの耕地で，米・麦・ ★ の三種を栽培する ★★ を行うこともあった。 (明治大)

そば, 三毛作

□2 ★ の記した『 ★ 』には，室町時代はじめ，現大阪湾付近で三毛作が行われていたことが記されている。 (慶應大)

宋希璟, 老松堂日本行録

□3 室町時代になると稲の品種改良が進み，収穫時期が異なる ★★ ・ ★★ ・ ★★ などの栽培が見られるようになった。 (早稲田大)

早稲, 中稲, 晩稲

□4 中世に中国からもたらされた，虫害や旱害に強く，収穫量の多い稲の品種を ★★ という。 (京都大)
◆東南アジア原産の品種で，赤米ともよばれた。

大唐米

□5 室町時代になると，肥料は刈敷や草木灰のほかに， ★★ が広く使われるようになった。 (京都大)
◆人の糞尿を肥料としたもの。
◆刈敷・草木灰とセットでおさえたい。☞34-20

下肥

□6 室町時代になると，揚水の道具として中国から伝わった ★★ の使用が始まった。 (関西大)
◆他に水車の使用も始まった。

竜骨車

□7 奈良時代以降和紙の原料として日本で最も多く使用されてきた植物は ★★ である。 (同志社大)

楮

8 ★★
室町時代の特産品には、播磨の ★★ ，越前の ★★ がある。 （同志社大）

杉原紙，鳥の子紙

◆紙の生産地では美濃も有名。

9 ★★
室町時代の特産品には，京都の ★★ や □ の茶がある。 （同志社大）

宇治，醍醐

10 ★★
室町時代の特産品には，加賀・丹後の ★★ がある。 （同志社大）

絹織物

11 ★
室町時代の特産品には， ★ の苧がある。（同志社大）

越後

◆これは麻布の原料で，縮（ちぢみ）や晒（さらし）の原料。

12 ★★★
室町時代の特産品には，三河地方の ★★★ がある。 （同志社大）

木綿

◆その他の特産品：荏胡麻（えごま）（瀬戸内）・陶器（美濃・尾張）

13 ★★
備前の ★★ は国内需要も大きく，日明貿易の主要な輸出品の一つでもあった。 （学習院大）

刀（刀剣）

14 ★
鍋や釜などをつくる職人を ★ といった。（学習院大）

鋳物師

◆金属製品の生産地：鍬（出雲）・釜（能登・筑前）・鍋（河内）

15 ★
中世は，大工のことを一般に ★ といった。 （日本大）

番匠

16
職人風俗を描いた『 □ 』には， □ とよばれた大工や，鍛冶屋などが描かれている。 （日本大）

職人尽絵，番匠

17 ★★
中世には，干潮時の砂などの水分を蒸発させ，さらに海水を注いで濃縮して，そこから製塩する ★★ という製塩法が一般的であった。 （立命館大）

揚浜法

18 ★★
製塩業では，瀬戸内海地方を中心に砂浜を堤で囲み，潮の干満を利用して海水を導入する ★★ 式塩田もつくられるようになった。 （立命館大）

入浜式塩田

19 ★
室町時代には，漁業では網漁が発達し， ★ 網や刺網なども使用されるようになった。 （立命館大）

地曳

20 ★★★
定期市は，農業や手工業の発達によりその頻度を増し，応仁の乱以後は ★★★ が一般化した。 （慶應大）

六斎市

◆鎌倉時代の定期市とセットでおさえておきたい。☞ 34-26

VII 室町時代 45 室町時代の産業と経済

21 室町時代には，京都や奈良などの都市では ★★★ を構えた常設の小売店が徐々に増えた。 (慶應大)

見世棚

22 室町時代には，淀の □□□ や，京都の □□□ のように，特定の商品だけを扱う市場もできた。 (慶應大)

魚市，米場（米市）

23 米場は，京都の三条や □□□ に設けられた。 (立命館大)

七条

24 ★★ や ★★ とよばれる行商人は，都市と近郊荘園村落とを往来した。 (慶應大)

連雀商人，振売

25 京都の女性行商人では，炭や薪を売り歩く ★★ や，鮎や朝鮮飴を売り歩く ★★ がいた。 (同志社女子大)
◆女性の行商人：魚売り・扇売り・布売り・豆腐売り

大原女，桂女

26 都市の商工業者は ★★★ とよばれる同業組合を結成して生産や販売を独占した。 (立教大)

座

27 畿内の宮廷・貴族・社寺に付属した手工業者は，それぞれ ★★ との関係を特権的に利用して，座とよばれる同業組合を結成した。 (慶應大)

本所

28 商人は本所に市場税を納めることによって ★ とよばれる販売権を得た。 (慶應大)

市座

29 公家を本所とした ★ や，神社を本所とした ★ は，中世の特権商人であった。 (慶應大)

供御人，神人

30 石清水八幡宮を本所とする ★★ という座は，畿内をはじめ10カ国以上についての販売独占権をもっていた。 (南山大)

大山崎油座

31 ★ 麹座は酒造関係の同業者組合だった。 (立命館大)
◆この座は京都の酒麹を独占的に製造・販売した。

北野神社

32 蔵人所の供御人となった □□□ は，廻船を用いて鍋・釜その他を売り歩いた兼業的商人であった。 (慶應大)
◆その他の座：祇園社綿座・興福寺絹座・四府駕輿丁座

鋳物師

33 明から輸入された代表的な銅銭を発行時期順に並べると， ★★ ・ ★★★ ・ ★★ となる。 (立命館大)

洪武通宝，永楽通宝，宣徳通宝

- [ ] **34** ★★★ ┃ ★★★ ┃ は，室町時代に大量に輸入された明銭で，標準的な貨幣として流通した。 (東京女子大) → **永楽通宝**

- [ ] **35** ★★ 室町時代に流通した，粗悪な貨幣を ┃ ★★ ┃ という。 → **私鋳銭**
    ◆鐚（びた）銭・焼銭・欠銭・破銭なども悪銭である。 (法政大)

- [ ] **36** ★★ 室町時代，悪銭を受けとらなかったり，銭の質に応じて異なる価格を設けたりする ┃ ★★ ┃ が，円滑な商取引を妨げた。 (西南学院大) → **撰銭**

- [ ] **37** ★★★ 幕府や戦国大名などは ┃ ★★★ ┃ を発し，悪貨を指定して流通を禁止したり，悪貨と良貨の混入比率を定めたりして，商取引の円滑化をはかった。 (京都大) → **撰銭令**

- [ ] **38** ★★★ 室町時代の高利貸業には ┃ ★★★ ┃・┃ ★★★ ┃ がある。 (立教大) → **土倉，酒屋**
    ◆鎌倉時代の高利貸業者とセットでおさえたい。☞ 34-31

- [ ] **39** ★ 室町時代，寺院も死者の供養のために寄進される ┃ ★ ┃ を資金にして金融業を営んだ。 (慶應大) → **祠堂銭**

- [ ] **40** ★★ 室町時代，卸売商に専業化した運送・仲介業者のことを ┃ ★★ ┃ といった。 (立教大) → **問屋**

- [ ] **41** ★★★ 室町時代，京都の周辺では，┃ ★★★ ┃ や ┃ ★★ ┃ などの陸上輸送業者が活躍していた。 (関西大) → **馬借，車借**
    ◆商品の輸送や行商を行った船を廻船という。

46 戦国大名

- [ ] **1** ★★ 守護の多くが京都・鎌倉に駐留したため，領国では ┃ ★★ ┃ や，土着の領主であった ┃ ★★ ┃ らが，自分たちの権力を確立していった。 (関西大) → **守護代，国人**
    ◆彼らの中には，戦国大名になる者もいた。

- [ ] **2** ★★ 鎌倉公方に就任した ┃ ★★ ┃ は，関東管領上杉憲忠を謀殺した。この事件を契機に，1454年には ┃ ★ ┃ の乱が発生した。 (学習院大) → **足利成氏，享徳の乱**

- [ ] **3** ★ ↳この乱を契機に，鎌倉公方であった人物は ┃ ★ ┃ に拠点を移した。 (東海大) → **古河**

VII 室町時代　46 戦国大名

4 ★★　鎌倉公方は，足利持氏の子の ★★ が ★★ 公方に，足利義政の弟の ★★ が ★★ 公方になった。（青山学院大）
→ 足利成氏，古河公方，足利政知，堀越公方

5 ★★　関東管領の上杉氏も， ★ ・ ★★ の両家に分かれて争うようになった。（青山学院大）
→ 扇谷，山内

6 ★★★　 ★★★ は，15世紀末に堀越公方であった茶々丸を自害させた。（青山学院大）
→ 北条早雲

7 北条早雲の子は □ である。（東洋大）
→ 北条氏綱

8 ★★　北条早雲の孫である ★★ は，古河公方を撃破した。（青山学院大）
→ 北条氏康

9 ★★★　越後の守護代の出身である ★★★ は，山内上杉の ★ から家督を譲り受けて関東管領となった。
◆この人物と武田信玄の戦いを川中島の戦いという。（早稲田大）
→ 長尾景虎（上杉謙信），上杉憲政

10 ★★★　駿河の守護 ★★★ は，遠江・三河を領国化して勢力を張った。（中央大）
→ 今川義元

11 ★★　美濃では ★★ が，守護の ★★ 氏を滅ぼして下剋上した。（慶應大）
→ 斎藤道三，土岐氏

12 ★★　近江では， ★★ 氏が，その主家にあたる守護の □ 氏をおさえた。（学習院大）
→ 浅井氏，京極氏

13 ★★　京都では，管領 ★ を，家臣である ★★ が追放した。（上智大）
→ 細川晴元，三好長慶

14 ★★★　 ★★ は，三好長慶を下剋上し，13代将軍 ★★★ を襲って自殺させた。（中央大）
→ 松永久秀，足利義輝

15 ★★★　中国地方では，守護大名の大内氏を滅ぼした ★★ から権力を奪った ★★★ が，山陰地方の尼子氏と戦闘を繰り返していた。（京都府立大）
→ 陶晴賢，毛利元就

16 ★★★　陸奥の戦国大名は ★★★ 氏である。（日本大）
→ 伊達氏

17 ★★★　越後の戦国大名は ★★★ 氏である。（駒澤大）
→ 上杉氏

18 ★★★　甲斐の戦国大名は ★★★ 氏である。（大東文化大）
◆守護出身の戦国大名である。
→ 武田氏

□19 ★★★	駿河の戦国大名は ★★★ 氏である。	(日本大)	今川氏
	◆守護出身の戦国大名である。		
□20 ★★★	越前の戦国大名は ★★★ 氏である。	(立教大)	朝倉氏
	◆もと斯波氏の守護代であった。		
□21 ★★★	土佐の戦国大名は ★★★ 氏である。	(京都府立大)	長宗我部氏
□22 ★★★	豊後の戦国大名は ★★★ 氏である。	(京都府立大)	大友氏
	◆守護出身の戦国大名である。		
□23 ★★★	斎藤氏は ★★★ 国の戦国大名である。	(青山学院大)	美濃国
□24 ★★★	織田氏は ★★★ 国の戦国大名である。	(駒澤大)	尾張国
	◆もと斯波氏の守護代であった。		
□25 ★★★	浅井氏は ★★★ 国の戦国大名である。	(駒澤大)	近江国
	◆国人出身の戦国大名である。		
□26 ★★	六角氏は ★★ 国の戦国大名である。	(青山学院大)	近江国
□27 ★	北畠氏は ★ 国の戦国大名である。	(日本大)	伊勢国
□28 ★★	三好氏は ★★ 国の戦国大名である。	(青山学院大)	阿波国
□29 ★★	大内氏は ★★ 国の戦国大名である。	(日本大)	周防国
	◆守護出身の戦国大名である。		
□30 ★★	尼子氏は ★★ 国の戦国大名である。	(関西大)	出雲国
	◆もと京極氏の守護代であった。		
□31 ★★	毛利氏は ★★ 国の戦国大名である。	(立命館大)	安芸国
	◆国人出身の戦国大名である。		
□32 ★★	竜造寺氏は ★★ 国の戦国大名である。	(日本大)	肥前国
□33 ★★	相良氏は ★★ 国の戦国大名である。	(日本大)	肥後国
□34 ★★★	島津氏は ★★★ 国の戦国大名である。	(南山大)	薩摩国
	◆守護出身の戦国大名である。		
□35 ★★★	戦国大名の中には領国支配の基本法である ★★★ を制定する者もあった。	(関西大)	分国法(家法)

VII 室町時代　46 戦国大名

- □36 奥羽に勢力を広げた ★★★ 氏は，171条にも及ぶ『 ★★★ 』という分国法を制定した。　(東京学芸大)　→ 伊達氏，塵芥集
  - ◆この分国法は，伊達稙宗が制定した。

- □37 『 ★★ 』は，後北条氏の初代の人物が制定した家訓である。　(京都大)　→ 早雲寺殿二十一箇条

- □38 『 ★★ 』は，朝倉氏の家訓である。　(明治大)　→ 朝倉孝景条々

- □39 16世紀前半，駿河・遠江などを領国とする戦国大名 ★ は，『 ★★★ 』を制定した。　(京都大)　→ 今川氏親，今川仮名目録

- □40 『甲州法度之次第』は ★★★ 氏の分国法である。　(防衛大学校)　→ 武田氏

- □41 阿波の三好氏の分国法は，『 ★★ 』である。　(立教大)　→ 新加制式
  - ◆その他の分国法：『結城氏新法度』(下総：結城氏)・『六角氏式目』(近江：六角氏)・『大内氏掟書』(周防：大内氏)・『長宗我部氏掟書』(土佐：長宗我部氏)・『相良氏法度』(肥後：相良氏)

- □42 戦国大名には，国人や地侍の収入を ★★★ で統一的に把握し，それを軍役などの賦課基準とする者もいた。　(新潟大)　→ 貫高

- □43 戦国大名の軍事組織は，有力家臣に下級の地侍クラスの武士たちを配属する ★★ をとった。　(南山大)　→ 寄親・寄子制

- □44 戦国大名の検地は，領内の領主あるいは名主に自己申告させる ★★★ であった。　(京都大)　→ 指出検地　差×

- □45 分国法には，家臣間の紛争を公権の裁決にゆだね，実力行使を禁じた ★★★ の規定がある。　(立命館大)　→ 喧嘩両成敗

- □46 分国法では，犯罪者に対しては，その共犯者を処罰する ★ や，親族の連帯処罰をする ★★ などの規定があった。　(関東学院大)　→ 連坐，縁坐

- □47 分割相続によって家督・財産が細分化するのを防ぐために ★ 制がとられた。　(明治大)　→ 嫡子単独相続制

- □48 武田氏が釜無川にほどこした大規模な治水工事の遺跡を ★ という。　(立命館大)　→ 信玄堤

47 室町時代の都市の発展

1 戦国大名の支配が進んでくると、★★★を中心に領国経済圏が形成された。 (立教大) → 城下町

2 北条氏の城下町は★★である。 (京都府立大) → 小田原

3 上杉氏の城下町は★★である。 (京都大) → 春日山

4 今川氏の城下町は★★である。 (上智大) → 府中

5 武田氏の城下町は★★である。 (大東文化大) → 府中

6 朝倉氏の城下町は★★★である。 (京都大) → 一乗谷
◆現在の福井県にあたる。

7 大内氏の城下町は★★★である。 (京都府立大) → 山口

8 大友氏の城下町は★★である。 (京都府立大) → (豊後)府内

9 島津氏の城下町は★★である。 (駒澤大) → 鹿児島

10 ★★★宗の勢力の強い地域では、その寺院や道場を中心に★★★町がつくられ、門徒や商人・職人たちが多数集まり住むようになった。 (京都府立大) → 一向宗(浄土真宗)、寺内町

11 寺内町には、蓮如が1478年より数年をかけて本願寺を再建した山城国★★などがある。 (立教大) → 山科

12 寺内町の例として、越前の★★、加賀の★★がある。 (西南学院大) → 吉崎、金沢
◆その他の寺内町：貝塚(和泉)・井波(越中)

13 寺内町の例として、摂津の★★、大和の★、河内の★がある。 (青山学院大) → 石山、今井、富田林

14 伊勢神宮の門前町は★★・★★である。 (青山学院大) → 宇治、山田

15 信濃善光寺の門前町は★★★である。 (青山学院大) → 長野

16 延暦寺の門前町は★★である。 (東海大) → 坂本

VII 室町時代　47 室町時代の都市の発展

☐17 大洪水によって芦田川の川底に水没し，近年発掘された中世の港町である ★★ からは，中国・朝鮮から輸入された ▭ が発見された。　(青山学院大)

草戸千軒町, 陶磁器

☐18 古代には松原客院がおかれた，京都と北国を結ぶ港町は ★ である。　(青山学院大)

敦賀

☐19 日本海沿岸から畿内へ輸送される物資の陸揚げ港として栄えた，若狭国の港町は ★ である。　(早稲田大)
◆三国(越前)も日本海側の港町。

小浜

☐20 伊勢神宮の港町のうち，東海道の宿駅もあった港町は ★★ ，宇治・山田の外港にあった港町は ★★ である。　(青山学院大)

桑名, 大湊

☐21 ★ は，京都の外港として栄え，魚市も有名である。　(東海大)

淀

☐22 ★ は，筑前の港町で，古代から大宰府の外港として栄えた。　(東海大)

博多

☐23 ★★ は薩摩半島南西部の港町で，対明・琉球貿易の拠点であった。　(明治大)
◆その他の港町：大津(近江国)・兵庫(摂津国)・尾道(備後国)

坊津

☐24 戦国時代，自由な商業取引の円滑化をはかるため，特権的な市座を廃した ★★★ が増加した。　(青山学院大)

楽市

☐25 ★★★ は応仁の乱後，兵庫にかわって日明貿易の拠点として発展し，自治体制を確立した。　(上智大)

堺

☐26 堺は，★★★ とよばれる36人の代表者の会議のもとで町政を処理した。　(同志社大)

会合衆

☐27 筑前国博多で，自治的な町政を指導した12人の豪商を ★★ とよんだ。　(日本大)

年行司

☐28 ★★ は，摂津にある自由都市である。　(青山学院大)

平野

☐29 ★★ ・ ★★ は，伊勢にある自由都市である。　(青山学院大)

桑名, 大湊

30 京都の下京では，富裕な商工業者の ★★ を中心に自治的な町や，町が集まった町組という組織がつくられ，町衆から選ばれた ★★ が市政を運営した。 (関西大)

町衆, 月行司

31 応仁の乱によって中絶したあと1500年に再興され，町衆が町ごとに山鉾をつくって参加した京都の祭りを ★ という。 (西南学院大)

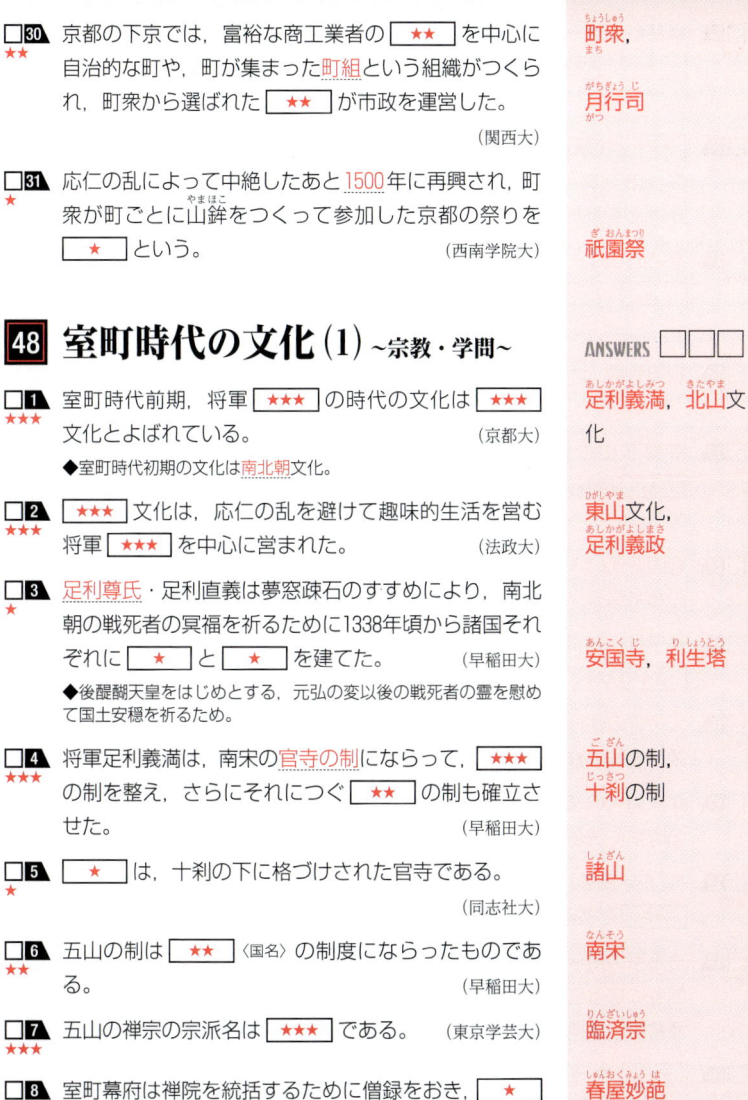

祇園祭

48 室町時代の文化(1) ～宗教・学問～

ANSWERS □□□

1 室町時代前期，将軍 ★★★ の時代の文化は ★★★ 文化とよばれている。 (京都大)
◆室町時代初期の文化は南北朝文化。

足利義満, 北山文化

2 ★★★ 文化は，応仁の乱を避けて趣味的生活を営む将軍 ★★★ を中心に営まれた。 (法政大)

東山文化, 足利義政

3 足利尊氏・足利直義は夢窓疎石のすすめにより，南北朝の戦死者の冥福を祈るために1338年頃から諸国それぞれに ★ と ★ を建てた。 (早稲田大)
◆後醍醐天皇をはじめとする，元弘の変以後の戦死者の霊を慰めて国土安穏を祈るため。

安国寺, 利生塔

4 将軍足利義満は，南宋の官寺の制にならって， ★★★ の制を整え，さらにそれにつぐ ★★ の制も確立させた。 (早稲田大)

五山の制, 十刹の制

5 ★ は，十刹の下に格づけされた官寺である。 (同志社大)

諸山

6 五山の制は ★★ 〈国名〉の制度にならったものである。 (早稲田大)

南宋

7 五山の禅宗の宗派名は ★★★ である。 (東京学芸大)

臨済宗

8 室町幕府は禅院を統括するために僧録をおき， ★ を初代僧録に任命した。 (明治大)

春屋妙葩

VII 室町時代　48 室町時代の文化(1) ～宗教・学問～

9 京都五山は一位から順に ★★ ・ ★★ ・ ★★ ・ ★ ・ ★ である。　（明治学院大）

天竜寺, 相国寺, 建仁寺, 東福寺, 万寿寺

10 ★★★ が京都五山の別格上位に列せられることになったのは、足利義満が ★ を創建したのをきっかけとする。　（慶應大）

南禅寺, 相国寺

11 鎌倉五山は一位から順に ★★ ・ ★★ ・ ★★ ・ ★ ・ ★ である。　（東洋大）

建長寺, 円覚寺, 寿福寺, 浄智寺, 浄妙寺

12 相国寺は、 ★★ が創建し、 ★ が開山した。　（慶應大）

足利義満, 春屋妙葩

13 京都五山に属する ★ と、鎌倉五山に属する ★ は共に、臨済宗開祖の栄西が開山した寺院である。　（明治大）

建仁寺, 寿福寺

14 戦国時代に入ると、禅宗では五山派に属さない ★★★ の禅宗諸派が支持を得た。　（京都大）

林下

15 林下は、曹洞宗では ★★ や ★ 、臨済宗では ★★ や ★ がその中心となった。　（学習院大）

永平寺, 総持寺, 大徳寺, 妙心寺

16 大徳寺の住持であり、『狂雲集』を著した ★★ は、民衆に仏教の教えを説いた。　（同志社大）

一休宗純

17 鎌倉時代の後期から南北朝時代には、□□□が京都の町衆に法華経を布教した。　（同志社大）

日像

18 『立正治国論』を著して日蓮宗の発展につとめた人物は ★★ である。　（上智大）

日親

19 法華宗の僧侶である日親は、将軍 ★ に法華宗の信者になることを強く求める内容を含む『 ★★ 』を清書中に逮捕された。　（立命館大）

足利義教, 立正治国論

20 ★★★ は、 ★★ 国の吉崎御坊を拠点として北陸に布教を行った。　（学習院大）

蓮如, 越前国

21 農民や武士が理解できる平易な文章で書かれた蓮如の消息集は、 ★★ としてまとめられた。　（関西大）

御文（御文章）

□22 ★★	蓮如は坊主・土豪を中心に，門徒を ★★ に組織して布教を行った。(中央大)	講
□23 ★★★	蓮如は，越前の ★★★ に道場を設けた。(同志社大)	吉崎
□24 ★★★	室町時代には，★★★ が反本地垂迹説の立場から，神道を中心にして儒学と仏教を統合しようとする ★★ を完成させた。(明治大)	吉田兼倶, 唯一神道
□25 ★★	南北朝時代に書かれた『 ★★ 』は，後鳥羽院の生誕から鎌倉幕府の滅亡までを，公家の立場から懐古・賛美した歴史物語である。(慶應大) ◆これは四鏡の最後。	増鏡
□26 ★★★	南北朝時代の歴史書で，神代から後村上にいたる天皇の事績と歴史の推移を述べ，南朝の正統性を主張した書物を『 ★★★ 』といい，それを書いた人物は ★★★ である。(東京学芸大) ◆この歴史書は伊勢神道の理論を背景に書かれた。	神皇正統記, 北畠親房
□27	『神皇正統記』は，常陸の小田城で執筆され，□ 天皇に献上された。(早稲田大)	後村上天皇
□28 ★★★	『 ★★★ 』は，南北朝内乱を室町幕府の側から叙述したものである。(東京学芸大)	梅松論
□29 ★★	『梅松論』と同時期に成立し，江戸時代に講釈師によって庶民に普及した軍記物は『 ★★ 』である。(関西学院大)	太平記
□30 ★	↳この作品は ★ とよばれた人々によって庶民の間にも広まった。(東京学芸大)	太平記読み
□31 ★★	『 ★★ 』は，今川貞世（了俊）が著した軍記物である。(成城大)	難太平記
□32 ★	『 ★ 』は，源義経の幼少期と末期に焦点をあてた作品である。(同志社大)	義経記
□33	『□』は，兄弟が父のかたきである工藤祐経を富士の裾野で討ちとる物語である。(同志社大)	曽我物語

VII 室町

48 室町時代の文化(1)〜宗教・学問〜

VII 室町時代 48 室町時代の文化(1) ～宗教・学問～

34 室町時代の禅僧たちは漢詩集などを出版しており，それらは ★★ とよばれる。 （慶應大）
→ 五山版

35 五山文学の祖といわれる，モンゴル襲来後の講和のために来日した中国人僧は _____ である。 （北海道大）
→ 一山一寧

36 日本の五山文学は，足利義満の時代に ★★ ・ ★★ という二人の僧を輩出して最盛期を迎えた。 （北海道大）
→ 義堂周信，絶海中津

◆五山文学の代表的僧侶：中巌円月・夢窓疎石・春屋妙葩

37 『 ★★ 』は，幼少の天皇のために，北畠親房が常陸で執筆した有職故実の書である。 （青山学院大）
→ 職原抄

38 後醍醐天皇には儀式における天皇の作法をまとめた著書『 ★★ 』がある。 （学習院大）
→ 建武年中行事

39 ★★★ は，将軍足利義尚の諮問に答えて政治の道を説いた『 ★★★ 』を献じた。 （上智大）
→ 一条兼良，樵談治要

40 一条兼良の著した有職故実書は『 ★★ 』である。 （京都大）
→ 公事根源

41 一条兼良は『源氏物語』の注釈書である『 ★ 』を著した。 （京都大）
→ 花鳥余情

42 一条兼良の『花鳥余情』は，四辻善成の著書『 _____ 』の誤りを訂正したものである。 （早稲田大）
→ 河海抄

43 ★★★ は，肥後の菊池氏や薩摩の島津氏に招かれて儒学を講義し，のちの薩南学派の祖となった。 （早稲田大）
→ 桂庵玄樹

44 _____ は，土佐の吉良氏に仕えた儒学者である。 （慶應大）
→ 南村梅軒

◆彼は伝説上の人物といわれ，近年その存在が疑問視されている。

45 桂庵玄樹は，朱子の『 _____ 』を刊行した。 （成城大）
→ 大学章句

46 相国寺で修行した禅僧 _____ は，太田道灌の招きで江戸に赴くなど地方にも活躍し，詩文集『梅花無尽蔵』でも知られた。 （関東学院大）
→ 万里集九

□47 室町時代になると，地方武士にも学問が広がり，関東管領の ★★★ が ★★★ を再興した。　（岡山大）
　◆「再興」であり，「創建」ではないので注意！

上杉憲実, 足利学校

□48 14世紀中頃につくられた初等教科書を『 ★★★ 』という。　（立命館大）
　◆『貞永式目』も教科書として用いられていた。

庭訓往来

□49 ★ は，『庭訓往来』の作者といわれる。　（法政大）

玄恵

□50 15世紀にはいわゆる国語辞典である『 ★★ 』がつくられた。　（早稲田大）
　◆饅頭屋宗二の著。
　◆この辞書は，語の最初の音で「いろは」に分けたうえ，語義で分類して配列する形態であった。

節用集

□51 『 ★ 』は鎌倉時代初期につくられた漢文調の五言330句からなる初等教科書で，日常生活の行儀作法や格言を扱っている。　（上智大）

童子教

□52 『 ★ 』は，平安末期より江戸時代まで広く使われた教科書で，五言96句で構成され，学問と道徳的実践が題材である。　（上智大）

実語教

49 室町時代の文化(2) ～絵画・建築・工芸～

□1 足利義満が建てた別荘は死後寺院になった。その寺院を ★★★ という。　（國學院大）
　◆「金閣」は別荘の名称で，寺院の名称ではない。
　◆北山文化の建築物には永保寺開山堂もある。

鹿苑寺

□2 金閣の初層は ★ 造風，2層は和様式，3層は禅宗様となっている。　（獨協大）

寝殿造

□3 東山文化を代表する建築物である ★★★ 銀閣は，下層が ★★ の住宅風で，上層部の建築様式は ★★ である。　（明治大）

慈照寺, 書院造, 禅宗様

VII 室町時代　49 室町時代の文化(2) ～絵画・建築・工芸～

4 慈照寺の ★★ には，★★ と称する書院があり，書院の一部には ★ という障子や，机をくくりつけた ★ がある。　（青山学院大）
◆違い棚とよばれる段違いの棚もあった。

東求堂，同仁斎，明障子，付書院

5 室町時代の武家住宅の建築様式を ★★★ という。（東京女子大）

書院造

6 室町時代の寺院の庭には，★★ という，山水自然の生命を石と砂で表現したものが多い。　（東京女子大）

枯山水

7 禅の精神を表すとされる枯山水庭園の代表的なものとして ★ 石庭がある。　（京都女子大）

竜安寺石庭

8 枯山水と回遊式を組み合わせた西芳寺庭園の作者とされるのは ▢ である。　（上智大）
◆天竜寺庭園も彼の作庭。

夢窓疎石

9 作庭では河原者とよばれる人々が活躍し，特に ★★ は足利義政に天下第一といわしめた。　（明治大）
◆代表的庭園：大徳寺大仙院庭園（枯山水）・慈照寺庭園（回遊式庭園）・鹿苑寺庭園（浄土庭園）

善阿弥

10 観阿弥・世阿弥父子のように，将軍や大名に近侍し，芸能や雑役・取次ぎなどに従事した人々を ★ とよぶ。　（慶應大）
◆立花の立阿弥，水墨画・連歌の能阿弥，作庭の善阿弥など。

同朋衆

11 宋・元から伝えられた，一色の濃淡によって表現する絵画を ★★★ という。　（上智大）

水墨画

12 ★ は，『寒山図』の作者である。　（上智大）
◆彼は南北朝文化の画家。
◆南北朝時代の代表的画家には黙庵もいる。

可翁

13 ★★ は，『五百羅漢図』の作者で，東福寺の画僧である。　（青山学院大）
◆彼は北山文化の画僧。

明兆

14 『瓢鮎図』の作者は ★★★ である。　（成城大）
◆彼は北山文化の画僧。

如拙

15 如拙は ★★★ 寺の画僧である。　（関西学院大）
◆周文・雪舟も，この寺の画僧。

相国寺

□16 如拙は，妙心寺退蔵院に『 ★★ 』を描いた。 (慶應大)

瓢鮎図

□17 ★★★ は，水墨画を集大成させ，『四季山水図巻(山水長巻)』を描いた。 (青山学院大)
◆彼は東山文化の画僧。

雪舟(雪舟等楊)

□18 『秋冬山水図』の作者は ★★ である。 (高崎経済大)
◆彼の作品にはほかに『天橋立図』がある。

雪舟(雪舟等楊)

□19 室町時代には， ★★ が，宮廷絵師としての門流の基礎を固めた。 (青山学院大)

土佐光信

□20 ★★ ・ ★★ 父子は，水墨画に大和絵の技法をとり入れ， ★★★ 派をおこした。 (早稲田大)

狩野正信，狩野元信，狩野派

□21 ★ の代表作に『周茂叔愛蓮図』がある。 (日本大)

狩野正信

□22 ★ は室町幕府の御用絵師で，『大仙院花鳥図』の作者である。 (学習院大)

狩野元信

□23 ★ は，足利義政に仕え，金工の祖となった。 (慶應大)

後藤祐乗

50 室町時代の文化(3) ～能楽・連歌など～

□1 猿楽能を芸術として大成させた ★★★ ・ ★★★ 父子は，将軍 ★★★ の保護を受けた。 (成城大)

観阿弥，世阿弥，足利義満

□2 猿楽能は，寺社の祭礼として行われていた ★★ に， ★ の要素などをとり入れ，さらに仏教思想によって深度を増したものである。 (関西大)

猿楽，田楽

□3 『 ★★★ 』は，世阿弥が著した能楽論である。 (上智大)

風姿花伝(花伝書)

□4 『申楽談儀』は ★★ の談話を次男 ［　　　］ が筆録した芸談集である。 (上智大)

世阿弥，元能

□5 『風姿花伝』の作者は ★★★ である。 (高崎経済大)

世阿弥

VII 室町時代　50 室町時代の文化(3) ～能楽・連歌など～

6 『花鏡』の作者は ★ である。　（立命館大）
→ 世阿弥

7 大和四座は，★★★・★★・★★・★★ の四座からなる。　（早稲田大）
→ 観世座，宝生座，金剛座，金春座

8 大和四座は，★ を本所とした。　（明治大）
→ 興福寺

9 能の脚本のことを ★★ という。　（東京女子大）
→ 謡曲

10 ★ は，世阿弥の娘婿として能を発展的に継承し，『六輪一露之記』などを著して能の理論化をめざし，音阿弥と並称されるほどの評価を得た。　（早稲田大）
→ 金春禅竹

11 ★★★ は，風刺性の強い喜劇として当時庶民にもてはやされた庶民劇である。　（京都大）
→ 狂言

12 南北朝時代，二条良基が編集した連歌集を『★★★』，連歌の規則書を『★★』という。　（中央大）
→ 菟玖波集，応安新式
◆連歌…和歌（短歌）の上の句（5・7・5）と下の句（7・7）を別の人が交互によみ唱和する歌。

13 正風連歌は，★★★ が確立した。　（早稲田大）
→ 宗祇

14 宗祇が編集した連歌集を『★★★』という。　（東京学芸大）
→ 新撰菟玖波集

15 宗祇は ★★★ を確立すると共に ★★★ や ★★★ などの弟子も育てた。　（早稲田大）
→ 正風連歌，肖柏，宗長

16 『新撰菟玖波集』の撰者は ★★★ である。　（高崎経済大）
→ 宗祇

17 宗祇が，弟子たちと吟じた作品集に『★』がある。　（上智大）
→ 水無瀬三吟百韻

18 俳諧連歌の祖は，★★★ と荒木田守武である。　（早稲田大）
→ 山崎宗鑑

19 『★★★』の編者である（山崎）宗鑑は，★★★ の祖である。　（同志社大）
→ 犬筑波集，俳諧連歌

20 ★★ は，『★★』の秘事を ★★ に伝えて古今伝授の祖とされた。　（慶應大）
→ 東常縁，古今和歌集，宗祇

☐21 ★★★	室町時代, 小歌の歌集として『 ★★★ 』が編集された。(早稲田大)	閑吟集
☐22 ★★	★★ は, 桃井直詮が始め, 織田信長が愛好したことで知られる舞である。(東京女子大) ◆室町時代には古浄瑠璃も流行した。	幸若舞
☐23 ★★	室町時代には, ★ と, 民衆が扮装に工夫を凝らして群舞する ★★ とが結びつき, 盆踊りとして定着したといわれる。(関西学院大)	念仏踊り, 風流（風流踊り）
☐24 ★★	南北朝時代には, 贅沢を好んで, 華美な服飾で着飾る ★★ という風潮が流行した。近江の守護の ★ はその代表例である。(同志社大)	ばさら, 佐々木道誉
☐25 ★★	南北朝時代には茶の産地を飲み当てる ★★ や, 茶寄合が流行した。(明治大)	闘茶
☐26 ★★★	★★★ は東山文化期に茶道を創始した。(岡山大)	村田珠光
☐27 ★★★	東山文化期に, 茶の湯（喫茶）に禅の精神を加味して ★★★ を創始したのは ★★★ である。(共立女子大)	侘び茶, 村田珠光
☐28	村田珠光が禅を学んだとされる大徳寺の僧は ___ である。(京都女子大)	一休宗純
☐29 ★★	★★ は, 村田珠光の精神を受けつぎ, 侘び茶を簡素化した。(青山学院大) ◆これを受けつぎ, 侘び茶を大成させた人物が千利休。☞ 55-30	武野紹鷗
☐30	___ は将軍足利義政に仕え, 立花の成立に貢献した。(同志社大) ◆同じ頃, 香をたき, 香りを嗅ぎ当てる聞香も行われた。	立阿弥
☐31 ★	立花の名手としては京都頂法寺（六角堂）の坊の一つにいた ★ が知られ, 16世紀前半頃には ★ , 17世紀はじめ頃には ★ などが出て立花を完成した。(同志社大)	池坊専慶, 池坊専応, 池坊専好
☐32 ★★	室町時代に流行した『文正草子』・『浦島太郎』などの庶民的な短編物語を総称して ★★ という。(同志社大)	御伽草子

VII 室町

50 室町時代の文化(3) 〜能楽・連歌など〜

VII 室町時代　50 室町時代の文化(3) ～能楽・連歌など～

☐33 御伽草子には，常陸国鹿島神宮の宮司に仕える文太が，製塩業で富み，娘も貴人の妻になる『　　　』がある。（同志社大）　　**文正草子**

☐34 御伽草子には，信濃国に住むなまけ者の男が歌の才能によって宮中に召されて立身出世する『　　　』がある。（同志社大）　　**物くさ太郎**

☐35 御伽草子には，都の美女を誘拐する大江山の怪物を源頼光が退治する『　　　』がある。（同志社大）　　**酒呑童子**

☐36 御伽草子には，小さな人物が鬼ヶ島で打出の小槌を得て身の丈を伸ばし，姫と結婚する『　　　』がある。（東洋大）　　**一寸法師**

日本史を極めたい人のための 超ハイレベル問題 VII

☐1 三浦の日本人居留民は　　　とよばれていた。（上智大）　　**恒居倭**

☐2 海上交通が大きく発展するに従い，航行・運送・海難等に関するわが国最古の海商法である　　　が次第に成文化されていった。（慶應大）　　**廻船式目**

☐3 戦国大名は，親類から構成される一門や，代々主君に仕えてきた　　　といった従来からの家臣団に加え，　　　とよばれる，大名の領域拡大をした際に，あらたに家臣団に加わった武士を抱えた。（上智大）　　**譜代衆，外様衆**

☐4 黒川金山は　　　にあった。（慶應大）　　**甲斐**

☐5 伊勢神宮の内宮の門前町が　　　，外宮の門前町が　　　である。（立命館大）　　**宇治，山田**

☐6 建仁寺は　　　の支援を受けた寺院である。（慶應大）　　**鎌倉幕府**

☐7 東福寺は　　　が庇護した寺院である。（慶應大）　　**摂関家**

☐8 南禅寺は　　　と縁の深い寺院である。（慶應大）　　**大覚寺統**

□9 金閣の2層は▢とよばれる和様式となっている。　潮音洞
(獨協大)

□10 猿楽能には▢のような歌舞の要素もとり入れられた。　曲舞
(早稲田大)

□11 奈良時代に唐から伝わった▢は，能の源流となった。　散楽
(上智大)

□12 ▢は，はじめ結崎座とよばれていた。(青山学院大)　観世座

□13 能で老人の面を▢，若い女性の面を▢という。　翁, 小面
(青山学院大)

□14 『水無瀬三吟百韻』は，▢上皇の霊を慰めるために編まれた。　後鳥羽上皇
(青山学院大)

□15 勅撰和歌集は，▢が後花園天皇に上奏した『新続古今和歌集』を最後として途絶した。　足利義教
(慶應大)

VII 室町　■ 超ハイレベル問題

COLUMN-2 そして時代が変わる ～時の狭間を掘り下げて～

中世から近世へ ～全国支配者誕生～

鎌倉幕府というのは全国を支配していたわけではありません。
鎌倉幕府はあくまでも,御家人とよばれる幕府の家来が管轄している地域のみを支配していました。
ですから,鎌倉幕府の基本法典である御成敗式目（貞永式目）も,あくまでも鎌倉幕府の勢力の及ぶ地域にしか適用されませんでした。それ以外の地域は,朝廷や荘園領主が独自に支配を行っていたのです。
室町幕府も同じです。
各地の支配は守護大名が行っていました。
また,当時の天皇は,主に位階や官職を売ることによって生計を立てていましたから,これも全国の支配者とはいえません。
この状況が変化するのが戦国時代です。
下剋上の世の中になり,従来支配者層でなかった者たちが戦国大名となっていきます。
支配者でない者が支配者になれる。
自分よりも目上の者を押しのけて自らが上に立つことができる。
このシステムになってからというもの,
野心のある大名は当然「上へ上へ」とのし上がろうとします。
そして,その究極の目標が,
「全国の頂点に立つこと」だったわけです。
こうして,戦国大名たちが天下統一を目指す中,織豊政権を経て,
最終的に全国の頂点に安定したのが,
江戸幕府を開いた徳川家康でした。
徳川家は江戸幕府を作ると,下剋上が絶対にできないような身分秩序やシステムを作っていきます。
また,諸外国からも侵略されないように,鎖国を行います。
この結果,江戸幕府は約260年という長期にわたる政権を実現することができたわけです。

第3部
近世
THE EARLY MODERN PERIOD

VIII
安土桃山時代
1573 — 1600

IX
江戸時代
1600 — 1867

VIII 安土桃山時代
AZUCHI-MOMOYAMA PERIOD
1573 — 1600

51 ヨーロッパ人の来航

ANSWERS □□□

■1 15世紀後半から16世紀にかけて, スペインやポルトガルをはじめとするヨーロッパ諸国は活発な海外進出を行い, 新航路の開拓に伴う貿易拡大とキリスト教の布教につとめた。この時代を ★★ 時代とよぶ。　(青山学院大)

大航海時代

■2 喜望峰廻りのインド航路は, ポルトガルの □ が開いた。　(法政大)

ヴァスコ＝ダ＝ガマ

◆コロンブス (イタリア) →西インド諸島の発見, マゼラン (ポルトガル) →世界周航の成功

■3 インド航路を開いたポルトガルが, インド西海岸の ★ に総督府をおき, さらに中国の ★★ を拠点に東方貿易をほぼ独占した。　(慶應大)

ゴア, マカオ

◆マレー半島西南部のマラッカも占領し, 東方経営の拠点とした。

■4 スペイン (イスパニア) はフィリピンの ★★ を東洋貿易の拠点としていた。　(法政大)

マニラ

■5 イスパニア人やポルトガル人は, ★★★ 人とよばれた。　(中央大)

南蛮人

■6 日本にヨーロッパ人が最初に上陸したのは, ★★★ 人を乗せた中国船が九州の南, ★★★ に漂着した ★★ 年であった。　(青山学院大)

ポルトガル, 種子島, 1543

◆このとき日本に鉄砲が伝来した。

■7 ポルトガル人から鉄砲を入手し, 日本で初めて国産の鉄砲をつくらせたと伝えられる戦国武将は ★ である。　(京都大)

種子島時尭

■8 鉄砲の製法は, 紀伊 ★★ , 和泉 ★★ , さらには近江 ★★ へ伝わった。　(早稲田大)

根来, 堺, 国友 (村)

□9 ★★	1584年には ★★ の船も肥前の ★★ に来航し、日本との貿易を始めた。(新潟大)	スペイン、平戸
□10 ★★★	ポルトガル人・スペイン人との貿易を ★★★ という。(同志社大)	南蛮貿易
□11 ★★★	南蛮貿易の日本からの最大の輸出品は ★★★ である。◆刀剣なども輸出された。(立教大)	銀
□12 ★★	南蛮貿易の日本への主な輸入品は ★★ ・ ★★ ・ ★ などである。◆主な輸出品は、銀・刀剣など。(上智大)	生糸、鉄砲、火薬
□13 ★	南蛮貿易の日本の貿易港には、島津領の ★ ・大友領の ★ ・松浦領の ★ がある。◆ほかに大村氏の長崎などでも貿易が行われた。(青山学院大)	鹿児島、府内、平戸
□14 ★★★	★★★ は、1549年に ★★ に上陸し、日本にキリスト教を伝えた。◆彼は、山口の大内義隆や、豊後府内の大友義鎮（宗麟）といった大名の保護を受けて布教を行った。(法政大)	フランシスコ＝ザビエル、鹿児島
□15 ★★	ザビエルの所属した ★★ は、イグナティウス＝ロヨラらが設立した ★★ の団体である。(慶應大)	イエズス会（耶蘇会）、カトリック
□16 ★★★	キリスト教の布教および南蛮貿易を保護し、自らもキリスト教に入信した大名を ★★★ とよぶ。◆主なキリシタン大名：大友義鎮（豊後），大村純忠・有馬晴信（肥前），黒田孝高（豊前），蒲生氏郷 (慶應大)	キリシタン大名
□17 ★★★	イエズス会による宣教師の養成機関を ★★★ 、中等教育施設にあたる神学校を ★★★ という。(慶應大)	コレジオ、セミナリオ
□18 ★★★	★★★ は、織田信長から布教を許可されて『日本史』を著した。(早稲田大)	ルイス＝フロイス
□19 ★	宣教師の ★ によって、堺はイタリアのヴェニスに比べられた。◆この内容は『耶蘇会士日本通信』に記されている。(早稲田大)	ガスパル＝ヴィレラ
□20 ★	安土にセミナリオを建てた宣教師は ★ である。(早稲田大)	オルガンティーノ

Ⅷ 安土桃山

51 ヨーロッパ人の来航

VIII 安土桃山時代　51 ヨーロッパ人の来航

□21 イタリア人の巡察師 ★★ は，セミナリオ・コレジオの設立に尽力した。
（慶應大）
ヴァリニャーニ（バリニャーノ）

□22 ★★ ・ ★★ ・ ★★ の3大名は1582年に ★★★ として4人の少年たちをローマ教皇のもとに派遣し，1590年に帰国した。
（慶應大）
大友義鎮（宗麟），有馬晴信，大村純忠，天正遣欧使節

□23 天正遣欧使節は ★★★ のすすめで派遣された。
（中央大）
ヴァリニャーニ（バリニャーノ）

□24 天正遣欧使節の正使は伊東マンショと千々石ミゲル，副使は中浦ジュリアンと ★ である。
（関西学院大）
原マルチノ

□25 天正遣欧使節は，ローマ教皇 ＿＿＿ に謁見した。
（早稲田大）
グレゴリウス13世

52 信長の政治

ANSWERS

□1 織田信長は，1560年，駿河の ★★★ を尾張の桶狭間で討ちとった。
（京都大）
今川義元

□2 織田信長は，1567年 ★★ を倒し，美濃稲葉山城をおとしいれ，そこに本拠地を移した。
（東海大）
斎藤竜興

□3 織田信長は，1567年には美濃の斎藤竜興を滅ぼし，その本拠地を ★★ と改称して自らの本拠とした。
（京都大）
岐阜

◆信長は「天下布武」の印判を使って，天下を武力によって統一するという意志を表した。

□4 1568年，織田信長は将軍 ★★★ を奉じて入洛した。
（明治大）
足利義昭

□5 1569年，織田信長は，鉄砲を確保するため， ★★ を直轄都市にした。
（学習院大）
堺

□6 1570年，織田信長・徳川家康の連合軍は，近江の ★★★ と越前の ★★★ の連合軍を近江の ★★★ で破った。
（早稲田大）
浅井長政，朝倉義景，姉川

□7 織田信長は，浅井・朝倉両氏を支援した ★★★ 寺を ★ 年に焼き討ちにした。
（京都大）
延暦寺，1571

☐8 ★★★	織田信長は，将軍 [★★★] を [★★] 年に追放して，室町幕府を滅亡させた。(中央大)	足利義昭，1573
☐9 ★★★	1575年の [★★★] は，鉄砲が勝敗を決した最初の合戦といわれる。(京都大)	長篠合戦
☐10 ★★	織田信長は，[★] 年の長篠合戦で [★★] の騎馬隊を破った。(立教大)	1575，武田勝頼
☐11 ★★★	長篠合戦で，織田信長は [★★] を主力とした [★★★] という新しい戦闘部隊を使用している。(慶應大)	足軽，鉄砲隊
☐12 ★★★	織田信長は，近江国琵琶湖東岸の水陸交通の要衝地に [★★★] を建設し，城下に [★★★] を出し，城下町の保護・振興をはかった。(京都大) ◆信長は，美濃の加納 (かのう) にもこの令を出した。 ◆城下の商工業者に自由な営業を認めた。	安土城，楽市令
☐13 ★	武田氏が滅亡した戦いは [★] である。(同志社大) ◆武田氏は，長篠合戦で大敗したが，「滅亡」はしていない！ ◆この戦いは1582年におこった。	天目山の戦い
☐14 ★★	↳このときの武田氏の当主は [★★] である。(高崎経済大)	武田勝頼
☐15 ★★	織田信長は，1574年に [★★]，1575年には [★★] の一向一揆を平定した。(学習院大)	伊勢長島，越前
☐16 ★	織田信長は [★] と浄土宗との宗教論争を行わせて前者を抑え込んだ。これを安土宗論という。(慶應大)	日蓮宗
☐17 ★★	織田信長の行った検地は，[★★] とよばれる申告の形式であった。(中央大)	指出検地
☐18 ★★	織田信長は，交通施設の整備や [★★] の撤廃令を出した。(岡山大)	関所
☐19 ★★★	織田信長は，[★★★] の率いる石山本願寺を [★] 年に屈服させて畿内を平定した。(日本大)	顕如 (光佐)，1580
☐20 ★★★	織田信長は1582年，家臣の [★★★] に攻められ，京都の [★★★] で敗死した。(学習院大)	明智光秀，本能寺

VIII 安土桃山　52 信長の政治

53 秀吉の政治(1) 〜秀吉の天下統一〜

1 豊臣秀吉は ★ 国の農民出身である。 (学習院大)
→ 尾張国

2 本能寺の変のとき,豊臣秀吉は ★ 〈国名〉の ★★ 城にて ★★ 氏を攻撃中であった。 (南山大)
→ 備中, 高松城, 毛利氏

3 豊臣秀吉は,毛利勢との対戦中に信長の死を知ると,急遽,軍を反転させて姫路に戻り,山城国 ★★ の戦いにて ★★ を討った。 (学習院大)
→ 山崎の戦い, 明智光秀

4 豊臣秀吉は,1583年には琵琶湖北岸の ★★ の戦いで ★★ を破り,北陸を平定し,信長の後継者の立場を確立した。 (法政大)
→ 賤ヶ岳の戦い, 柴田勝家

5 大坂城は ★★★ の跡地に築かれた。 (西南学院大)
◆1583年に築城が開始された。
→ 石山本願寺

6 豊臣秀吉が,織田信長の次男 ★★ と徳川家康の軍勢と戦った戦乱を ★★ という。 (同志社女子大)
→ 織田信雄, 小牧・長久手の戦い

7 豊臣秀吉は,1585年に紀伊の ★ ・ ★ でおこった一揆を平定した。 (同志社大)
→ 根来, 雑賀

8 豊臣秀吉は,1585年には ★★ を倒して四国を平定した。 (南山大)
→ 長宗我部元親

9 豊臣秀吉は,1585年, ★★ に任ぜられ,翌年にはさらに ★★ の位にのぼり,朝廷から ★★ の姓が与えられた。 (立命館大)
→ 関白, 太政大臣, 豊臣

10 ★ 天皇は豊臣秀吉を関白に任じた。 (日本大)
→ 正親町天皇

11 豊臣秀吉は,1587年には ★★ を降伏させて九州を平定した。 (南山大)
→ 島津義久

12 豊臣秀吉は,諸大名に ★★★ を発して停戦を命じ,その領国の確定を秀吉に任せるよう強制した。 (防衛大学校)
→ 惣無事令 総×

13 1588年,豊臣秀吉は ★★ 天皇を京都に新築した ★★ に招き,諸大名に権力を誇示した。 (学習院大)
→ 後陽成天皇, 聚楽第

☐14 ★ 年の刀狩令では，没収した武具を ★★ 寺の大仏建立に使用するとした。 （関西学院大）
1588，方広寺

☐15 ★★ は，1590年に小田原で滅ぼされた。 （中央大）
◆陸奥の伊達政宗も，この戦いで秀吉に服属した。
◆この戦いで，秀吉は全国を平定した。
北条氏政

☐16 1591年，豊臣秀吉は甥である ★★ に関白を譲り， ★★ となった。 （学習院大）
豊臣秀次，太閤

☐17 豊臣秀吉は，1591年，全国の大名に対して，その領国の検地帳と ★★ の提出を命じた。 （関西大）
国絵図

☐18 1591年には ★★ が出され，武士が町人や農民に，農民が商人になることなどが禁じられた。 （駒澤大）
人掃令（身分統制令）

☐19 刀狩令や身分統制令などの政策により ★★★ が進み，江戸時代の身分制度の前提となった。 （駒澤大）
兵農分離

☐20 豊臣秀吉は，他の大名を破ったあと，奉行たちに征服地の ★★★ を行わせた。 （学習院大）
検地

☐21 豊臣秀吉は ★ 年に初めて ★ 国で検地を実施した。 （駒澤大）
1582，山城国

☐22 豊臣秀吉の行った検地を ★★★ という。 （駒澤大）
太閤検地

☐23 豊臣秀吉の行った検地は貫高制から ★★★ に改められたことから， ★★ ともいわれる。 （駒澤大）
石高制，天正の石直し

☐24 太閤検地では ★★ が検地帳に登録され，彼らは耕作権を保証されると同時に， ★★ 納入の義務を負わされた。 （立教大）
作人（名請人），年貢

☐25 太閤検地は， ★★ の原則といって，一つの土地に何人もの権利が重なり合っている状態を禁止した。 （南山大）
一地一作人

☐26 豊臣秀吉は，領主や地域によってまちまちであった枡を ★★ に統一した。 （明治大）
京枡

☐27 太閤検地では，1段= ★★ 歩，1畝= ★ 歩に統一した。 （東北学院大）
◆律令体制の頃とは単位が異なるので注意！ ☞ 15-13
300，30

VIII 安土桃山

53 秀吉の政治(1) 〜秀吉の天下統一〜

VIII 安土桃山時代　53 秀吉の政治(Ⅰ) ～秀吉の天下統一～

□28 太閤検地では、1間の長さを ★★ 尺 ★★ 寸と定めて検地尺の基準とした。　(中央大)
　◆1間四方を1歩という。従来は6尺5寸が1間であった。

6, 3

□29 土地の生産力を米の生産量で示したものを ★★★ という。　(明治大)

石高

□30 貢租の基準となる土地の生産力は1段あたりの米の生産量で表したが、それを ★★★ という。　(関西大)

石盛

□31 上田は1段につき ★ 石 ★ 斗というように石盛は定められた。　(中央大)
　◆中田は1石3斗、下田は1石1斗、下々田は9斗、上畑と屋敷は1石2斗などと定められた。

1, 5

□32 太閤検地では、農地の直接の耕作者を ★★★ に登録した。　(関西大)

検地帳 (水帳)

□33 太閤検地では ★ 公 ★ 民にあたる年貢のとり立てをめざした。　(専修大)

二, 一

□34 ★ 国では、検地に反対した大崎・葛西一揆がおこっている。　(駒澤大)

陸奥国

□35 豊臣政権の直轄領である ★★ は約 ★ 万石余であった。　(國學院大)
　◆佐渡金山・石見大森銀山・但馬生野銀山といった主要鉱山も直轄にした。
　◆京都・大坂・堺・伏見・長崎といった重要都市も直轄にした。

蔵入地, 220

□36 ★★ は、1588年豊臣秀吉が後藤徳乗に命じて鋳造させた金貨である。　(明治大)

天正大判

□37 五大老とは、 ★★ ・ ★★ ・ ★★ ・宇喜多秀家・上杉景勝である。　(西南学院大)
　◆小早川隆景の死後、「五大老」とよばれるようになった。

徳川家康, 前田利家, 毛利輝元

□38 五奉行は、浅野長政・増田長盛・ ★★ ・ ★★ ・長束正家である。　(慶應大)

石田三成, 前田玄以

□39 五大老の筆頭は ★ 、五奉行の筆頭は ☐ である。　(同志社大)

徳川家康, 浅野長政

54 秀吉の政治(2) ～秀吉の対外政策～

1 豊臣秀吉は，宣教師の国外追放を命じる ★★★ を ★ 年に ★★ 〈地名〉で出した。(立命館大)
→ バテレン追放令, 1587, 博多
◆キリスト教禁止を定めた禁教令と混同しないこと。☞61-1

2 ★★ 〈人名〉が ★★ 〈地名〉を教会に寄進していたのが誘因となってバテレン追放令が出された。(早稲田大)
→ 大村純忠, 長崎

3 バテレン追放令では，宣教師には ★ 日以内に国外退去を求めた。(学習院大)
→ 20

4 豊臣秀吉は，キリシタン大名の中心的存在であった播磨国明石城主 ★★ に棄教を迫ったが，これを受け入れなかったため，領地を没収した。(上智大)
→ 高山右近

5 豊臣秀吉は1588年に ★★ を出し，倭寇の活動は禁止されることとなった。(首都大)
→ 海賊取締令

6 豊臣秀吉は渡航船に ★★★ を与えて貿易を奨励した。(中央大)
→ 朱印状

7 豊臣秀吉の支配下に入った豪商には，堺の今井宗久, ★ ，津田宗及や，博多の ★ ，神屋宗湛らがいた。(関西大)
→ 小西隆佐, 島井宗室

8 1596年，土佐に漂着した ★★ の乗組員の失言によって，長崎で ★ がおきた。(関西学院大)
→ サン＝フェリペ号, 26聖人殉教
◆「スペインは宣教師を領土拡張に利用している」という失言。

9 豊臣秀吉は， ★ のスペイン政庁， ★ のポルトガル政庁，台湾の ★ に服属と入貢を求めた。(龍谷大)
→ マニラ, ゴア, 高山国

10 豊臣秀吉は1587年，対馬の ★★ 氏を通じて，朝鮮に服属を要求した。(同志社大)
→ 宗氏

11 1592年の朝鮮出兵を ★★★ の役，1597年の朝鮮出兵を ★★★ の役という。(同志社大)
→ 文禄の役, 慶長の役
◆朝鮮では壬辰・丁酉（じんしん・ていゆう）の倭乱とよばれる。
◆1度目の出兵では15万，2度目は14万余りの兵を派遣した。

VIII 安土桃山
54 秀吉の政治(2) ～秀吉の対外政策～

VIII 安土桃山時代　54 秀吉の政治(2) 〜秀吉の対外政策〜

☐**12** 朝鮮出兵の本陣は肥前の ★★★ 城である。（学習院大）
◆日明講和交渉もこの地で行われた。

名護屋城

☐**13** 日本側は朝鮮国の首都漢城（現，ソウル）を攻略し，李如松が率いる明の援軍を ____ の戦いで打ち破るなど優勢に戦いを進めた。（関西大）
◆日本軍は釜山に上陸し，漢城・平壌を征服した。

碧蹄館の戦い

☐**14** ★★ は，★ という船を考案して朝鮮水軍を率い，日本軍を苦しめた。（専修大）

李舜臣，亀甲船　瞬×

☐**15** 1596年に明使 ____ が来日し，豊臣秀吉を日本国王に冊封したため，日明講和は破綻し，秀吉は朝鮮に再出兵した。（早稲田大）

沈惟敬

55 桃山文化

ANSWERS ☐☐☐

☐**1** 桃山文化という呼称は， ★★ が晩年に居城とした ★★ の地が，のちに桃山とよばれるようになったことに由来する。（早稲田大）

豊臣秀吉，伏見

☐**2** 桃山文化を象徴する建築形式である ★★★ 建築は，軍事的な面のみならず政治的な面が重視されたため，これまでの山城から ★ 城や ★ 城に変化を遂げるようになった。（駒澤大）

城郭建築，平山城，平城

☐**3** 城郭の中心部を ★★ といい，そこには天守閣がつくられた。（早稲田大）
◆城郭には，土塁や濠で囲まれた郭（くるわ）があった。

本丸

☐**4** 城郭の内部には ★★★ 造をとり入れた居館が設けられた。（早稲田大）

書院造

☐**5** ★★★ は，白鷺城の別称をもつ城郭で，★ 県に所在する。（東京学芸大）

姫路城，兵庫

☐**6** ★ の改築した姫路城は，平山城で，連立式天守閣がみごとであり，世界遺産に登録されている。（上智大）

池田輝政

☐**7** 城郭の ★★ には豪華な透し彫彫刻がほどこされた。（学習院大）

欄間

□8 ★	城郭建築は17世紀になっても盛んに行われ，家康造営の ★ ，井伊家の居城となった ★ などが造営された。 （上智大）	二条城，彦根城
□9	都久夫須麻神社の本殿・唐門や，西本願寺の書院・唐門は ___ 城から移築されたものである。 （専修大）	伏見城
□10	大徳寺唐門は， ___ の遺構とされる。 （日本大）	聚楽第
□11 ★★	城郭建築の内部の襖や屏風に，金碧濃彩の様式により描かれた障壁画を ★★ という。 （慶應大）	濃絵
□12 ★★★	『唐獅子図屏風』の作者は ★★★ である。 （高崎経済大）	狩野永徳
□13 ★	『檜図屏風』の作者は ★ である。 （上智大）	狩野永徳
□14	『洛中洛外図屏風』の作者は ★ である。 （上智大）	狩野永徳
□15 ★★	狩野永徳の門人である ★★ は，『松鷹図』などを描いた。 （早稲田大）	狩野山楽
□16 ★	大覚寺に所蔵されている『牡丹図』の作者は ★ である。 （上智大）	狩野山楽
□17	『花下遊楽図屏風』の作者は ___ である。 （上智大）	狩野長信
□18	狩野吉信の代表作に『___』がある。 （西南学院大）	職人尽図屏風
□19 ★★	『智積院襖絵』の作者は ★★ である。 （学習院大）◆この作品は障壁画である。	長谷川等伯
□20	『松林図屏風』の作者は ___ である。 （上智大）◆この作品は水墨画である。	長谷川等伯
□21 ★	『山水図屏風』の作者は ★ である。 （上智大）	海北友松
□22 ★★	安土・桃山時代から江戸時代初期にかけて現れた，京都とその郊外を描いた屏風図を一般に ★★ とよぶ。 （京都大）	洛中洛外図屏風
□23 ★★	安土・桃山時代には，ヨーロッパ人が日本へ渡来する情景を描いた『 ★★ 屏風』が描かれた。 （早稲田大）	南蛮屏風

VIII 安土桃山時代　55 桃山文化

24 ★★ は，イエズス会の巡察師 ★★ のもたらした金属 ★★ 印刷機を用いて印刷刊行されたものである。
(青山学院大)
→ キリシタン版（天草版），ヴァリニャーニ，活字

25 キリシタン版には，『 ★★ 』や『 ★ 』のような文学作品や，『 ★★ 』のような辞書があった。
(明治学院大)
→ 平家物語，伊曽保物語，日葡辞書

26 朝鮮からは ★ の印刷技術が伝えられた。(専修大)
→ 木活字

27 ★ は，文禄の役のときに朝鮮から連れて来られた活字工の技術でつくられた。(同志社大)
→ 慶長勅版
◆これは後陽成天皇の命で刊行された。

28 朝鮮の陶工である李参平により創始された陶磁器は ★★★ である。(立命館大)
→ 有田焼
◆薩摩焼も朝鮮の陶工によってもたらされた。

29 ボタン・パン・ビスケットは ★ 語から転じたものである。(明治大)
→ ポルトガル
◆カッパ・テンプラ・カボチャ・カステラ・タバコなども同様。

30 茶の湯は， ★★ の商人の ★★★ によって大成された。(東京学芸大)
→ 堺，千利休（宗易）

31 千利休は， ★★ とよばれる ★ 畳の茶室を造作した。(京都大)
→ 妙喜庵待庵，2

32 1587年，豊臣秀吉は京都の ★ で大茶会を開いた。(明治大)
→ 北野

33 千利休，堺の豪商の ［　］，［　］ は宗匠とよばれた。(法政大)
→ 今井宗久，津田宗及
◆利休の高弟古田織部（おりべ）は武家的茶道を成立させた。

34 織田信長の弟の ★ は，［　］という茶室を設けた。(日本大)
→ 織田有楽斎，如庵
◆小堀遠州（えんしゅう）は武将出身の茶人で造園家としても有名。

35 ★★ は，京都でかぶき踊りを創始したあと，北野神社などで勧進興行を行った。(京都大)
→ 出雲阿国

□36 秀吉の時代、三味線に合わせて人形を操る、★★ などが現れた。 (立教大) — 人形浄瑠璃
◆浄瑠璃節と人形操りが結合したもの。

□37 三味線は ★★ から渡来したものである。 (甲南大) — 琉球 流×
◆三味線は、最初「蛇皮線（じゃびせん）」とよばれていた。

□38 隆達節は、★〈地名〉の商人、★ が節をつけた ★ 歌である。 (法政大) — 堺、高三隆達、小歌

□39 桃山時代に流行した、袖が筒状の衣服を ★ といい、この上に男性は □・□ を身につけ、女性は ★ をはおった。 (日本大) — 小袖、肩衣、袴、打掛

MANIAC VIII 日本史を極めたい人のための 超ハイレベル問題

□1 □ は1549年にフランシスコ＝ザビエルと鹿児島に上陸し、通訳・案内役をつとめた。 (明治学院大) — アンジロー（ヤジロー）

□2 フランシスコは □ の洗礼名で、バルトロメオは □ の洗礼名である。 (日本大) — 大友義鎮（宗麟）、大村純忠

□3 ヴァリニャーニは臼杵にイエズス会入会者の修練所である □ を設置した。 (明治大) — ノビシヤド

□4 天正遣欧使節の正使の一人 □ は、バテレン追放令の発令後も司祭として九州各地で布教活動を続け、1612年に長崎で病死した。 (明治大) — 伊東マンショ

□5 天正遣欧使節の正使であった □ は、帰国後棄教した。 (青山学院大) — 千々石ミゲル

□6 天正遣欧使節のうち、帰国後に長崎で逆さ吊りの刑にあって殉教した人物は □ である。 (同志社大) — 中浦ジュリアン

□7 織田信長は、1567年には美濃の斎藤氏に勝利して、広大な □ 平野を支配下においた。 (防衛大学校) — 濃尾

□8 明智光秀の娘であるキリスト信者を夫人としていた戦国大名は □ である。 (早稲田大) — 細川忠興

IX 江戸時代
EDO PERIOD
1600 — 1867

56 江戸幕府の成立

ANSWERS □□□

1 ★★★ ★★★ は，松平広忠を父に天文11年に ★ 岡崎で生まれた。 (高崎経済大)

徳川家康，三河

2 ★ 徳川家康は1590年に関東に移封され，約 ★ 万石の領地を支配する大名となった。 (東京経済大)

250

3 ★ 江戸城は，15世紀に ★ 〈人名〉が築いた。(日本大)

太田道灌

4 ★★★ 1600年に，徳川家康が石田三成らを ★ 国で打ち破った戦いを ★★★ という。 (成城大)
◆この戦いは「天下分け目の戦い」と称された。

美濃国，関ヶ原の戦い

5 ★ 関ヶ原の戦いの西軍の主将は ★ である。(東洋大)
◆関ヶ原の戦いの主要人物
西軍：石田三成・毛利輝元・宇喜多秀家
東軍：徳川家康・福島正則・黒田長政・小早川秀秋・北政所
※小早川秀秋は西軍であったが，東軍に寝返った。

毛利輝元

6 ★ 関ヶ原の合戦後，京都で斬首されたキリシタン大名は ★ である。 (高崎経済大)
◆石田三成も京都で斬首された。

小西行長

7 関ヶ原の合戦のあと，□□□は領地を約37万石に，□□□は領地を約30万石に減らされた。 (明治大)
◆各大名とも，もともとは120万石を有する大大名であった。

毛利輝元，上杉景勝

8 ★★★ 関ヶ原の戦い当時，大坂城には豊臣秀吉の遺児である ★★★ と，その母の ★ がいた。 (明治大)

豊臣秀頼，淀君（茶々）

9 ★ 関ヶ原の戦い後，豊臣秀頼は摂津・ ★ ・ ★ の約 ★ 万石の大名に転落した。 (学習院大)

河内，和泉，60

10 ★★★ 徳川家康は，1603年， ★★★ に任ぜられて江戸に幕府を開いた。 (中央大)

征夷大将軍

- **11** 徳川家康が将軍宣下を受けた当時の天皇は [★] である。 (上智大) — 後陽成天皇

- **12** 幕府は，全国の大名に，江戸城や市街地造成の普請，国絵図と，その付録である [★] の作成を命じた。 (慶應大) — 郷帳

  ◆この付録の作成は，正保・元禄・天保年間にも実施された。

- **13** 徳川家康は1605年に将軍職を [★★★] に譲り，家康自身は [★★] 〈地名〉に移って [★★] となった。 (日本大) — 徳川秀忠，駿府，大御所

- **14** 1611年に [   ] は，天皇の即位に際し上洛し，同様に上洛した諸大名に大名誓紙を提出させ，幕府への忠誠を誓わせた。 (青山学院大) — 徳川家康

- **15** [★★] の鐘に記された「[★]・[★]」の銘が江戸幕府にとって不適切であるとの理由で，徳川家康は大坂城を攻撃した。 (上智大) — 方広寺，国家安康，君臣豊楽

  ◆「家」「康」を分断し，「豊臣」を君主として楽しむと解釈された。

- **16** 幕府は，1614年の [★★★] と1615年の [★★★] で豊臣氏を攻め滅ぼした。 (東海大) — 大坂冬の陣，大坂夏の陣

- **17** 江戸時代に武家による戦争が一応終結し，戦乱の世が収まったことを [★★] という。 (慶應大) — 元和偃武

- **18** 江戸幕府の経済的な基盤は，[★★★] とよばれる約 [★★★] 万石の直轄地と，約300万石の [★] よりなっていた。 (中央大) — 幕領（天領），400，旗本知行地

- **19** 18世紀初頭，全国の石高はおよそ [★] 万石であった。 (早稲田大) — 3000

- **20** 幕領（天領）の民政は [★★] が行い，そのうち広域を担当する者を [★★] といった。 (成城大) — 代官，郡代

- **21** 郡代・代官は，[★★] のもとにおかれた。 (明治学院大) — 勘定奉行

- **22** 幕府が郡代をおいたところは，関東・西国・飛驒・[   ] である。 (早稲田大) — 美濃

- **23** 将軍に直属する知行高1万石未満の家臣たちのことを [★] とよぶ。 (同志社大) — 直参

IX 江戸 56 江戸幕府の成立

183

IX 江戸時代　56 江戸幕府の成立

□24 将軍直属の1万石未満の家臣のうち，将軍に謁見できる御目見得以上は ___ ，それ以外は ___ とよばれた。(中央大)
→ 旗本，御家人

□25 旗本は平時には大番・書院番・___ に編成され，御家人は ___ ・鉄砲百人組などに組織されていた。(慶應大)
→ 小姓組番，徒組

□26 幕府の軍事部門を担当する役職を ___ ，行政・経済関係の役職を ___ という。(学習院大)
→ 番方，役方

□27 町奉行などの配下にいた下級役人を ___ ，その配下を ___ という。(明治大)
→ 与力，同心

□28 17世紀はじめに成立した江戸幕府では，三代将軍 ___ の頃までに支配制度を確立させた。(中央大)
◆2代将軍徳川秀忠の子にあたる。
→ 徳川家光

□29 江戸幕府の職制のうち，最高職にあったのは ___ だが，常置ではなかった。(立命館大)
→ 大老

□30 江戸幕府の職制では，大老のいないときは譜代大名から選ばれる ___ が最高責任者として政務を統轄した。(國學院大)
→ 老中

□31 老中は，はじめ ___ とよばれた。(防衛大学校)
→ 年寄

□32 老中を補佐した役職を ___ という。(明治学院大)
→ 若年寄

□33 大名を監察した ___ は， ___ の支配下におかれた。(防衛大学校)
→ 大目付，老中

□34 旗本・御家人を監察する ___ は， ___ の支配下におかれた。(防衛大学校)
→ 目付，若年寄

□35 主要な行政は， ___ ・ ___ ・ ___ のいわゆる三奉行が担当した。(京都大)
→ 寺社奉行，町奉行，勘定奉行

□36 相互の役職に関わる重要事項や訴訟などについては ___ で合議して審理した。この構成員は老中・ ___ ・ ___ からなる。(防衛大学校)
→ 評定所，三奉行，大目付

◆類似した用語に注意！ ☞ 32-31　32-32

□37 幕府の役職は，通常数名が任命され，毎月一人が実務を担当する ★ により進められた。 (成城大)

月番

□38 町奉行は，江戸・京都・大坂・□□□におかれた。 (早稲田大)

駿府

□39 京都には朝廷監視機関である ★★★ をおいた。 (明治大)

京都所司代

□40 大坂・駿府・二条・伏見には ★★ がおかれた。 (明治大)

城代

□41 奈良・山田・長崎・佐渡などに配置された奉行を総称して ★★ とよぶ。 (京都大)
◆日光・堺などにもある。

遠国奉行

□42 大老・老中・若年寄・寺社奉行・京都所司代・大坂城代などは ★★ から，その他は ★★ から任命された。 (関西学院大)
◆将軍直属：大老・老中・若年寄・寺社奉行・京都所司代・大坂城代・側用人
◆老中直属：大目付・町奉行・勘定奉行・城代・遠国奉行・大番頭

譜代大名，旗本

57 大名の統制

□1 将軍と大名が主従関係を結び，土地と庶民を統治する体制を ★★★ という。 (名城大)

幕藩体制

□2 1615年，大坂の役（陣）が終わると， ★★ が出され，大名領内の多くの城の破却を命じた。 (明治学院大)

一国一城令

□3 大坂の役（陣）の直後発せられた，諸大名の行動を規制する法令を ★★★ という。 (関西学院大)
◆将軍の代がわりごとに発した。

武家諸法度

□4 1615年，大坂の役（陣）のあと制定された武家諸法度は， ★★ 令とよばれた。 (青山学院大)

元和令

IX 江戸時代 57 大名の統制

5 ★★★ 武家諸法度の元和令は、徳川 ★★ の命によって ★★★ が起草し、 ★★★ の名をもって発布された。
◆この起草者は「黒衣の宰相」とよばれた。 (中央大)

徳川家康, 金地院崇伝, 徳川秀忠

6 武家諸法度の元和令は ☐ カ条からなる。 (学習院大)

13

7 ★ 1615年7月の武家諸法度は、 ★ に諸大名を集め公布された。 (上智大)

伏見城

8 徳川家康は ☐ 年に亡くなった。 (上智大)
◆翌年、2代将軍徳川秀忠は、大名・公家・寺社に対して、領知の確認文書を発給することで、全国の土地領有者としての地位を示した。

1616

9 ★★★ 大名の領地を没収することを ★★★ 、外様大名を辺地に移すことを ★★★ とよぶ。 (京都産業大)
◆ほかに、石高を減らす減封(げんぽう)も行われた。

改易, 転封(国替)

10 ★ 2代将軍徳川秀忠の代はじめの1619年に改易された ★ 国広島藩主 ★ は、豊臣政権以来の有力大名であった。 (学習院大)

備後国, 福島正則

11 ★★★ 2代将軍徳川秀忠は、1623年に将軍職を子の ★★★ に譲ったあとも、大御所として権力をもった。 (立教大)

徳川家光

12 ★ 3代将軍徳川家光は、 ★ 〈国名〉熊本の外様大名 ★ を寛永九年に除封した。 (高崎経済大)
◆改易(除封)になった大名には、松平忠直(越前)、本多正純(宇都宮)などがいる。

肥後, 加藤忠広

13 ★ 1634年、将軍 ★ は、30万人余りの軍勢を率いて上洛した。 (慶應大)

徳川家光

14 ★★★ 1635年の武家諸法度は ★★ 令とよばれ、 ☐ が起草し、将軍 ★★★ が発布した。 (駒澤大)

寛永令, 林羅山, 徳川家光

15 ★★★ 1635年の武家諸法度で制度化された、大名が国元と江戸を1年ごとに往復する制度を ★★★ という。
◆関東の大名は半年交替であった。 (共立女子大)

参勤交代

□16 ★	1635年の武家諸法度では，参勤交代を制度化し，毎年 ★ 月を交代の時期と定めた。 （國學院大）	4
	◆御三家には参勤交代の義務はなかった。	
□17 ★★	1635年の武家諸法度では，★★ 石以上の船の建造を禁止した。 （早稲田大）	500
□18	1635年の武家諸法度は □ カ条からなる。 （学習院大）	19
□19 ★★★	大名とは，将軍に臣従した，★★★ 万石以上の領地をもつ者をいう。 （京都産業大）	1
□20 ★★★	大名のうち，★★★ と ★★★ は要所に，★★★ は遠隔地帯におかれた。 （立教大）	親藩，譜代，外様
	◆大名は親疎によって，この三種類に分類された。	
□21 ★★★	大名は，徳川氏一門である ★★★ ，★★ 以前から徳川氏に従って大名にとり立てられた譜代，それ以外の ★★★ に分かれた。 （同志社大）	親藩，関ヶ原の戦い，外様
□22 ★★	★★ の三人の子を始祖とする尾張家・紀伊家・水戸家を ★★ とよんだ。 （早稲田大）	徳川家康，(御)三家
	◆尾張家の祖は徳川義直，紀伊家の祖は徳川頼宣，水戸家の祖は徳川頼房。	
□23 ★★	御三卿は，★★ 家・★★ 家・★★ 家からなる。 （京都大）	一橋家，田安家，清水家
□24	御三家と御三卿をのぞく親藩は □ とよばれた。 （中央大）	御家門
□25 ★★★	徳川幕府の軍事力のうち，諸大名が負担するものを ★★★ という。 （学習院大）	軍役
	◆平時はお手伝い（土木工事の普請役）を課した。	
□26 ★★★	幕府によって領知を認められた大名の領地と支配機構を総称して ★★★ とよぶ。 （龍谷大）	藩
□27 ★	藩の直轄領を ★ という。 （立命館大）	蔵入地
□28 ★★	大名の家臣を ★★ という。 （南山大）	藩士

IX 江戸

57 大名の統制

IX 江戸時代　57 大名の統制

□29 ★　　★　　は，大名家の最上級家臣で，藩政を統括した。
◆この下に郡奉行・勘定奉行・町奉行・代官がおかれた。（日本大）

家老

□30 ★★　藩士には，知行地を与える　★★　制や，蔵米を与える　★★　制が採用された。（立教大）

地方知行制，
俸禄制
　録×

□31　藩内では城下町と村の間に，農産物などに自給できない商品との交換を目的にした定期市が開かれ，□□□□が形成されるようになっていった。（岡山大）

在方町（在郷町）

58 朝廷・寺社の統制

ANSWERS □□□

□1 ★★★　幕府は　★　年，　★★★　を制定して天皇・公家の職分や権限を規制した。（関西学院大）
◆当時の天皇は後水尾天皇。

1615，禁中並公
家諸法度

□2 ★★　禁中並公家諸法度の第1条では，天皇の行うべきこととして，「天子諸芸能の事，第一御　★★　也。」とした。（津田塾大）

学問

□3 ★　三公とは　★　・　★　・　★　をさす。（関西学院大）

太政大臣，左大臣，
右大臣

□4　徳川家康・秀忠は□□□に公家衆を集め，禁中並公家諸法度□□□カ条を伝えた。（学習大）

二条城，
17

□5 ★★　幕府は朝廷の監視につとめ，公家の中から特定の人を　★★　とし，内情を報告させた。（日本大）

武家伝奏

□6　武家伝奏は幕府における□□□に対応する役割をはたしており，勅使として江戸に下向するなど，儀礼上の交渉をになっていた。（慶應大）

高家

□7 ★★　江戸時代，皇室の領地である　★★　は必要最小限度にとどめられた。（中央大）

禁裏御料

□8 ★　皇室領地は，当初は約　★　万石しかなく，二度の加増で　★　万石とされた。（京都産業大）

1，
3

□9 ★★　★★　は，徳川秀忠の娘で，幕府の朝廷政策によって　★★　天皇の中宮となった。（京都大）
◆彼女はのちに東福門院（とうふくもんいん）と名乗った。

徳川和子，
後水尾天皇

| □10 ★★★ | ★★★ 天皇は，僧侶に最高の栄誉を与えようとしたのを幕府に制限され，それに抗議し譲位した。これを ★★★ 事件という。 (法政大) | 後水尾天皇, 紫衣事件 |

◆天皇の行幸は慶安年間を最後に認められなくなった。

| □11 ★★★ | 大徳寺の僧侶 ★★★ は，紫衣事件によって出羽に流された。 (学習院大) | 沢庵（沢庵宗彭） |

◆大徳寺は臨済宗の寺院。☞48-15

| □12 ★★ | 紫衣事件により，後水尾天皇は ★★ 天皇に譲位した。 (早稲田大) | 明正天皇 |

| □13 ★ | 江戸時代の女帝には，江戸時代初期の ★ 天皇と，18世紀半ばの □ 天皇がいる。 (上智大) | 明正天皇, 後桜町天皇 |

| □14 ★★ | 1665年，各宗共通の内容で ★★ が出され，★★ という中心寺院によって ★★ とよばれる一般寺院を統制させる制度を設けた。 (立命館大) | 諸宗寺院法度, 本山，末寺 |

◆幕府は当初，宗派別に寺院法度を出していた。

| □15 ★★★ | 幕府は ★★★ により，すべての人々を寺院の檀家として，★★ に登録させることにした。 (慶應大) | 寺請制度，宗旨人別帳（宗門改帳） |

| □16 ★ | 檀那寺が出す身許証明書を ★ という。 (駒澤大) | 寺請証文 |

| □17 ★ | 幕府が行った，禁教目的の信仰調査を ★ という。 (法政大) | 宗門改 |

| □18 ★★ | 幕府はキリスト教以外に，日蓮宗の ★★ 派の弾圧も行った。 (関西学院大) | 不受不施派 授× |

◆修験道・陰陽道は容認された。

| □19 ★★ | キリシタン摘発のために，キリスト像やマリア像を踏ませる ★★ を行った。 (立教大) | 絵踏 |

◆実際に踏ませる聖画像のことを踏絵（ふみえ）という。

| □20 ★★ | 17世紀半ばに明僧の ★★ が中国から伝えた禅宗を ★★ 宗という。 (京都大) | 隠元隆琦, 黄檗宗 |

| □21 ★★ | 黄檗宗の禅寺には長崎の □ 寺や宇治の ★★ 寺がある。 (関西学院大) | 崇福寺，万福寺 |

IX 江戸

58 朝廷・寺社の統制

58 朝廷・寺社の統制

☐22 江戸幕府は，神社・神職に対しても ★ を定めて法的統制を強めた。 (京都大)
諸社禰宜神主法度

☐23 神社・神職については，公家の ＿＿ 家を本所とした。 (上智大)
吉田家

59 農民・町人の統制

ANSWERS ☐☐☐

☐1 17世紀末には全国の村数が ＿＿ 余りを数え，総石高は約2500万石となった。 (上智大)
63000

☐2 村は，村役人である ★★★ を中心とする ★★ とよばれる農民によって運営された。 (上智大)
村方三役，本百姓

☐3 村方三役のうち年貢納入の責任を負った者を ★★ という。 (明治学院大)
名主

☐4 村の長である名主は，西国では ★ ，東北では ★ などとよばれた。 (同志社大)
庄屋，肝煎

☐5 村方三役のうちで，名主を補佐するのは ★★ ，村民の代表は ★★ という。 (立教大)
組頭，百姓代

☐6 ★★ は，名主の行為に不正がないように監視する役割をになっていた。 (明治大)
百姓代

☐7 村を運営するための共同経費を ★ という。 (慶應大)
村入用

☐8 村の山野を共同利用することを ★ という。 (慶應大)
入会

☐9 農繁期には，血縁の農民や近隣の農民が協同作業を行った。これを ★★ という。 (明治大)
結（もやい）

☐10 村民は ★★ に組織され，年貢の完納や犯罪防止などについて連帯責任を負わせた。 (明治学院大)
五人組

☐11 村の運営は ★ にもとづいて行われ，その違反者に対しては，村や五人組の共同組織から排除される ★ や組落ちなどの制裁が加えられた。 (同志社大)
村法，村八分

□12 年貢納入の際には，名主を納入責任者とする ★★ という制度がとられた。 (慶應大)

村請制

□13 一つの村に複数の領主や知行主の支配が同時に存在する場合を □ といった。 (上智大)

相給

□14 田畑をもち検地帳に登録されて貢租負担の義務をもつ農民を ★★★ ，田畑をもたず小作や雑業で生活する農民を ★★ という。 (立命館大)

本百姓，水呑百姓

□15 有力な本百姓と隷属関係を結ぶ農民のことを ★ ・ ★ という。 (駒澤大)

◆この隷属農民の別称として，譜代・下人・家抱などもある。

名子，被官

□16 百姓の負担は，高請地に課される ★★★ のほかに，山林などの収益に課せられる ★★ とよばれる雑税などがあった。また，年貢率は免とよばれた。 (福岡大)

本途物成，小物成

□17 村高に応じて農民に課せられた付加税を ★★ という。 (早稲田大)

高掛物

□18 治水工事などのため一国単位で臨時に課せられる税金を ★ という。 (慶應大)

国役

□19 街道宿駅の公用交通に人や馬をさし出す課役のことを ★★ といい，それが課される村々を ★ とよぶ。 (同志社大)

◆二つの用語の違いに注意！

伝馬役，助郷

□20 1642年におこった飢饉を ★ の飢饉という。 (立教大)

寛永の飢饉

□21 本百姓を維持し，没落を防止するため，1643年には ★★★ が発令された。 (慶應大)

田畑永代売買の禁令

□22 1643年には ★★ が出され，田畑にたばこ・ ★★ ・菜種などの商品作物をつくることを禁じた。 (早稲田大)

田畑勝手作の禁令，木綿

□23 1673年には経営規模の細分化を防ぐために ★★★ を出した。 (南山大)

分地制限令

IX 江戸

59 農民・町人の統制

IX 江戸時代 59 農民・町人の統制

24 分地制限令では,名主は ★ 石以上を,百姓は ★ 石以上を保たねばならないとある。 (関西学院大)

20, 10

25 □□□年には,農民に対する日常生活を規制した□□□が発令されたといわれる。 (國學院大)

1649, 慶安の触書

26 ★ の著した『 ★ 』には「百姓は財の余らぬように,不足なきように」と記されている。 (立命館大)

本多正信, 本佐録

27 城下町は城郭を中心に ★★ 地, ★★ 地, ★★ 地などから構成された。 (青山学院大)

武家地, 寺社地, 町人地

28 商人,手工業者が居住営業する町人地は, ★ とも称された。 (青山学院大)

町方

29 近世の「町」の構成員は,家屋敷を有する ★★ のみに限られていた。 (同志社大)

町人

30 町内に自宅をもち居住する町人を□□□,地主から土地を借りて家屋を建てる町人を ★ ,家を借りている町人を ★ という。 (早稲田大)

家持(家主), 地借, 店借

◆町人が住む屋敷地を町屋敷という(⇔武家屋敷・侍屋敷)。

31 町人の代表を ★ ・ ★ ・ □□□ という。 (成城大)

町年寄, 名主(町名主), 月行司

◆町は町法(町掟)によって運営されていた。

32 家持が屋敷の間口に応じて課せられた税を ★ という。 (早稲田大)

地子銭

◆町人は夫役である町人足役を負担した。

33 江戸時代の被支配身分には, ★★ とよばれる農業・林業・漁業に従事する人々, ★★ とよばれる手工業者,都市に住む ★★ などがいた。 (日本大)

百姓, 職人, 家持町人(町人)

34 武士の特権には, ★ ・ ★ と, ★ があった。 (早稲田大)

苗字, 帯刀, 切捨御免

35 手工業者や職人の奉公制度を□□□という。(日本大)

徒弟制度

36 都市では住み込みなどで主家の仕事に従事する ★ といわれる居住者が増加した。 (中央大)

奉公人

□37 町人の世界における，主人と奉公人といった上下関係を□・□という。(日本大) 親方，子方

□38 商家に奉公に出ると，□→□→□と出世し，最終的には主人となり独立した。(京都女子大) 丁稚，手代，番頭
◆店をもたず，天秤棒をかついで商品を売り歩く商人を棒手振(ぼてふり)という。

□39 皮革製造やわら細工などの手工業に従事した賤民は□で，貧困や刑罰により□となった者は，清掃・乞食・芸能などに従事した。(東京女子大) かわた，非人
◆かわたはえたという蔑称でよばれた。

□40 江戸時代の家では，□の権限が強く，財産や家業は長子に相続された。(大東文化大) 戸主(家長)

□41 女性は一生を通じて，父，夫，男の子に従って生きるという「三従の教」が説かれた書物は□の作とされる『□』である。(西南学院大) 貝原益軒，女大学

□42 江戸時代，離婚する場合，夫から出された離縁状のことを□とよぶ。(青山学院大) 三行半

□43 女性の側から離縁を求める場合は，鎌倉の□や上野の満徳寺などの□に逃げ込んだ。(関西大) 東慶寺，縁切寺(駆込寺)

60 江戸時代初期の外交

□1 1600年に，オランダ船□が豊後に漂着した。(立教大) リーフデ号

□2 ↳この船には，オランダ人の□とイギリス人の□が乗船していた。(同志社大) ヤン=ヨーステン，ウィリアム=アダムズ

□3 ウィリアム=アダムズは，のちに□と名乗り，ヤン=ヨーステンは，のちに□と名乗った。(同志社大) 三浦按針，耶揚子

□4 □は，ヤン=ヨーステン，ウィリアム=アダムズを日本にとどめ顧問とした。(慶應大) 徳川家康

IX 江戸時代　60 江戸時代初期の外交

5 リーフデ号は ★★〈国名〉船, ヤン＝ヨーステンは ★★ 人, ウィリアム＝アダムズは ★★ 人である。　(上智大)
→ オランダ, オランダ, イギリス

6 イスパニア人やポルトガル人が南蛮人とよばれたのに対して, オランダ人やイギリス人は ★★★ とよばれた。　(中央大)
→ 紅毛人（こうもうじん）

7 オランダは東インド会社を経営し, ジャワの ★ を拠点にしていた。　(関西大)
→ バタヴィア
◆オランダはスペインから独立した。

8 オランダは ___ 年に, イギリスは ___ 年に, それぞれ ★★ に商館を開いた。　(関西大)
→ 1609, 1613, 平戸（ひらど）

9 前フィリピン臨時総督 ★ は, 1609年に上総国に漂着した。　(関西大)
→ ドン＝ロドリゴ

10 徳川家康は, 当時 ★ とよばれていたスペイン領のメキシコとの通商を求め, 京都の商人 ★★ を派遣した。　(立教大)
→ ノビスパン, 田中勝介（たなかしょうすけ）

11 田中勝介が帰国したとき, ノビスパンからの答礼使 ___ が訪日した。　(関西大)
→ ビスカイノ

12 仙台藩主伊達政宗は, 1613年, 家臣の ★★ をスペインに派遣した。　(中央大)
→ 支倉常長（はせくらつねなが）

13 17世紀の主な輸入品は ★★ であった。　(法政大)
→ 生糸（きいと）
◆その他の輸入品：絹織物・綿織物・砂糖・皮革

14 17世紀の主な輸出品は ★★ であった。　(法政大)
→ 銀（ぎん）
◆その他の輸出品：銅・硫黄・鉄・樟脳

15 朱印船貿易における日本の銀輸出額は世界の銀産出額の ★ 分の1に及んだ。　(法政大)
→ 3

16 1604年に江戸幕府は, 特定の貿易商人に ★★ をつくらせ, ポルトガル商人の独占的利益を阻むために ★★★ 制度をつくった。　(同志社大)
→ 糸割符仲間（いとわっぷなかま）, 糸割符（いとわっぷ）制度

17 糸割符仲間は, ★★★ を一括購入して仲間全員に分配することができる特権を幕府から与えられた商人である。　(成城大)
→ 生糸（きいと）

■18 ★★★	当時，白糸（中国産生糸）の取引は ★★★ 〈国名〉が独占していた。（関西学院大）	ポルトガル
■19 ★★	1604年当時の糸割符仲間は ★★ ・ ★★ ・長崎の商人から構成されていた。（中央大） ◆仲間…商人や職人が利益を守るために結成した同業者組合。	京都，堺
■20 ★★	糸割符仲間は，1631年には ★ ・ ★ の商人が加わり ★★ と総称されるようになった。（中央大）	江戸，大坂，五カ所商人
■21 ★★★	江戸幕府は渡航する大名や貿易商人に海外渡航を許可する ★★★ を与えた。（法政大） ◆秀吉も同様のものを与えた。☞54-6	朱印状
■22 ★★	朱印船商人のうち，末次平蔵は ★ 〈地名〉，荒木宗太郎は ◯◯ 〈地名〉，末吉孫左衛門は ★ 〈地名〉，角倉了以は ★★ 〈地名〉，茶屋四郎次郎は ★ 〈地名〉の商人である。（明治大） ◆その他の朱印船商人…堺＝今井宗薫・納屋助左衛門 　　　　　　　　　　明＝李旦・五官	長崎，長崎，摂津平野，京都，京都
■23 ★	朱印船が盛んに渡航した都市のうち，ルソンは現在の ★ 〈国名〉，アンナンは現在の ★ 〈国名〉にあたる。（青山学院大）	フィリピン，ベトナム
■24 ★★	江戸時代初期，東南アジアの各地には自治制を敷いた ★★ がつくられるようになった。（青山学院大）	日本町
■25 ★★★	駿河出身の ★★★ は，シャムの ★ の日本町で国王の信任を得て活躍し，リゴール大守となった。（東洋大） ◆主な日本町…ディラオ・サンミゲル（マニラ），ツーラン・フェフォ（コーチ），プノンペン・ピニャルー（カンボジア），アラカン（ビルマ）	山田長政，アユタヤ
■26 ★★	明が ★★ 政策をとっていたため，日本と明の商人は第三国で貿易をする ★★ を行っていた。（専修大）	海禁政策，出会貿易
■27 ★★★	1609年には ★★★ 氏と朝鮮との間に ★★★ が結ばれ，毎年20隻の歳遣船を朝鮮に出すことになった。（学習院大）	宗氏，己酉約条（慶長条約）

IX 江戸

60 江戸時代初期の外交

IX 江戸時代　60 江戸時代初期の外交

- **28** 江戸時代になると、朝鮮との国交が回復し、1609年に結ばれた条約により ★ に倭館がおかれ、貿易が行われた。（慶應大）　釜山

- **29** 将軍の代がわりごとに慶賀のために朝鮮から派遣される使節を ★★★ とよぶ。（新潟大）　通信使

- **30** 江戸時代を通じ朝鮮からは使節が　　　回来日し、その4回目からを通信使とよぶ。（上智大）　12

- **31** 木下順庵門下の ★★★ は、対馬に赴任し、朝鮮との外交を担当した。（早稲田大）　雨森芳洲

- **32** 1609年、★★ は琉球に兵を送り、首里城を攻略、琉球王 ★ をとらえ、琉球を征服した。（関西大）　島津家久、尚寧

- **33** 琉球王国は、江戸時代を通じて、国王の代がわりごとに ★★★ を、将軍の代がわりごとに ★★★ を幕府に派遣した。（京都大）　謝恩使、慶賀使

- **34** 蝦夷地では、蠣崎氏から改称した ★★★ 氏が、アイヌとの独占交易権を与えられていた。（立命館大）　松前氏

- **35** アイヌとの交易対象地域を ★★ とよぶ。（京都大）　商場（場所）

- **36** 徳川家康からアイヌとの交易独占権を認められた松前氏は、蝦夷地でアイヌと交易を行う権利を、家臣に知行として与えた。この制度を ★★ という。（関西大）　商場知行制

- **37** 蝦夷地での交易を和人の商人に任せて運上金を上納させる制度を ★★★ という。（青山学院大）　場所請負制

- **38** 1669年、シブチャリ（静内）の首長 ★★★ は、全蝦夷地のアイヌに対して和人との戦いに立ち上がるようよびかけた。（学習院大）　シャクシャイン

◆1457年のアイヌと和人の戦いはコシャマインの戦い。混同しないよう注意。☞ 44-25

- **39** 1789年のアイヌ最後の蜂起を ★ の蜂起という。（同志社大）　クナシリ島の蜂起

- **40** シャクシャインの蜂起に対して、幕府は　　　藩に出動を命じた。（学習院大）　津軽藩

61 鎖国への展開と長崎貿易

ANSWERS □□□

1 江戸幕府は1612年,直轄領に ★★★ を出し,翌1613年これを全国に及ぼしてキリスト教信者に改宗を強制した。　(立教大)

禁教令

2 1614年には,もと摂津高槻城主であった ★★ らキリスト教徒を宣教師と共にマニラとマカオに追放した。　(関西大)

高山右近

3 1616年には, ★ 〈国名〉船以外の外国船の寄港地を ★★ と ★★ に限定した。　(慶應大)

中国,
平戸,長崎

4 1622年には ★ とよばれるキリスト教の宣教師・信者らの処刑が行われ,55人が殉教した。　(首都大)

元和大殉教

5 オランダとの貿易競争に敗れたイギリスは, ★ 年には日本から引き上げた。　(関西大)

1623

6 1624年には ★★ 船の来航を禁じた。　(明治学院大)

スペイン

7 1631年,海外渡航に際して朱印状のほかに ★★ が発給する書状を必要とした ★★★ 船の制度を始めた。　(早稲田大)

老中,
奉書船

8 1633年には, ★★★ 船以外の海外渡航が禁止された。　(立命館大)

奉書船

9 ★★ 年,幕府は日本人の海外渡航と在外日本人の帰国を禁止した。　(中央大)

1635

10 1635年,幕府は中国船の寄港を ★ に限った。　(同志社大)

長崎

11 1637年におこった ★★★ は,島原領主と天草領主が領民に過酷な年貢を課し,キリスト教徒を弾圧したことに抵抗した土豪や百姓の一揆である。　(津田塾大)

島原の乱

12 ★★★ を総大将として,島原と天草の領民たちが蜂起したのは, ★ 年のことである。　(立教大)

天草四郎時貞(益田時貞),1637

13 島原の乱では,3万の一揆勢は ★ 跡に立てこもった。　(立命館大)

原城跡

IX 江戸

61 鎖国への展開と長崎貿易

197

IX 江戸時代　61 鎖国への展開と長崎貿易

☐**14** 島原領主 ★ 氏と天草領主 ★ 氏によるキリスト教徒の弾圧が，島原の乱の引き金である。(日本大)
　松倉氏，寺沢氏
　◆島原・天草はもともとキリシタン大名である有馬晴信と小西行長の領地であった。

☐**15** 島原の乱の当時の島原領主は ＿＿ で，天草領主は ＿＿ である。(立命館大)
　松倉勝家，寺沢堅高

☐**16** 島原の乱で幕府方の指揮をとった ＿＿ は，総攻撃の際に戦死した。(慶應大)
　板倉重昌

☐**17** 老中 ★★ は，反乱の拠点となった ★ を約12万の軍勢で攻撃し，島原の乱を鎮圧した。(学習院大)
　松平信綱，原城

☐**18** 1639年には ★★★ 船の来航を禁止した。(同志社大)
　ポルトガル
　◆この国の船は「かれうた」とよばれた。
　◆江戸幕府がこのような体制をつくるために出した一連の法令を鎖国令という。

☐**19** 1641年にはオランダ商館を平戸から長崎の ★★★ に移し， ★ の監視下においた。(立教大)
　出島，長崎奉行

☐**20** オランダ商館長が提出した海外事情の報告書を ★★★ という。(北海道大)
　オランダ風説書

☐**21** オランダ商館長のことを ★ とよんだ。(早稲田大)
　カピタン

☐**22** 1633年からはオランダ人の ★ が定期的に行われ，江戸時代を通じて167回行われた。(駒澤大)
　江戸参府

☐**23** 1644年，中国では満州民族の王朝である ★★★ が成立した。(駒澤大)
　清

☐**24** 幕府は1685年に ★ を制定し，オランダ船と清船の年間貿易額を制限した。(早稲田大)
　定高貿易仕法
　◆オランダ船は銀3000貫，中国船は銀6000貫に限定した。

☐**25** 幕府は1688年に清船の来航を年間 ★ 隻に限定した。(青山学院大)
　70

☐**26** 1688年には，清国人の居住地を ★★★ に限定した。(早稲田大)
　唐人屋敷

62 江戸時代初期の文化

1 江戸時代初期の文化は，★★ 期を中心とした文化である。 (明治大)
→ 寛永期

2 徳川家康を祀った ★★★ は，★★ 造の建築物である。 (國學院大)
→ 日光東照宮，権現造
◆この建築物に代表される霊廟建築が流行した。

3 桂離宮は ★★★ 造の書院建築と回遊式庭園の調和で名高い。 (立命館大)
→ 数寄屋造

4 ★ は八条宮智仁親王の別荘で，★ は後水尾天皇の山荘である。 (日本大)
→ 桂離宮，修学院離宮

5 城郭建築は17世紀になっても盛んに行われ，家康上洛時の居館の ★ ，井伊家の居城となった ★ などが造営された。 (上智大)
→ 二条城，彦根城

6 江戸時代初期，幕府の御用絵師となった ★★ は，『大徳寺方丈襖絵』などを残した。 (成城大)
→ 狩野探幽

7 狩野派から破門された ★★ は，『夕顔棚納涼図屏風』など庶民的な画題の作品を残した。 (立教大)
→ 久隅守景

8 大和絵から出た ★★〈人名〉は宮廷絵所預となり，★★ 派を復興した。 (関西学院大)
→ 土佐光起，土佐派

9 ★ は，京都の土佐派に対抗した大和絵の一派である ★ 派を復興させた。 (國學院大)
→ 住吉如慶，住吉派

10 大和絵系統の画家である ★★ は江戸へ召し出されて，幕府御用絵師となった。彼の代表作に『洛中洛外図巻』がある。 (関西大)
→ 住吉具慶
◆彼は住吉如慶の子。

11 ★★★ は，京都の町衆の出身で，大和絵の新しい様式である ★★★ を創始した。 (法政大)
→ 俵屋宗達，装飾画

12 『風神雷神図屏風』の作者は ★★★ である。 (学習院大)
→ 俵屋宗達
◆彼の作品にはほかに『田家早春図』もある。
◆『彦根屏風』もこの時期の文化を代表する作品である。

IX 江戸時代　62 江戸時代初期の文化

□13 京都の上層町衆であった ★★★ は多才な文化人として知られ、書や陶芸ばかりでなく、『舟橋蒔絵硯箱』のように蒔絵の名品を生み出した。　　　　　　　（法政大）

本阿弥光悦

□14 ★★ は、鷹ヶ峰に芸術村をつくり多彩な芸術活動を行った。　　　　　　　　　　　　　　　　　　（日本大）
◆彼の刊行した典雅な装丁の本を、地名を付して嵯峨本とよぶ。

本阿弥光悦

□15 本阿弥光悦は ★ 茶碗をつくり、国宝『不二山』などの作品を残した。　　　　　　　　　　　　（同志社大）

楽焼

□16 ★★ は、赤絵の技法を完成させた江戸時代初期の陶工である。　　　　　　　　　　　　　　　　（成城大）
◆『色絵花鳥文深鉢』・『色絵花鳥文皿』は彼の作である。

酒井田柿右衛門

□17 陶磁器のうち、肥前鍋島藩で始まったものを ★ 、島津藩で始まったものを ★ 、毛利氏のもとで始まったものを萩焼、京都の聚楽第で焼かれたものを ★ という。　　　　　　　　　　　　　　　　　（同志社大）
◆ほかに、毛利氏の萩焼、松浦氏の平戸焼、黒田氏の高取焼などが生まれた。
◆朝鮮から連れて来られた陶工の手で登窯や上絵付の技術が伝わった。

有田焼，
薩摩焼，

楽焼

□18 文芸の分野では、 ★ にかわって ★★ が、教訓や道徳を中心とした通俗的な作品を生み出した。
　　　　　　　　　　　　　　　　　　　　　　（龍谷大）

御伽草子，仮名草子

63 文治政治と正徳の治

ANSWERS □□□

□1 1651年、将軍 ★★★ が没し、次いで幼少の ★★★ が将軍に就任した。　　　　　　　　　　　　　（早稲田大）

徳川家光，徳川家綱

□2 将軍家綱を補佐した ★★★ は、会津藩主で、将軍（家光）の異母弟である。　　　　　　　　　　　　（早稲田大）

保科正之

□3 ★ 年、幼少の家綱が将軍となる直前に、牢人の不満を利用して幕府を倒そうと企てた ★★★ がおこった。　　　　　　　　　　　　　　　　　　　　（南山大）

1651，
慶安の変（由井正雪の乱）

□4 ★★★	慶安の変は ★★★ ・ □ らによって行われた。 ◆翌1652年,戸次庄左衛門が承応の変をおこした。　(早稲田大)	由井正雪, 丸橋忠弥
□5 ★★★	慶安の変を契機として,江戸幕府政治は17世紀半ばに ★★★ 政治から ★★★ 政治への転換を迫られた。 (早稲田大)	武断政治, 文治政治
□6 ★★★	慶安の変のあと,幕府は50歳未満の大名に ★★★ を認め,大名改易の減少をはかった。　(早稲田大)	末期養子
□7 ★★	近世前期の異様な振る舞いや風体をした,時に反体制的でもあった人々のことを ★★ という。　(中央大) ◆旗本の無頼の徒を旗本奴,町人の無頼の徒を町奴という。	かぶき者
□8 ★	1657年,将軍徳川家綱のときにおきた江戸の大火を ★ という。　(立教大) ◆この火事を別名「振袖火事」という。また,火事の犠牲者の供養のために江戸両国に回向院 (えこういん) がおかれた。	明暦の大火
□9 ★	徳川家綱の行った「寛文の二大美事」とは, ★ の禁止と ★ の廃止をさす。　(中央大)	殉死, 大名証人制
□10 ★	幕府は,大名に対して ★ を発給する一方,大名の改易,減封,転封を行った。　(慶應大)	領知宛行状
□11 ★	大老 ★ は,将軍徳川家綱に仕え「下馬将軍」の異名をもった。　(成城大)	酒井忠清
□12 ★★★	江戸時代初期には,岡山藩で ★★★ が熊沢蕃山を,会津藩では ★★★ が山崎闇斎を,加賀藩では ★★ が木下順庵を,水戸藩では ★★★ が朱舜水を招くなど,儒者を登用する藩主が現れた。　(聖心女子大)	池田光政, 保科正之, 前田綱紀, 徳川光圀
□13 ★★	岡山藩の池田光政が ★★ を,会津藩では保科正之が ★★ を,加賀藩では前田綱紀が ★★ を,水戸藩では徳川光圀が明から亡命した ★★ を招いた。 (明治学院大)	熊沢蕃山, 山崎闇斎, 木下順庵, 朱舜水
□14 ★★★	徳川光圀は,江戸に ★ を設けて『 ★★★ 』の編纂を開始した。　(明治大) ◆これは修史事業に着手してから約250年を費やして編纂された紀伝体の歴史書。	彰考館, 大日本史

IX 江戸時代 63 文治政治と正徳の治

- [ ] **15** ★★★ は，徳川家光の子で，館林藩主から将軍に就任した。 (日本大) — 徳川綱吉

- [ ] **16** 5代将軍綱吉は，はじめ大老 ★★ を用いた。(法政大) — 堀田正俊
  ◆綱吉は，隆光を開山として神田に護持院を建立した。

- [ ] **17** ★★ は，5代綱吉のもとで，側用人として権力をふるった。 (立命館大) — 柳沢吉保
  ◆最初の側用人は牧野成貞。

- [ ] **18** 将軍綱吉の母□□□の願いで護国寺が建立された。(早稲田大) — 桂昌院

- [ ] **19** 将軍徳川綱吉は，林羅山の孫の ★★★ を ★★★ に起用した。(関西学院大) — 林信篤（林鳳岡），大学頭

- [ ] **20** 将軍徳川綱吉は林羅山が江戸上野忍ヶ岡に設けていた孔子廟と林家の家塾弘文館を ★★★ に移し，★★ として整備した。(明治大) — 湯島，聖堂学問所

- [ ] **21** 将軍綱吉は，加賀前田家に仕えていた ★★ を侍講に招いた。(関西大) — 木下順庵

- [ ] **22** 将軍綱吉は ★★ を歌学方に，★★ を天文方に登用した。(國學院大) — 北村季吟，安井算哲（渋川春海）

- [ ] **23** 綱吉は，1687年に東山天皇の ★ を復興するなど，伝統行事の再興にも援助の手をさしのべた。(関西大) — 大嘗祭

- [ ] **24** 1694年，192年ぶりに再興された京都の賀茂神社の祭りを□□□という。(大阪経済大) — 葵祭

- [ ] **25** 将軍家菩提所である上野の寛永寺や芝の ★ 寺などの寺社地が江戸の15％を占めた。(学習院大) — 増上寺

- [ ] **26** 将軍徳川綱吉は，近親者に死者があったときの服喪を規定した ★ を出した。(関西大) — 服忌令

- [ ] **27** 綱吉が犬公方とよばれるのは，★★★ を発令したからである。(京都産業大) — 生類憐みの令
  ◆公方＝将軍（家）のこと。

□28 ★ 1701年,江戸城中松の廊下において,播磨国赤穂城主浅野長矩が,[★]筆頭の吉良義央に,小刀を振るって刃傷に及ぶという事件がおこった。 (早稲田大)
◆この事件を赤穂事件という。

高家

□29 ★★★ 綱吉のもとで勘定吟味役だった[★★★]は,[★★]を回収して,質の悪い[★★★]に改鋳した。 (関西大)

荻原重秀,慶長金銀,元禄金銀

□30 荻原重秀は,勘定吟味役から[　　　]に昇進した。 (明治大)

勘定奉行

□31 ★ 1707年11月には[★]が大噴火した。降灰は甚大な被害をもたらし,幕府はその復興のために,全国に[★]を掛け,約49万両が集められた。 (早稲田大)
◆高100石について2両が集められた。

富士山,
諸国高役金(国役金)

□32 ★★★ 綱吉の死後,綱吉の甥の[★★★]が6代将軍となり,次いでその子[★★★]が7代将軍となった。 (京都大)
◆将軍:徳川①家康・②秀忠・③家光・④家綱・⑤綱吉・⑥★★★・⑦★★★・⑧吉宗・⑨家重・⑩家治・⑪家斉・⑫家慶・⑬家定・⑭家茂・⑮慶喜
※家の字がつかないのは②秀忠⑤綱吉⑧吉宗⑮慶喜だけ。

徳川家宣,
徳川家継

□33 ★★★ 6代・7代将軍の侍講をつとめた儒者は[★★★],側用人は[★★★]である。 (中央大)

新井白石,
間部詮房

□34 ★★★ 将軍家宣と家継を補佐していわゆる[★★★]を推進したのは新井白石である。 (早稲田大)

正徳の治

□35 ★★★ 新井白石が,皇族の門跡寺院への出家防止のために新設した宮家は[★★★]である。 (学習院大)
◆この宮家は,東山天皇の子の直仁(なおひと)親王を初代として創立された。
◆従来からあった宮家は伏見・桂・有栖川宮家である。

閑院宮家

□36 ★★★ 新井白石は[★★★]の待遇を簡素化した。 (明治大)
◆当時の将軍は,6代徳川家宣。

朝鮮通信使

□37 ★ 新井白石は朝鮮国書に記す将軍の称号を「[★]」から「[★]」に改めさせた。 (駒澤大)

日本国大君,
日本国王

□38 ★★★ 新井白石は[★★★]金銀を鋳造し,質量とも慶長金銀に戻した。 (京都大)

正徳金銀

IX 江戸
63 文治政治と正徳の治

IX 江戸時代　63 文治政治と正徳の治

□39 新井白石は [★] 年に [★★★] を出し，長崎貿易における金銀の流出をおさえた。（岡山大）

1715，海舶互市新例（長崎新令）令×

◆当時，日本の金の4分の1，銀の4分の3が海外に流出したとされた。

□40 長崎新令では，オランダ船の来航を年間で [★] 隻・銀 [★] 貫まで，清国船の来航は [★] 隻・銀 [★] 貫までと定めた。（日本大）

2，3000，30，6000

64 江戸時代の農業

ANSWERS □□□

□1 戦国期から近世前期にかけて，治水・灌漑技術が向上したため，各地で [★★] が進められた。（関西大）

新田開発

□2 代官が立案開発した新田を [★] という。（近畿大）

代官見立新田

◆享保期に発展した。
◆農民が田畑の地続きを切り開いた新田を切添新田，一村ないし数カ村が申請して開発を行った新田を村請新田という。

□3 17世紀末には，有力な都市商人が資金を投下して開発する [★★] 新田が見られた。（埼玉大）

町人請負新田

□4 代表的な町人請負新田に，越後の [★★] 新田，河内の [★] 新田，摂津の [ ] 新田がある。（慶應大）

紫雲寺潟新田，鴻池新田，川口新田

□5 新田畑は [★] といって，一定期間年貢が大幅に免除になった。（立命館大）

鍬下年季

□6 全国の耕地面積は，18世紀初頭には16世紀の [★★] 倍の約 [★★] 万町歩に増加した。（学習院大）

2，300

□7 芦ノ湖の水を引いた用水は [★] である。（慶應大）

箱根用水

◆富士山麓の深良村に引かれ1670年に完成した。

□8 勘定方井沢弥惣兵衛が新田開発のために，利根川の水を引いて [★★] を完成させた。（青山学院大）

見沼代用水

□9 江戸に引いた飲料用上水は [★] ・神田上水である。（慶應大）

玉川上水

- [ ] **10** 瀬戸内海の　　　や九州の　　　などのように江戸時代に干潟の干拓により新田が開かれたところもある。　(中央大)　児島湾，有明海
  ◆下総椿海の湖沼などの干拓も進んだ。

- [ ] **11** 従来の風呂鍬にかわり ★★★ が使用され，深耕が可能となった。　(慶應大)　備中鍬

- [ ] **12** 脱穀用の農具は，従来の ★ にかわり ★★★ が登場し，能率を高めた。　(立教大)　こき箸，千歯扱
  ◆これ以外の脱穀用具に殻竿があった。

- [ ] **13** 後家倒しともいわれた脱穀用農具を ★ という。　(神奈川大)　千歯扱

- [ ] **14** 選別農具には，金網を用いた ★★ や，4枚の扇板の風力による ★★ があった。　(青山学院大)　千石簁，唐箕

- [ ] **15** 用水のくみ上げでは，中国伝来の ★ から，小型の ★★ が使用されるようになった。　(慶應大)　竜骨車，踏車

- [ ] **16** 肥料では，自給肥料のほかに ★★★ とよばれる購入肥料が用いられるようになった。　(慶應大)　金肥

- [ ] **17** 江戸時代の金肥には， ★★★ や，菜種や綿実から油を絞った ★★★ や，〆粕が用いられた。　(國學院大)　干鰯，油粕

- [ ] **18** 干鰯の代表的な産地は ★★ である。　(立教大)　九十九里浜

- [ ] **19** 害虫駆除には，　　　・石灰が使用された。　(関西大)　鯨油

- [ ] **20** 『 ★ 』は，近世初期に成立した最古の農書である。　(早稲田大)　清良記

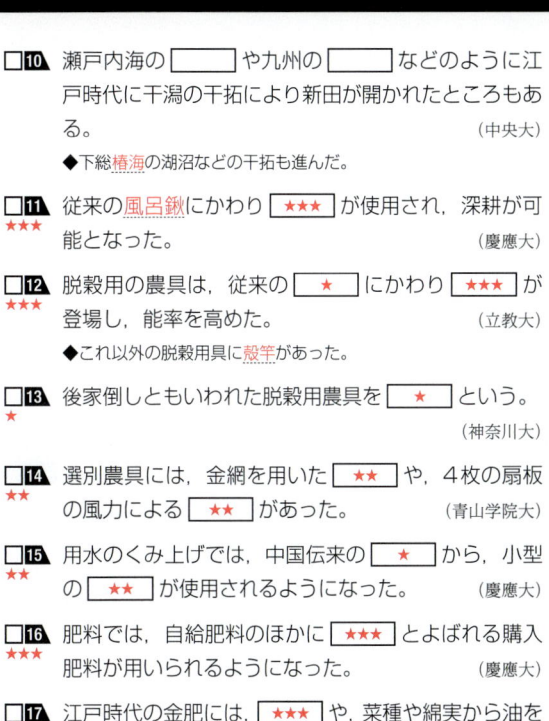

- [ ] **21** 『農業全書』の著者は ★★★ である。　(立教大)　宮崎安貞

- [ ] **22** 宮崎安貞による日本初の総合的な農書『 ★★★ 』は，『農政全書』をもとにしたものである。　(学習院大)　農業全書

- [ ] **23** 『　　　』は，佐瀬与次右衛門の著した農書である。　(慶應大)　会津農書

Ⅸ 江戸

64 江戸時代の農業

IX 江戸時代　64 江戸時代の農業

- [ ] 24　加賀藩大庄屋土屋又三郎が宝永年間（1707年頃）に著した『　　　』は、農家の一年の生活を記したものとしてよく知られている。　（青山学院大）　**耕稼春秋**
  - ◆『老農夜話』・『百姓伝記』も当時の代表的農書。

- [ ] 25　『広益国産考』の著者は ★★★ である。　（同志社大）　**大蔵永常**

- [ ] 26　『農具便利論』の著者は ★★★ である。　（同志社大）　**大蔵永常**

- [ ] 27　大蔵永常は、農具の利用法について記した『 ★★ 』や、商品作物の栽培法について記した『 ★★ 』を著した。　（順天堂大）　**農具便利論、広益国産考**

- [ ] 28　報徳仕法で知られる ★★ は、勤労・節約を説いた。　（青山学院大）　**二宮尊徳**
  - ◆1843年には彼の思想をもとにした結社報徳社が結成された。

- [ ] 29　 ★ は、幕末の農民指導者で、下総国に土着し農村復興や農業の合理化を説いた。　（関西大）　**大原幽学**

- [ ] 30　二宮尊徳は ★ とよばれる方法で農民を指導した。　（成蹊大）　**報徳仕法**

- [ ] 31　三草とは ★ ・ ★ ・ ★ である。　（立教大）　**藍、麻、紅花**

- [ ] 32　四木とは ★ ・ ★ ・ ★ ・ ★ である。　（立教大）　**楮、桑、漆、茶**

- [ ] 33　木綿の生産は ★★ ・ ★★ ・尾張などで盛んになった。　（早稲田大）　**河内、三河**

- [ ] 34　代表的な商品作物に阿波の ★★ がある。　（東洋大）　**藍**

- [ ] 35　代表的な商品作物に出羽村山の ★★ がある。　（関西大）　**紅花**

- [ ] 36　代表的な商品作物に備後の ★★ がある。　（青山学院大）　**藺草**

- [ ] 37　代表的な商品作物に薩摩の ★ がある。　（福岡大）　**煙草**

- [ ] 38　代表的な商品作物に駿河・山城の ★ がある。　（近畿大）　**茶**

| □39 | 代表的な商品作物に会津の ★ がある。 (近畿大) | 漆 |

| □40 | 絞油業の原料となる ★ は，摂津・河内・近江などがその主産地であった。 (専修大) | 菜種（油菜） |

65 江戸時代の諸産業

ANSWERS □□□

| □1 | 漁業では，各種の網を用いる ★ 漁法が全国に広まった。 (学習院大) | 上方漁法 |

| □2 | 漁業経営者である ★ は漁船を所有し，多くの零細漁民を ★ として使い漁場を支配した。 (北海学園大) | 網元，網子 |

| □3 | 九十九里浜では ★★ 漁が盛んとなった。 (國學院大)
◆主に鰯などを獲った。 | 地曳網 |

| □4 | 漁業では，松前の ★ ・昆布，土佐の ★ ・ ★ 漁が盛んであった。 (青山学院大)
◆そのほかに，肥前国の五島の鯨，瀬戸内海の鯛がある。
◆捕鯨は，紀伊国でも行われた。 | 鰊，鰹，鯨 |

| □5 | 林業は， ★ の杉， ★ の檜などの美林がつくられた。 (早稲田大) | 秋田，木曽 |

| □6 | 製塩業では， ★ 式塩田が発達し，瀬戸内海地方を中心に生産量が増大した。 (学習院大)
◆赤穂や撫養といった瀬戸内海の沿岸部を中心に発達した。
◆中世の揚浜法と混同しないように。☞45-17 | 入浜式塩田 |

| □7 | 幕府直轄の鉱山には，新潟県の ★★ 金山，静岡県の ★★ 金山がある。 (立教大) | 佐渡金山（相川金山），伊豆金山 |

| □8 | 幕府直轄の鉱山には，島根県の ★★ 銀山，兵庫県の ★★ 銀山がある。 (立教大)
◆ほかに秋田県の院内銀山，新潟県の佐渡（相川）銀山がある。 | 石見大森銀山，但馬生野銀山 |

| □9 | 幕府直轄の鉱山には栃木県の ★★★ 銅山，秋田藩の直営には ★ 銅山がある。 (立教大) | 足尾銅山，阿仁銅山 |

| □10 | 現在の住友である ★★ が発見した鉱山は ★★★ 銅山である。 (國學院大) | 泉屋，別子銅山 |

IX 江戸時代　65 江戸時代の諸産業

☐11 砂鉄の産地は備中・ ★ である。　　(中央大)
　　出雲

☐12 16世紀には, ★ という精錬法が博多商人の神谷寿禎によって紹介され, 多量の銀を生産・輸出することとなった。　　(立教大)
　　灰吹法

☐13 中国山地では砂鉄を原料として玉鋼をつくる, ★ による製鉄が古くから行われていた。　　(学習院大)
　　たたら

☐14 高級絹織物は京都の ★★ 〈地名〉で ★★★ を使って独占的に織られていた。　　(青山学院大)
　　西陣, 高機

☐15 絹織物の生産地は, 栃木の ★★ , 群馬の ★★ ・伊勢崎が有名である。　　(明治大)
　　足利, 桐生

☐16 綿織物の織機を ★★ という。　　(西南学院大)
　　いざり機(地機)
◆河内が木綿の生産地として有名である。

☐17 綿織物では, 久留米の ★ や愛知の ★ , 福岡の小倉織が有名である。　　(中央大)
　　絣, 有松絞

☐18 麻織物では, 越後の ★ , 奈良の ★ , 薩摩の ★ , 近江の蚊帳などがある。　　(立命館大)
　　縮, 晒, 上布

☐19 製紙では, 奉書紙に使われていた越前の ★ や, 播磨の ★ , 美濃の ★ がある。　　(成城大)
　　鳥の子紙, 杉原紙, 美濃紙
◆和紙は流漉の製法でつくられた。

☐20 陶磁器では加賀の ★★ 焼, 肥前の ★★ 焼が有名である。　　(青山学院大)
　　九谷焼, 有田焼

☐21 塗物では, 能登の ★ 塗や秋田能代の ★ 塗, その他に会津塗, 南部塗が有名である。　　(青山学院大)
　　輪島塗, 春慶塗

☐22 酒は, 17世紀までは摂津の池田や ★ が中心で, その後 ★ 五郷の酒が首位に立った。　　(青山学院大)
　　伊丹, 灘

☐23 醤油は, 関東の野田や ★ , 播州 ★ で生産が行われた。　　(明治大)
　　銚子, 竜野

66 江戸時代の交通

1 五街道は，東海道・★★・★★・★★・奥州道中である。 (神奈川大)
中山道，甲州道中，日光道中

2 五街道の起点は江戸の ★ である。 (同志社大)
日本橋

3 五街道は ★ の直轄下で管理した。 (慶應大)
道中奉行

4 品川・大津を通る街道を ★★ ，板橋・草津を通る街道を ★★ という。 (明治大)
東海道，中山道

5 本街道に対し，補助的な街道を ★ と称した。 (成城大)
脇街道

6 脇街道とされるものの中で，四日市と山田の間を結ぶものは ▭ である。 (上智大)
伊勢街道

◆その他の脇街道：北国街道・中国街道・長崎街道

7 東海道には，江戸・京都間に品川から ★ まで ★ の宿がおかれた。 (慶應大)
大津，53

8 中山道には， ★ から近江守山まで ★ 宿がおかれていて，東海道の ▭ で合流した。 (同志社大)
板橋，67，草津

9 甲州道中は ▭ で中山道と合流し，始宿の ▭ までの間に44の宿をおいた。 (慶應大)
下諏訪，内藤新宿

10 街道に設置された里程標を ★ という。 (共立女子大)
一里塚

11 街道には ★★★ がおかれ，通行手形の提示が求められた。 (日本大)
関所

12 ★★★ ・ ★★ は，東海道におかれた関所である。 (明治大)
箱根，新居

13 ★★ ・ ★ は，中山道におかれた関所である。 (明治大)
碓氷，木曽福島

14 ★ は，奥州・日光両道中におかれた関所である。 (慶應大)
栗橋

IX 江戸時代　66 江戸時代の交通

- [ ] **15** ★ ★ は甲州道中に設けられた関所である。　(同志社大)

  小仏

- [ ] **16** 関所で最も警戒したとりしまりの対象は「 ★★ に ★★ 」である。　(早稲田大)

  入鉄砲, 出女

  ◆江戸に入る鉄砲と，江戸から出ていく大名の妻女を厳しくとりしまることで，諸大名の謀反を予防した。

- [ ] **17** ★ 川では川を渡るのに川越人足を利用していたが，増水の時には川留となった。川留によって宿泊客が増加して繁盛した宿場は金谷宿と ___ 宿であった。　(立教大)

  大井川, 島田宿

  ◆天竜川は渡し船で渡る河川であった。

- [ ] **18** 宿駅（宿場）におかれた人馬のつぎ立てのための施設を ★★★ という。　(京都産業大)

  問屋場

  ◆宿駅（宿場）はおよそ2〜3里ごとにおかれた。

- [ ] **19** 『東海道五十三次』には，___ の問屋場でのつぎ立てが描かれている。　(早稲田大)

  藤枝

- [ ] **20** 各宿場で常備することになっていた人足の数と馬の数は，東海道は ★ 人・ ★ 疋であり，中山道は ___ 人・ ___ 疋であった。　(立教大)

  100, 100, 50, 50

  ◆その他の街道は25人・25疋常備された。

- [ ] **21** 大名などの宿泊する宿場には， ★★★ や ★ があった。　(早稲田大)

  本陣, 脇本陣

- [ ] **22** 旅宿設備のうち，一般庶民用の宿舎は，当初は薪代を払い，自炊する ★★ であったが，やがて寝具酒食の設備を整えた ★★ が出現した。　(同志社大)

  木賃宿, 旅籠（屋）

- [ ] **23** 飛脚には，幕府公用の ★★ ，諸藩専用の ★★ ，三都の商人による ★★ があった。　(東洋大)

  継飛脚, 大名飛脚, 町飛脚

- [ ] **24** 町飛脚は，江戸到着までに要した日数にちなんで，「___」ともよばれた。　(同志社大)

  定六

- [ ] **25** ★★★ は，慶長の頃，大堰（保津）川，富士川，天竜川，さらに高瀬川などの水路を開いた。　(成蹊大)

  角倉了以

  ◆彼は，京都の豪商であった。

□26 江戸時代の主要な航路には，奥羽地方日本海沿岸諸港から津軽海峡を経て太平洋沿岸を南下して江戸にいたる ★★★ と，日本海沿岸諸港と大坂を関門海峡経由で結ぶ ★★★ がある。　　　　　　　　（成城大）

東廻り航路，西廻り航路

□27 ★★★ は，東廻り航路・西廻り航路を整備した。
（成城大）

河村瑞軒（瑞賢）端×

□28 1684年に河村瑞賢が開いたといわれる河川は，大坂にある □ 川である。　　　　　　　　（日本女子大）

安治川

□29 大坂と江戸を結ぶ航路を ★★ という。（國學院大）

南海路

□30 江戸と大坂間の定期船である ★★★ 廻船は，18世紀には ★★★ 廻船に圧倒された。　　　　（日本大）

菱垣廻船，樽廻船

□31 南海路は，江戸時代後期からは尾州廻船の一つである ★ 船が往復した。　　　　　　　　　（同志社大）

内海船

◆伏見と大坂の間を運行した淀川の川舟は過書船とよばれた。

□32 江戸時代中期以降，西廻り航路では日本海沿岸の船である ★★ が活躍した。　　　　　　　　（南山大）

北前船

□33 ↳この船は，大坂や北陸方面と ★ とを結んだものであった。　　　　　　　　　　　　　　（慶應大）

松前

□34 江戸・大坂・京都を総称して ★★ という。
（北海道大）

三都

□35 江戸が「将軍のお膝元」とよばれたのに対し，大坂は「 ★ 」〈5字〉とよばれた。　　　　　（慶應大）

天下の台所

□36 当時の人口は，江戸 ★ 万人，大坂35万人，京都40万人と推定される。　　　　　　　（明治学院大）

100

◆当時の江戸は世界有数の大都市であった。

□37 江戸の全人口のうち，武家人口の占めた割合はおよそ □ ％である。　　　　　　　　　　　（早稲田大）

50

◆18世紀以降の日本全国の人口は約3000万人。現在の4分の1程度であった。

Ⅸ 江戸

66 江戸時代の交通

67 江戸時代の商業

□1 大坂中之島などには、年貢米や藩の産物を売るための ★★★ が数多く建てられた。 (立教大)

蔵屋敷

□2 各藩諸大名が徴収した年貢米や領内の産物は ★★ といわれた。 (法政大)

蔵物

□3 蔵物は ★★★ が管理・販売し、★★★ が代金の保管にあたった。 (立命館大)

蔵元, 掛屋

□4 江戸では ★★★ が旗本・御家人の ★ を販売すると共に金貸しを行った。 (法政大)

札差（蔵宿）, 蔵米

□5 札差の売却する蔵米を貯蔵した米蔵は ★ の蔵前にあった。 (成城大)

浅草

□6 蔵物に対し、商人自身の手で輸送・販売される商品を ★★ という。 (立教大)

納屋物

□7 江戸時代に入ると、国内の商品流通量が増えるにつれて、商品を集めて卸売りをする問屋や、小売商の注文に応じて問屋から商品を調達する ★ など商人の分業化が進んだ。 (京都大)

仲買

□8 問屋の中には、★★ と称する同業者の組合を組織して営業権の独占をはかる傾向が見られた。 (慶應大)
◆この組合は仲間掟という規則を定めて営業権を独占した。

仲間

□9 江戸幕府は18世紀以降に商業統制を目的として営業独占権を付与された同業者団体である ★★★ を公認した。 (立教大)

株仲間

□10 江戸の仕入れ問屋は1694年に ★★★ を結成し、廻船問屋を配下におき権益を守ろうとした。大坂でも1784年には荷積問屋仲間である ★★★ が株仲間として正式に公認された。 (同志社大)

十組問屋, 二十四組問屋

□11 二十四組問屋は ★ 問屋、十組問屋は ★ 問屋である。 (日本大)

荷積問屋, 荷受問屋

□12 大坂の ★★★ には公認された米市場（米会所）があった。 (西南学院大)

堂島

#	問題	解答
13 ★★	魚市は江戸の ★★ と大坂の ★★ に，青物市は江戸の ★★ と大坂の ★★ に設けられた。(学習院大)	日本橋，雑喉場，神田，天満
14	江戸時代に行商や出店の形で東日本でも活躍した関西出身の商人で，江州商人ともよばれる人々を一般に□□□という。(慶應大)	近江商人
15 ★★★	三貨とは，金貨・銀貨・ ★★★ 貨である。(聖心女子大)	銭貨
16 ★★★	三貨のうち，東日本では ★★★ ，西日本は ★★★ が主として流通していた。(國學院大)	金，銀
17 ★★	金貨は ★★ 貨幣であり，銀貨は ★★ 貨幣である。(立教大)	計数貨幣，秤量貨幣
18 ★★	1601年，徳川家康は， ★★ とよばれる金貨・銀貨の鋳造を命じた。(慶應大) ◆慶長大判・慶長小判・慶長一分銀・慶長丁銀・慶長豆板銀など。	慶長金銀
19 ★★	金座では， ★★ や ★ 金などの計数貨幣が鋳造された。(上智大)	小判，一分金
20 ★	金座は□□□と□□□におかれ， ★ のもとで小判などが鋳造された。(京都府立大)	江戸，京都，後藤庄三郎
21 ★	銀座は，当初は駿府と ★ におかれたが，やがて江戸と京都に移された。(京都府立大)	伏見
22 ★★	1601年には， ★★ ・ ★★ とよばれる銀貨を鋳造・発行した。(早稲田大) ◆江戸末期には一分銀や一朱銀も鋳造された。	丁銀，豆板銀
23 ★★★	銭貨では，徳川家光の時代に ★★★ が鋳造され，銭貨の統一が進められた。(慶應大) ◆銀は1貫=1000匁，銭は1貫=1000文であった。	寛永通宝
24 ★	銭座は江戸と ★ に設置されたあと，全国各地に設けられた。(島根県立大)	近江坂本
25 ★★	当時の金貨の単位は ★★ ・ ★★ ・ ★★ で， ★★ 進法であった。(中央大)	両，分，朱，4
26 ★★	銀貨の単位は ★★ ・ ★★ ・分・厘・毛である。(中央大)	貫，匁

IX 江戸時代　67 江戸時代の商業

□27 1609年に公定された比率で金一両と交換される銀の量は ★ 匁である。　(立教大)

◆のちに金1両＝銀60匁と定められた。

50

□28 元禄期頃の銭の交換比率は，金1両に対して銭 ★ 貫文であった。　(西南学院大)

4

□29 藩では，藩財政の窮乏から領内で通用する ★★★ を発行することがあった。　(東洋大)

◆藩札を最初に発行したのは福井（越前）藩（1661年）。
◆商人の発行する私札も登場した。

藩札

□30 三貨交換などの金融業務に携わった金融業者のことを ★★★ という。　(立教大)

両替商

□31 両替商は大別すると ★★ と ★★ がある。　(専修大)

◆大坂：天王寺屋・平野屋・鴻池屋
◆江戸：三谷・鹿島屋

本両替，銭両替

□32 1670年，本両替のうち，大坂の両替仲間を支配した者が ★ に整備された。　(國學院大)

十人両替

□33 ★ 家は伊丹の酒造家出身で， ★ 家は伊勢松坂出身の呉服店である。　(京都産業大)

鴻池家，三井家

□34 ★★ は越後屋呉服店を開いて「現金かけ値なし」の新商法で成功した。　(立教大)

◆現金かけ値なし…「現金」で安く販売し，「かけ値」（高めにつけた値段）は「なし」という新商法。

三井高利

□35 熊野の豪商で材木とみかんの商売で大成功した人物は ★ ，深川の材木豪で日光東照宮の修理で富を得た人物は □ である。　(青山学院大)

紀伊国屋文左衛門，奈良屋茂左衛門

□36 大坂の豪商の □ は，18世紀はじめに驕奢を理由に全財産を没収された。　(西南学院大)

淀屋辰五郎

214

68 元禄文化(1) ～儒学の興隆～

1 ★★★ は君臣上下の秩序を重んじたため、幕藩体制の秩序維持に役立った。 (成城大)
→ 朱子学

2 朱子学は ★★★ によって独自に体系化され、京学派がおこされた。 (学習院大)
→ 藤原惺窩

3 藤原惺窩は京都の ____ 寺の僧であった。 (中央大)
→ 相国寺

4 藤原惺窩の門人 ★★★ は、徳川家康に登用された。 (中央大)
→ 林羅山 (道春)

5 林家の家塾である ★ は、林羅山が江戸上野の忍ヶ岡にある孔子廟に開いた。 (明治大)
→ 弘文館

6 林羅山と子の ★★ は、幕命で日本史の編纂にとり組み、『 ★★★ 』を完成させた。 (同志社大)
→ 林鵞峰, 本朝通鑑

7 ★ の門人である ★★★ は加賀前田家に仕え、のちに綱吉の侍講となった。 (明治大)
◆前者は、藤原惺窩の門弟。
→ 松永尺五, 木下順庵

8 新井白石と室鳩巣は、★★★ の門人である。 (成城大)
→ 木下順庵

9 『六諭衍義大意』・『兼山麗沢秘策』の著者は ★ である。 (日本大)
→ 室鳩巣

10 『 ____ 』は室鳩巣の随筆集である。 (学習院大)
→ 駿台雑話

11 新井白石の著した『 ★★★ 』は、6代将軍徳川家宣のために進講した内容を整理したものである。 (上智大)
◆公家政権の時代と武家政権の時代をそれぞれ九時代(九変)と五時代(五変)に区分した。
→ 読史余論

12 新井白石は『 ★★ 』を著して、『日本書紀』の合理的解釈を下した。 (明治学院大)
◆タイトルから『古事記』の注釈だと勘違いしないこと！
→ 古史通

13 『 ★★ 』は新井白石の自伝である。 (関西学院大)
◆藩の系譜である『藩翰譜』や、国語辞典の『東雅』も彼の著書。
→ 折たく柴の記

14 朱子学は、藤原惺窩を祖とする京学と、土佐の ★ により確立した南学が展開した。 (神奈川大)
→ 谷時中

IX 江戸時代　68 元禄文化(1) 〜儒学の興隆〜

15 ★　土佐藩家老 ★ は，谷時中に朱子学を学んだ。（國學院大）　　野中兼山

16 ★★★　南学の系統をひく ★★★ は，神道を儒教的に解釈して，神の道と天皇の徳が一体であるとする ★★★ を説いた。（津田塾大）　　山崎闇斎，垂加神道
◆彼は崎門学派を形成した。
◆伊勢神道・唯一神道に，吉川惟足が創始した吉川神道を土台にした。

17 ★★★　明の王陽明が始めた陽明学は，「近江聖人」とよばれた ★★★ が広めた。（関西大）　　中江藤樹
◆彼の開いた私塾を，藤樹書院という。

18 ★　陽明学は ★ の立場で体制を批判し，その矛盾を改めようとしたため，幕府からは警戒された。（青山学院大）　　知行合一

19 ★★★　中江藤樹の門下からは ★★★ が出て，岡山の池田光政に仕えた。（関西大）　　熊沢蕃山

20 ★★★　↳この人物は『 ★★★ 』で武士土着論を説いたため，下総古河に幽閉された。（明治大）　　大学或問

21 ★★★　孔子・孟子の説に直接立ち返ろうとする学派のことを ★★★ 派という。（中央大）　　古学派

22 ★★★　『聖教要録』を著して朱子学批判をした古学派の人物は ★★★ である。（関西大）　　山鹿素行

23 ★　『中朝事実』の著者は ★ である。（学習院大）　　山鹿素行
◆日本を「中朝」とみなす立場をとった。

24 ★　『武家事紀』の著者は ★ である。（学習院大）　　山鹿素行

25 ★★★　山鹿素行は『 ★★★ 』を著し，朱子学を批判したため赤穂に流された。（上智大）　　聖教要録

26 ★★★　『論語』や『孟子』の古典に直接立ち返ろうとし，経験的知識を重視した ★★★ は，京都の堀川で私塾としての ★★ を開いた。（上智大）　　伊藤仁斎，古義堂

□27 ★★	京都の伊藤仁斎・ ★ 父子の学派は ★★ とよばれる。(早稲田大)	伊藤東涯, 堀川学派
	◆古義学派ともいう。	
□28 ★	『孟子古義』の著者は ★ である。(南山大)	伊藤仁斎
□29 ★	『論語古義』の著者は ★ である。(早稲田大)	伊藤仁斎
	◆『童子問』も彼の著書。	
□30 ★★★	古文辞学派の創始者である ★★★ は、将軍徳川吉宗の諮問に答え、幕政改革の意見書『 ★★★ 』を著した。(関西大)	荻生徂徠, 政談
□31 ★★★	荻生徂徠が創始した学派を ★★★ とよぶ。(学習院大)	古文辞学派
□32 ★	荻生徂徠の一派は、徂徠が開いた塾の名から ★ とよばれた。(青山学院大)	蘐園学派
	◆「塾の名から」とあるので、古文辞学派ではない。	
□33 ★	荻生徂徠は、江戸に私塾「 ★ 」を開き、経世論を説くと共に詩文の革新につとめた。(関西学院大)	蘐園塾
□34 ★★★	★★★ は、荻生徂徠の弟子で、徂徠の説を発展させ、武士の商業活動の必要性を主張した。(同志社大)	太宰春台
□35 ★★★	★★★ は、『経済録』を著した。(実践女子大)	太宰春台
	◆『経済録拾遺』も彼の著書。	
□36 ★★	太宰春台は、武士が商業活動を行い、藩が ★★ 制度をとり入れるよう提案している。(青山学院大)	専売制度
□37 ★★★	植物・動物・鉱物の薬用効果について研究する学問を ★★★ 学という。(大谷大)	本草学
□38 ★★★	加賀藩主前田綱紀に仕えた稲生若水は、本草学の大著『 ★★★ 』を著した。(南山大)	庶物類纂
□39 ★★★	『庶物類纂』の著者は ★★ である。(関西大)	稲生若水
□40 ★★	貝原益軒は、明の李時珍の著書『本草綱目』の分類をふまえながら、独自の観察にもとづいて『 ★★★ 』を著し、日本の本草学の基礎を築いた。(立教大)	大和本草
	◆本草学者には、小野蘭山もいた。	

IX 江戸

68 元禄文化(1) 〜儒学の興隆〜

IX 江戸時代　68 元禄文化(1) 〜儒学の興隆〜

- □41 『大和本草』の著者は ★★★ である。(慶應大) —— 貝原益軒

- □42 数学の民間普及書『塵劫記』を著したのは ★★ である。(慶應大) —— 吉田光由

- □43 ★★★ は、筆算式代数学を開創し、★★ を大成させた。(聖心女子大) —— 関孝和, 和算

- □44 吉田光由の著した数学入門書を『 ★★ 』という。(関西学院大) —— 塵劫記

- □45 関孝和は1674年に『 ★★ 』を著し、代数による筆算法を考案し、多元高次の方程式を解くことを可能にした。また、彼は円周率計算なども行った。(立教大) —— 発微算法

- □46 江戸時代になると、800年間も使われてきた ★ 暦は、実際の天体現象との間に誤差が出ていた。1685年から使われ始めたのが ★★ 暦である。(関西大) —— 宣明暦, 貞享暦

- □47 ↳この暦は ★★★ によってつくられた。(立命館大) —— 渋川春海(安井算哲)
  ◆幕府の天文方となった。☞63-22

- □48 『源氏物語湖月抄』などの注釈書を著した古典学者は ★★ である。(福岡大) —— 北村季吟
  ◆幕府の歌学方となった。☞63-22

- □49 ★ は『万葉集』などを研究して、「制の詞(和歌に使えない言葉)」が定められてきたことの無意味さなどを説き、中世以来の歌学を批判した。(中央大) —— 戸田茂睡

- □50 ★ は、『梨本集』を著した。(立命館大) —— 戸田茂睡

- □51 ★★★ は、徳川光圀の要請を受けて『万葉集』の注釈書『 ★★★ 』を完成させた。(関西学院大) —— 契沖, 万葉代匠記
  ◆彼を徳川光圀に推薦した人物は下河辺長流。

69 元禄文化(2) ～元禄時代の諸文化～

1 ★★★ 17世紀末から18世紀のはじめには，上方を中心に ★★★ 文化が栄えた。 (中央大)
→ 元禄文化

2 ★★★ 大坂の町人井原西鶴は仮名創作を発展させて ★★★ とよばれる本格的な小説を書いた。 (慶應大)
◆これは仮名草子を発展させたものである。☞62-18
→ 浮世草子

3 ★ 井原西鶴の『好色一代女』は ★ 物，『日本永代蔵』は ★ 物，『武道伝来記』は ★ 物の代表作である。 (神奈川大)
→ 好色物，町人物，武家物

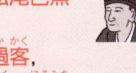

4 ★★★ 『好色一代男』の作者は ★★★ である。 (長崎大)
→ 井原西鶴

5 ★★★ 『日本永代蔵』の作者は ★★★ である。 (学習院大)
→ 井原西鶴

6 ★ 当時の決算日であった大晦日の一日の悲喜こもごもの様子を描いた『 ★ 』は，井原西鶴の代表作の一つである。 (関西大)
→ 世間胸算用

7 ★ 『 ★ 』は，江戸時代の大商人などを題材とし，1688年に刊行された井原西鶴の浮世草子である。 (立教大)
→ 日本永代蔵

8 ★★ ★★ は貞門派の創始者で， ★★ は談林派の創始者である。 (関西学院大)
→ 松永貞徳，西山宗因

9 ★★★ 浮世草子の代表的作家 ★★★ は大坂町人の出身で，当初は談林派の俳人として活躍していた。 (東京学芸大)
→ 井原西鶴

10 ★★★ ★★★ は，正風の俳諧を確立した。 (中央大)
→ 松尾芭蕉

11 ★★★ 松尾芭蕉は，「月日は百代の ☐ にして，行かふ年も又旅人也」に始まる紀行文『 ★★★ 』を残した。 (学習院大)
→ 過客，奥の細道

12 ★ 松尾芭蕉は，1687年から翌年にかけて，吉野・和歌浦など関西地方を訪れた。このときの紀行は彼の死後，門人によって紀行文『 ★ 』として刊行された。
◆『野ざらし紀行』も彼の紀行文。 (関西大)
→ 笈の小文

IX 江戸時代 69 元禄文化(2) ～元禄時代の諸文化～

□13 『　★　』は，松尾芭蕉とその一門の句集である。
(上智大)
猿蓑

□14 演劇では，義太夫節に合わせて人形を振りつけする ★★★ が盛んとなった。
(宮崎大)
人形浄瑠璃

□15 ★★★ は『曽根崎心中』など，人形浄瑠璃や歌舞伎のすぐれた脚本を多く残した。
(立命館大)
近松門左衛門

□16 『　★　』は，近松門左衛門の時代物で，明を再興する筋である。
(東海大)
国性(姓)爺合戦
戦×

□17 近松門左衛門は，町人の悲恋を描く『曽根崎心中』などの ★ 物や，『国性爺合戦』などの ★ 物で人気を博した。
(立教大)
世話物，時代物

　◆井原西鶴の好色物などと混同しないように。☞69-3
　◆『心中天網島』・『冥途の飛脚』(世話物)
　◆『碁盤太平記』(時代物)

□18 『曽根崎心中』は，大坂で人形浄瑠璃として初演された。その際の浄瑠璃の語り手は ★★ である。
(埼玉大)
竹本義太夫

□19 竹本義太夫が人形浄瑠璃の芝居小屋竹本座を大坂の道頓堀に創設し，人形遣いの ★ と組んで人気を博した。
(関西大)
辰松八郎兵衛

□20 17世紀はじめ頃，出雲阿国は京都の河原で女歌舞伎を始めた。これはまもなく禁止されたが，★ を経て，やがて成人男性のみによる ★ となった。
(新潟大)
若衆歌舞伎，
野郎歌舞伎

□21 ★★★ は，荒事で好評を得た江戸の歌舞伎役者である。
(立命館大)
市川団十郎

□22 ★★★ は，和事の名手である上方の歌舞伎役者である。
(成城大)
坂田藤十郎

□23 ★★ は，女形の名手である上方の歌舞伎役者である。
(立命館大)
芳沢あやめ

□24 俵屋宗達の画法をひく ★★★ は，『紅白梅図屏風』など装飾画の傑作を描いた。
(京都大)
尾形光琳
方× 林×

　◆『燕子花図屏風』も彼の作品である。

220

25. ★★★ は、『八橋蒔絵硯箱』の作者である。　（成城大）
◆弟の尾形乾山も蒔絵の作家として有名である。

尾形光琳

26. ★★★ は木版の浮世絵版画を完成させた。
◆彼は安房出身の画家。　（関西学院大）

菱川師宣

27. ★★★ は、『見返り美人図』を描いた。　（防衛大）
◆これは浮世絵版画ではなく肉筆画。

菱川師宣

28. ★★ は色絵を完成し、京焼の祖とよばれた。
◆『色絵月梅文茶壺』や『色絵藤花文茶壺』などが有名。　（成城大）

野々村仁清

29. ★ は、元禄頃に ★ という染め物を始めた。
（國學院大）

宮崎友禅, 友禅染

30. ★ は、鉈彫の仏像彫刻を多数残した。　（学習院大）

円空

70 享保の改革

ANSWERS □□□

1. 8代将軍 ★★★ の行った改革を ★★★ の改革という。　（関西大）

徳川吉宗, 享保の改革

2. 徳川吉宗は ★★ 藩主の子で、★★ 公方とよばれた。　（明治大）

紀伊, 米公方

3. 1723年に実施された ★★★ は、役職ごとに基準家禄を定め、就任者の家禄の不足分を在職中に限って支給した。　（関西大）

足高の制

4. 足高の制によって、役高 □ 石に満たない家禄の者が勘定奉行に就任するときには、不足分が在任期間中、加給されるようになった。　（学習院大）
◆役高は、大番頭が5000石、大目付・町奉行・勘定奉行が3000石。

3000

5. 吉宗は、信任の厚かった ★★★ を江戸町奉行に抜擢した。彼はのちに寺社奉行にまで昇進した。　（関西大）

大岡忠相

6. 吉宗は、『民間省要』を著した農政家で東海道川崎宿の名主である ★★ を登用した。　（関西大）

田中丘隅

7. 吉宗は ★★★ や ★★★ らの儒者を侍講に招いた。　（慶應大）

荻生徂徠, 室鳩巣
萩×

IX 江戸時代　70 享保の改革

8 ★★★　吉宗は，金銭貸借訴訟に関する訴訟を受理せず，当事者間で解決させる ★★★ を1719年に出した。(関西大)
　◆金銭貸借訴訟のことを「金公事(かねくじ)」といった。
　◆当時は，節約を強制する倹約令も頻発した。

相対済し令

9 ★★★　吉宗は， ★ 年に，諸大名に石高1万石につき米100石を上納させる ★★★ を実施した。(青山学院大)
　◆この制度は，1730年まで実施された。

1722, 上げ米

10 ★★　幕府は，上げ米の代償として，大名に対して ★★ をした。(立教大)

参勤交代の在府期間の半減

11 ★★★　吉宗は，徴税法を ★★★ 法から ★★★ 法へ転換した。(早稲田大)

検見法, 定免法

12 ★★　18世紀はじめ頃からの幕領(天領)における通常の年貢率は， ★★ 公 ★★ 民から ★★ 公 ★★ 民となった。(早稲田大)

四, 六, 五, 五

13 ★★　吉宗は1722年，江戸日本橋に高札をかかげて新田開発をよびかけた。この新田を ★★ という。(専修大)

町人請負新田

14 ★★　1722年の ★★ によって，農民が土地を失い農村から流出するのを阻止しようとした。(青山学院大)

質流し(れ)禁令

15 ★　質流し(れ)禁令は，各地で ★ がおこったため，1723年に撤回された。(早稲田大)
　◆越後高田や，出羽長瀞(ながとろ)でおこった。

質地騒動

16 ★★　1730年には，大坂 ★★ の米市場を公認して米価の調整をはかった。(駒澤大)

堂島

17 ★　吉宗が勘定奉行に登用した ★ は，「胡麻の油と百姓は，絞れば絞るほど出るものなり」といった。
　◆彼を勘定奉行に抜擢した老中は松平乗邑(のりさと)。(関西大)

神尾春央

18 ★　吉宗は，良質の ★ 金銀を発行していたが，米価上昇をはかるため，質の悪い ★ 金銀に改鋳した。(日本大)

享保金銀, 元文金銀(文字金銀)

19 ★★★　吉宗は， ★★★ を制定して裁判の基準を確定した。(関西大)

公事方御定書

20 ★	公事方御定書の下巻を『 ★ 』ともいう。(早稲田大)	御定書百箇条
21 ★	吉宗は，江戸幕府が開かれて以来出されてきた単行法令を集めて「 ★ 」をまとめた。(東京女子大)	御触書寛保集成
22 ★★	吉宗は，評定所に ★★ を設けて在野の意見を吸収した。(関西大) ◆これは，将軍自ら開封した。	目安箱
23 ★★	目安箱の投書によって， ★★ という施療施設が ____ につくられた。(共立女子大)	小石川養生所，小石川薬園
24 ★	吉宗は幕府の中枢である勘定方を，民政の ★ と財政の ★ に分割した。(國學院大)	公事方，勝手方
25 ★★	江戸町奉行大岡忠相は，それまでの ★ 火消に加えて ★★ 火消をつくり，町方の消防組織を強化した。(南山大) ◆江戸には広小路や火除地といった防火施設が設けられた。 ◆防火のため，倉庫の外周を土などで塗り込める土蔵造も当時発達した。	定火消，町火消
26	江戸には最初 ____ 組の町火消が設けられた。(上智大) ◆最初は町人足役による組織的な消防制度だったが，のちに鳶人足（とびにんぞく）による消防組織にかわっていった。	47
27 ★★	吉宗は，実学を発展させる意味で ★★ 輸入の禁を緩和した。(共立女子大)	漢訳洋書輸入の禁
28 ★★	吉宗は， ★★ の意見を入れて関東に甘藷を栽培させた。(立命館大) ◆彼は『蕃薯考』・『甘藷記』を著し，甘藷（さつまいも）栽培を奨励した。	青木昆陽
29 ★	吉宗は，甘藷以外に ★ ・ ★ ・ ★ などの栽培を奨励した。(同志社大)	甘蔗，櫨，朝鮮人参
30 ★★	吉宗は， ★★ や ★★ にオランダ語を学ばせた。(法政大)	青木昆陽，野呂元丈

IX 江戸

70 享保の改革

IX 江戸時代　70 享保の改革

□31 江戸の三大飢饉のうち，最も早い ★★ の飢饉は，□□□□年，うんかの大発生によって西日本一帯の稲が枯れ，不作にいたったものである。　（西南学院大）
　享保の飢饉，1732

□32 1733年には米価の高騰で苦しむ庶民によって，江戸で初めての ★★★ がおこった。　（立教大）
　打ちこわし

71 田沼時代と農村

ANSWERS □□□

□1 江戸幕府9代将軍は， ★ である。　（関西大）
◆大岡忠光が側用人となった。
　徳川家重

□2 江戸幕府10代将軍 ★★★ の時代に，側用人から老中となったのは ★★★ である。　（関西学院大）
　徳川家治，田沼意次

□3 田沼意次の子である ★★ は， ★★ にまで出世した。　（甲南大）
　田沼意知，若年寄

□4 ★★ は，江戸城中で旗本の佐野政言に斬られ，その傷がもとで死去した。　（学習院大）
◆佐野政言は「世直し大明神」ともてはやされた。
　田沼意知

□5 株仲間の公認は将軍 ★★★ の時に行われた。　（明治大）
　徳川吉宗

□6 幕府は，株仲間とよばれる特定商人に専売権を与え， ★★★ ・ ★★★ を課した。　（聖心女子大）
　運上，冥加

□7 幕府直営の座には， ★ 座・ ★ 座・真鍮座・ ★ 座などがあった。　（立教大）
　銅座，鉄座，朝鮮人参座

□8 ★★ は，老中田沼意次が鋳造した定量計数銀貨である。　（東洋大）
◆1765年には明和五匁銀という計数銀貨が鋳造された。
　南鐐弐朱銀

□9 田沼は，長崎貿易の支払いに ★★ や，海産物である ★★★ などをあてた。　（早稲田大）
　銅，俵物

□10 いりこ・ほしあわび・ふかのひれなどの海産物を総称して ★★★ という。　（学習院大）
　俵物

□11 田沼意次は，下総国の ★★ ・ ★★ の干拓を進めた。　（聖心女子大）
　印旛沼，手賀沼

224

☐12 ★★	田沼意次は,『 ★★ 』の著者である ★★ の意見を入れて蝦夷地の開発計画を立てた。(南山大)	赤蝦夷風説考, 工藤平助
	◆この著者は, 仙台藩の藩医であった。	
☐13 ★★	田沼意次は, 蝦夷地開発の一環として ★★ を蝦夷地に派遣した。(南山大)	最上徳内
☐14 ★★★	★★★ の飢饉は, 1782年の東北地方を中心とした冷害から始まった。(立正大)	天明の飢饉
	◆津軽藩では, 餓死者が十数万人にも達し, 絶滅する村も見られた。	
	◆飢饉の惨状は『凶荒図録』に記されている。	
☐15 ★	天明の飢饉が大規模・長期化した一因として, ★ の噴火があげられる。(立命館大)	浅間山
☐16 ★★	1787年に全国でおこった, 都市貧民による反抗行動を ★★ という。(関西大)	天明の打ちこわし
☐17 ★★	江戸時代の農民の一揆は ★★ と総称された。(東京女子大)	百姓一揆
☐18 ★	江戸時代の百姓一揆は現在 ★ 件以上が知られている。(早稲田大)	3000
☐19 ★	江戸時代初期の百姓一揆は, 村役人層が中心となった ★ が多かった。(明治学院大)	代表越訴型一揆
☐20 ★★	下総の佐倉惣五郎や, 上野の磔茂左衛門は, 江戸時代初期の ★★ の代表例である。(東京女子大)	義民
	◆彼らは一揆の代表者であった。	
☐21 ★★	江戸時代中期におこった, 農民全階層が参加した一揆を ★★ という。(明治大)	惣百姓一揆
☐22	元文一揆や福山藩一揆は, □ の代表例である。(國學院大)	全藩一揆
☐23	1686年信濃国松本藩の □, 1738年陸奥国磐城平藩の □ など, 藩の全領域に及んだ一揆もあった。(青山学院大)	嘉助騒動, 元文一揆
☐24 ★	百姓一揆の際に行った, 放射状の署名を ★ という。(東京女子大)	傘連判

IX 江戸

71 田沼時代と農村

IX 江戸時代　71 田沼時代と農村

☐25 村役人の不正等を村民が領主に訴える運動を ★ という。　（明治大）　**村方騒動**

　◆小作人による小作料減免運動を小作騒動という。

☐26 岡山藩内でおこった，被差別部落民の蜂起を ☐ という。　（日本大）　**渋染一揆**

☐27 豪農や在郷商人が，大都市の特権的な株仲間商人に対抗して，自由な経済活動を要求する動きを ★★ という。　（明治大）　**国訴**

☐28 飢饉時には，領外への物資の移出を禁止した ☐ や，新生児を殺す ★ が行われた。　（南山大）　**津留，間引**

☐29 諸藩では家臣の俸禄を半分に削減する ★ を行うなどして，かろうじて財政の回復をはかってきた。　**半知**

　◆当時は家臣の俸禄・知行の借り上げが頻繁であった。（日本大）

☐30 蔵元・掛屋などが大名に対して行った貸しつけのことを ★ という。　（大東文化大）　**大名貸**

☐31 一部の有力な農民が村役人をつとめて，零細農民を年季奉公人として使役する地主経営を ★ という。　（関東学院大）　**地主手作**

72 寛政の改革

ANSWERS ☐☐☐

☐1 江戸幕府の11代将軍は ★★★ である。　（京都大）　**徳川家斉**

☐2 将軍家斉の頃に行われた幕政改革を ★★★ という。　（関西学院大）　**寛政の改革**

☐3 寛政の改革を行った老中は， ★ 藩主であった ★★★ である。　（関西学院大）　**白河，松平定信**

☐4 ↳この人物は ★ の子で， ★ の孫にあたる。　（中央大）　**田安宗武，徳川吉宗**

☐5 松平定信の自伝を『 ★ 』，随筆を『 ☐ 』という。　（明治学院大）　**宇下人言，花月草紙**

- [ ] **6** 定信は，農政を預かる役人である ★ の大幅な異動を行った。　　　　　　　　　　　　　　　（関西大）

　代官

- [ ] **7** 定信は，飢饉に備えて各大名に知行高1万石につき50石の割で貯蓄を命じる ★★★ を定めた。（明治大）

　囲米

- [ ] **8** 富裕者の寄付や課税によって運営する蔵を ★★ といい，住民が分相応に穀物を出し合って運営する蔵を ★★ という。　　　　　　　　　　　　　　　（成城大）

　義倉,

　社倉

　◆定信は各地にこれらをつくらせた。

- [ ] **9** 松平定信は，都市政策の一環として，両替商を中心とした豪商10名を幕府に登用した。彼らを ____ とよぶ。　　　　　　　　　　　　　　　　　　（西南学院大）

　勘定所御用達

　◆物価引き下げ令が出され，米価や物価の引き下げがはかられた。

- [ ] **10** 定信は，飢饉で荒廃した農村復興策として他国出稼制限令や ★★ を発布した。　　　　　　　　（関西大）

　旧里帰農令

- [ ] **11** 農村の生産人口の減少を食い止めるため，1767年に幕府が出した施策を ____ という。　　　　　（慶應大）

　赤子養育法

　◆これは，出生した子を産所で殺すことを禁じた法令である。

- [ ] **12** 定信は，江戸の ★★ に ★★★ をおいて，不浪人や無宿人などを収容した。　　　　　　　　　　　（慶應大）

　石川島, 人足寄場

- [ ] **13** 石川島の人足寄場は，火付盗賊改の ____ の提議によって設けられた。　　　　　　　　　　　　（早稲田大）

　長谷川平蔵

- [ ] **14** 松平定信は，江戸の貧民対策として，町入用を節約して飢饉や災害に備える ★★★ という制度を設けた。　　　　　　　　　　　　　　　　　　　　　（中央大）

　七分金積立（七分積金）

- [ ] **15** 七分金積立の「七分」とは ★★ の節約分の ★★ ％を意味する。　　　　　　　　　　　　　　（聖心女子大）

　町入用, 70

　◆積立金は，江戸町会所で積み立てられた。

- [ ] **16** 定信は，旗本・御家人を救済するため， ★★ の債権を放棄させる ★★★ を出した。　　　　　（明治学院大）

　札差,
　棄捐令

IX 江戸

72 寛政の改革

IX 江戸時代　72 寛政の改革

☐17 1789年，[★]天皇は，実父である[★]典仁親王に太上天皇の称号を贈りたいと，幕府に同意を求めたが，老中[★]がこれを拒否するいわゆる[★]がおこった。　(津田塾大)

光格天皇，閑院宮，松平定信，尊号一件

☐18 1790年，定信は[★★★]を出して，聖堂学問所での儒学の講義は朱子学のみとした。　(南山大)

寛政異学の禁

☐19 朱子学以外の儒学を異学というのに対して，朱子学は[★★]とよばれた。　(日本大)

正学

☐20 聖堂学問所は，1797年に[★★★]と称されて幕府直轄の学問所となった。　(南山大)
◆この頃は，寛政の改革はすでに終わっていた。
◆当時の大学頭は林述斎。

昌平坂学問所(昌平黌)

☐21 「寛政の三博士」とは，[★★]・[★★]・[★★]のことである。　(國學院大)

柴野栗山，尾藤二洲，岡田寒泉

☐22 「寛政の三博士」のうち，[★]が代官となったため，佐賀藩士の[★]にかわった。　(上智大)

岡田寒泉，古賀精里

☐23 寛政の改革では，洒落本作者の[★★★]や出版元の[★]が処罰された。　(関西大)

山東京伝，蔦屋重三郎

☐24 定信は，黄表紙の[★]を弾圧した。　(岡山大)

恋川春町

☐25 定信は，[★★★]が『[★★★]』などで海岸防備を説いたことを幕政批判として弾圧した。　(明治大)

林子平，海国兵談

☐26 林子平は『[★]』を著し，日本を中心に朝鮮・琉球・蝦夷地を図示・解説した。　(早稲田大)

三国通覧図説

☐27 18世紀中頃に肥後藩主[★★]が藩政改革を行った。　(関西学院大)

細川重賢

☐28 18世紀末に秋田藩主[★★]が藩政改革を行った。　(関西学院大)

佐竹義和

☐29 米沢藩主[★★]は，藩校興譲館を再興して学問を奨励した。　(慶應大)

上杉治憲

73 列強の接近と生産の近代化

1 1792年には、ロシアの使節 ★★★ が根室に来航した。
◆当時の老中首座は松平定信。 (京都大)
→ ラクスマン

2 ラクスマンは、ロシアの女帝 ___ が派遣した正式な使節である。 (日本大)
→ エカチェリーナ2世

3 ラクスマンは、日本人漂流民 ★★ を引き連れて、★★ に来航した。 (早稲田大)
◆この漂流民は伊勢の船頭だった。
→ 大黒屋光太夫、根室

4 大黒屋光太夫の体験は、桂川甫周によって『 ★ 』としてまとめられた。 (青山学院大)
→ 北槎聞略

5 ★★ は、千島を探検し、★★ に「大日本恵登(土)呂府」の木標を建てた。 (関西大)
→ 近藤重蔵、択捉島

6 幕府は、1799年に ★ を直轄地とした。 (大東文化大)
→ 東蝦夷地

7 1804年にはロシアの使節 ★★★ が長崎に来航して通商を求めてきた。 (西南学院大)
◆この人物は通商を拒否されたので、樺太や択捉島を攻撃した。
→ レザノフ

8 1806年には ★ が出され、異国船に対しては薪水を給与し帰国させる方針をとった。 (同志社大)
→ 文化の撫恤令

9 幕府は一時、★ 藩と蝦夷地をすべて直轄にして、1807年 ___ 奉行を ★ 奉行と改称させ、管理させた。 (青山学院大)
→ 松前藩、箱館奉行、松前奉行 函✕

10 1808年には、北方探検を命じられた ★★ が、樺太が島であることを確かめた。 (関西大)
→ 間宮林蔵

11 ___ は、間宮林蔵が発見した樺太と大陸の間の海峡を、間宮海峡と名づけた。 (大妻女子大)
→ シーボルト

12 1811年に国後島でとらえられた ★★ は箱館に抑留された体験を『日本幽囚記』に残した。 (法政大)
→ ゴロー(ウ)ニン

13 1812年、淡路の商人 ★★ がロシアに抑留された。
◆彼は翌年送還され、ゴローウニンは釈放された。 (立命館大)
→ 高田屋嘉兵衛

IX 江戸時代　73 列強の接近と生産の近代化

□14　◻︎◻︎年には幕府は全蝦夷地の直轄をやめ、◻︎◻︎藩に戻した。(慶應大)　→ 1821, 松前藩

□15　1808年、イギリス軍艦◻︎◻︎◻︎が、オランダ船を追って長崎に侵入する事件がおこった。(南山大)　→ フェートン号

□16　フェートン号事件により引責自殺した人物が、◻︎◻︎奉行の◻︎◻︎である。(日本大)　→ 長崎奉行, 松平康英
◆長崎警固を義務づけられていた佐賀藩主も処罰された。

□17　幕府は、1810年に◻︎◻︎藩と会津藩に江戸湾防備を命じた。(早稲田大)　→ 白河藩

□18　幕府は1825年、◻︎◻︎◻︎を出して、オランダ・中国以外の外国船の撃退を命じた。(早稲田大)　→ 異国船打払令（無二念打払令）

□19　1837年、アメリカの商船◻︎◻︎◻︎が、浦賀と薩摩の山川で撃退される事件がおこった。(早稲田大)　→ モリソン号

□20　◻︎◻︎◻︎が『慎機論』を、◻︎◻︎◻︎が『戊戌夢物語』を書いてモリソン号の打ち払いを批判した。(上智大)　→ 渡辺崋山, 高野長英

□21　1839年に、高野長英・渡辺崋山らが弾圧された事件を◻︎◻︎◻︎という。(明治大)　→ 蛮社の獄
◆渡辺崋山は国元で永蟄居、高野長英は永牢となった。

□22　蛮社の獄で処罰された知識人の集まりを◻︎◻︎という。(東海大)　→ 尚歯会

□23　◻︎は、渡辺崋山・高野長英と共に尚歯会に属し、蛮社の獄で自害した。(早稲田大)　→ 小関三英

□24　18世紀中頃には、農民の中から商品作物の集荷・販売をになう◻︎◻︎が現れた。(立教大)　→ 在郷商人（在方商人）

□25　農家において零細な手工業生産を行う形態を◻︎◻︎という。(神奈川大)　→ 農村家内工業

□26　19世紀に入ると、商人が生産者に原料や資金を与えて製品を受けとる◻︎◻︎が広まった。(明治大)　→ 問屋制家内工業

☐27 19世紀になると，尾張の綿織物業，桐生・足利の絹織物業などでは，★★★ が行われるようになった。
(早稲田大)

マニュファクチュア(工場制手工業)

◆摂津の伊丹・池田・灘などの酒造業では，江戸時代前期より行われていた。

74 天保の改革と藩政改革

ANSWERS ☐☐☐

☐1 19世紀初期は，将軍 ★★★ の治世であった。
(東京経済大)

徳川家斉

☐2 将軍在職時代も含めて50余年に及んだ徳川家斉の治世を ★★ とよぶ。
(中央大)

大御所時代

☐3 老中 ____ は，寛政の改革後も寛政の遺老として幕政を動かした。
(愛知大)

松平信明

☐4 幕府は1805年，★★ を設けて治安維持につとめた。
(早稲田大)

関東取締出役

☐5 1827年，幕府は関東の村々に ★★ を結成させて治安維持と農民統制の強化をはかった。
(慶應大)

寄場組合

☐6 1833年から数年間，東日本を中心におこった ★★★ の飢饉は，米価の暴騰を招くこととなった。
(佛教大)

天保の飢饉

☐7 ↳この飢饉の際，江戸市中にも ★ が多数建てられた。
(國學院大)

御救小屋

☐8 1836年，甲斐でおこった一揆を ★ 一揆，三河でおこった一揆を ____ 一揆という。
(早稲田大)

郡内一揆,
加茂一揆

☐9 1837年，困窮する人々の救済を訴えて，★★★ の乱が大坂でおこった。
(聖心女子大)

大塩平八郎の乱

☐10 大坂町奉行所の元 ★★ であった大塩平八郎は，★★ 学者で，私塾 ★★ を主宰していた。
(明治大)

与力,
陽明,
洗心洞

☐11 1837年，越後の柏崎では，国学者の ★★ が乱をおこした。
(立命館大)

生田万

IX 江戸
73 列強の接近と生産の近代化

IX 江戸時代　74 天保の改革と藩政改革

□12 12代将軍は徳川家斉の子の ★★ である。
(國學院大)
徳川家慶

□13 将軍徳川家慶のもとで、老中 ★★★ は ★★★ の改革を行った。
(上智大)
水野忠邦, 天保の改革

□14 水野忠邦は、 ★★ を出して農民の出稼ぎを禁じた。
(関西学院大)
人返しの法

□15 水野忠邦は、人情本作家 ★★★ や合巻作家 ★★ を処罰した。
(共立女子大)
為永春水, 柳亭種彦

□16 水野忠邦は、物価の下落をはかるため、 ★ 年に ★★★ の解散を命じた。
(上智大)
◆その後、1851年に再興した。
1841, 株仲間

□17 水野忠邦は、旗本・御家人の救済を目的に ★★★ を出すと共に ★★ に低利の貸し出しを命じた。
◆この法令は寛政の改革でも出された。☞72-16 (京都産業大)
棄捐令, 札差

□18 幕府は1840年に川越藩、庄内藩、長岡藩に対して転封を命じた。これを ★ という。
(早稲田大)
三方領知替え

□19 幕府は、相模の海岸防備にあたっていた a 藩の財政援助のため、 a 藩を b 藩へ、 b 藩を c 藩へ、 c 藩を a 藩へと封地の入れかえを命じたが、失敗した。
(青山学院大)
a 川越藩
b 庄内藩
c 長岡藩

□20 1843年には ★★★ を発し、 ★★ ・大坂周辺の知行地を幕領に編入しようとしたが失敗した。 (上智大)
◆江戸・大坂周辺の約50万石を直轄地にしようとした。
◆老中土井利位(どいとしつら)らが、この政策に猛反対した。
上知令, 江戸

□21 1827年、元薩摩藩(鹿児島藩)主である □ は、 ★★★ を登用して、藩政改革にあたらせた。 (獨協大)
◆藩政改革に成功した薩・長・土・肥などの大藩を雄藩という。
島津重豪, 調所広郷

□22 調所広郷は、三都の商人からの莫大な借財500万両の ★ 年賦償還を強引に認めさせた。
(明治大)
250

□23 薩摩藩は、奄美三島の ★★ の専売制を実施したり、 ★★ との貿易を拡大したりした。
(共立女子大)
◆奄美三島は、奄美大島・徳之島・喜界島。
黒砂糖, 琉球

□24 ★★	[★★] は鹿児島に反射炉を築造した。 （駒澤大）	島津斉彬
□25 ★★	島津斉彬は，鹿児島に [★★] という工場群をつくり，紡績工場の近代化を実施した。 （同志社大）	集成館

◆ここには，日本最初の機械紡績工場である鹿児島紡績工場や，ガラス製造所・ガス灯製造所などがつくられた。

□26 ★★	島津忠義は外国人商人 [★★] から洋式武器を購入して軍事力の強化をはかった。 （青山学院大）	グラバー
□27 ★★★	長州藩（萩藩）主_____は，[★★★] を藩政改革に登用した。 （学習院大）	毛利敬親，村田清風
□28 ★	長州藩は，[★]・[★]・塩の専売制を行っていた。 （明治大）	紙，蠟
□29 ★★★	長州藩では，下関港に出入りする藩外の商船に資金を貸しつける金融業や倉庫業など，[★★★] 制度を行って利益を上げた。 （明治大）	越荷方制度
□30 ★★	肥前藩（佐賀藩）では，藩主 [★★] のもとで本百姓の再建をはかった。 （近畿大）	鍋島直正
□31 ★★	[★★] は，佐賀藩が従来から専売制をしいていた国産品である。 （共立女子大）	陶磁器
□32 ★★	佐賀藩では [★★] を実施して商人地主をおさえ，小農依存の年貢確保を試みた。 （関西学院大）	均田制
□33 ★★	佐賀藩は，鉄を溶かすための [★★] を備えた大砲製造所を設置した。 （京都府立大）	反射炉
□34 ★★	[★★] 藩では，中級武士を中心とする「おこぜ組」とよばれる改革派が登場した。 （明治大）	土佐藩（高知藩）
□35 ★★★	水戸藩は，藩主 [★★★] のもとで藩政改革が行われた。 （立教大）	徳川斉昭

◆宇和島藩の伊達宗城や，福井藩の松平春嶽も藩政改革を行った。

□36 ★	[★] は，伊豆沿岸の防備を献言し，伊豆韮山に反射炉を築造した。 （中央大）	江川英竜（江川太郎左衛門〔担庵〕）
□37 ★	[★] は，オランダ人に砲術を学び，江川英竜に砲術を伝えた。 （中央大）	高島秋帆

IX 江戸

74 天保の改革と藩政改革

IX 江戸時代　74 天保の改革と藩政改革

□38 水戸藩は幕命により，1853年，江戸に ★ 造船所を建設した。　(法政大)

石川島造船所

□39 江戸幕府は，1864年に ★ 〈国名〉の援助を受けて，★★★ に艦船修理のための製鉄所を建設した。　(明治大)

フランス，横須賀

75 化政文化(1) ～国学・洋学～

ANSWERS □□□

□1 日本古来の道を説く学問を ★★★ という。　(近畿大)

国学

□2 ★★ は，『創学校啓』を著し，国学の学校建設を徳川吉宗に提言した。　(中央大)
◆この人物は，賀茂真淵の師である。

荷田春満
東×

□3 ★★ は，『万葉集』・『古事記』の研究を通じて，古道への復帰を唱えた。　(青山学院大)

賀茂真淵

□4 賀茂真淵の著書『 ★★ 』は，日本の古道を明らかにしようとしたものである。　(専修大)
◆賀茂真淵の著書には，『万葉考』もある。

国意考

□5 賀茂真淵の弟子で，伊勢の松坂出身である国学者は ★★★ である。　(慶應大)
◆彼は自宅の鈴の屋で国学を教授した。

本居宣長

□6 本居宣長は，古代の歴史書の中に日本古来の精神を読みとろうとして『 ★★★ 』を著した。　(岡山大)

古事記伝

□7 本居宣長の著した『源氏物語』の注釈書は『 ★ 』である。　(上智大)

源氏物語玉小櫛

□8 本居宣長が紀州藩主徳川治貞に提出した政治経済論は『 ★ 』である。　(駒澤大)
◆彼は『直毘霊(なおびのみたま)』で日本固有の精神を主張した。

秘本玉くしげ

□9 本居宣長の考えを受けついだ ★★★ は，国粋主義的な ★★★ 神道を唱えた。　(青山学院大)

平田篤胤，復古神道

10 7歳で失明したのち，和漢の学問を学んだ [★★★] は，1793年に [★★] を江戸に設立し，古代から江戸時代初期までの書物を収集・校訂して，『[★★]』を刊行した。（関西大）

塙保己一，和学講談所，群書類従

11 [____] は『比古婆衣』・『神社私考』を著した。（同志社大）

伴信友

12 国学四大人とは [★]・[★]・[★]・[★] である。（國學院大）

荷田春満，賀茂真淵，本居宣長，平田篤胤

13 新井白石は，イタリア人宣教師 [★★] を訊問した聞き書きを西洋研究書の『[★★]』と，世界地理書の『[★★]』にまとめた。（上智大）

シドッチ，西洋紀聞，采覧異言

14 [★] 人宣教師シドッチは，[★] に上陸したところを幕府にとらえられた。（法政大）

イタリア，屋久島

15 西川如見は，長崎で見聞した海外事情をまとめた地理書『[★★]』を著した。（関西大）
◆『町人嚢（ちょうにんぶくろ）』も彼の著書。吉宗に登用された。

華夷通商考

16 『解体新書』以前に，[★★] は刑死人の解剖結果により，日本最初の解剖図録である『[★★]』を著した。（法政大）

山脇東洋，蔵志

17 山脇東洋は，実験・実証を重んじる [____] とよばれる医学説に立つ流派に属した。この医学説は名古屋玄医が主張したことに始まる。（同志社大）

古医方

18 1774年，日本最初の翻訳解剖書である『[★★★]』が刊行された。（法政大）

解体新書

19 『解体新書』の訳出者は，[★★★]・[★★★]・[★]・中川淳庵らである。（同志社大）

前野良沢，杉田玄白，桂川甫周

20 『解体新書』は，ドイツ人クルムスの著書の蘭訳である『[★]』の日本語訳である。（同志社大）

ターヘル＝アナトミア

21 [★] は，『解体新書』の挿絵を担当した。（早稲田大）

小田野直武

22 [★★] 著の『[★★]』には，『ターヘル＝アナトミア』翻訳の際の苦労が記されている。（日本女子大）

杉田玄白，蘭学事始

IX 江戸

75 化政文化(1)〜国学・洋学〜

IX 江戸時代 75 化政文化(1) ～国学・洋学～

23 前野良沢は，蘭学を ★ に学んだ。 （明治学院大）
→ 青木昆陽

24 ★★ は前野良沢・杉田玄白に蘭学を学んだ。 （南山大）
→ 大槻玄沢

25 大槻玄沢は蘭学入門書である『 ★★ 』を著した。 （明治大）
→ 蘭学階梯

26 大槻玄沢は江戸に家塾 ★★ をつくった。 （明治大）
→ 芝蘭堂

27 大槻玄沢は太陽暦の元旦に ★ を開催した。 （明治大）
→ オランダ正月（新元会）

28 わが国初の蘭和辞典である『 ★★ 』は，大槻玄沢の門人である ★★★ が著した。 （中央大）
→ ハルマ和解，稲村三伯

29 『 ★ 』は，宇田川玄随のオランダ内科医書の翻訳書である。 （西南学院大）
→ 西説内科撰要

30 ★★ は，寒暖計・火浣布の製作や， ★ の名で知られる摩擦起電器の製作，洋画や戯作などの創作も行った。 （聖心女子大）
→ 平賀源内，エレキテル

◆彼は高松藩の出身。もともとは本草学者。土用の丑の日のエピソードでも有名。

31 オランダ通詞 ★★★ は，『 ★★ 』を著して，ニュートンの引力説やコペルニクスの地動説を紹介した。 （西南学院大）
→ 志筑忠雄，暦象新書

32 ◯◯人医師 ★ は，帰国後『日本誌』を著した。 （早稲田大）
→ ドイツ，ケンペル

33 ケンペルの『 ★ 』は， ★★ によって翻訳され，『鎖国論』として紹介された。 （関大大）
→ 日本誌，志筑忠雄

34 『阿蘭陀地球図説』でコペルニクスの地動説を紹介した長崎通詞は◯◯◯◯◯である。 （立教大）
→ 本木良永

35 ★ の化学書は『舎密開宗』である。 （同志社大）
→ 宇田川榕庵

36 ★★ は，『大日本沿海輿地全図』の作成に尽力した。 （関西大）
→ 伊能忠敬　井×

- □37 ★ 　★　 は、「寛政暦」を完成させた。　（関西学院大）　高橋至時
  - ◆彼は高橋景保の父。間重富と共にこれを完成させた。☞ 75-38

- □38 ★★ 1811年には、★★ の建議によって、幕府天文台に ★★ がつくられ、洋書の翻訳が行われた。　（早稲田大）　高橋景保，蛮書和解御用
  - ◆この機関は、洋学所（1855年）→蕃書調所（1856年）→洋書調所（1862年）→開成所（1863年）と改称した。

- □39 ★★★ オランダ商館の医師として来日した ★★★ は、長崎に ★★★ という塾を開いた。　（慶應大）　シーボルト，鳴滝塾

- □40 ★★ 　★★　 は、1828年のシーボルト事件に連座し、獄死した。　（京都産業大）　高橋景保

- □41 ★★ シーボルトは、帰国後『 ★★ 』などを著し、欧州における日本研究の第一人者となった。　（早稲田大）　日本

- □42 ★★ 　★★　 は、福沢諭吉や大村益次郎らが学んだ私塾を大坂に開いた。この私塾を ★★ という。　（中央大）　緒方洪庵，適塾

- □43 ★★ 吉田松陰や勝海舟の師でもあった ★★ は、「東洋道徳・西洋芸術」という言葉に集約される開国論を力説したが、攘夷派に暗殺された。　（成蹊大）　佐久間象山
  - ◆この人物は、信濃松代（しなのまつしろ）藩士の洋学者。

- □44 　　　　　は1858年、江戸に種痘所を開いた。　（中央大）　伊東玄朴
  - ◆種痘所は1863年に「医学所」と改称された。

- □45 ★★ 『華夷通商考』の著者は ★★ である。　（東京学芸）　西川如見

76 化政文化(2) ～教育と諸学問～

ANSWERS □□□

- □1 ★ 儒学においては、18世紀後半に諸説を調和しようとした ★ 〈学派名〉が誕生した。　（國學院大）　折衷学派

- □2 ★ 18世紀後半になると、古典を確実な典拠により研究しようとする ★ 〈学派名〉が生まれた。　（神奈川大）　考証学派

- □3 ★★★ 　★★★　 は、江戸時代の大名が、藩士の子弟教育にあてるため建てられた。　（東北学院大）　藩校（藩学）

IX 江戸

75 化政文化(1)～国学・洋学～

IX 江戸時代 76 化政文化(2) ～教育と諸学問～

- **4** 岡山藩の ★★ は，最も古い藩校である。 （明治大） → 花畠教場

- **5** ★★ は，秋田藩の藩校で佐竹義和の創設になる。 → 明徳館
  ◆はじめは明道館と称していた。 （上智大）

- **6** 米沢藩の藩校は ★★ である。 （慶應大） → 興譲館

- **7** 熊本藩の藩校は ★ である。 （上智大） → 時習館

- **8** 会津藩の藩校は ★★ である。 （慶應大） → 日新館

- **9** 水戸藩の藩校は ★★ である。 （慶應大） → 弘道館

- **10** 長州藩の藩校は ★★ である。 （上智大） → 明倫館

- **11** 薩摩藩の藩校は ★ である。 （上智大） → 造士館
  ◆他の藩校：養賢堂（仙台藩）・明倫堂（尾張藩）・修猷館（福岡藩）

- **12** 藩では，藩士のための教育施設とは別に，庶民教育のための ★★★ を設ける藩もあった。 （早稲田大） → 郷学

- **13** 岡山藩の ★★ は，郷学の最も早い例である。 （岡山大） → 閑谷学校

- **14** ★ は，裕福な大坂町人の出資によって開設された郷学で，幕府の学問所に準じる扱いを受け，町人に儒学を教えてすぐれた町人学者を生み出した。（福岡大） → 懐徳堂

- **15** ★★★ は，18世紀のはじめに大坂町人の出資によって設立された私塾で，儒学が講じられた。 （関西大） → 含翠堂

- **16** ★ 〈人名〉は，懐徳堂の学主で，『草茅危言』を松平定信へ献呈した。 （國學院大） → 中井竹山
  ◆懐徳堂は，彼の父の中井甃庵が設立し，三宅石庵が初代学主に迎えられた。

- **17** 懐徳堂で学んだ ★★ は，儒教・仏教・神道を歴史的立場から批判した『 ★ 』を著した。（関西学院大） → 富永仲基, 出定後語

- **18** 懐徳堂で学んだ ★★★ は，無鬼論を主張し，神代の物語は歴史的事実ではないと主張し，物価は需給関係であると説く『 ★ 』を著した。 （青山学院大） → 山片蟠桃, 夢の代

□19 ★★	広瀬淡窓が開いた私塾は ★★ である。 (関西大)	咸宜園
	◆この私塾は，豊後の日田（ひた）におかれた。	
□20 ★	広瀬淡窓は ★ 学派の儒学者である。 (早稲田大)	折衷学派
	◆江戸中期の儒学の一派で，諸説の調和を主張した。☞76-1	
□21 ★★★	★★★ では庶民の実用的な「読み・書き・そろばん」の教育が行われた。 (東北学院大)	寺子屋 小×
□22 ★★★	京都の ★★★ は， ★★ を唱え，儒・仏・神・道教をとり入れて生活倫理を平易に説いた。 (上智大)	石田梅岩，心学
□23 ★	石田梅岩の著作に，営利・商業の正当性を主張した『 ★ 』がある。 (日本大)	都鄙問答
□24 ★	心学者では，明倫舎を創設した ★ や，江戸で心学の黄金時代を築いた ★ が有名である。 (慶應大)	手島堵庵，中沢道二
□25 ★	手紙類の形態をとって編纂された子供向けの教科書を ★ という。 (慶應大)	往来物
□26 ★★	18世紀の学者である ★★ は，京都で尊王思想を説いて2度にわたって幕府から処罰された。 (明治大)	竹内式部
□27 ★★	1758年に，竹内式部が京都所司代へ告発されて重追放となった事件を ★★ という。 (法政大)	宝暦事件
□28 ★★★	『柳子新論』で尊王斥覇を説いた ★★★ は，1767年の ★ で死罪となった。 (早稲田大)	山県大弐，明和事件
□29	林子平は， ・ と共に寛政の三奇人といわれた。 (明治学院大)	蒲生君平，高山彦九郎
□30	は，江戸時代後期，「寛政の三奇人」の一人と目された人物で，陵墓の荒廃を嘆き，近畿の陵墓を踏査して『山陵志』を著した。 (立命館大)	蒲生君平
□31 ★	『 ★ 』は，頼山陽による歴史書である。 (同志社大)	日本外史
□32 ★★	徳川斉昭の側用人であった ★★ は，『弘道館記述義』を著して尊王攘夷論を説いた。 (中央大)	藤田東湖
	◆彼は水戸学の中心人物であった藤田幽谷の子。 ◆尊王攘夷論＝尊王論（天皇崇拝）＋攘夷論（外国人排斥）	

IX 江戸

76 化政文化(2) ～教育と諸学問～

IX 江戸時代　76 化政文化(2) ～教育と諸学問～

☐33 水戸学の ★★ は,『新論』を著して尊攘論を唱えた。
(学習院大)
会沢安(会沢正志斎)

☐34 八戸の医師である ★★★ は,万人が直耕する平等な社会を理想とした。
(同志社大)
安藤昌益

☐35 安藤昌益は,『 ★★★ 』を著し,封建社会を厳しく批判した。
(立教大)
自然真営道
◆安藤昌益は,晩年に『統道真伝』を著した。

☐36 ★★★ は,『稽古談』の中で,貨幣商品経済の発展を是認した。
(関西大)
海保青陵

☐37 ★★★ は,『西域物語』などを通じて,西洋諸国の情勢を述べると共に,積極的な海外貿易論を説いた。
(早稲田大)
本多利明
田×

☐38 本多利明は『 ★★ 』や『 ★★ 』を著した。
(駒澤大)
西域物語, 経世秘策

☐39 ★★ は,『農政本論』・『経済要録』などの著作がある。
(立命館大)
佐藤信淵

☐40 『玄語』・『価原』の作者は, ☐ である。
(立教大)
三浦梅園

☐41 由利公正に影響を及ぼした,熊本藩出身の儒学者は ★ である。
(早稲田大)
横井小楠

77 化政文化(3) ～文学・芸能～

ANSWERS ☐☐☐

☐1 11代将軍 ★★ の時代に江戸を中心に発達した文化は,一般に化政文化とよばれている。
(中央大)
徳川家斉

☐2 17世紀後半に登場した,挿絵入りの子供向きの小説を ☐ という。
(島根県立大)
草双紙(絵草紙)

☐3 18世紀後半には,江戸の遊里での通人の遊びを描いた ★★★ が流行した。
(島根県立大)
洒落本

☐4 ★★★ は,『仕懸文庫』などを著し,寛政の改革で処罰された。
(関西大)
山東京伝
◆この作品は洒落本の代表作。

□5 ★★	18世紀後半には，時事を風刺した挿絵入りの本である ★★ が流行した。(島根県立大)	黄表紙
□6 ★★	『金々先生栄花夢』は，★★ 作の黄表紙の代表作である。(甲南大)	恋川春町
□7 ★	『江戸生艶気樺焼』の作者は ★ である。◆この作品は黄表紙 (洒落本ではない)。(早稲田大)	山東京伝
□8 ★★	庶民の風俗・日常生活を面白おかしく描いた小説のことを ★★ という。(法政大)	滑稽本
□9 ★★	★★ の『浮世風呂』・『浮世床』は滑稽本の代表作である。(関西大)	式亭三馬
□10 ★★	★★ の『東海道中膝栗毛』は滑稽本の代表作である。(関西大)	十返舎一九
□11 ★★	『偐紫田舎源氏』は ★★ 作の ★ の代表作である。(同志社大)	柳亭種彦，合巻
□12 ★★	『春色梅児誉美』は ★★ 作の ★★ の代表作である。(同志社大)	為永春水，人情本
□13 ★★	★★ 作の『雨月物語』は ★★ の先がけ的作品である。◆この人物は大坂の作家。(関西大)	上田秋成，読本
□14 ★★★	★★ 作の『南総里見八犬伝』は，★★★ の代表作である。◆この人物は江戸の作家。(明治大)	曲亭(滝沢)馬琴，読本
□15 ★★	『椿説弓張月』の作者は ★★ である。◆この作品のジャンルは読本。(同志社大)	曲亭(滝沢)馬琴
□16	当時の庶民は，書物を ▭ で借りた。(成城大)	貸本屋
□17 ★★	随筆『北越雪譜』で，雪国の自然や生活・風俗を描いた越後出身の文人は ★★ である。(西南学院大)	鈴木牧之
□18 ★	★ は，東北地方を巡歴し，『遊覧記』を著した。◆この人物は三河の国学者。(早稲田大)	菅江真澄

IX 江戸　77 化政文化(3)〜文学・芸能〜

IX 江戸時代　77 化政文化(3) 〜文学・芸能〜

- **19** ★★ は，天明期の俳人で，『十便十宜図』の作者の一人でもある。(青山学院大) — 蕪村（与謝蕪村）
  ◆彼の俳諧は弟子によって『蕪村七部集』にまとめられた。

- **20** 『おらが春』の作者は，___国出身の★★である。(成城大) — 信濃国, 一茶（小林一茶）

- **21** 『誹風柳多留』の撰者は___である。(南山大) — 柄井川柳
  ◆滑稽・皮肉・風刺などを表現する短詩川柳は，彼が始祖。

- **22** ★★ は，四方赤良・蜀山人などの号をもつ狂歌師である。(関西大) — 大田南畝　太×

- **23** ★ は，宿屋飯盛と号した狂歌師である。(成城大) — 石川雅望

- **24** ★★ は，『古今集』を重んじ，その門人たちは桂園派とよばれた。(岡山大) — 香川景樹

- **25** ★★ は，19世紀の越後の禅僧で，万葉調の童心にあふれる歌を多く残した。(静岡文化芸術大) — 良寛
  ◆この人物は越後の僧侶。

- **26** ★★★ は，近松門左衛門に師事し，『仮名手本忠臣蔵』を書いた18世紀前半の人物である。(関西学院大) — 竹田出雲

- **27** 『菅原伝授手習鑑』の作者は★★★である。(関西学院大) — 竹田出雲

- **28** 『本朝廿四孝』の作者は★である。(成蹊大) — 近松半二
  ◆天明の頃の人物。

- **29** 浄瑠璃の中で，人形浄瑠璃と離れて音曲として発展したものを★という。(明治大) — 唄（歌）浄瑠璃
  ◆常磐津節・新内節・清元節・一中節が代表。

- **30** 『東海道四谷怪談』の作者は★★である。(学習院大) — 鶴屋南北
  ◆文政期の人物。

- **31** 幕末には，盗賊を主人公とする★物の作品を残した★★が現れた。(東大) — 白浪物, 河竹黙阿弥

- **32** 江戸三座とよばれる芝居小屋は，★座・★座・★座である。(法政大) — 中村座, 市村座, 森田座
  ◆天保の改革で，江戸三座は浅草に移された。

78 化政文化(4) ~美術・工芸~

1 ★★★ 1765年に創始された多色刷りの浮世絵版画のことを ★★★ という。　(学習院大)
→ 錦絵

2 ★★ 錦絵の創始者は ★★ である。　(明治大)
→ 鈴木春信

3 ★ 『弾琴美人』の作者は ★ である。　(龍谷大)
◆『ささやき』もこの人物の作品。
→ 鈴木春信

4 ★★ 浮世絵で、上半身を大きく描く手法のことを ★★ という。　(甲南大)
→ 大首絵

5 ★★ 大首絵の手法を開拓し、多くの美人画を描いた浮世絵師は ★★ であり、役者絵に独特の境地を開いた人物は ★★ である。　(龍谷大)
→ 喜多川歌麿、東洲斎写楽

6 ★★ 『婦女人相十品』の作者は ★★ である。　(青山学院大)
→ 喜多川歌麿

7 ★★ 役者絵『市川鰕蔵』の作者は ★★ である。　(青山学院大)
→ 東洲斎写楽

8 ★★★ 『富嶽三十六景』は ★★★ が描いた。　(上智大)
→ 葛飾北斎

9 ★★★ 『東海道五十三次』は ★★★ が描いた。　(上智大)
→ 歌川(安藤)広重

10 ★★ ★★ は、中国の明や清の南宗画に源流があり、日本では池大雅らにより大成された。　(青山学院大)
→ 文人画(南画)

11 ★★ 蕪村と池大雅合作の文人画として『 ★★ 』が有名である。　(慶應大)
◆大雅が「十便」、蕪村が「十宜」を描いた。
→ 十便十宜図

12 ★ ★ は、豊後出身の江戸末期の文人画家で、谷文晁に学びすぐれた画論も著した。　(成城大)
→ 田能村竹田

13 ★ 渡辺崋山の師は ★ である。　(同志社大)
◆渡辺崋山の代表作に『鷹見泉石像』・『一掃百態』がある。
→ 谷文晁

14 ★★ ★★ は、写生を重んじ、『雪松図屛風』など、遠近法をとり入れた立体感のある作品を描いた。　(青山学院大)
→ 円山応挙

IX 江戸時代 78 化政文化(4) 〜美術・工芸〜

- [ ] **15** ★ は，★ に学びながらも，彼から別れ，日本趣味の豊かな四条派をおこした。 (青山学院大) — 呉春(松村月溪)，円山応挙

- [ ] **16** ★★ は，銅版画の創始者となった。 (関大) — 司馬江漢
  ◆彼の代表作に『不忍池図(しのばずのいけず)』がある。

- [ ] **17** 『浅間山図屏風』の作者は ★ である。 (明治大) — 亜欧堂田善

- [ ] **18** 『西洋婦人図』の作者は ★ である。 (明治大) — 平賀源内

- [ ] **19** 平賀源内は長崎で西洋画法を学び，その技法を秋田で □ に伝えた。 (同志社大) — 小田野直武
  ☞ 75-21

- [ ] **20** 同じ信仰をもつ者が特定の日に集まることを ★ という。 (明治大) — 講

- [ ] **21** 伊勢神宮の参詣をめざした集まりを ★ という。 — 伊勢講
  ◆富士山の信仰や参詣をめざして富士講が結成された。 (明治大)

- [ ] **22** 庚申の夜の集まりを ★ という。 (明治大) — 庚申講

- [ ] **23** 神仏を拝みながら日の出を待つ集まりを □ ，特定の月例の日の集まりを月待という。 (明治大) — 日待

- [ ] **24** ★ は，海上の守護神として信仰された讃岐の神社である。 (明治大) — 金毘羅宮(金刀比羅宮)

- [ ] **25** 各地の聖地や霊場への巡拝を ★ という。 (神奈川大) — 巡礼
  ◆西国三十三カ所・坂東三十三カ所・秩父三十四カ所・四国八十八カ所などが有名。

- [ ] **26** □ は，弘法大師信仰に発する巡礼で，文化文政期に特に盛んになった全行程約1400キロの巡礼である。 (同志社大) — 四国八十八カ所
  ◆この巡礼を遍路(へんろ)といい，巡礼者は「お遍路さん」ともよばれる。

- [ ] **27** ★ は，箱の中の木札を突いて決めた賞金当ての興行である。 (早稲田大) — 富突(富くじ)
  ◆寺社では縁日なども催された。

□28 ★ 江戸時代後期になると，社寺の秘宝・秘仏を一定期間公開して拝観させる ★ が盛んに行われた。
◆出張公開を出開帳という。 （京都府立大）

開帳

□29 ★ 出開帳は開帳を出張して行うことで，信濃の ★ 寺などが有名であった。 （早稲田大）

善光寺

□30 ★ 陰暦7月15日に祖先の霊を祀り，供養をする ★ が行われた。 （龍谷大）

盂蘭盆（会）

□31 ★ 農民の食生活の水準が向上したため，端午や七夕などの ★ や祝儀・祭礼など，様々な行事で人々は飲食を楽しんだ。 （センター試験）

節句

79 開国 (1) ～開国～

ANSWERS □□□

□1 ★★ ★★ で清国が敗北したことを知った江戸幕府は，1842年に薪水給与令を出した。 （中央大）

アヘン戦争

□2 ★ アヘン戦争の結果，1842年に ★ が結ばれ ★ の割譲が規定された。 （慶應大）

南京条約，香港

□3 ★★★ アヘン戦争の結果が日本に伝わると，幕府は ★★★ を緩和して ★★★ を出した。 （学習院大）

異国船打払令，薪水給与令

□4 ★★★ （天保の）薪水給与令は □ 年，老中 ★★★ のもとで出された。 （上智大）
◆これは，アヘン戦争での清の敗北がきっかけとなっている。

1842，水野忠邦

□5 ★★ □ 年， ★★ 国王ウィレム2世は，日本に対して開国勧告を出した。 （西南学院大）

1844，オランダ

□6 ★★ 1846年，アメリカ東インド艦隊司令長官の ★★ が ★ に来航し，開国を要求した。 （明治大）
◆当時アメリカは鯨を獲るために日本近海まで来ていた。

ビッドル，浦賀

□7 ★★★ 1853年には，アメリカ東インド艦隊司令長官 ★★★ の率いる4隻の「黒船」が ★ 〈地名〉に現れた。 （近畿大）

ペリー，浦賀

IX 江戸 78 化政文化(4)～美術・工芸～

IX 江戸時代　79 開国(1) 〜開国〜

8 ペリーを派遣した大統領は ★★ である。（中央大）
→ フィルモア
◆ペリー来航時の米の旗艦はサスケハナ号で、久里浜に上陸した。
◆ペリー来航時の記録は『日本遠征記』に記されている。

9 ペリーの浦賀来航当時、幕府の老中首座は ★★★ である。（京都女子大）
→ 阿部正弘

10 日米和親条約締結時の将軍は ★★ である。（中央大）
→ 徳川家定
◆彼は、江戸幕府13代将軍。

11 1854年3月、江戸幕府はアメリカからの要求に押されて ★★★ を結んだ。（立教大）
→ 日米和親条約
◆この条約は神奈川条約ともよばれる。
◆このときペリーは軍艦7隻を率いてやってきた。

12 日米和親条約では ★★★ と ★★★ を開港し、 ★ の駐在を認めることが定められた。（京都大）
→ 下田, 箱館, 領事

13 日米和親条約では、アメリカ船が必要とする ★ や食糧などの供給、 □ 船や乗組員の救助が定められている。（青山学院大）
→ 燃料, 難破

14 日米和親条約では、アメリカに一方的な ★★ を与えることが認められた。（南山大）
→ 最恵国待遇

15 1853年、ロシアの ★★★ が ★★ に来航し、翌年 ★ で日露和親条約を結んだ。（駒澤大）
→ プチャーチン, 長崎, 下田

16 日露和親条約では、下田・箱館以外に ★★ の開港が定められた。（駒澤大）
→ 長崎

17 日露和親条約では、日露間の国境を、 ★★ 島と ★ 島との間に定めた。（上智大）
→ 択捉島, 得撫島

18 日露和親条約では ★★ が両国人雑居の地として帰属が未確定となった。（早稲田大）
→ 樺太

19 幕府はアメリカ・ロシア・ ★★★ ・ ★★★ と、和親条約を結んだ。（明治学院大）
→ オランダ, イギリス

20 ★ は、勘定奉行として、日露和親条約の調印に奔走した。（関西学院大）
→ 川路聖謨

21 老中阿部正弘の政治改革を ★ という。（獨協大）
→ 安政の改革

| □22 ★★ | 阿部正弘は，前水戸藩主 ★★ を海防参与とし，幕政に参加させた。 (立教大) | 徳川斉昭 |

| □23 ★★ | 阿部正弘は，越前藩主 ★★ ，薩摩藩主 ★★ ，宇和島藩主 ★ らの協力を得た。 (上智大) | 松平慶永，島津斉彬，伊達宗城 |

| □24 ★ | 阿部正弘は，国防の充実をはかるために，江戸湾に ★ とよばれた砲台を築いた。 (立教大) | 台場 |

◆1〜6番台場までつくられ，3番台場は現在「お台場海浜公園」として残っている。

| □25 ★ | 幕府は武芸練習所として江戸に ★ を設けた。 (中央大) | 講武所 |

| □26 ★★ | 阿部正弘は， 〈国名〉から軍艦が贈られたのを機会に，長崎に ★★ をつくった。 (立教大) | オランダ，海軍伝習所 |

80 開国(2) 〜不平等条約の締結と開国後の貿易〜

ANSWERS

| □1 ★★★ | 1856年，アメリカの ★ として ★★ に着任した ★★★ は，通商条約の締結を求めた。 (立教大) | 総領事，下田，ハリス |

| □2 ★★★ | 老中首座 ★★★ は，条約調印の ★ を ★★ 天皇から得ることができず退陣した。 (早稲田大) | 堀田正睦，勅許，孝明天皇 |

| □3 ★★ | 1858年には，清国が ★★ の結果として，イギリス・ ＿＿ と ★ 条約を結んだ。 (慶應大) | アロー号事件(アロー戦争)，フランス，天津条約 |

◆当時中国では太平天国の乱がおこっていた。インドではイギリスからの独立を求めてセポイの反乱がおこった。

| □4 ★★★ | 大老の ★★★ は勅許を得られないまま，1858年にアメリカと ★★★ を調印した。 (北海道大) | 井伊直弼，日米修好通商条約 |

| □5 ★★★ | 日米修好通商条約では箱館のほか， ★★ ・ ★★ ・ ★★ ・ ★★★ の開港が定められた。 (慶應大) | 神奈川，長崎，兵庫，新潟 |

| □6 ★★ | 開港地に定められた神奈川は近接した ★★ に，兵庫は ★★ にかえられた。 (國學院大) | 横浜，神戸 |

◆神奈川開港後に，下田が閉鎖されると規定されていた。

| □7 ★ | 日米修好通商条約では，江戸・大坂の ★ が定められた。 (青山学院大) | 開市 |

IX 江戸時代　80 開国(2)〜不平等条約の締結と開国後の貿易〜

8 ★ 日米修好通商条約では，通商は ★ 貿易とすると定められている。 (法政大)
→ **自由**貿易

9 ★★★ 日米修好通商条約では，長崎や横浜に ★★★ が設けられて，外国人の居住・営業が許されたが，一般外国人の国内 ★ は禁じられていた。 (明治大)
→ **居留地**，**旅行**

10 ★★★ 日米修好通商条約では，在留外国人をわが国が裁く権利を認められない ★★★ が設定された。 (京都大)
→ **領事裁判権**
◆これにより治外法権の状態となった。

11 ★★★ 日米修好通商条約で定められた関税制度を ★★★ 制という。 (上智大)
→ **協定関税**
◆これにより，日本の関税自主権が奪われた。
◆協定関税を定めた規定を貿易章程という。

12 ★★ アメリカなどと幕末に結ばれた，のちに不平等条約とよばれた条約を ★★ 条約という。 (北海道大)
→ **安政の五カ国**条約

13 ★★★ 安政の五カ国条約は，アメリカ・ ★★★ ・ ★★ ・ ★★ ・ ★★ との間に結ばれた。 (近畿大)
→ **オランダ，イギリス，フランス，ロシア**
◆和親条約を締結した国との違いに注意。☞ 79-19

14 ★★★ 1860年，外国奉行 ★★★ は，日米修好通商条約の批准書交換のため正使として渡米した。 (早稲田大)
→ **新見正興**

15 ★★ ★★ は，1860年に幕府軍艦 ★★ の艦長として，条約批准書交換に同行した。 (中央大)
→ **勝海舟(義邦)**，**咸臨丸**

16 ★★★ 開国後， ★★ ・ ★★ ・ ★★★ で，1859年に，貿易が開始された。 (慶應大)
→ **横浜(神奈川)，長崎，箱館**

17 ★★★ 開港場のうち， ★★★ での取引が全体の80%前後を占めた。 (中央大)
→ **横浜**

18 ★★★ 開国による貿易の貿易相手国としては， ★★★ が群を抜いて多い。 (早稲田大)
→ **イギリス**
◆輸出相手国の第2位はフランス。
◆アメリカは，南北戦争のために貿易から後退していた。

19 ★★ 貿易開始当初，日本は[輸出・輸入]超過であった。 (慶應大)
→ **輸出**

□20 1865年の日本の輸出品の第1位は ★★★ , 第2位は ★★★ , 第3位は ★★ である。 (早稲田大)

◆日本の生糸の輸出はイタリア・フランスにおける蚕病の流行と，太平天国の乱による中国産の輸出の停滞が背景。

生糸
茶, 蚕卵紙

□21 1865年の日本への輸入品の第1位は ★★★ , 第2位は ★★★ , 第3位は武器である。 (早稲田大)

毛織物,
綿織物

□22 製品を産地から直接開港場に送る農村商人を ★★ といい，日本人の輸出業者を ___ という。

◆日本人の輸入業者は引取商とよばれた。 (立教大)

在郷商人（在方商人），売込商

□23 幕府は1860年に ★★★ を発布して輸出入品の生産と流通に統制を加えた。 (國學院大)

五品江戸廻送令
回×

□24 ★★ 年に出された，五品江戸廻送令の五品とは，★★★ ・ ★★★ ・ ★★★ ・ ★★★ ・ ★★★ である。 (青山学院大)

1860,
雑穀, 水油, 蠟,
呉服, 生糸

□25 国内での金銀比価は，1：★★ で，外国での金銀比価は1：★★ である。 (早稲田大)

◆外国人は洋銀を使って日本の金貨を安く手に入れ，10万両以上の金が流出した。

5,
15

□26 幕府は，1860年に品質を落とした ★★★ を発行して金貨の流出を防ごうとした。 (慶應大)

◆慶長小判に比べて質と量を落とした小判…元文小判・文政小判・天保小判・安政小判・万延小判

万延小判

□27 1860年，ハリスの通訳である ★★ は，江戸赤羽橋から善福寺に帰る途中で薩摩藩士に殺害された。

(明治大)

ヒュースケン

□28 1861年，水戸脱藩士が外国公館を襲撃した事件のことを ★ という。 (立教大)

東禅寺事件

□29 1862年，高杉晋作らは，品川御殿山に建設中だった ★ 公使館を襲撃して，全焼させた。 (明治学院大)

◆井上馨・伊藤博文らが参加した。

イギリス公使館

IX 江戸

80 開国(2) ～不平等条約の締結と開国後の貿易～

81 江戸幕府の滅亡(1) ～幕末の動揺と混乱～

1 ★★★ を将軍にしようとしたグループを一橋派といい、★★ を将軍にしようとしたグループを南紀派という。 (中央大)

→ 徳川慶喜, 徳川慶福

2 徳川慶喜を将軍に擁立しようとした人物には、父の ★★ や、越前福井藩主の ★★★ 、薩摩藩主島津斉彬などがいた。 (獨協大)

→ 徳川斉昭, 松平慶永

3 南紀派の中心人物である ___ 藩主の ★★★ が大老に就任した結果、将軍継嗣問題が決着した。
◆南紀派は、主に譜代大名から構成された。 (近畿大)

→ 彦根, 井伊直弼

4 14代将軍に就任した ★★★ は、徳川 ___ の孫である。 (慶應大)

→ 徳川家茂, 徳川家斉

5 将軍継嗣問題や通商条約の調印に対する反対派は、★★★ によって多数処罰された。 (同志社大)

→ 安政の大獄

6 越前藩士 ★ と長州藩士 ★★ は、安政の大獄で刑死した。 (明治学院大)
◆梅田雲浜(小浜藩士)は獄死した。

→ 橋本左内, 吉田松陰

7 吉田松陰が萩に開いた(講義をした)私塾である ★★ からは、高杉晋作・久坂玄瑞・前原一誠らが輩出された。 (京都産業大)

→ 松下村塾

8 ___ 脱藩の志士たちが、1860年に井伊直弼を暗殺した事件を ★★ という。 (明治学院大)

→ 水戸, 桜田門外の変

9 井伊直弼が暗殺されたのちに、幕政の中心となった ★★★ は ★★ の政策を進めた。 (同志社大)

→ 安藤信正, 公武合体

10 公武合体政策の推進の中で家茂夫人として迎えられた孝明天皇の妹は ★★★ である。 (京都産業大)

→ 和宮

11 1862年におこった、老中安藤信正の暗殺未遂事件を ★★ という。 (同志社大)
◆この事件の首謀者は、大橋訥庵(おおはしとつあん)。

→ 坂下門外の変

■12 安藤信正の失脚後，1862年に薩摩藩の ★★ が求めた幕政改革を ★★ という。　（早稲田大）

　◆この人物は，島津斉彬の弟で，明治維新の太政官制では左大臣をつとめた。
　◆彼は，勅使大原重徳と江戸に赴いた。

島津久光，文久の改革

■13 文久の改革により，松平容保は ★★ に，徳川慶喜は ★★ に，松平慶永は ★★ に就任した。

　◆参勤交代が3年一勤となった。　（京都産業大）

京都守護職，将軍後見職，政事総裁職

■14 京都でおこった，島津久光の意見に従わない尊攘派に対して行われた弾圧事件を ★ という。（日本大）

寺田屋事件

■15 島津久光の行列を横切ったイギリス人が殺傷された ★★★ は，★★★ 戦争のきっかけとなった。（関西大）

生麦事件，薩英戦争

■16 長州藩と尊王攘夷派が，三条実美らと共に京を追われた事件を ★★★ という。　（日本大）

　◆このとき，三条実美・沢宣嘉ら7名の公卿が追放された。
　◆1862年末，朝廷は，幕府に攘夷の実行を命ずるよう勅使三条実美を派遣していた。

八月十八日の政変

■17 八月十八日の政変の際に，武力制圧の中心となったのは ★ 藩と ★ 藩である。　（青山学院大）

　◆これにより朝廷による大和行幸計画は中止された。

会津藩，薩摩藩

■18 八月十八日の政変前後の尊攘派の反乱に，中山忠光・吉村寅太郎による ★ ，平野国臣による ，藤田小四郎による天狗党の乱などがある。（関西学院大）

　◆尊王攘夷運動は，討幕運動に発展した。

天誅組の変，生野の変

■19 長州藩は，1864年におこった尊攘派殺傷事件である ★ を契機に，家老らが兵を率いて京都に攻めのぼったが ★★★ で敗北した。（慶應大）

　◆この変を指導した久坂玄瑞は，松下村塾出身だった。

池田屋事件，禁門（蛤御門）の変

■20 池田屋事件は， の下部組織である ★ がおこした。（獨協大）

　◆この組織の中心人物は，局長の近藤勇や副長の土方歳三。その他，一番隊組長の沖田総司，三番隊組長の斉藤一なども有名。

京都守護職，新選（撰）組　誠

Ⅸ 江戸

81 江戸幕府の滅亡(1)〜幕末の動揺と混乱〜

251

IX 江戸時代 81 江戸幕府の滅亡(1) ～幕末の動揺と混乱～

21 禁門の変では，[____]藩と[____]藩の兵が長州藩を退けた。　(日本大)
◆八月十八日の政変と同じ。☞ 81-16

会津藩，薩摩藩

22 禁門の変の制裁措置として，将軍徳川[★★]は，[★★]を行った。　(関西学院大)

徳川家茂，第一次長州征討

23 1864年，[★★]・[★★]・[★★]・[★★]は，長州藩に対して四国連合艦隊下関砲撃事件をおこした。
◆高杉晋作・木戸孝允らは，攘夷の不可能を悟った。　(早稲田大)

アメリカ，オランダ，イギリス，フランス

24 幕末のイギリス公使[★]の著書『[★]の都』が示すように，将軍の対外称号は「日本国[★]」と定められていた。　(早稲田大)

オールコック，大君の都，大君

25 列国は[★]年に兵庫沖まで艦隊を送って圧力をかけ，同年10月，[★★]を獲得し，[★]年に兵庫が開港された。　(駒澤大)
◆新潟の開港は1868年までずれ込んだ。

1865，条約勅許，1867

26 1866年に貿易協定である[★★★]を締結し，輸入品の税率を平均20%から，従量[★]%に改めた。　(早稲田大)

改税約書，5

27 改税約書は，[★]・[★]・[★]・[★]〈国名〉と締結した。　(東洋大)

アメリカ，オランダ，イギリス，フランス

82 江戸幕府の滅亡(2) ～幕府滅亡と幕末社会～

ANSWERS □□□

1 長州藩士の[★★]は，1863年に身分に関わらぬ有志の軍隊である[★★★]を組織し，藩の実権を奪った。　(関西大)

高杉晋作，奇兵隊

2 [★★★]はフランスの駐日公使として来日し，江戸幕府の15代将軍の幕政改革に協力した。　(明治学院大)

ロッシュ

3 1866年当時のイギリス駐日公使は[★★]である。　(南山大)

パークス

4 土佐藩士坂本竜馬は，1866年に[★★★]を斡旋した。　(南山大)

薩長連合（薩長同盟）

- **5** ★★★ 薩長同盟を結んだ人物は，薩摩側が ★★ と小松帯刀，長州側が ★★ で，仲介者は ★★★ と ★★ であった。（日本大）　→ 西郷隆盛，木戸孝允，坂本竜馬，中岡慎太郎

- **6** ★★ ★ 年に行われた第二次長州征討は，将軍 ★★ の病死を機に中止された。（上智大）　→ 1866，徳川家茂

- **7** ★★★ 1866年の ★★★ 天皇の死後，明治天皇が即位した。（京都大）　→ 孝明天皇

- **8** ★★★ 江戸幕府の15代将軍は ★★★ である。（上智大）　→ 徳川慶喜

- **9** ★★ 15代将軍は， ★★ 〈国名〉の援助のもと軍制改革を行った。（京都産業大）　→ フランス

- **10** ★★ 薩長両藩は，朝廷内の ★★ と結んで，1867年10月14日に ★★ を受けた。（北海道大）　→ 岩倉具視，討幕の密勅
    ◆当時の天皇は明治天皇。
    ◆薩長が受けたとあるので，「大政奉還」と答えてはならない！

- **11** ★★ 大政奉還は，土佐藩士の ★★ と ★★ がはかったものである。（同志社大）　→ 坂本竜馬，後藤象二郎
    ◆土佐藩船「夕顔丸」にて坂本竜馬が起草し，土佐藩の大政奉還論などの素案となったものを「船中八策」という。

- **12** ★★★ 大政奉還を幕府に進言した元大名は ★★★ である。（関西学院大）　→ 山内豊信（容堂）
    ◆この人物は土佐藩前藩主。

- **13** ★ 大政奉還の際，山内豊信が主張していた国家権力の構想を ★ という。（日本大）　→ 公議政体論

- **14** ★★★ 1867年12月9日， ★★★ を発して，天皇を中心とする新政府を樹立した。（青山学院大）　→ 王政復古の大号令

- **15** ★ 王政復古の大号令では， ★ を廃止し， ★ ・関白もやめた。（近畿大）　→ 幕府，摂政
    ◆これによって江戸幕府が滅亡し，天皇を中心とする新政府が樹立された。

- **16** ★★ 王政復古の大号令で， ★★ ・ ★★ ・ ★★ の三職がおかれた。（東洋大）　→ 総裁，議定，参与
    ◆三職が定められた当時の総裁は有栖川宮熾仁親王。

IX 江戸

82 江戸幕府の滅亡(2) 〜幕府滅亡と幕末社会〜

IX 江戸時代 82 江戸幕府の滅亡(2) ～幕府滅亡と幕末社会～

17 王政復古の大号令が発せられた日の夜，三職による ★★ で，徳川慶喜に対する ★★ を命じたので，慶喜は大坂城に引き上げ新政府と対立することになった。 (青山学院大)

→ 小御所会議，辞官納地

◆辞官とは内大臣の辞退，納地とは領地を朝廷へ一部返上することをさす。

18 1868年におこった，旧幕府軍と新政府軍との内戦を ★★★ とよぶ。 (新潟大)

→ 戊辰戦争

◆最高司令官である東征大総督は有栖川宮熾仁親王。

19 1868年1月3日，京都で ★★★ が開始され，戊辰戦争の火ぶたが切られた。 (上智大)

→ 鳥羽・伏見の戦い

20 戊辰戦争の際，「偽官軍」として処刑された ▭ は，▭ を率いていた。 (京都産業大)

→ 相楽総三，赤報隊

21 江戸城の無血開城は，幕臣 ★★ と，薩摩藩の官軍参謀である ★★ との会談で決定した。 (学習院大)

→ 勝海舟（義邦），西郷隆盛

22 戊辰戦争の際に，上野に立てこもった旧幕臣の集団を ▭ という。 (獨協大)

→ 彰義隊

23 戊辰戦争の際に，東北諸藩は越後の諸藩と呼応して ★ を結成した。 (広島修道大)

→ 奥羽越列藩同盟

24 ★ 藩では藩主 ★ をはじめ，白虎隊などが官軍に徹底抗戦した。 (学習院大)

→ 会津藩，松平容保

◆この隊はほとんど16～17歳の少年らで編成された。会津戦争に出陣して敗北。生き残った20名も全員自刃を決行した。

25 1869年5月，箱館の ★★★ に立てこもる旧幕臣の ★★ の軍が新政府軍に降伏して，戊辰戦争は終結した。 (関西学院大)

→ 五稜郭，榎本武揚

◆この最後の戦いを「五稜郭の戦い」といい，新選組の土方歳三らも旧幕府軍として新政府軍（＝官軍）と戦った。

26 幕末になると，農村では ★★★ とよばれる一揆が頻発した。 (早稲田大)

→ 世直し一揆

27 江戸時代におきた60年神発説をもって知られる伊勢神宮への集団礼拝運動を ★★★ という。 (明治大)

→ 御蔭参り

☐28 ★★★	1867年，民衆は「★★★」を唱え，老若男女の別なく異様な服装をして街頭で乱舞する運動を展開した。(早稲田大)	ええじゃないか
☐29 ★★	幕末期に盛んになり，のちに国家に公認された民間宗教を ★★ という。(関西学院大)	教派神道
☐30 ★★	中山みきは ★★ をおこした。(明治大)	天理教
☐31 ★★	川手文治郎は ★★ を，黒住宗忠は黒住教をおこした。(明治大)	金光教

IX 日本史を極めたい人のための 超ハイレベル問題

☐1	徳川家康は，6歳から□□□那古野城に本拠をもつ□□□に，8歳から19歳までは□□□に預けられた。(高崎経済大)	尾張，織田信秀，今川義元
☐2	駿府城は□□□市にあった。(明治大)	静岡
☐3	大目付は□□□年に柳生宗矩などが総目付に任ぜられたのが起源といわれる。(上智大)	1632
☐4	将軍が代がわりごとに，諸国の政情・民情を知るために派遣した役人を□□□とよぶ。(京都大)	巡見使
☐5	禁中並公家諸法度には家康・秀忠と前関白□□□が連署した。(学習院大)	二条昭実
☐6	1663年(＝寛文三年)に，武家伝奏を補佐するため，□□□を設置した。(慶應大)	議奏
☐7	流罪となった沢庵は1632年に許され，その後将軍家光の厚遇を得て，□□□寺の開山となり，同寺に住した。(学習院大)	東海寺
☐8	玉川庄右衛門・清右衛門が幕府に建議し，多摩川中流の羽村から江戸に引いた，神田上水と共に江戸二大上水として知られる上水を□□□といい，□□□年に完成した。(上智大)	玉川上水, 1654

IX 江戸 82 江戸幕府の滅亡(2)〜幕府滅亡と幕末社会〜

IX 江戸時代　超ハイレベル問題

- [ ] **9** 井原西鶴が，小説作家として名声を得た最初の作品は『□』である。　(京都大)　**好色一代男**

- [ ] **10** 江戸の米商人□は，享保の飢饉との関連で，幕府の米価引き上げ政策に加担していたとして，1733年に打ちこわしにあった。　(慶應大)　**高間伝兵衛**

- [ ] **11** □の松平定信への建言によって，朱子学が正学として位置づけられた。　(立教大)　**柴野栗山**

- [ ] **12** □は，高田屋嘉兵衛が幕命により1799年に開いた航路である。　(高崎経済大)　**択捉航路**

覚える必要全く無し!? おまけうんちくマニア問題

試験には出ない日本史 〜近世編〜

□**1** 織田信長はその身分不相応な装いと破天荒な行動から「大□□□」とよばれ，斎藤道三は主家を次々と食い破って成り上がったため「大□□□」とよばれた。

うつけ，マムシ

□**2** □□□の妻は，嫁入り支度で馬を購入して熱心に世話をした。その馬が信長の目にとまり，夫は立身出世してのちに土佐藩主となった。

山内一豊

□**3** 明智光秀は，備中の毛利氏を攻めている秀吉の援護を命じられて出陣したが，「我が□□□」といって突然進路をかえ，信長のいる本能寺に攻め入った。

敵は本能寺にあり

□**4** 秀吉は2度名前がかわっており，はじめは□□□，信長に仕えてからは□□□，太政大臣に任ぜられてから豊臣秀吉となった。

木下藤吉郎，羽柴秀吉

◆秀吉の幼名は「日吉丸」で，あだ名は「猿」であった。

□**5** 家康に仕えて信望を得た伊賀忍者□□□は，旗本に出世し，伊賀衆200人を預かって江戸城西門の警護にあたった。

服部半蔵正成

◆この門はのちに「半蔵門」とよばれ，現在も東京麴町に地名として残っている。

□**6** □□□は，関ヶ原の戦いの際，上田城に籠城して徳川秀忠の軍勢を苦しめ，秀忠の参戦を遅らせた。

真田幸村

◆彼の10人の家来「真田十勇士」と，その筆頭である甲賀忍者「猿飛佐助」などは後に創作されて人気を博した。

□**7** 宮本武蔵は，1612年に□□□島で□□□と決闘したあと忽然と姿を消し，その後20年ほどの消息がほとんど知られていない。

巌流島，佐々木小次郎

◆宮本武蔵は兵法の極意を『五輪書（ごりんしょ）』にまとめた。

□**8** 1867年11月15日，□□□は，32歳の誕生日に京都の□□□で，中岡慎太郎と共に暗殺された。

坂本竜馬，近江屋

◆彼は剣の達人でもあったが，このとき刀は離れた所に置いていたという。犯人は新撰組・京都見廻組など諸説あるが未だ不明。

IX 江戸

COLUMN—3 そして時代が変わる 〜時の狭間を掘り下げて〜

近世から近現代へ
〜江戸幕府が滅んだ真の理由〜

「江戸幕府は，開国が原因で崩壊した」と思われがちです。
しかし実際は，開国は1つのきっかけにすぎませんでした。
江戸幕府崩壊の大きな原因は，
実は「幕藩体制の崩壊」にあるといえます。
幕藩体制とは，「幕府は天領という幕府の領土を支配し，
大名はそれぞれの藩を支配する」という体制のことをいいます。
この体制のもとでは基本的に，相互不干渉となります。
つまり，藩は基本的に幕府の政治に関与することはできないのです。
確かに，藩主が老中などの重職に就いたときは，
幕政に関与しますが，あくまでも，それは老中在任中のこと。
老中の任期が終わると，幕府の政治には関与できなくなります。
そのため，鎌倉幕府における北条氏や，室町幕府における守護大名
といった「将軍にとって代わる勢力」が生まれにくい構造になっていたのです。
しかし，ペリーが来航し，開国を迫られたとき，
幕府は朝廷にそれを報告します。
諸大名や幕臣に諮問します。
また，ハリスが来日して通商を要求したときは，
朝廷の勅許をもらおうとします。
つまり，朝廷や諸大名を幕政に関与させてしまうのです。
「幕府の政治は幕府でやる。他の者は口出しするな」
といった体制が，事実上崩壊してしまったわけです。
その結果，19世紀前半に藩政改革に成功して財を蓄えた藩が，
朝廷と組んで，幕府を倒し，
自らがとって代わろうということになったのです。
その辺の展開については，拙著『金谷の日本史「なぜ」と「流れ」
がわかる本』(東進ブックス) に詳しいので，是非ご一読ください。

第4部
近代・現代
MODERN AGES & THE PRESENT AGE

X
明治時代
1868 — 1912

XI
大正時代
1912/7 — 1926/12

XII
昭和時代
1926/12/25 — 1989/1/7

X

明治時代
MEIJI PERIOD
1868 — 1912

83 明治維新 (1) ~明治政府の政治体制~

ANSWERS □□□

1 1868年3月14日に明治天皇が出した新政府の基本方針を ★★★ という。 (慶應大)

五箇条の(御)誓文

◆公議世論の尊重と開国和親を新政府の基本方針とした。

2 五箇条の誓文の原案は ★ が起草し，★ が修正した。 (早稲田大)

由利公正，福岡孝弟

3 五箇条の誓文の修正案にあった「★ 会議ヲ興シ」を「広ク会議ヲ興シ」と加筆修正した人物は ★★ である。 (早稲田大)

列侯，木戸孝允

4 五箇条の誓文発表の翌日にかかげられた ★★★ では，儒教道徳の遵守，徒党・強訴・逃散の禁止，キリスト教信仰の禁止などが定められた。 (成蹊大)

五榜の掲示

◆この掲示は「高札（こうさつ）」でかかげられた。

5 1868年の閏4月には，政治の基本的組織を規定した ★★★ を制定し，★★ 〈国名〉の憲法を真似た三権分立制がとり入れられた。 (上智大)

政体書，アメリカ

◆高級官吏の4年ごとの互選が定められた。

6 政体書は，★ と福岡孝弟が中心になって起草した。 (早稲田大)

副島種臣

◆政体書で定められた地方制度は府藩県三治制。

7 政体書で定められた立法機関は ★ である。 (早稲田大)

議政官

◆行政機関を行政官，財務機関を会計官，軍務機関を軍務官，外務機関を外国官，司法機関を刑法官という。

8 議政官は，議定・参与からなる上局と各府県藩選出の □ からなる下局に分かれる役人の合議機関であった。 (青山学院大)

貢士

9 ★
議政官の下局は、1869年 [____] となり、さらに [★] へと再編された。　（青山学院大）

公議所，集議院

10 ★★
1868年明治天皇が即位し、元号に関しては [★★] が定められた。　（南山大）

一世一元の制

◆東京遷都は1869年に行われた。当時は「東京府」だった。
◆明治時代以降、「江戸」は「東京」に、「大坂」は「大阪」になった。

11 ★★★
1869年、新政府は各藩に [★★★] を命じ、全藩主の領地・領民を政府の支配下においた。　（北海道大）

版籍奉還

12 ★★
版籍奉還によって、藩主は [★★] に任命された。　（津田塾大）

知藩事

13 ★★
版籍奉還の上表を新政府に提出した藩は [★★] ・[★★] ・[★★] ・肥前で、大久保利通・[★★] が中心となった。　（上智大）

薩摩，長州，土佐，木戸孝允

◆版とは藩の領地をさし、籍は藩の領民をさす。

14 ★★★
明治政府は中央集権体制をつくるため、1871年に兵力を後ろ盾として [★★★] を断行した。　（早稲田大）

廃藩置県

15 ★★
1869年、政府は太政官・[★★] の2官を設け、太政官のもとに [★] 〈数字〉省をおいた。　（中央大）

神祇官，6

◆民部・大蔵・兵部・刑部・宮内・外務の各省からなる。
◆神祇官は太政官の上位におかれた。

16 ★★★
1871年に出された [★★★] は、薩摩・長州・土佐の兵約1万を [★★] とし、この軍事力を背景に断行された。　（駒澤大）

廃藩置県，(御)親兵

◆この兵は、のちに「近衛兵」と改称された。

17 ★★
廃藩置県により知藩事は東京に集住し、かわって中央政府が任命する [★] ・[★★] が派遣された。　（南山大）

府知事，県令

18 ★
廃藩置県の際、最初に決められた県の数は [★] である。　（高崎経済大）

302

◆まもなく72県となり、1888年に43県となった。

19 ★★★
内閣制度成立にいたるまでの間の新政府の機構は、一般に [★★★] とよばれている。　（青山学院大）

太政官制

X 明治時代 83 明治維新(1) ～明治政府の政治体制～

20 1871年に、太政官の構成は ★★ 制となり、最高政治機関を ★★ 、立法の諮問機関を ★★ 、政務機関を ★★ といった。(早稲田大)
→ 三院制、正院、左院、右院

21 正院は、太政大臣・左大臣・右大臣・ ★ で構成された。(中央大)
→ 参議

22 太政官制のもとで、岩倉具視は ★ の役職に、三条実美は ★ の役職についた。(同志社大)
◆左大臣は島津久光。
→ 右大臣、太政大臣

23 右院は各省の長官にあたる ▢ と次官にあたる ▢ の協議機関とされた。(神戸学院大)
→ 卿、大輔

24 1871年、刑部省と ▢ を合わせて ★ が新設された。(中央大)
→ 弾正台、司法省

25 神祇省は1872年に廃止され、国民教化のための ▢ 省が新設された。(中央大)
→ 教部省

26 1872年に ★ 省は、陸軍省・海軍省に分割された。(早稲田大)
→ 兵部省

27 兵制については、1872年の ★★ にもとづいて、翌1873年に ★★★ が発令された。(青山学院大)
→ 徴兵告諭、徴兵令

28 徴兵令による軍隊の創設は、 ★ が構想して、 ★★★ が実現した。(上智大)
→ 大村益次郎、山県有朋

29 徴兵令では ★★ が原則とされ、満 ★★ 歳以上の男子を対象とし、兵役義務は ★ 年とした。(法政大)
→ 国民皆兵、20、3

◆戸主・嗣子（しし）、官吏・学生、代人料270円を納めた者は、兵役を免除された。
◆当時の陸軍は、フランス式兵制を採用した。

30 徴兵令に対する農民の抵抗運動を ★★ という。(北海道大)
→ 血税一揆（血税騒動）

◆徴兵告諭にある「西人之ヲ称シテ血税ト云フ。ソノ生血ヲ以テ国ニ報ズルノ謂ナリ」の一文を、農民が「生き血を（税として）とられる」と勘違いして恐怖したのが一因。

31 頻発する反政府行動をおさえるために、全国に4つの常備陸軍である ★ を設置した。(津田塾大)
→ 鎮台

□32 1873年に新設された [★★] 省の管轄下で警察制度の整備が進められ，翌1874年には川路利良の建議により [★] が創設され，東京府におかれていた邏卒は [　] に改称された。　　　　　　　　　　　　（関西大）

内務省,
警視庁,
巡査

□33 1871年の [★] により，賤民身分のよび名が廃止され，[★★] の原則がうたわれた。　　　　　　　　（津田塾大）

身分解放令,
四民平等

□34 1871年制定の [★] にもとづいて，1872年，統一的な戸籍である [★] がつくられた。　　　　　　（学習院大）

戸籍法,
壬申戸籍

□35 新しい身分制度が確立され，大名は [★]，藩士は [★]，農工商は [★] となった。　　　　　　　　（津田塾大）

華族,
士族, 平民

◆足軽などの最下層武士は一時，卒（そつ）に編入された。

84 明治維新 (2) ～明治政府の経済政策～

ANSWERS □□□

□1 新しい土地税制の確立のため，1871年に [★★] を許可し，翌1872年には [★★] を解いた。　　　　　　（津田塾大）

田畑勝手作り, 田畑永代売買の禁令

□2 田畑永代売買の禁令が解禁されたことにより，地価が定められ，[★★★] が交付された。　　　　　　（法政大）

地券

□3 1872年に発行された地券のことを，その干支にちなんで [★] とよぶ。　　　　　　　　　　　　　　　（明治大）

壬申地券

□4 1873年，財源の安定をはかるため，土地制度の改革を行って [★★★] を発布した。　　　　　　　　　　（立命館大）

地租改正条例

□5 最初地租は地価の [★★★] ％で，1877年に [★★] ％に改正された。　　　　　　　　　　　　　　　　（國學院大）

3, 2.5

◆地租は，土地所有者が金納した。

□6 地租改正の結果，地価の3％に加え，[　] ％の民費が金納となった。　　　　　　　　　　　　　　　　（東北学院大）

1

□7 地租改正の結果，山林・原野などの [★★] のうち，所有権が立証できないものは官有地とした。　　　（中央大）

入会地

□8 地租改正事業が完了した時点での，地租が政府歳入に占める割合は [　] ％である。　　　　　　　　（明治大）

60

◆地租改正事業は，1881年にほぼ完了した。

X 明治時代　84 明治維新(2) 〜明治政府の経済政策〜

9 大規模な地租改正反対一揆には1876年の ★ や，三重・ ★ ・ ★ ・ ★ の4県にまたがる三重大一揆がある。　(青山学院大)

→ 茨城大一揆，愛知，岐阜，堺

◆翌年，地租は地価の2.5%に引き下げられた。

10 1868年に発行された最初の政府紙幣である ★★★ は， ★ の建議で発行され，翌1869年には ★★ が発行された。　(早稲田大)

→ 太政官札，由利公正，民部省札

◆京都や大阪の大商人から徴発した御用金300万両が財源。

11 太政官札・民部省札は，正貨と交換の裏づけのない ★★ であった。　(甲南大)

→ 不換紙幣

◆1872年に発行された政府紙幣も同様の紙幣であった。

12 1871年 ★★★ が出され，円を基準に十進法が採用された。　(関西大)

→ 新貨条例

13 新貨条例では ★★★ 本位制を採用したが，実質的には ★ 本位制であった。　(早稲田大)

→ 金本位制，金銀複本位制

◆新貨条例は，伊藤博文の建議で出された。

14 新貨条例によって， ★★ 進法による両・分・朱にかわって，十進法による ★★ ・ ★★ ・ ★★ の3つの貨幣単位が採用された。　(明治大)

→ 四，円，銭，厘

◆当時鋳造された1円銀貨を「貿易銀」という。

15 1872年には， ★★★ が中心となって ★★★ 条例を定め，民間の力を借りて金貨と交換できる兌換銀行券を発行しようとした。　(関西大)

→ 渋沢栄一，国立銀行条例

16 国立銀行は ★★★ 〈国名〉の銀行制度である ★★ を模倣してつくられた。　(立教大)

→ アメリカ，ナショナル＝バンク

17 国立銀行条例では銀行券の ★ 兌換を義務づけたため，国立銀行の設立は ★ 行にとどまった。　(立教大)

→ 正貨兌換，4

◆東京・横浜・新潟・大阪に設立された。

18 国立銀行条例は ★ 年に改正して ★ 兌換義務を解いたために，国立銀行設立が急増し，1879年の第 ★★ 国立銀行設立まで続いた。　(早稲田大)

→ 1876，正貨兌換義務，百五十三

- □19 最初の国立銀行は，[★]年に設立された[★★]で，初代頭取は[★★]である。(学習院大) … 1873，第一国立銀行，渋沢栄一
  ◆1876年に設立された日本最初の普通銀行は三井銀行。

- □20 政府と結んで独占的に利益を上げた特権的資本家を[★★★]といい，彼らはのちに財閥を形成していった。(立命館大) … 政商

- □21 秩禄とは，[★★]と[★★]を合わせたものをいう。(日本大) … 家禄，賞典禄

- □22 維新の成立に功績のあった者は，家禄以外に[★]が与えられていた。(学習院大) … 賞典禄

- □23 1873年，希望者には家禄を現金と[★]で一度に支給する秩禄奉還の法を発した。(日本大) … 秩禄公債

- □24 1876年には華族・士族らに[★★]を与えて，秩禄を有償で処分した。(立教大) … 金禄公債証書
  ◆この秩禄制の廃止(処分)を秩禄処分という。

85 明治維新(3) ～明治政府の殖産興業政策～

ANSWERS □□□

- □1 殖産興業政策の中心は，1870年に創設され日本の工業化を進めていった[★★★]省と，1873年に[★★]が初代長官となった[★★★]省である。(立命館大) … 工部省，大久保利通，内務省
  ◆明治初期，政府は富国強兵を目標として殖産興業に力を注いだ。

- □2 [★★★]政策は，工部省・内務省・農商務省が中心となり，この政策を推進するために，政府は[★★]という工場を各地に設立した。(青山学院大) … 殖産興業政策，官営模範工場

- □3 政府は，東京・大阪の[★★]や，横須賀・長崎・兵庫の[★★]の拡充に力を入れた。(駒澤大) … 砲兵工廠，造船所

- □4 [★]は旧幕府関口製造所を受けついだ軍需工場で，[ ]は旧幕府の長崎製鉄所を受けついだ大砲製造所が改称したものである。(同志社大) … 東京砲兵工廠，大阪砲兵工廠

- □5 1872年に操業を開始した，群馬県の[★★★]では，[★★★]人技師が技術教育を行った。(上智大) … 富岡製糸場，フランス

X 明治時代 85 明治維新(3) 〜明治政府の殖産興業政策〜

6 ★★ 富岡製糸場は，[★★]省が管轄した。 (國學院大)
内務省
◆富岡製糸場では，フランス人技師ブリューナが指導にあたった。

7 ★ 群馬県に1877年に開設された紡績の官営模範工場は[★]である。 (京都産業大)
新町紡績所

8 ★ 1879年に東京に設立された[★]は，軍服材料などのラシャを製造した。 (関西大)
千住製絨所

9 ★★ 1877年に，東京で開かれた内務省主催の博覧会のことを[★★]博覧会といい，その後も各地で殖産興業のための[ ]が開かれた。 (関西大)
内国勧業博覧会，共進会

10 ★ 明治時代初期に，東京に設立された農業試験場には[★]と内藤新宿試験場があり，農事教育機関には[★]があった。 (同志社大)
三田育種場，駒場農学校

11 1869年に開通した電信の区間は[ ]〜[ ]間である。 (学習院大)
東京，横浜
◆1874年には長崎と北海道まで延伸し，長崎〜上海間の海底電線を通じて欧米と電信線でつながった。

12 ★★★ 郵便制度は[★]年に旧越後高田藩士[★★★]によって，[ ]〜[ ]間で実施された。 (上智大)
1871，前島密，東京，大阪

13 ★ 日本は1877年，世界的郵便組織である[★]条約に加盟した。 (早稲田大)
万国郵便連合条約

14 ★★ 1872年に[★★]〜[★★]間に鉄道が開通した。 (同志社大)
新橋(東京)，横浜

15 1874年には[ ]〜[ ]間の鉄道が開業した。 (慶應大)
大阪，神戸

16 ★ 官営鉄道は，[★]〈国名〉から技術と資金を導入したもので，[★]が管轄した。 (法政大)
イギリス，工部省
◆鉄道開設の際，指導にあたったイギリス人はモレル。

17 ★★★ 蝦夷地は「北海道」と改められ，1869年に[★★★]をおいて開発を進めた。 (上智大)
開拓使
◆アメリカ式大農場を移植しようとした。

18 ★★★ 1874年，北海道で士族の授産と国防の目的をもって実施された制度を[★★★]制度という。 (東海大)
屯田兵制度

266

X 明治 85 明治維新(3) 〜明治政府の殖産興業政策〜

19 1882年に開拓使が廃止され、北海道が札幌・函館・□の3県に分割されたが、1886年に県が廃止され ★ が設置された。 (立教大)
根室, 北海道庁

20 1899年に制定された ★★ は、アイヌ民族の生活救済を名目としたが、実際には画一的同化主義に立つもので、差別と貧困化を固定させた。 (早稲田大)
北海道旧土人保護法

21 明治政府は ★ 年に清国と ★★★ という対等条約を結んだ。 (國學院大)
◆日本は対等であることに不満を示し、批准は1873年までずれ込んだ。
1871, 日清修好条規

22 琉球漂流民(漁民)殺害事件がきっかけで、 ★ 年に日本政府は ★★★ を行った。 (駒澤大)
◆琉球漁民の船が台風に流され台湾に漂着し、54人が殺された。
1874, 台湾出兵(征台の役)

23 台湾出兵の際の指揮者は ★★ である。 (東京女子大)
◆台湾出兵の解決に努力した駐清イギリス公使はウェード。
西郷従道

24 1875年の ★★★ 事件をきっかけに日本は朝鮮に圧力をかけ、翌1876年に ★★★ を結び、朝鮮を開国させた。 (成城大)
江華島事件, 日朝修好条規

25 日朝修好条規では、 ★★ のほかに ★★ ・ ★★ を開港した。 (同志社大)
◆日本側全権は黒田清隆と井上馨。
釜山, 仁川, 元山

26 江華島事件のきっかけは、日本の軍艦□が漢城近くの江華島に接近し、砲台から砲撃されたことによる。 (立命館大)
雲揚

27 明治政府は1872年に琉球藩をおき、琉球国王の ★ を藩王とした。 (青山学院大)
尚泰

28 1879年には、 ★★ 藩を廃して沖縄県とする、 ★★ という措置を行った。 (早稲田大)
◆沖縄の自由民権運動の指導者は謝花昇(じゃはなのぼる)。
琉球藩, 琉球処分

29 1875年、樺太全島をロシア領、千島列島全島を日本領とする ★★★ 条約が結ばれた。 (上智大)
◆政府は、特使榎本武揚を派遣してこの条約を結んだ。
◆ロシアでは千島はクリル、樺太はサハリンとよばれた。
樺太・千島交換条約

X 明治時代　85 明治維新(3) ～明治政府の殖産興業政策～

□30 小笠原諸島は，1876年には□□省，1880年には□□の管轄となった。　　　　　　　　　　　(早稲田大)

内務省，東京府

86 不平士族の反乱と自由民権運動

ANSWERS □□□

□1 不平士族の不満を外征に向けるため，★★★ が唱えられたが，1873年に否決され，征韓派は一斉に下野した。これを明治六年の政変という。　(駒澤大)
◆下野…官職をやめて民間に下ること。

征韓論

□2 征韓論で下野した5人の参議とは，薩摩の ★★ ，土佐の ★★★ ・ ★★ ，肥前の ★★ ・ ★★ である。　(青山学院大)
◆岩倉具視は，征韓派に赤坂喰違(くいちがい)で襲撃された。

西郷隆盛，板垣退助，後藤象二郎，副島種臣，江藤新平

□3 征韓論に敗れて下野した参議たちが，1874年に ★★★ を左院に提出した。　(京都女子大)

民撰議院設立の建白書

□4 民撰議院設立の建白書を提出した参議は，板垣退助・★★ ・ ★★ ・ ★★ である。　(立命館大)
◆征韓論で下野した参議のうち，西郷隆盛は民撰議院設立の建白書に参加していない。

後藤象二郎，副島種臣，江藤新平

□5 民撰議院を求める人々は，藩閥的な政府高官による政治を ★★ 〈漢字4字〉といって批判した。　(早稲田大)

有司専制

□6 民撰議院設立建白書の内容は，英国人ブラックが創刊した『 ★ 』紙上に掲載された。　(甲南大)

日新真事誌

□7 日本最初の政党は，1874年に結成された ★ であったが，その中心人物は，出身地の土佐に帰って ★★ を設立した。　(東京女子大)

愛国公党，立志社

□8 自由民権運動の高まりと共に，土佐の立志社をはじめ全国各地に多くの□□が結成された。　(立教大)

政社

□9 各地に自由民権主義を標榜する政社が生まれ，徳島には小室信夫らによる□□，福島には河野広中らによる□□が創立された。　(慶應大)

自助社，石陽社

268

- □10 ★★★ 1875年には，大阪で最初の全国的な政治結社である ★★★ が結成された。 (立教大)

愛国社

- □11 ★★★ 1875年はじめに ★★ は，台湾出兵に反対して下野していた ★★ と共に，板垣退助らに会った。いわゆる ★★★ である。 (駒澤大)

大久保利通，木戸孝允，大阪会議

- □12 ★★ 大阪会議の結果，★★ が出され，立憲政治に進むことが示された。 (武蔵大)

漸次立憲政体樹立の詔

- □13 ★★ 大阪会議の結果，立法諮問機関である ★★ ，および司法権を行使する最高機関である ★★ ，府知事・県令からなる ★ が設置された。 (中央大)

元老院，大審院，地方官会議

- □14 ★ ★ は，元老院で編纂された憲法草案で，政府首脳の意向に合わなかったため廃案となった。 (慶應大)
  ◆岩倉具視らの反対で廃案となった。

日本国憲按

- □15 ★★ 政府は1875年に，★★ や ★★ を制定して自由民権運動をとりしまった。 (慶應大)
  ◆このとき，1869年に制定された出版条例も改正された。

讒謗律，新聞紙条例

- □16 ★★★ 征韓論で下野した参議の ★★★ が，1874年におこした反乱を ★★★ という。 (同志社大)
  ◆この乱の中心となった組織は征韓党。

江藤新平，佐賀の乱

- □17 ★★ 1876年の ★★ と ★★ を直接の契機として不平士族反乱がおこった。 (学習院大)

廃刀令，秩禄処分

- □18 ★★ 1876年の不平士族の反乱のうち，熊本でおこった反乱は ★★ である。 (明治大)

敬神党（神風連）の乱

- □19 ★★★ 1876年の不平士族の反乱のうち，山口でおこったのは ★★★ である。 (明治大)

萩の乱

- □20 ★★ 1876年の不平士族の反乱のうち，福岡でおこったのは ★★ である。 (明治大)

秋月の乱

- □21 ★★ 萩の乱をおこした前参議は ★★ である。 (関西学院大)

前原一誠

- □22 ★★★ 1877年の西郷隆盛を中心とする反乱を ★★★ という。
  ◆西郷隆盛は，当時鹿児島に私学校を開いていた。 (近畿大)

西南戦争

X 明治

86 不平士族の反乱と自由民権運動

X 明治時代　86 不平士族の反乱と自由民権運動

- [ ] 23 1878年，**大久保利通** は東京の紀尾井坂で不平士族に暗殺された。　(武蔵大)

- [ ] 24 1878年には，近衛兵が西南戦争の論功行賞をめぐって **竹橋事件** をおこし，鎮定されたが，50人以上が死刑となった。　(法政大)

- [ ] 25 西南戦争の勝敗がほぼ決した頃，立志社の **片岡健吉** は一通の建白書を天皇に提出した。　(上智大)

- [ ] 26 1878年に再興された **愛国社** は，1880年に大阪で大会を開き，組織名を **国会期成同盟** とした。　(立教大)

- [ ] 27 政府は1880年に **集会条例** を制定して，国会期成同盟を弾圧した。　(中央大)

- [ ] 28 北海道開拓使の官有財産を当時の開拓使長官 **黒田清隆** が，同郷の薩摩出身の政商 **五代友厚** に非常に有利な条件で払い下げようとした。　(立命館大)
  ◆これを開拓使官有物払下げ事件という。この政商は，関西貿易社を経営していた。

- [ ] 29 明治十四年の政変で罷免された **大隈重信** は，国会の早期開設を主張し，時期尚早派であった **伊藤博文**・岩倉具視らと対立していた。　(法政大)

- [ ] 30 1881年に政府は **国会開設の勅諭** を出して，**10** 年後の国会開設を約束した。　(北海道大)
  ◆1890年までに国会を開設することを約束した。

- [ ] 31 国会開設の勅諭を受けて，1881年に板垣退助を党首とした **自由党**，1882年に大隈重信を党首とした **立憲改進党** が結成された。　(中央大)

- [ ] 32 **国会期成同盟** は1881年に自由党と改称した。　(中央大)

- [ ] 33 自由党は **フランス**〈国名〉流急進論を唱え，立憲改進党は **イギリス**〈国名〉流穏健論を唱えた。　(日本大)

- [ ] 34 東京日日新聞の社長の **福地源一郎** が1882年に結成した政党は **立憲帝政党** である。　(学習院大)
  ◆丸山作楽（さくら）も参加した。

□35 明治前期の憲法私案のことを総称して ★★★ という。
（明治大）
私擬憲法

□36 「日本憲法見込案」は ★★ の私擬憲法である。
（同志社大）
立志社

□37 「私擬憲法案」は ★★ の私擬憲法である。（同志社大）
◆議院内閣制と国務大臣連帯責任制を定めた私擬憲法。
交詢社

□38 「東洋大日本国国憲按」の起草者は ★★★ である。
（学習院大）
◆国民主権・一院制・革命権・抵抗権を規定した私擬憲法。
植木枝盛

□39 千葉卓三郎が起草した私擬憲法は「 ★★ 」とよばれた。
（立教大）
五日市憲法
（日本帝国憲法）

87 松方財政と激化事件

ANSWERS □□□

□1 1880年，政府は ★ ・煙草税などを増徴した。
◆当時の大蔵卿は大隈重信。
（早稲田大）
酒造税

□2 工場払下げ概則は ★★ 年に制定・公布された。
◆当時の大蔵卿は大隈重信。
（國學院大）
1880

□3 1881年，★★★ は大蔵卿に就任し，デフレ政策を進めた。
（上智大）
松方正義

□4 ★★ と佐野常民のあとをついで ★ 年，松方正義が大蔵卿になった。
（早稲田大）
◆当時は，西南戦争のために不換紙幣が増発されていたことで，インフレーションが進行していた。
大隈重信，1881
隈✕

□5 松方正義は， ★ 以外の歳出を切りつめた緊縮予算と増税による ★ の整理を行った。このような経済政策を ★★★ 政策という。
（立教大）
軍事費，
不換紙幣，
デフレ政策

□6 1881年， ★★ となった松方正義によって， ★★ をのぞく官営工場の払い下げが促進された。
（専修大）
大蔵卿，軍需工場

□7 1882年には，大蔵卿 ★★★ のもとで中央銀行である ★★★ が創設され，日本の貨幣制度が整った。
◆イギリスの中央銀行はイングランド銀行。
（同志社大）
松方正義，
日本銀行

X 明治時代　87 松方財政と激化事件

8 ★★　1883年には，銀行券発行権を ★★ からとりあげた。
◆国立銀行条例の改正によって実現された。　　　　（立教大）
→ 国立銀行

9 ★　銀行券の発行権をとりあげられた国立銀行は ★ 銀行に転換した。　　　　　　　　　　　　　　　（明治大）
→ 普通銀行

10 ★★★　★★ 年になると日本銀行は ★★★ 兌換の銀行券を発行した。　　　　　　　　　　　　　　　　（立命館大）
→ 1885，銀兌換

11 ★★★　★ 年には政府紙幣の銀兌換も始まり，★★★ 制が確立した。　　　　　　　　　　　　　　　　（立教大）
→ 1886，銀本位制

12 ★★　デフレーションの結果，★★ や ★★ の価格が下落し，農村は大きな打撃を受けた。　　　　　　（明治大）
→ 米，繭

13 ★★★　デフレーションの結果，自作農が没落して ★★★ への土地集中が大幅に進んだ。　　　　　　（青山学院大）
→ 寄生地主

14 ★　1882年に ★ を改正して，政党の支部設置を禁止した。　　　　　　　　　　　　　　　　　　　（獨協大）
→ 集会条例

15 ★★　この頃，自由党の ★★ は，土佐出身の ★ と共に政府筋の資金で外遊した。　　　　　　　　（同志社大）
◆伊藤博文・井上馨が，三井に洋行資金を出させた。
◆立憲改進党と三菱の関係も暴露された。
→ 板垣退助，後藤象二郎

16 ★★★　★ 年，県令 ★★★ の圧政に，自由党の県会議長 ★★ が反抗して福島事件をおこした。（学習院大）
→ 1882，三島通庸，河野広中

17 ★★　栃木県令三島通庸の圧政に対して，栃木・福島の自由党員が彼の暗殺を計画し鎮圧された事件を ★★ という。　　　　　　　　　　　　　　　　　　（京都女子大）
◆1884年に妙義山でおこった激化事件を群馬事件という。
→ 加波山事件

18 ★　激化事件には，1883年の ★ 事件がある。
　　　　　　　　　　　　　　　　　　　　　　　　　（京都女子大）
→ 高田事件

19 ★　激化事件には，1884年の長野県の ★ 事件がある。
　　　　　　　　　　　　　　　　　　　　　　　　　（京都女子大）
→ 飯田事件

20 ★★★　激化事件には，1884年の埼玉県の ★★★ 事件がある。
　　　　　　　　　　　　　　　　　　　　　　　　　（京都女子大）
→ 秩父事件

問	問題文	解答
21	[★]年の秩父事件の際に，農民たちは[★]・[ ]を結成した。(関西大)	1884，困民党，借金党
22	激化事件に伴い，[★]年に自由党は解党し，大隈重信らも[★★]を脱党した。(同志社大) ◆自由党は加波山事件の直後に解党した。	1884，立憲改進党
23	自由党左派の[★★]は，1885年に女性民権運動家の[★★]と共に，朝鮮に渡り内政改革をはかる計画を立てた。[★★]事件である。(南山大)	大井憲太郎，景山(福田)英子，大阪事件
24	明治時代の女流民権運動家には，[★★]や，『妾の半生涯』の著者の[★]がいる。(聖心女子大)	岸田(中島)俊子，景山(福田)英子
25	1886年に，旧自由党の星亨が，自由党と立憲改進党の[★★★]を提唱した。(國學院大)	大同団結
26	大同団結運動は，旧自由党の[★★]が提唱し[★★]が継承した。(國學院大)	星亨，後藤象二郎
27	1887年，井上馨外相の条約改正への反対運動を発端に[★★★]運動がおこった。(中央大) ◆片岡健吉ら民権派が中心となって政府を攻撃した。	三大事件建白運動
28	三大事件建白運動とは，[★★]の挽回・[★★]の軽減・[★★]の自由を求めた運動である。(中央大)	外交失策，地租，言論集会
29	1887年に政府は[★★★]を公布し，多くの在京の民権派を東京から追放した。(慶應大)	保安条例
30	保安条例により，民権論者を皇居外[★]里の地に[★]年間追放した。(國學院大) ◆尾崎行雄・中江兆民・片岡健吉・星亨ら570名が追放された。	3，3
31	[★]は，大同団結運動を率いたが，中途で逓信大臣として入閣したため追放されなかった。(早稲田大)	後藤象二郎
32	保安条例が出されたときの内務大臣は[★]，警視総監は[ ]である。(中央大)	山県有朋，三島通庸

X 明治

87 松方財政と激化事件

88 憲法と諸法典の整備

■1 　★　年に参議　★★★　をヨーロッパに派遣し，憲法調査にあたらせた。　(中央大)

1882，伊藤博文

◆1881年，法律の起草および審議のため参事院が設けられた。

■2 伊藤博文は，ヨーロッパ滞在中に，ウィーン大学の　★　やドイツのベルリン大学の　★★　から憲法理論を学んだ。　(早稲田大)

シュタイン，グナイスト

◆ドイツ流の憲法理論を学んだ。

■3 伊藤博文は，1884年開設された　★★　の長官となり，憲法の起草や内閣制度の準備にあたった。　(立命館大)

制度取調局

■4 1884年の　★★★　令は，　★★　院議員選出準備のための措置であった。　(立命館大)

華族令，貴族院

■5 華族令によって，華族は　★　・　★　・　★　・子・男の五爵に分けられた。　(同志社大)

公，侯，伯
候×

■6 　★★★　年には　★★　制を廃止して，内閣制度が新設された。　(南山大)

1885，太政官制

◆これにより，「卿」「輔」はそれぞれ「大臣」「次官」となった。
◆宮中と府中の別が明らかとなった。

■7 1885年12月に，第一次　★★★　内閣が成立した。　(立教大)

伊藤博文

◆この内閣の閣僚：井上馨(外務)・山県有朋(内務)・松方正義(大蔵)・大山巌(陸軍)・西郷従道(海軍)・山田顕義(司法)・森有礼(文部)・榎本武揚(逓信)・谷干城(農商務)。

■8 工部省が廃止されたかわりに，通信・交通行政を司ったのは　★　省である。　(南山大)

逓信省

■9 天皇を「常侍輔弼」する　★　大臣には，三条実美が任命された。　(中央大)

内大臣

◆天皇を補佐する官職の者が職務を行う機関は内大臣府。
◆天皇の印である天皇御璽(ぎょじ)と，日本国の印である日本国璽(こくじ)の保管も担当した。
◆1886年制定の歳入歳出出納規則では皇室会計は国庫会計から分離され別扱いとなった。

■10 内閣制度発足の際に，　★　省は内閣の外におかれた。　(早稲田大)

宮内省

☐ ⑪ 宮内省の長官を ★ という。 (西南学院大) — 宮内大臣
◆「内大臣」としないこと!!
◆伊藤博文が兼任した。

☐ ⑫ 憲法の起草にあたり顧問となったドイツ人は ★★ である。 (京都女子大) — ロエスレル

☐ ⑬ 憲法の起草にあたった日本人は、伊藤博文・ ★★ ・ ★★ ・ ★★ である。 (京都女子大) — 井上毅, 金子堅太郎, 伊東巳代治

☐ ⑭ 大日本帝国憲法の審議は、1888年創設の天皇の最高諮問機関にあたる ★★★ で行われ、伊藤博文が初代議長となった。 (日本女子大) — 枢密院

☐ ⑮ 大日本帝国憲法は、★★★ 内閣の ★★★ 年 ★ 月 ★ 日に公布された。 (学習院大) — 黒田清隆, 1889, 2, 11

☐ ⑯ 大日本帝国憲法は ★★ 〈国名〉の憲法にならい、君主である天皇から国民に与えられる ★★ 憲法という形をとった。 (学習院大) — ドイツ(プロシア), 欽定憲法

☐ ⑰ 天皇は、★ 不可侵であり、★ 権の総攬者であり、陸海軍の ★★ 権などの天皇大権を有していた。 (北海道大) — 神聖不可侵, 統治権, 統帥権 師×

☐ ⑱ ★★ は、議会の閉会中に法律にかわるものとして天皇が出すことのできたものである。 (京都大) — 緊急勅令

☐ ⑲ 内閣は天皇の ★★ 機関である。 (日本大) — 輔弼機関

☐ ⑳ 帝国議会は天皇の ★★ 機関である。 (駒澤大) — 協賛機関

☐ ㉑ 国務大臣は ★★ に対してのみ個々に責任を負った。 (明治学院大) — 天皇

☐ ㉒ 帝国議会は ★★★ 院・衆議院の二院制が採用され、それぞれ貴族院令・ ★★★ により規定がなされた。 (関西大) — 貴族院, 衆議院議員選挙法

☐ ㉓ 貴族院は、★ ・ ★ の議員と、★ 議員および各府県より1名ずつ選ばれた多額納税者議員からなる。 (中央大) — 皇族, 華族, 勅選議員

X 明治

88 憲法と諸法典の整備

X 明治時代　88 憲法と諸法典の整備

24 大日本帝国憲法では，国民のことを ★★ と表記した。　（関西大）
→ 臣民

◆国民は，法律の範囲内での自由を認められた。

25 大日本帝国憲法と同じ日に制定された皇室に関する法令を ★★ という。　（同志社大）
→ 皇室典範

◆この法令は公布されなかった。
◆この法令により摂政が復活した。

26 明治初年，司法卿として，司法制度の改革を推進した肥前藩出身の政治家は ★ である。　（学習院大）
→ 江藤新平

27 刑法典は，1870年に ★ が，1873年にはその不備を補うため ★ が制定された。　（中央大）
→ 新律綱領，改定律例

28 1880年， ★★ 〈国名〉から招かれた法学者 ★★ の指導のもとに，刑法が作成された。　（法政大）
→ フランス，ボアソナード

◆この刑法では，罪刑法定主義が採用された。
◆大逆罪・不敬罪・内乱罪を厳罰とした。

29 1880年には刑法と同時に，のちの刑事訴訟法にあたる ★ も公布された。　（成城大）
→ 治罪法

◆この法律は1890年に改定され，刑事訴訟法となった。また，同じ年に民事訴訟法も公布された。

30 刑法は1907年に ★ 〈国名〉法系による大幅な改正を断行した。　（慶應大）
→ ドイツ

31 民法は，はじめ ★★ 人の ★★★ が起草し，1890年に大部分が公布された。　（慶應大）
→ フランス，ボアソナード

32 ★★★ は，「民法出デヽ ★ 亡ブ」と，ボアソナードの民法を非難したため，いわゆる ★★ がおこった。　（同志社大）
→ 穂積八束，忠孝，民法典論争

◆この論争において，フランス法の東大教授梅謙次郎は，家長権を「封建の遺物」と論じた。

33 1896年と1898年に大幅修正されて施行された民法は ★★★ 〈国名〉の民法を模範とした。　（駒澤大）
→ ドイツ

34 改正された民法は，家における ★ の絶対的な支配権など， ★ 制的な家の制度を定めた。　（日本大）
→ 戸主，家父長制

◆戸主は未成年の子供に対して親権を有し，その戸主の地位と遺産を相続する権限は家督相続権とよばれた。

■35 1890年公布の商法の法案起草, 助言にあたった外国人は ★ である。 （立教大）

ロエスレル

◆この商法は日本の商慣習に合わず, 1899年に修正された。

■36 1878年に制定された地方行財政に関する規定を総称して ★ という。 （青山学院大）

三新法

■37 三新法は, ★ · ★ 規則· ★ 規則からなる。 （北海道大）

郡区町村編制法, 府県会規則, 地方税規則

◆長官は官選され, 郡長・区長とよばれた。

■38 地方自治に関する法律で, 1888年に公布されたものを ★★★ といい, 1890年に公布されたものを ★★★ という。 （南山大）

市制・町村制, 府県制・郡制

■39 市制・町村制などの創設に尽力した外国人は ★★ , 内務大臣は ★★ である。 （早稲田大）

モッセ, 山県有朋

◆前者はドイツ人法律顧問。

■40 市制・町村制では, 人口 ★ 人以上の町を「市」とし, 市町村会議員の選挙・被選挙権は, 共に直接国税 ★ 円以上の納入者に限られた。 （早稲田大）

25000,

2

◆市長は内務大臣が任命し, 行政は市参事会が担当した。
◆町村長は, 町村会で公選された無給の名誉職であった。

■41 知事は ★★ 大臣から人事・組織について指揮監督を受けた。 （立教大）

内務大臣

◆郡の行政機関は郡長と郡参事会。
◆郡会議員は町村会議員の投票と大地主の互選で決まった。
◆府県会議員は郡会議員の投票による間接選挙であった。

89 初期議会

■1 政府の政策は政党の存在によって左右されないという立場を ★★★ といい, ★★★ 首相が最初に表明した。 （中央大）

超然主義, 黒田清隆

■2 衆議院議員選挙法公布当時, 衆議院議員の選挙権は満 ★★★ 歳以上の男子で, 直接国税を ★★★ 円以上納めた者に限定された。 （東洋大）

25, 15

◆直接国税は地租と所得税からなる。（のちに営業税も加わる。）

X 明治時代　89 初期議会

3 第1回総選挙の有権者は、当時の人口の ★★ ％にすぎなかった。　（早稲田大）
→ 1.1

4 衆議院議員選挙法公布当時、衆議院議員の被選挙権は満 ★★ 歳以上の男子であった。　（東洋大）
→ 30

5 ★★ 年に実施された、日本最初の総選挙では、★★★ が衆議院の過半数を占めた。　（南山大）
→ 1890, 民党

6 第1回総選挙の民党を多数党順に記すと、★★★ , ★★★ となる。　（立教大）
→ 立憲自由党, 立憲改進党

7 第1回総選挙の頃、政府を支持する政党は ★★ とよばれた。　（センター）
→ 吏党

◆大成会→中央交渉部→国民協会と変遷した。

8 1889年の衆議院議員選挙法では原則として ★ 選挙区制がとられた。　（立命館大）
→ 小選挙区制

9 ★★ 年には、★★★ 首相のもとで第1回帝国議会が開催された。　（早稲田大）
→ 1890, 山県有朋

10 初期議会における民党の主張は、「★★★ ・ ★★★ 」である。　（明治大）
→ 政費節減, 民力休養

11 第一議会で山県首相は、国家主権の範囲を ★★ 、朝鮮半島を ★★ と発言した。　（國學院大）
→ 主権線, 利益線

◆政府は自由党の一部を切り崩して予算を成立させた。

12 ★ 年に開催された第二議会で、民党の軍事予算削減要求に対して海軍大臣 ★ は藩閥政府を擁護する「蛮勇演説」を行った。　（同志社大）
→ 1891, 樺山資紀

13 第二議会当時の内閣総理大臣は ★★ である。　（中央大）
→ 松方正義

14 第二議会解散に伴う第2回総選挙で、選挙干渉を指揮した内務大臣は ★★★ である。　（学習院大）
→ 品川弥二郎

◆選挙は民党の勝利に終わった。

15 1892年、品川弥二郎・西郷従道・佐々友房らが組織した ★ は、第四議会では吏党となった。　（中央大）
→ 国民協会

◆この組織は、1899年に帝国党に改組された。

□16 第二次伊藤博文内閣は、藩閥の有力者が閣僚となっていることから ★ 内閣といわれている。（学習院大）
元勲内閣

□17 第四議会では、天皇は宮廷費を節減するので、議会も政府に協力してほしいという ★ が出され、軍事予算が可決された。（学習院大）
建艦詔書

□18 対外硬派連合は ★ ・ ★ の2政党が中心となった。（早稲田大）
立憲改進党, 国民協会

90 条約改正

ANSWERS □□□

□1 条約改正のため1871年に派遣された使節の全権大使は、当時 ★★ 大臣の ★★★ である。（法政大）
◆条約改正交渉は1872年からできることになっていた。
右大臣, 岩倉具視

□2 岩倉遣欧使節団の副使は ★ ・ ★ ・山口尚芳と、大蔵卿の ★ である。（関西大）
伊藤博文, 木戸孝允, 大久保利通

□3 岩倉遣欧使節団に同行した女子留学生の中には、のちに女子英学塾をおこした ★★★ や、のちの大山巌夫人である ◻︎ などがいた。（関西大）
津田梅子, 山川捨松

□4 岩倉使節に同行した ★★ は、のちに『米欧回覧実記』を著した。（京都産業大）
久米邦武

□5 1878年、外務卿の ★★ は ★★ 〈国名〉と交渉し、★★ を主眼とする内容の新条約締結を目標とした。（法政大）
寺島宗則, アメリカ, 税権回復

□6 寺島宗則の条約改正交渉は、 ★ ・ ★ の反対によって無効となった。（上智大）
イギリス, ドイツ

□7 井上馨は条約改正を急ぐあまり極端な ★★★ 政策をとり、東京日比谷に ★★★ を建設した。（同志社大）
◆井上馨は、内閣制度開始以前は外務卿、開始以降は外務大臣。
欧化政策, 鹿鳴館

□8 鹿鳴館を設計した外国人は ★ である。（成城大）
コンドル

□9 外務卿 ★★★ の改正案は、法権回復と税権の一部回復を認めるかわりに、外国人を被告とする裁判には半数以上の ★★ を採用することであった。（早稲田大）
井上馨, 外国人判事

X 明治時代　90 条約改正

□10 井上馨外務卿の条約改正案は，列国参加の〔　　〕で議論され，在留外国人の居住・旅行を認める〔　★　〕などが議論された。
（日本大）
予備会議，内地雑居（内地開放）

□11 井上外相の改正交渉には，外国人法律顧問〔　★★　〕や，農商務相〔　★★　〕が反対した。
（早稲田大）
ボアソナード，谷干城

□12 1886年に生じた〔　★★　〕事件を契機に，条約改正は法権回復重視に転換した。
（駒澤大）
ノルマントン号事件

◆英貨物船難波の際，船長らイギリス人は無事脱出したが，日本人25名は全員溺死。しかし領事裁判権のために船長が無罪となった事件。

□13 外務大臣〔　★★★　〕の改正案では，〔　★★★　〕での外国人判事の任用を認めていた。
（関西学院大）
大隈重信，大審院

□14 大隈外相の交渉方法は，〔　★　〕交渉である。
（青山学院大）
国別

□15 大隈改正案の内容が「〔　★　〕」に暴露されると，大隈外相は右翼団体〔　★★★　〕に属していた来島恒喜に爆弾を投げつけられて重傷を負った。
（関西学院大）
ロンドン・タイムズ，玄洋社

◆この事件をきっかけに，黒田清隆内閣は総辞職した。
◆この右翼団体の中心人物は頭山満（とうやまみつる）。

□16 外務大臣〔　★★★　〕は，ロシアの東アジア進出を警戒して日本に対し好意的となったイギリスと，改正交渉を開始した。
（関西学院大）
青木周蔵

◆ロシアはシベリア鉄道の建設を計画していた。

□17 1891年におこった〔　★★　〕では，来日中のロシア皇太子が斬りつけられて負傷し，その責任をとって外相〔　★★★　〕が辞任した。
（上智大）
大津事件，青木周蔵

◆ロシア皇太子は，のちに皇帝ニコライ2世となった。

□18 政府は，大津事件でロシア皇太子を傷つけた警備巡査〔　★　〕を大逆罪で死刑に処そうとしたが，大審院長〔　★　〕は，無期徒刑の判決を下して司法権の独立を守った。
（関西学院大）
津田三蔵，児島惟謙

◆大津事件は，松方正義内閣のときにおこった。

280

- □⑲ 大津事件のあと、外相に就任した人物は ★ である。 (早稲田大) — 榎本武揚

- □⑳ ★★ 年、外相 ★★★ は、日本とイギリスとの間に ★★★ を締結し、領事裁判権の撤廃と税権の一部回復に成功した。 (早稲田大) — 1894, 陸奥宗光, 日英通商航海条約
  - ◆当時の駐英公使は青木周蔵。内閣は第二次伊藤博文内閣。
  - ◆相互対等の最恵国待遇も実現された。

- □㉑ 陸奥宗光は、条約改正当時の状況を回顧録『 ★ 』に残した。 (早稲田大) — 蹇蹇録

- □㉒ 1899年、 ★ 外相のもとで、改正条約は実施された。 (青山学院大) — 青木周蔵

- □㉓ 関税自主権の完全回復は、 ★★ 年に ★★★ 外相のもとで達成された。 (慶應大) — 1911, 小村寿太郎
  - ◆当時の内閣は第二次桂太郎内閣。

- □㉔ 1911年、 ★ が締結され、関税自主権の完全回復をはたした。 (青山学院大) — (改正)日米通商航海条約

91 日清戦争

ANSWERS □□□

- □❶ 1882年、朝鮮の旧軍兵士が親日政策をとる ★★★ 政権に対して反乱をおこし、これに民衆らが合流して日本公使館などを襲う ★★★ がおこった。 (慶應大) — 閔妃(閔氏), 壬午軍乱(壬午事変)

- □❷ 1882年、朝鮮の首都漢城に守旧派を主体とする反乱がおこり、 ★★ が一時政権の座についた。 (立教大) — 大院君

- □❸ 壬午軍乱当時の朝鮮国王は ★ である。 (同志社大) — 高宗
  - ◆大院君は、国王の父。

- □❹ 壬午軍乱の結果、日朝間で ★★ が締結された。 (駒澤大) — 済物浦条約

- □❺ 壬午軍乱のあと、閔氏政権が清国への依存を強めたのに対し、急進改革派は ★★★ を組織し、1884年に日本公使館の援助を得て ★★★ をおこした。 (慶應大) — 独立党, 甲申事変
  - ◆自由党の板垣退助らが援助した。

X 明治時代　91 日清戦争

6 ★★★　独立党の中心人物は ★★★ ・朴泳孝である。
（早稲田大）
　◆空欄の人物は1894年に暗殺され，朴泳孝は韓国併合に協力した。

→ 金玉均

7 ★　甲申事変は， ★ で清国が敗れたことを契機におこった。
（明治大）

→ 清仏戦争

8 ★★★　1885年に日清間に ★★★ が結ばれ，日清両軍の朝鮮からの撤兵，将来出兵するときはお互いに通知すること，軍事教官を派遣しないことを約した。
（法政大）
　◆このとき日朝間では漢城条約が締結された。

→ 天津条約

9 ★★　天津条約の日本側の全権は ★★ ，清国側の全権は ★★ である。
（同志社大）

→ 伊藤博文，李鴻章

10 ★★★　1885年， ★★★ は『時事新報』紙上に ★★★ を発表し，「我れは心に於て亜細亜東方の悪友を謝絶するものなり」と述べた。
（立教大）

→ 福沢諭吉，脱亜論

11 ★　1889年，朝鮮地方官は食糧難を防ぐため ★ を発令した。
（専修大）
　◆日本政府はこの法令の廃止と損害賠償を要求し，1893年に要求が認められた。

→ 防穀令

12 ★★★　1894年に朝鮮でおこった，日清戦争のきっかけともなった大規模な農民暴動のことを ★★★ という。
（青山学院大）

→ 甲午農民戦争（東学の乱）

13 ★　1894年に朝鮮でおこった農民蜂起の基礎となった宗教は ★ である。
（京都大）

→ 東学

14　東学は，1860年代に ☐ によって創始された民衆宗教である。
（関西学院大）
　◆東学党の乱は，東学の幹部である全琫準が中心となった。

→ 崔済愚

15 ★　1894年，日清両海軍最初の衝突である ★ をきっかけに日清戦争は始まった。
（上智大）
　◆清国海軍の北洋艦隊を破った戦いを「黄海の海戦」，北洋艦隊の基地の陥落を「威海衛占領」という。

→ 豊島沖の海戦

- **16** 日清戦争の結果，★★★と外相★★★が日本全権，★が清国全権となり，1895年に★★★が締結された。（中央大）　伊藤博文，陸奥宗光，李鴻章，下関条約
  - ◆当時の内閣は第二次伊藤博文内閣。

- **17** 下関条約で，清国は，★★の独立を認めた。（津田塾大）　朝鮮

- **18** 下関条約で日本が獲得した領土は★★★・★★★・★★★である。（立命館大）　台湾，遼東半島，澎湖諸島

- **19** 日清戦争の賠償金は★★★億両で，これは当時の日本円にして★億円余りである。（専修大）　2，3

- **20** 下関条約によって，清側は★・★・★・★の4港を開くことを定めた。（立命館大）　沙市，重慶，蘇州，杭州

- **21** 下関条約にもとづき，1896年に日清間で不平等条約である★が結ばれた。（上智大）　日清通商航海条約

- **22** 1895年，ロシアはいわゆる★★★を行い，日本が割譲を受けた★★★の中国への返還を求めた。（上智大）　三国干渉，遼東半島

- **23** ロシアは★★〈国名〉と★★〈国名〉を誘って三国干渉を行った。（法政大）　ドイツ，フランス
  - ◆三国干渉当時のロシア皇帝はニコライ2世。

- **24** 遼東半島還付償金は，約　　　両である。（専修大）　3000万

- **25** 三国干渉に際して，日本では「★」が政治的スローガンとして叫ばれるような，民族主義的国家思潮が台頭することになった。（慶應大）　臥薪嘗胆

- **26** 日本は台湾統治のため★★をおいて，初代総督に★を任命し，軍政をしいて武力で台湾を統治した。（明治大）　台湾総督府，樺山資紀

- **27** 台湾では，漢民族は★という国家をつくるなどして日本による植民地化に抵抗した。（立教大）　台湾民主国

- **28** 台湾総督児玉源太郎のもとで台湾民政を行っていた★は，台湾統治にあたったあと，初代満鉄総裁，東京市長などを歴任した。（中央大）　後藤新平

X 明治

91 日清戦争

92 政党内閣の誕生と立憲政友会の成立

1 第二次伊藤博文内閣は ★★ 党の ★★ を内務大臣とした。 (明治大)
→ 自由党, 板垣退助

2 第二次松方正義内閣は ★★ 党の ★★ を外務大臣とした。 (明治大)
→ 進歩党, 大隈重信

◆第二次松方正義内閣のことを松隈（しょうわい）内閣といった。
◆この政党は、1896年に立憲改進党を中心に結成された。

3 ★ 年、自由党と進歩党の合同による ★★★ が組織された。 (國學院大)
→ 1898, 憲政党

4 第三次伊藤博文内閣の ★ に反対して自由党と進歩党は合同した。 (武蔵大)
→ 地租増徴案

5 ★★★ を総理大臣、 ★★ を内務大臣とする憲政党内閣が ★★ 年に成立した。 (同志社大)
→ 大隈重信, 板垣退助, 1898

◆この内閣の外務大臣は大隈重信が兼任した。
◆陸軍大臣・海軍大臣以外はすべて憲政党出身者で占められた。
◆この内閣のことを隈板（わいはん）内閣といった。

6 憲政党の大隈内閣は、文部大臣 ★★ の ★★ 事件を契機に分裂状態に陥り崩壊した。 (中央大)
→ 尾崎行雄, 共和演説事件

◆後任の文部大臣には、犬養毅が就任した。
◆この事件は帝国教育会の夏期講習会でおこった。

7 憲政党は、自由党の流れをひく ★★★ 党と、進歩党の流れをひく ★★★ 党に分裂した。 (関西大)
→ 憲政党, 憲政本党

8 憲政党分裂時の旧自由党の中心人物は ★ である。 (國學院大)
→ 星亨

9 第一次大隈重信内閣にかわって、 ★★★ 内閣が成立した。 (立命館大)
→ 第二次山県有朋内閣

◆この内閣の大蔵大臣は松方正義。

10 第二次山県有朋内閣は、 ★★★ 党の支持を得て、1898年に ★★ 増徴案を成立させた。 (早稲田大)
→ 憲政党, 地租増徴案

◆税率は3.3%に引き上げられた。

- □11 ★★ 第二次山県有朋内閣は、政党員が高級官僚になることを防ぐため ★★ を改正した。（早稲田大）

  ◆同時に文官懲戒令と文官分限令を出し、官吏がみだりに免官されないようにした。

  文官任用令

- □12 文官任用令改正にあたって文官の試験任用の拡大が行われたが、文官任用の際に行われた試験を ___ という。（東京女子大）

  文官高等試験

- □13 ★★★ 第二次山県有朋内閣は、★ 年に ★★★ を定め、陸・海軍大臣は現役の大将・中将に限られるとした。（法政大）

  1900、軍部大臣現役武官制

- □14 ★★★ 第二次山県有朋内閣は、★ 年に ★★★ を制定し、社会運動や労働運動のとりしまりを厳しくした。（早稲田大）

  1900、治安警察法

- □15 ★★ ★ 年に第二次山県有朋内閣が、衆議院の選挙権の資格を直接国税 ★★ 円以上の納入者に引き下げた結果、有権者は全人口の ★ ％となった。

  ◆この選挙法改正で、選挙区は大選挙区制となった。（早稲田大）

  89-2, 89-3

  1900、

  10、

  2

- □16 ★★★ 1900年、憲政党は ★★★ を総裁に迎え、★★★ を結成した。（中央大）

  伊藤博文、立憲政友会

- □17 ★★ 立憲政友会の結成をきっかけに、★★ は中江兆民のすすめで、新聞『 ★★ 』に「自由党を祭る文」を発表した。（中央大）

  幸徳秋水、万朝報

- □18 ★★★ 第二次山県有朋内閣のあと、★★★ 内閣が成立したが貴族院の反対を受け、短命に終わった。（学習院大）

  第四次伊藤博文内閣

- □19 立憲政友会は、1903年に初代総裁である伊藤博文が ___ に就任したため、第2代総裁に西園寺公望を迎えた。（東洋大）

  枢密院議長

- □20 ★★★ 桂太郎と ★★★ の総裁である西園寺公望とが政権を交互に担当した時代を ★★ 時代という。（駒澤大）

  立憲政友会、桂園時代

- □21 ★★ ★★ 内閣は、1907年の恐慌によって政策がゆきづまり、倒閣した。（立命館大）

  第一次西園寺公望内閣

X 明治

92 政党内閣の誕生と立憲政友会の成立

X 明治時代　92 政党内閣の誕生と立憲政友会の成立

- [ ] 22 第二次桂太郎内閣は1908年，[★★]の発布を天皇にあおぎ，「節約と勤勉」による国力の増強の重要性を強調した。　　　　　　　　　　　　　　　　　　　　　　（関西学院大）

  戊申詔書
  辰×

- [ ] 23 1909年から，内務省の主導により，地方自治体の財政補強などを意図して[★★]がおこった。　（法政大）

  地方改良運動

- [ ] 24 1910年には[★]という全国組織が誕生し，地域における軍国主義の基盤も強化された。　　（日本大）

  帝国在郷軍人会

- [ ] 25 1878年創設の陸軍の最高軍令機関を[★]といい，1893年創設の海軍の中央軍令機関を[★]という。
  ◆陸海軍の統帥権は内閣からも独立し，天皇に直属した。（駒澤大）
  ◆1882年に明治天皇は軍人に軍人勅諭を下した。

  参謀本部，
  海軍軍令部

- [ ] 26 内閣総理大臣の指名は，[★★]とよばれる天皇の重臣の手に実質的にゆだねられた。　　　　　　（立教大）

  元老

93 中国分割と日露戦争

ANSWERS □□□

- [ ] 1 19世紀末から20世紀はじめにかけての資本主義国家による政治的経済的侵略を[★]主義という。（福岡大）

  帝国主義

- [ ] 2 列強の中国進出は，[★]とよばれる領土の一部借用という形で押し進められた。　　　　　　　（中央大）
  ◆中国は当時「眠れる獅子」（＝潜在的な強さがある国の意）とよばれていたが，これによって弱体化した。

  租借

- [ ] 3 遼東半島南部の[★★★]・[★★★]は，1898年に[★★★]〈国名〉が租借した。　　　　　　　　　　　　　　　（慶應大）

  旅順，大連（港），
  ロシア

- [ ] 4 日清戦争のあと，威海衛と九竜半島は[★★]が，広州湾は[★★]が，膠州湾は[★★]が租借した。
  　　　　　　　　　　　　　　　　　　　　　　　　　　　　　　　（國學院大）

  イギリス，
  フランス，ドイツ

- [ ] 5 中国分割の際，日本は清国に対して[★★]不割譲を約束させた。　　　　　　　　　　　　　　　　（学習院大）

  福建省

- [ ] 6 1898年にドイツは[★★]半島の[★★]を99年間租借することとした。　　　　　　　　　　　　　　（法政大）

  山東半島，膠州湾

☐7 ★★★	1898年にロシアは ★★★ 半島の ★★★ ・ ★★★ を25年間租借することとした。　　　　　　　　（法政大）	遼東半島, 旅順, 大連(港)
☐8 ★★	1898年にイギリスは ★★ と ★★ を租借した。 ◆租借期間は，九竜半島は99年間で威海衛は25年間。（法政大）	威海衛, 九竜半島
☐9 ★★	1899年にフランスは ★★ を租借した。　　　（法政大） ◆租借期間は99年間。	広州湾
☐10 ★	アメリカは ★ を併合し，さらに米西戦争でグアム・ ★ を領有した。　　　　　　　　　　（関西大）	ハワイ, フィリピン
☐11 ★★★	★ 年，アメリカの国務長官 ★★★ は，中国に対する門戸開放宣言を行った。　　　　　　　　　（駒澤大）	1899, ジョン＝ヘイ
☐12 ★★	アメリカの対中国外交政策の三大原則は「 ★★ ・ ★★ ・領土保全」である。　　　　　　　　（早稲田大）	門戸開放, 機会均等
☐13 ★	アメリカの門戸開放宣言は，それまでの伝統的政策であった ★ 主義を変更したものである。　（駒澤大）	モンロー主義
☐14 ★★	1899年，ヨーロッパ列強の中国分割に反発した ★★ は，山東省を中心に「 ★★ 」をスローガンとして外国人排斥運動を行った。　　　　　　　　　（明治学院大） ◆これを義和団事件という。	義和団, 扶清滅洋
☐15 ★★★	★ 年，義和団による北京の外国公使館包囲に対して，日本を含む列国が北京を攻撃し占領した。これが ★★★ である。　　　　　　　　　　　（立教大） ◆主力となった日本は列国に「極東の憲兵」と評価された。	1900, 北清事変
☐16 ★★★	1901年，清国は列強と ★★★ を交わし，北清事変について公式に謝罪した。　　　　　　　　（明治学院大） ◆これによってロシアは満州を事実上占領した。 ◆公使館所在区域の治外法権，公使館守備隊の北京駐留を承認。	北京議定書
☐17 ★★★	ロシアの脅威に対して，日本国内では，イギリスとの提携によって対抗しようとする ★★★ 論と，伊藤博文や ★★ に代表される宥和の立場をとる ★★★ 論とが対立した。　　　　　　　　　　　（学習院大）	日英同盟論, 井上馨, 日露協商論(満韓交換論)

Ⅹ 明治

93 中国分割と日露戦争

X 明治時代 93 中国分割と日露戦争

18 日英同盟論を唱えたのは，**★★**首相，**★★**外相，林董駐英公使，第四次伊藤内閣の外相加藤高明，そして首相の背後にあった元老**★★**であった。(慶應大)

→ 桂太郎，小村寿太郎，山県有朋

19 桂太郎内閣は，外相**★★**らの意見を入れてロシアとの協調路線を変更し，1902年に**★★★**を結んだ。(立教大)

→ 小村寿太郎，日英同盟協約

20 **★**は，1903年に近衛篤麿・頭山満らを中心にしてつくられた，開戦論（主戦論）を主張した団体である。(京都産業大)

→ 対露同志会

21 対露開戦を強く要求した東大七博士の中心的人物は**★**である。(成城大)

→ 戸水寛人

22 幸徳秋水・堺利彦は，非戦論（反戦論）の立場をとっていたため『**★★**』を退社した。(中央大)

→ 万朝報

◆この新聞社の創設者は黒岩涙香。

23 『万朝報』を退社した**★★★**・**★★★**は，非戦論（反戦論）を唱えるため**★★★**を組織し，『**★★★**』を発行した。(上智大)

→ 幸徳秋水，堺利彦，平民社，平民新聞

24 **★★**は，キリスト教の立場から非戦論（反戦論）を唱えた。(同志社大)

→ 内村鑑三

25 **★★★**は，「君死にたまふことなかれ」の一句で有名な反戦詩を，雑誌『**★**』に発表した。(同志社大)

→ 与謝野晶子，明星

◆これは日露戦争に出兵した実弟の安否を憂える反戦歌。忠君愛国の当時においては様々な反響・批判が上がった。

26 **★**は，雑誌『太陽』に「お百度詣で」という反戦詩をうたった。(同志社大)

→ 大塚楠緒子

◆木下尚江は，『毎日新聞』に反戦小説『火の柱』を連載した。

27 日露戦争は**★★**年，日本の攻撃によって開戦した。当時の内閣は**★★★**内閣であった。(明治学院大)

→ 1904，第一次桂太郎内閣

28 1905年1月，日本軍はロシアの重要な海軍基地である**★★**を占領した。(中央大)

→ 旅順

◆この戦いでの日本軍の中心人物は乃木希典（のぎまれすけ）。

288

93 中国分割と日露戦争 X 明治

29 ★ 1905年3月，日本陸軍は ★ の大会戦でロシア軍を打破した。 (青山学院大)
　奉天（ほうてん）
　◆この戦いの司令官は大山巌。

30 ★★ 1905年，日露両国の海軍の主力が激突する ★★ がおこったとき，日本の連合艦隊指令長官は ☐ であった。 (京都大)
　日本海海戦（にほんかいかいせん），東郷平八郎（とうごうへいはちろう）
　◆この戦いで日本海軍はロシアのバルチック艦隊を壊滅させた。
　◆日露戦争のその他の戦いに，黄海の海戦・遼陽の会戦・沙河の会戦などがある。
　◆会戦…両方の軍隊が出会って戦うこと。海戦…軍艦による海の上での戦い。

31 ★ 日露戦争の戦費は17億円にのぼったが，この戦費は国内の増税と ★ ・ ★ によってまかなわれた。 (法政大)
　外国債（外債）（がいこくさい・がいさい），内国債（内債）（ないこくさい・ないさい）
　◆日清戦争の戦費は戦争開始前年の政府の一般会計歳入の2.5年分だったが，日露戦争の場合は7年分にものぼった。

32 ★★★ 1905年，アメリカ大統領 ★★★ の調停によって，日露両国は ★★★ 条約に調印した。 (北海道大)
　セオドア＝ローズヴェルト，ポーツマス条約
　◆この条約は，ロシアではなくアメリカで調印された。

33 ★★ ポーツマス条約の日本の全権は ★★ ，ロシアの全権は ★ である。 (日本女子大)
　小村寿太郎（こむらじゅたろう），ヴィッテ

34 ★★ ポーツマス条約によって，ロシアは ★★ 〈国名〉に対する日本の指導・監督権を認めた。 (法政大)
　韓国（かんこく）

35 ★★★ ポーツマス条約により，ロシアは ★★★ ・ ★★★ の租借権を日本に譲渡した。 (北海道大)
　旅順（りょじゅん），大連（だいれん）
　◆清国はこの内容を北京条約で承認した。

36 ★★ ポーツマス条約によって，ロシアは ★★ 以南の ★ 鉄道とその付属の利権を日本に譲渡した。 (立命館大)
　長春（ちょうしゅん），東清鉄道（とうしんてつどう）
　進×

37 ★★★ ポーツマス条約によって，日本は北緯 ★★★ 度以南の ★★★ (サハリン) を譲渡された。 (同志社大)
　50，樺太（からふと）

38 ★ ポーツマス条約によって，ロシアは日本に ★ と ★ の漁業権を認めた。 (青山学院大)
　沿海州（えんかいしゅう），カムチャツカ
　◆ロシアは完全な敗北を認めなかったため，領土などは譲渡したが，賠償金はゼロであった。

X 明治時代　93 中国分割と日露戦争

39 ★★★ 1905年のポーツマス条約調印がきっかけとなっておこった民衆暴動を ★★★ という。(早稲田大)
◆このとき東京に戒厳令が出された。

日比谷焼打ち事件

94 日露戦争後の外交

ANSWERS □□□

1 ★ ★ は，1895年に朝鮮国駐在特命全権公使として赴任し，赴任中に閔妃殺害事件をおこした。(関西大)
◆閔妃の親露反日政策が原因。

三浦梧楼
五郎×

2 ★ 朝鮮では，1897年の親露政権誕生の際，国号を ★ と改称した。(関西大)
◆皇帝は高宗。

大韓帝国

3 ★★ 日露戦争直後の1904年，★★ を漢城で調印して，軍事上必要な土地収用権などを認めさせた。(同志社大)

日韓議定書

4 ★★ 1904年の ★★ で，韓国国内に日本政府推薦の財政・外交顧問を採用することが定められた。(同志社大)

第一次日韓協約

5 ★★★ 1905年に，日本はアメリカとの間に ★★★ をとりかわし，日本の韓国，アメリカのフィリピンに対する保護権を相互に認め合った。(明治大)

桂・タフト協定

6 ★★ 1905年，日本は ★★ を結び，イギリスに韓国の保護国化を承認させた。(上智大)

第二次日英同盟協約

7 ★★★ 1905年に日本は韓国と ★★★ を締結し，韓国の外交権を奪い，漢城に ★★★ をおいた。(立命館大)

第二次日韓協約，
統監府

8 ★ 第二次日韓協約は韓国では ★ 条約とよばれる。(上智大)

乙巳保護条約

9 ★★★ 初代韓国統監は ★★★ である。(関西学院大)

伊藤博文

10 ★★★ 1907年，韓国皇帝 ＿＿＿ が退位に追い込まれる原因となった事件を ★★★ という。(南山大)

高宗，
ハーグ密使事件

11 ★ ↳この事件は，オランダの都市ハーグで行われた第二回 ★ の会場を舞台としておこった。(同志社大)
◆韓国が密使を派遣し，日本の横暴を列国に訴えようとした。

万国平和会議

12 ★ 年に，日本は韓国と ★★★ を締結し，韓国の内政権を得た。 (青山学院大)　　1907，第三次日韓協約

◆このとき韓国軍が解散させられた。

13 第三次日韓協約後，朝鮮でおこった民衆の武装反乱を ★★ という。 (早稲田大)　　義兵運動

14 1909年，伊藤博文が ★★ 〈地名〉で，★★★ に暗殺される伊藤博文暗殺事件がおこった。 (同志社大)　　ハルビン，安重根

15 ★ 年に ★★★ が締結され，朝鮮は日本の完全植民地となった。 (早稲田大)　　1910，韓国併合条約(日韓併合条約)

◆この条約の韓国側の調印者は李完用。

16 日韓併合の韓国協力者で，かつて独立党親日派として活躍した人物は □ である。 (早稲田大)　　朴泳孝

17 日韓併合時におかれた朝鮮の監督機関を ★★★ といい，その初代の長は ★★★ である。 (國學院大)　　朝鮮総督府，寺内正毅

◆この人物は当時陸軍大臣であった。

18 朝鮮総督府は □ 〈地名〉に設置された。 (関西大)　　京城

◆漢城(ソウル)は日韓併合時に「京城」と改称された。

19 日本政府が韓国併合を行ったときの首相は ★★ ，外相は ★★ である。 (早稲田大)　　桂太郎，小村寿太郎

20 韓国併合をした日本は ★ を推進し，農民から土地をとりあげた。 (関西大)　　土地調査事業

21 1908年，朝鮮における拓殖事業を営む国策会社として ★ が設立された。 (早稲田大)　　東洋拓殖会社

22 韓国併合にあたって，「地図の上 朝鮮国に くろぐろと 墨をぬりつつ 秋風を聴く」とうたった詩人は □ である。 (関西学院大)　　石川啄木

◆この歌で，国を失う韓国国民の悲しみを表した。

23 1907年，日本はロシアとの間に ★★ を結び，日本の韓国に関する特殊権益を認めさせた。 (上智大)　　第一次日露協約

Ⅹ 明治

94 日露戦争後の外交

X 明治時代　94 日露戦争後の外交

24 ★★★　[★]とよばれた旅順・大連地区には，1906年に管轄機関として[★★★]が設けられた。　（立命館大）

関東州，関東都督府

◆この機関は1919年に廃止されて，関東庁（行政担当）と関東軍（軍事担当）に分立した。

25　[　　]年，日本は遼陽に設置されていた[　　]を旅順に移し，満州進出の拠点づくりを始めた。　（慶應大）

1906，関東総督府

26 ★★★　1906年には，半官半民の[★★★]が「満州経営」の拠点として設立された。　（津田塾大）

南満州鉄道株式会社

27 ★　満鉄は，[★]～旅順間の旧[★]鉄道の経営を行った。　（明治大）

長春，東清

◆初代満鉄総裁は後藤新平。

28　東清鉄道の東の終点の都市は，[　　]である。　（同志社大）

ウラジオストク

29 ★　明治時代には日本からアメリカに移民する者も多かったが，日本の台頭に対する[★]は日露戦争後アメリカにも波及した。　（慶應大）

黄禍論

◆黄色人種（特に日本人）が白色人種に「禍（わざわい）」をもたらすという論。これにより，世界で多くの黄色人種が迫害された。

30 ★　1905年に鉄道の共同経営を内約した桂・[★]協定が小村外相の反対で破棄されると日米関係は急激に悪化した。　（駒澤大）

桂・ハリマン協定

31 ★　1906年には[★]で日本人学童を隔離するなど日本人移民排斥運動が高まった。日本側も[　　]にもとづいて移民自粛につとめたが実効はなかった。（慶應大）

サンフランシスコ，日米紳士協約

32 ★　[★]〈国名〉は，1909年に満州鉄道の中立化を提案したが，日本は[★]を結んでこれに対抗した。（法政大）

アメリカ，第二次日露協約

◆この提案を行った中心人物はノックス。
◆1912年の第三次日露協約では，内蒙古の勢力範囲を東西に分割した（西がロシア，東が日本）。

33 ★★　1911年，中国では，[★]を唱える[★★]が中心となっておこした[★★]によって，満州族の清朝が滅亡した。　（青山学院大）

三民主義，孫文，辛亥革命

34 ★★★　1912年1月，[★★]を臨時大総統とする[★★★]臨時政府が南京に成立した。　（法政大）

孫文，中華民国

□35 孫文はまもなく総統の地位を ★★ に譲位した。 — 袁世凱
◆この人物は翌年大総統となった。 (青山学院大)

□36 孫文は興中会を母体として1905年に東京で ___ を結成した。 (津田塾大) — 中国同盟会

95 官営事業の払い下げと軽工業の発展

ANSWERS ☐☐☐

□1 三池炭鉱は,最初 ___ に,のちに ★★ に払い下げられた。 (関西大) — 佐々木八郎, 三井

□2 高島炭鉱は,最初 ___ に,のちに ★★★ に払い下げられた。 (学習院大) — 後藤象二郎, 三菱

□3 長崎造船所は ★★★ に払い下げられた。 (同志社大) — 三菱

□4 兵庫造船所は ★ に払い下げられた。 (同志社大) — 川崎(正蔵)

□5 佐渡金山・生野銀山は ★★★ に払い下げられた。 (西南学院大) — 三菱

□6 阿仁銅山・院内銀山は ★ に払い下げられた。 — 古河(市兵衛) 川×
◆これらの鉱山は,旧秋田藩所管の鉱山であった。 (関西学院大)

□7 ___ は,田中長兵衛に払い下げられたあと,三井の経営に移った。 (専修大) — 釜石鉄山

□8 高島炭鉱は ★ 県にある。 (上智大) — 長崎

□9 三池炭鉱は ★ 県にある。 (同志社大) — 福岡

□10 院内銀山・阿仁銅山は ★ 県にある。 (同志社大) — 秋田

□11 釜石鉄山は ★ 県にある。 (同志社大) — 岩手

□12 富岡製糸場は ★★★ に払い下げられた。 (近畿大) — 三井

□13 新町紡績所は ★★★ に払い下げられた。 (近畿大) — 三井

□14 深川セメント製造所は ★ に払い下げられた。 (名古屋学院大) — 浅野(総一郎)

X 明治

94 日露戦争後の外交

293

X 明治時代　95 官営事業の払い下げと軽工業の発展

15 品川硝子製造所は [____] に払い下げられた。
(同志社大)
→ 西村勝三

16 愛知紡績所は [★] に払い下げられた。　(同志社大)
→ 篠田直方

17 1886年頃より始まった，[★★]・[★★★] 部門を中心とした株式会社の設立ブームを [★] という。
◆産業革命は18世紀後半イギリスで始まった。
(立命館大)
→ 紡績, 鉄道, 企業勃興

18 企業勃興の反動で，[★] 年に日本最初の恐慌がおこった。
(上智大)
→ 1890

19 製糸業は [★] から [★★] を生産する産業である。
(法政大)
→ 繭, 生糸

20 1894年に，[★★] 製糸の生産高が従来の [★★] 製糸の生産高を上回った。
(早稲田大)
→ 器械製糸, 座繰製糸

21 [★] 県は，当時日本最大の器械製糸の中心地であった。
(専修大)
→ 長野

22 生糸は [★★] に大量輸出されていた。　(日本女子大)
→ アメリカ

23 製糸業は，[★] 年には [★★] 〈国名〉を抜いて，日本が世界一の輸出国となった。
(法政大)
◆絹織物業では羽二重生産が盛んになった。
→ 1909, 清国(中国)

24 紡績業は，[★★] から [★★] を紡ぐ産業である。
(法政大)
→ 綿花, 綿糸

25 臥雲辰致の考案した紡績機械を [★★★] という。
(立命館大)
◆第1回内国勧業博覧会で最高賞を与えられ，愛知県を中心に普及した。
→ ガラ紡

26 1882年，民間で最初の紡績工場である [★★★] が設立された。
(成城大)
◆操業は1883年に開始された。
◆1888年には東京に鐘ヶ淵紡績会社も誕生した。
→ 大阪紡績会社

27 1882年に大阪紡績会社を設立したのは [★★★] である。
(國學院大)
◆この会社は1万錘規模の最新・最大の紡績所であった。
→ 渋沢栄一

□28 ★★	機械紡績は、従来の生産方法である ★★ や ★★ を圧倒した。（立命館大）	手紡、ガラ紡
□29 ★	大阪紡績会社のミュール紡績機は、★ 〈国名〉のもので、動力に ★ を採用した。（専修大）	イギリス、蒸気力
□30 ★	ミュール紡績機は、□ 製の ★ 紡績機に切りかえられていった。（立命館大）	アメリカ、リング紡績機
□31	大阪紡績会社は、1914年に三重紡績会社と合併し、□ となった。（立命館大）	東洋紡績株式会社
□32 ★★	紡績業の原料である綿花は、最初は ★ 〈国名〉から、のちに ★★ 〈国名〉からも輸入されるようになった。（立命館大）	中国、インド
□33 ★	日本はもともとイギリスや ★ から綿糸を輸入していた。（専修大）	インド
□34 ★	綿糸生産は、★ 年には、国内生産高が綿糸輸入高を上回るようになった。（近畿大）	1890
□35	□ 年に公布された綿糸輸出関税免除法は、中国・朝鮮への綿糸の輸出を急増させ、□ 年に公布された綿花輸入関税免除法とあわせて、綿紡績業の大きな発展を招いた。（立命館大）	1894、1896
□36 ★	★ 年には、綿糸の輸出量は、輸入量を上回った。（立命館大）	1897
□37 ★	国内で生産された綿糸は主に ★ 〈国名〉に輸出された。（専修大）	中国
□38 ★	★ は、1733年にイギリスのジョン＝ケイが発明した綿織物機である。（法政大）	飛び杼

◆この織機は、横糸を織るシャトルを自動的に動かすという画期的な装置で、織布の生産能率を著しく高めた。

| □39 ★★ | 綿織物業界では、1897年に ★★ らが ★★ とよばれる小型の織機を発明した。（成城大） | 豊田佐吉、国産力織機 |

◆彼は1906年に豊田式織機会社を設立。これが現在のトヨタ自動車の原点となる。

Ⅹ 明治

95 官営事業の払い下げと軽工業の発展

X 明治時代　95 官営事業の払い下げと軽工業の発展

40 明治15年当時の輸出の第1位は ★★ ，第2位は ★★ ，第3位は水産物である。（学習院大）
→ 生糸，緑茶

41 明治30年当時の輸出の第1位は ★★ ，第2位は ★★ ，第3位は絹織物である。（近畿大）
→ 生糸，綿糸

42 明治15年当時の輸入の第1位は ★★ ，第2位は ★★ ，第3位は綿織物である。（近畿大）
→ 綿糸，砂糖

43 明治30年当時の輸入の第1位は ★★ ，第2位は ★★ である。（慶應大）
→ 綿花，砂糖

44 政府は ___ を設けて，稲などの品種改良を進めた。（成蹊大）
→ 農事試験場

45 政府は，1899年には， ★ を定め，補助金を出して地主を中心に農業の改良をはかった。（慶應大）
→ 農会法

46 政府は，1900年に， ★ を制定して，共同購入や販売などを行う協同組合の設立を促した。（慶應大）
→ 産業組合法

96 重工業の形成と発展

ANSWERS □□□

1 ★ 年に，日本最初の私鉄会社である ★★★ が設立された。（立教大）
→ 1881，日本鉄道会社

2 日本鉄道会社の主な出資者は ★ であった。（同志社大）
→ 華族

3 ★ 年には，東京〜神戸間を結ぶ官営の ★★ が全線開通した。（近畿大）
→ 1889，東海道線

4 1889年に，鉄道は営業キロ数で ★★ が ★★ を上回った。（國學院大）
→ 民営，官営

5 日本鉄道会社は，1891年に上野〜___間の鉄道を全通させた。（慶應大）
→ 青森
◆日清戦争後には，青森〜下関間が鉄道でつながることとなった。

6 民営鉄道には，日本鉄道会社以外に，関西鉄道，___鉄道，九州鉄道，北海道炭礦鉄道などがある。（慶應大）
→ 山陽鉄道
◆この五社は，民営の五大幹線会社とよばれる。

| □7 ★★★ | 第一次西園寺公望内閣は、1906年に ★★★ を公布し、翌年までに主要私鉄17社を買収した。 (成蹊大) | 鉄道国有法 |

◆これにより、全国の鉄道の90%が国有化された。

| □8 ★★★ | ★★★ の賠償金をもとに、1897年に ★ 法が制定され、★★★ 本位制が確立した。 (東北学院大) | 日清戦争、貨幣法、金本位制 |

| □9 ★★ | 金本位制は ★★ 内閣のときに確立した。 (早稲田大) | 第二次松方正義内閣 |

| □10 ★★★ | 政府が設立した特定の分野に資金を供給する銀行を ★★★ 銀行という。 (中央大) | 特殊銀行 |

| □11 ★★★ | 1880年に外国貿易の金融機関として設立された銀行は ★★★ である。 (立教大) | 横浜正金銀行 |

| □12 ★ | 1897年に設立された ★ 銀行は、農・工業長期資金を供給するようになった。 (法政大) | 日本勧業銀行 |

| □13 ★ | 1902年、産業資本の長期融資機関として設立された特殊銀行である ★ 銀行は、1952年長期信用銀行に転換した。 (法政大) | 日本興業銀行 |

| □14 ★ | 特殊銀行として、各府県に ★ が設立されて経済発展がはかられた。 (早稲田大) | 農工銀行 |

◆朝鮮銀行・台湾銀行も特殊銀行。

| □15 ★★ | 土佐出身の ★★ は、郵便汽船三菱会社を創設して、日本海運をになっていった。 (関西大) | 岩崎弥太郎 |

| □16 ★★★ | 1885年に、三菱会社は と合併して、★★★ が創立された。 (学習院大) | 共同運輸会社、日本郵船会社 |

| □17 ★ | 1893年にはインドの ★ 航路が開かれた。(法政大) | ボンベイ航路 |

◆1896年にはヨーロッパ航路、アメリカ航路、オーストラリア航路が開かれた。

| □18 ★ | 1896年に重工業の保護法令として、★ 法・★ 法が出された。 (立命館大) | 造船奨励法、航海奨励法 |

◆造船奨励法によって三菱長崎造船所などが発達した。

| □19 ★★ | 航海奨励法による援助を受け、★★ は国内最大の海運会社に成長した。 (立命館大) | 日本郵船会社 |

X 明治

96 重工業の形成と発展

X 明治時代　96 重工業の形成と発展

20 ★　年には過剰生産を原因とする資本主義的恐慌がおこった。　（上智大）

1900

21 鉄鋼の国産化をめざして，★　年に官営 ★★★ が操業を開始した。　（日本大）
◆着工は1897年。

1901，八幡製鉄所

22 八幡製鉄所は，鉄鉱石を ★★★ 鉄山から，石炭は ★　炭田や満州の ★　炭田から入手していた。　（早稲田大）

大冶鉄山，筑豊炭田，撫順炭田

23 1905年，池貝鉄工所が ★★ の完全製作に成功した。　（早稲田大）

アメリカ式旋盤

24 1907年，三井とイギリスの会社の提携で，日本最大の民間兵器製造会社である ★★ が室蘭に設立された。　（日本大）

日本製鋼所
鉱×

25 ★★ 年に，日露戦争後の戦後恐慌がおこった。
◆この恐慌を明治40年の恐慌という。　（慶應大）

1907

26 財閥は ★★ 形態を採用し，三井合名会社などのような ★★ が株式所有によって財閥内の各企業を支配していた。　（明治大）

コンツェルン，持株会社

27 ★★ ・ ★★ ・ ★★ ・ ★★ の四大財閥が台頭した。　（青山学院大）
◆その他の財閥…古河市兵衛（古河財閥）・浅野総一郎・川崎正蔵

三井，三菱，住友，安田

28 貿易品のとり扱いでは，★★ 物産に代表される商社が活発に動き，特殊銀行である ★★ が積極的に貿易の金融をとり扱った。　（上智大）

三井，横浜正金銀行

29 1909年には，日本最初の持株会社として ★　が設立された。　（成蹊大）
◆理事長は三井物産の益田孝。

三井合名会社

30 岩崎弥太郎が日本の海運業を独占支配することで成立した財閥を ★★ 財閥という。　（立教大）

三菱財閥

31 江戸時代より別子銅山を経営して発展した財閥のことを ★★ 財閥という。　（立教大）

住友財閥

32 明治維新期に太政官札の買い占めで巨利を得た財閥は ★　財閥である。　（日本大）

安田財閥

- ☐ 33 日露戦争後, 台湾や朝鮮に ★ が多く移出された。 — 綿布
  ◆移出…本国から植民地へ貨物を送ること。 (共立女子大)
- ☐ 34 台湾からは米・ ★ が移入した。 (東京女子大) — 砂糖
- ☐ 35 樺太からは ★ ・パルプが移入した。 (東京女子大) — 石油
- ☐ 36 満州からは鉄鉱石・石炭・ ★ が輸入された。 — 大豆粕
  ◆満州には綿布が輸出された。 (東京女子大)

97 社会運動の発生

ANSWERS ☐☐☐

- ☐ 1 雑誌『日本人』には ★★★ で働く労働者の状況が記されている。 (近畿大) — 高島炭鉱(坑)
  ◆この雑誌は三宅雪嶺らが発刊した。☞ 98-22
- ☐ 2 坑夫に対する過酷な管理制度のことを □□ 制度という。 (学習院大) — 飯場制度
- ☐ 3 1886年に最初の組織的なストライキが ★ でおこった。 (早稲田大) — 甲府雨宮製糸工場
- ☐ 4 1894年, 大阪の ★★ で女工による労働争議がおこった。 (関西学院大) — 天満紡績工場
  ◆この工場での女工ストは2回目で, 最初は1889年におこった。
- ☐ 5 『興業意見』を著したのは ★ である。 (國學院大) — 前田正名
- ☐ 6 横山源之助の『 ★★★ 』には, 労働者の過酷な状況が記されていた。 (東北学院大) — 日本之下層社会
- ☐ 7 1903年, ★★★ 省によって全国労働者の実態を記した報告書である『 ★★★ 』が刊行された。 (同志社大) — 農商務省, 職工事情
- ☐ 8 細井和喜蔵が1925年に出版した著書『 ★★★ 』には, 紡績工女の実態が記されていた。 (成城大) — 女工哀史
- ☐ 9 女工の実態は1968年に山本茂実が聞きとりなどにもとづいて著した『 ★★ 』に描かれている。 (中央大) — あゝ野麦峠
- ☐ 10 『日本之下層社会』や『内地雑居後之日本』の著者は ★★★ である。 (早稲田大) — 横山源之助

X 明治 96 重工業の形成と発展

X 明治時代　97 社会運動の発生

- [ ] 11 ★★★ が著した『女工哀史』という本は、女工の実態を生々しく暴いた。　（中央大）　　細井和喜蔵

- [ ] 12 『あゝ野麦峠』の著者は ★★ である。　（近畿大）　　山本茂実

- [ ] 13 栃木県にあった ★★★ では、銅山から発生する鉱毒が、1896年の大洪水によって農作物や家畜に大きな被害を与えると共に、人体にも影響を及ぼした。　（学習院大）　　足尾銅山

- [ ] 14 ★★ が経営していた足尾銅山の鉱毒は流域の農民・漁民に深刻な被害を与えた。　（学習院大）　　古河市兵衛

- [ ] 15 代議士の ★★★ は、足尾銅山鉱毒問題にとり組み、1901年には天皇に直訴した。　（上智大）　　田中正造

- [ ] 16 田中正造の直訴状の草案を書いた人物は ★ である。　（明治学院大）　　幸徳秋水
   ◆田中正造は憲政本党所属の国会議員であった。

- [ ] 17 足尾銅山は、★ 県の ★ 川流域にある。　（関西学院大）　　栃木、渡良瀬川

- [ ] 18 足尾銅山の鉱毒事件は、1907年栃木県 ★ 村の廃村・水没によって幕を閉じた。　（東北学院大）　　谷中村
   ◆『谷中村滅亡史』を書いた社会主義者は荒畑寒村。

- [ ] 19 日本最初の労働組織である ★★ は1897年に結成され、まもなく ★★★ に改組した。　（早稲田大）　　職工義友会、労働組合期成会

- [ ] 20 1897年には、★★ 〈国名〉の労働運動の影響を受けた ★★★ ・ ★★★ 〈人名〉によって労働組合期成会が結成された。　（同志社大）　　アメリカ、高野房太郎、片山潜
   ◆高野房太郎は「職工諸君に寄す」の檄文を起草した。

- [ ] 21 労働組合期成会の機関誌として、★ の編集によって『 ★ 』が創刊された。　（東北学院大）　　片山潜、労働世界

- [ ] 22 日本鉄道会社の労働者を中心とした戦闘的な労働団体を ★ という。　（東京女子大）　　日本鉄道矯正会
   ◆ほかに鉄工組合や活版工組合などの産別組合が結成された。

□23 ★	1897年、中村太八郎・樽井藤吉らによって<u>社会問題研究会</u>が組織され、1898年 ★ に発展していった。(上智大)	社会主義研究会
□24 ★	社会主義研究会は、1900年に ★ に発展していった。(中央大)	社会主義協会
□25 ★★★	<u>1901</u>年に結成し、即座に解散を命じられた日本最初の社会主義政党を ★★★ という。(中央大)	社会民主党
□26 ★★★	社会民主党は前年制定された ★★★ によって結社禁止となった。(慶應大)	治安警察法
□27 ★★	社会民主党結成当時の内閣は ★★ 内閣である。(中央大)	第四次伊藤博文内閣
□28 ★★★	社会民主党は ★★★ ・ ★★★ ・<u>片山潜</u>らを発起人とした。(上智大)	安部磯雄, 幸徳秋水
□29 ★★	社会民主党には、小説『<u>火の柱</u>』の著者である文学者の ★★ も参加した。(明治学院大)	木下尚江
□30	社会民主党には、キリスト教社会主義者である<u>河上清</u>・□も参加した。(明治学院大)	西川光二郎
□31 ★★★	<u>1906</u>年に結成された日本最初の合法的な社会主義政党は ★★★ である。(早稲田大) ◆この党誕生時の内閣は<u>第一次西園寺公望</u>内閣。	日本社会党
□32 ★	1906年に結成された日本社会党では、<u>幸徳秋水</u>らの ★ 派が次第に優位を占めたため、翌年政府は同党の結社禁止を命じた。(日本大) ◆片山潜らの<u>議会政策</u>派と対立した。	直接行動派
□33 ★	1908年に、社会主義者 ★ の出獄歓迎会で ★ 事件がおこった。(中央大) ◆この事件をきっかけに<u>第一次西園寺公望</u>内閣は退陣した。	山口義三, 赤旗事件
□34 ★★★	<u>1910</u>年の ★★★ により幸徳秋水らは処刑され、社会主義運動は「 ★★ の時代」を迎えることとなった。 ◆当時の内閣は第二次<u>桂太郎</u>内閣。(早稲田大)	大逆事件, 冬の時代
□35 ★★★	大逆事件では、26名が大逆罪で起訴され ★★★ や女性の □ ら12名が死刑となった。(明治学院大)	幸徳秋水, 管野スガ

X 明治

97 社会運動の発生

X 明治時代　97 社会運動の発生

□36 1911年には、政治犯・思想犯のことを専門にとりしまる ★★★ が組織された。　（立教大）
★★★ → 特別高等警察（特高）

□37 『職工事情』にもとづいて立案され、1911年公布された法律を ★★★ という。　（聖心女子大）
★★★ → 工場法
◆この法は1911年に公布、1916年に施行された。

□38 工場法は ★ 人以上の工場にのみ適用された。　（國學院大）
★ → 15

□39 工場法には、 ★ 時間労働制や、満 ★★ 歳未満の者の就業の禁止が定められている。　（同志社大）
★★ → 12、12
◆当時、紡績業は2交代制で、製糸業の労働時間は約15時間を超えた。

□40 工場法では、 ★ 業には、期限つきで少年・少女の深夜業を認めた。　（明治学院大）
★ → 紡績業

□41 ★★ 会は、1897年長野県松本で結成され、翌々年東京に進出した普通選挙を要求した組織で、中心人物は木下尚江と ★ である。　（明治大）
★★ → 普通選挙期成同盟会
→ 中村太八郎
◆普通選挙実施を要求する運動を普選運動という。

□42 1906年に、普通選挙の実現を求める西川光二郎らは □ を結成した。　（学習院大）
→ 日本平民党

□43 日本キリスト教婦人矯風会の中心人物は ★ である。　（明治学院大）
★ → 矢島楫子
◆廃娼運動を推進した人物でもある。

□44 ★ は、日本最初の救世軍士官となり、社会奉仕活動に尽力した。　（明治学院大）
★ → 山室軍平

98 明治時代の文化 (1) ～思想～

ANSWERS □□□

□1 1873年に、森有礼・福沢諭吉などの知識人が集まって ★★★ が組織された。　（東北学院大）
★★★ → 明六社
◆この組織には、森有礼・福沢諭吉・中村正直・西周・津田真道・加藤弘之・西村茂樹らが参加した。
◆明治6年に創立したためこの名称がついた。

□2 ★★★ は、明六社の初代社長で、第一次伊藤博文内閣の文部大臣になった。　（明治大）
★★★ → 森有礼

X 明治 98 明治時代の文化(1)〜思想〜

- [ ] **3** 森有礼・西村茂樹らが，1874年から発行を始めた機関誌を『 ★★ 』という。 (駒澤大)
  ◆西村茂樹の著書に『日本道徳論』がある。
  → 明六雑誌

- [ ] **4** 1872年に出版された福沢諭吉の『 ★★★ 』は，青年の教育の必要性を主張している。 (関西学院大)
  → 学問のすゝめ

- [ ] **5** 福沢諭吉は，2度の海外渡航の経験をもとに，西洋文明を紹介する『 ★★★ 』初編を著した。 (関西大)
  → 西洋事情

- [ ] **6** 1875年，福沢諭吉は，『 ★★ 』を著し，日本の文明を発達させるために西洋文明の精神を学ぶことを求めた。 (高崎経済大)
  → 文明論之概略

- [ ] **7** 『西洋事情』の著者は ★★★ である。 (明治大)
  → 福沢諭吉

- [ ] **8** 『文明論之概略』の著者は ★★ である。 (東北学院大)
  ◆彼の「国会論」は，民権運動に影響を与えた。
  → 福沢諭吉

- [ ] **9** ★★ は，スマイルズの啓蒙書『 ★★ 』を翻訳し，『 ★★ 』と題した。 (青山学院大)
  → 中村正直，自助論，西国立志編

- [ ] **10** ★★ は，ミルの啓蒙書である『 ★★ 』を翻訳し，『 ★★ 』と題した。 (青山学院大)
  → 中村正直，自由論，自由之理

- [ ] **11** ★ は，津和野藩医の子として生まれ，1868年に訳本『万国公法』を刊行，1873年には明六社結成にも参加した。 (同志社大)
  → 西周(西周助)

- [ ] **12** 美作津山藩士であった ___ は，明六社結成にも参加し，『泰西国法論』などを著した。 (中央大)
  → 津田真道(真一郎)

- [ ] **13** 『真政大意』の著者は ★ である。 (明治大)
  → 加藤弘之

- [ ] **14** 『国体新論』の著者は ★ である。 (明治大)
  → 加藤弘之

- [ ] **15** ★★★ は，自由民権運動の思想的礎となったもので，人間としての自然権を主張したものである。 (青山学院大)
  ◆この思想はフランスから入ってきた。
  ◆この思想は加藤弘之らが紹介した。
  → 天賦人権論

- [ ] **16** ★★★ による，ルソーの『社会契約論』の翻訳書を『 ★★ 』という。 (立教大)
  → 中江兆民，民約訳解

X 明治時代　98 明治時代の文化(1) ～思想～

- [ ] **17** 『三酔人経綸問答』の著者は ★★ である。　（立教大）　中江兆民

- [ ] **18** 『民権自由論』の著者は ★★ である。　（立教大）　植木枝盛

- [ ] **19** ★★ は『人権新説』を著し、ダーウィンの ★ 論の立場から民権派の「天賦人権論」を批判した。　（上智大）　加藤弘之、進化論

- [ ] **20** 『天賦人権論』の作者は ★ である。　（東洋大）　馬場辰猪
    - ◆加藤弘之の批判に反論する形で著された。

- [ ] **21** 『天賦人権弁』の作者は ★ である。　（東洋大）　植木枝盛
    - ◆加藤弘之の批判に反論する形で著された。

- [ ] **22** 三宅雪嶺・志賀重昂らは ★★★ を結成し、1888年雑誌『 ★★★ 』を発刊、 ★★ 主義を主張した。　（東京女子大）　政教社、日本人、国粋保存主義

- [ ] **23** 陸羯南らは1889年、新聞『 ★★ 』を発刊し、 ★★ 主義を説いた。　（立教大）　日本、国民主義
    - ◆陸羯南が1888年に創刊した新聞は『東京電報』。
    - ◆陸羯南は司法省法学校で学んだ。

- [ ] **24** 徳富蘇峰は、 ★★★ を結成して、1887年には雑誌『 ★★★ 』を発刊、貴族的欧化政策を批判し、平民的欧化主義を唱えた。　（日本女子大）　民友社、国民之友

- [ ] **25** ★★★ が1890年に発刊した新聞を『国民新聞』という。　（明治大）　徳富蘇峰
    - ◆彼は、熊本洋学校・同志社で学んだ。

- [ ] **26** 『真善美日本人』の著者である ★★★ は、政教社を結成した。　（学習院大）　三宅雪嶺

- [ ] **27** 民友社を結成したのは ★★★ である。　（明治大）　徳富蘇峰

- [ ] **28** 『将来之日本』の著者は ★ である。　（明治大）　徳富蘇峰

- [ ] **29** ★★ は、日清戦争を契機に、日本膨張論を唱えた。　（明治大）　徳富蘇峰

- □30 雑誌『 ★★ 』の編集主幹高山樗牛は, ★★ 主義を唱えた。　(國學院大)
  太陽, 日本主義
  ◆この雑誌は, 博文館が発行した。

- □31 国粋保存主義は ★★★ が, 国民主義は ★★★ が, 日本主義は ★★ が唱えた。　(早稲田大)
  三宅雪嶺, 陸羯南, 高山樗牛

99 明治時代の文化(2) ～宗教～

ANSWERS □□□

- □1 1868年の ★★ の発令に伴い, ★★ の運動がおこって多くの寺院や仏像が破壊された。　(関西学院大)
  神仏分離令, 廃仏毀釈

- □2 神仏分離令では ★ を禁止した。　(関西大)
  神仏混淆

- □3 1869年, 祭祀を司る ★★ を設置し, 神道布教のための宣教使がおかれた。　(法政大)
  神祇官

- □4 1870年には ★★ が出され, 神道の国教化が実行された。　(関西学院大)
  大教宣布の詔

- □5 神祇官の後身である ★ は1872年に廃止され, その後身である □ も, 1877年に内務省に併合された。　(専修大)
  神祇省, 教部省

- □6 政府は, 皇室の祖先神を祀る ★ を神社の本宗と定めた。　(北海道大)
  伊勢神宮

- □7 神社のうち, □ 社は神祇省(のちに宮内省)から供物を捧げられ, □ 社はそれにつぐ社格をもった。　(日本大)
  官幣社, 国幣社

- □8 1869年に設けられた ★ は, 1879年に靖国神社と改称され, 別格官幣社となった。　(日本大)
  招魂社

- □9 祝祭日のうち, 神武天皇の即位の日を ★★ , 天皇誕生日を ★ といった。　(中央大)
  紀元節, 天長節

- □10 紀元節は ★ 月 ★ 日, 天長節は ★ 月 ★ 日である。　(同志社大)
  2, 11, 11, 3

- □11 三大節とは, 新年節・□節・□節をさす。　(同志社大)
  紀元節, 天長節

X 明治時代 99 明治時代の文化(2) ～宗教～

☐12 廃仏毀釈に対し，仏教の復興をはかった本願寺の僧侶は ★★ である。　(北海道大)　　島地黙雷

☐13 ★ は東洋大学の前身である哲学館を創立した。　(東洋大)　　井上円了

☐14 出口なおが創始した神道系宗教団体を ★ という。
◆この宗教団体は教派神道ではない!!　(日本大)　　大本教

☐15 明治政府は，1868年より長崎 ★★ 地方や五島列島に潜伏しているキリシタンを弾圧し始めた。　(甲南大)　　浦上
◆1865年の大浦天主堂完成のときにキリシタンであることを告白，1868年には公然と表明したため村民らは流罪にされた。

☐16 キリスト教禁止の高札は ★ 年に撤回され，キリスト教は黙認されることとなった。　(甲南大)　　1873

☐17 1872年，太陰太陽暦を廃して ★★ 暦を採用し，1872年12月 ★ 日を1873年1月1日とした。　(中央大)　　太陽暦, 3

☐18 ★ は，札幌農学校の設立を指導した外国人である。　(京都産業大)　　ケプロン

☐19 札幌バンドは札幌農学校の外国人教師 ★★ の指導によって誕生した。　(西南学院大)　　クラーク

☐20 ★★ は，札幌農学校の卒業生で，『武士道』を著した。　(同志社大)　　新渡戸稲造
◆彼はのちに国際連盟事務局次長となった。

☐21 熊本洋学校教師として招かれた ★ は，熊本バンドを結成した。　(慶應大)　　ジェーンズ

☐22 熊本洋学校で学び，神道と融合した日本的キリスト教を唱えた人物は ★★ である。　(明治大)　　海老名弾正
◆徳富蘇峰も熊本洋学校の卒業生。

☐23 ★ は，日本キリスト教会の中心的牧師で，東京富士見町教会を設立した。　(同志社大)　　植村正久

100 明治時代の文化(3) ~教育~

ANSWERS ☐☐☐

1 教育改革につとめた明治政府は，1871年 ★★ 省を創設した。 (津田塾大)
→ 文部省

2 初代文部卿には佐賀藩出身の ★ が就任した。 (成城大)
→ 大木喬任

3 1872年，文部省は国民皆学を理念とし，★★★ を公布した。 (立命館大)
◆功利主義的な教育が行われた。
→ 学制

4 1872年，★★ 〈国名〉の学校制度などを模範として学制を定めた。 (明治大)
→ フランス

5 学制が出された当時の就学率は約 ★ %である。 (西南学院大)
→ 30

6 学制では，全国を ★ 大学区に分け，各大学区に大学校1，中学校32，各中学区に小学校210を設けると規定した。 (法政大)
◆小学校の設置は民衆の負担が大きかったので，1873年に学制反対一揆がおこった。
→ 8

7 学制に付された ☐ は，学事奨励に関する「被仰出書」とよばれる。 (慶應大)
→ 太政官布告

8 1879年，★★ 〈国名〉の自由主義的な教育方針をとり入れて ★★ を定めた。 (成城大)
◆あまりにも放任主義的な内容であったため，翌年改正された。
→ アメリカ，教育令

9 1870年代には，小学校の教員養成機関である師範学校・★ や，女学校といった上級学校もつくられた。 (関西学院大)
→ 女子師範学校

10 1877年には，東京開成学校と東京医学校が合併して ★★ が設立された。 (関西学院大)
◆この大学は，帝国大学令で帝国大学となった。
→ 東京大学

11 1886年，初代の文部大臣となった ★★★ によってあらたに ★★★ が公布され，国家主義による近代教育制度が確立された。 (立教大)
→ 森有礼，学校令

Ⅹ 明治

100 明治時代の文化(3) ~教育~

307

X 明治時代 100 明治時代の文化(3) 〜教育〜

12 学校令とは,小学校令・中学校令・★★令に加えて,教員養成のための学校について定めた★令を総称したものである。　(慶應大)
→ 帝国大学令, 師範学校令

13 小学校令で,小学校は★小学校と★小学校の2段階とし,★小学校の★年間を義務教育とした。　(関西大)
→ 尋常小学校, 高等小学校, 尋常小学校, 4

14 1890年には,忠君愛国を中心とする国民道徳の基本となるべき★★★が発せられた。　(中央大)
→ 教育勅語

15 教育勅語の起草を行ったのは★・★★である。　(関西学院大)
→ 元田永孚, 井上毅

16 教育勅語は,1882年1月に発せられた□□□□がモデルとなっている。　(立教大)
→ 軍人勅諭

17 1891年,教育勅語の拝礼を拒否し,第一高等中学校の講師の職を追われたのは★★★である。　(立教大)
→ 内村鑑三

18 内村鑑三不敬事件に関して,キリスト教を攻撃したのは★である。　(慶應大)
→ 井上哲次郎

19 ★は,「教育ト宗教ノ衝突」を発表し,キリスト教が反国体的なものであると批判した。　(早稲田大)
→ 井上哲次郎

20 1894年以降,中学校の中の高等中学校が分離され,□□□□となった。　(日本大)
→ 高等学校

21 1899年,女子中等教育の充実を目的として,□□□□が公布された。　(西南学院大)
→ 高等女学校令

22 1897年,★は東京帝国大学と改称した。　(中央大)
→ 帝国大学
◆このとき,京都帝国大学が創設された。
◆その後,東北・九州に帝国大学が創設され,のちに北海道・京城・台北・大阪・名古屋に帝国大学が創設された。

23 1888年に高等官試補の採用試験として始められた文官高等試験は,その前々年に公布された★〈法令名〉が前提となっている。　(早稲田大)
→ 帝国大学令

24 □□□□年に義務教育が無償となった。　(同志社大)
→ 1900

☐ 25 ★	尋常小学校の授業料を徴収しないことが原則となると，小学校における就学率は急速に上昇し，明治末期には児童の就学率は ★ ％を超えた。 (慶應大)	90
☐ 26 ★★	1903年，小学校の教科書が ★★ 化された。(津田塾大) ◆1902年の教科書疑獄事件以前は，検定教科書制度だった。	国定
☐ 27 ★★★	1907年，尋常小学校の ★★★ 年間が義務教育とされた。 (國學院大)	6
☐ 28 ★★	1868年，福沢諭吉は ★★ を創設した。 (日本大) ◆福沢諭吉が1858年に開いた蘭学塾が起源。	慶應義塾
☐ 29 ★★	同志社英学校の創立者は ★★ である。 (東海大)	新島襄
☐ 30 ★★★	東京専門学校の創立者は ★★★ である。 (東海大)	大隈重信
☐ 31 ★★★	1882年に創立した東京専門学校は現在の ★★★ 大学である。 (東洋大)	早稲田大学
☐ 32 ★	山田顕義が創立した学校を ★ という。 (日本大) ◆山田顕義は，第一次伊藤博文内閣の司法大臣。	日本法律学校
☐ 33 ★★★	津田梅子が創立した学校を ★★★ という。 (日本大)	女子英学塾
☐ 34 ★	日本女子大学校の創設者は ★ である。 (東海大)	成瀬仁蔵
☐ 35 ★	哲学館は現在の ★ 大学である。 (東洋大) ◆その他の大学：関西法律学校→関西大学，英吉利法律学校→中央大学，東京法学社→法政大学，明治法律学校→明治大学，日本法律学校→日本大学，東京高等商業学校→一橋大学	東洋大学
☐ 36	皇典講究所は現在の 大学である。 (東洋大)	國學院
☐ 37	キリスト教伝道会社や信者が設立した学校を という。 (日本大) ◆ウィリアムズ（米）…立教学校（1874年）→立教大学 メソジスト教会（米）…耕教学舎（1878年）など→青山学院大学	ミッションスクール
☐ 38 ★★	日本語のローマ字の綴り方にその名前がつけられている宣教師は ★★ である。 (西南学院大) ◆彼は，1887年明治学院を創立した。	ヘボン

X 明治

100 明治時代の文化(3)〜教育〜

X 明治時代　100 明治時代の文化(3) ~教育~

39 ★ は，学制の指導をし，特に女子教育振興に努力をした外国人教師である。　　　　　　　　　（西南学院大）

マレー

101 明治時代の文化(4) ~学問~

ANSWERS □□□

1 フォッサ＝マグナの存在を指摘したドイツ人地質学者は ★★ である。　　　　　　　　　（同志社大）
◆ナウマン象は，化石を調査した彼の名をとって命名された。

ナウマン

2 アメリカ人の動物学者 ★★ は， ★★ が唱えた進化論を日本に紹介した。　　　　　　　　　（関西学院大）

モース，ダーウィン

3 日本滞在中の日記で有名なドイツ人医師は ★★ である。　　　　　　　　　（立教大）

ベルツ

4 ＿＿＿ は，ドイツの海軍軍医で，大学東校で内科・病理学・薬物学を教授した。初めて病理解剖をしたことで知られる。　　　　　　　　　（東北福祉大）

ホフマン

5 明治時代に，お雇い外国人として来日したイギリス人地震学者は ★ である。　　　　　　　　　（津田塾大）

ミルン

6 ★★★ は破傷風菌の純粋培養を行った。　　（同志社大）

北里柴三郎

7 ★★★ は，伝染病研究所を設立した。　　（法政大）
◆彼は破傷風の血清療法を確立し，ペスト菌を発見した。

北里柴三郎

8 ★★ は赤痢菌を発見した。　　　　　　（関西学院大）

志賀潔

9 ★ はサルバルサンを発見した。　　　　（関西学院大）

秦佐八郎

10 ★★ は，アドレナリンや消化薬 ★ を創製した。　　　　　　　　　（同志社大）

高峰譲吉，タカジアスターゼ

11 ★★ は，脚気に有効な成分オリザニンの分離に成功した。　　　　　　　　　（関西大）

鈴木梅太郎

12 ★ は，地磁気の測定などを行い，日本の物理学の基礎を築いた。　　　　　　　　　（同志社大）

田中館愛橘

13 ★ は，原子構造の研究に寄与した物理学者である。　　　　　　　　　（立教大）

長岡半太郎

- □14 ★ 地球物理学者の ★ はZ項を発見した。(同志社大) 　木村栄
  ◆地球の自転軸に関する従来の公式に「+Z」をつけて修正した。

- □15 ★ 明治時代の代表的な地震学者である ★ は，地震計や地震に関する公式などを発明した。(近畿大) 　大森房吉

- □16 明治時代の植物学者 □ は，1000種以上に及ぶ植物を発見・命名した。(近畿大) 　牧野富太郎

- □17 探検家の □ ら5人の「突進隊」は，1912年に日本人初の南極上陸に成功した。(日本大) 　白瀬矗
  ◆南緯80度付近で南進を断念。その一帯を「大和雪原」と命名した。

- □18 ドイツ哲学を日本に伝えた人物は □ である。(慶應大) 　ケーベル

- □19 ★ 小説『怪談』を著した英国人 ★ は，帰化して日本名を ★ とした。(早稲田大) 　ハーン，小泉八雲

- □20 ★ 『日本開化小史』の著者は ★ である。(龍谷大) 　田口卯吉
  ◆彼は，『東京経済雑誌』の主宰でもあった。

- □21 □ は，日本文献学を確立した。(國學院大) 　芳賀矢一

- □22 史料編纂掛では，六国史から明治維新までの日本史関係の史料集である『 □ 』や，古文書の集成である『大日本古文書』が編纂された。(上智大) 　大日本史料

- □23 ★★★ ★★★ は，論文「神道は祭天の古俗」を発表して教職を追われた。(立教大) 　久米邦武

- □24 ★ 1911年，南北朝正閏問題で ★ が休職処分となった。(同志社大) 　喜田貞吉

102 明治時代の文化(5) ～新聞・雑誌～

- □1 ★ ★ は，鉛製活字を発明し，活版所を設立した。(同志社大) 　本木昌造

- □2 ★★ 1870年に日本最初の日刊紙『 ★★ 』が創刊された。(早稲田大) 　横浜毎日新聞

X 明治時代　102 明治時代の文化(5) ～新聞・雑誌～

- **3** のちに立憲改進党の機関誌となった『★★』は，★ の支持で創刊された。　(龍谷大)
  → 郵便報知新聞，前島密

- **4** 末広鉄腸は，のちに立憲改進党系の新聞となった，『　　』で民権論を展開した。　(上智大)
  → 朝野新聞

- **5** 1882年創刊の自由党機関誌を『★』という。　(早稲田大)
  → 自由新聞

- **6** 1883年創刊された，国の公示事項を収載した政府機関紙を『　　』という。　(同志社大)
  → 官報

- **7** 自由民権運動期の政治評論中心の新聞を★，江戸時代の読売瓦版をつぎ，社会の事件を庶民に伝える新聞を★という。　(同志社大)
  → 大新聞，小新聞

- **8** 1874年に創刊された小新聞の元祖を『★』という。　(早稲田大)
  → 読売新聞

- **9** 大新聞には，1876年に創刊された『大阪日報』を元祖とした『　　』や，1879年に大阪で創刊された『　　』がある。　(日本大)
  → 大阪毎日新聞，朝日新聞
  ◆後者は，東京発行のものは東京朝日新聞，大阪発行のものは大阪朝日新聞と分かれるが，1940年に紙名を統一。

- **10** 1885年創刊の『　　』は，巌本善治主宰の女性教養誌である。　(同志社大)
  → 女学雑誌

- **11** 『★』・『★』は，明治中期を代表する総合雑誌である。　(横浜市立大)
  → 中央公論，太陽

103 明治時代の文化(6) ～文学～

ANSWERS □□□

- **1** ★★★ は，明治初期に『安愚楽鍋』や『西洋道中膝栗毛』を著した。　(中央大)
  → 仮名垣魯文

- **2** 仮名垣魯文の文学ジャンルは ★★★ である。代表作に牛鍋店の客を描いた『★★』がある。　(上智大)
  → 戯作文学，安愚楽鍋

- **3** 主に民権運動の宣伝を目的として書かれた小説のことを ★★ という。　(大東文化大)
  → 政治小説

□4 　★★　は，政治小説『経国美談』を著した。
　　　　　　　　　　　　　　　　　　　　　（関西学院大）
矢野竜溪

□5 　★★　は，政治小説『佳人之奇遇』を著した。（中央大）
東海散士

□6 　★　は，政治小説『雪中梅』を著した。　（中央大）
末広鉄腸

□7 ありのままの人生を描くべきだとする　★★　を最初に唱えた人物は　★★★　である。　（立教大）
写実主義，坪内逍遙

□8 坪内逍遙は，評論『　★★★　』を著して写実主義を唱えた。　（津田塾大）
小説神髄

□9 坪内逍遙が写実主義の主張を具体化するために書いた小説に『　★　』がある。　（早稲田大）
当世書生気質

□10 坪内逍遙らが推進させた，話し言葉と一致した文体を　★★　という。　（上智大）
言文一致体

□11 言文一致体で書かれた小説『浮雲』の作者は　★★　である。　（上智大）
二葉亭四迷

□12 二葉亭四迷の翻訳には，『　★　』がある。　（日本大）
◆これは，ツルゲーネフの『猟人日記』を翻訳したもの。
あひびき

□13 1885年，尾崎紅葉・山田美妙らを中心に結成された文学団体は　★★　で，その機関誌は『　★　』である。　（京都女子大）
硯友社，我楽多文庫

□14 　★★　は『金色夜叉』を著した。　（上智大）
◆この人物の著書には『多情多恨』もある。
尾崎紅葉

□15 　★　は，『夏木立』を著した。　（上智大）
山田美妙

□16 東洋の観念を主題とする作風を示した　★★　の代表作は『　★★　』である。　（法政大）
◆理想主義的な作品を残した。
◆この人物は当時，尾崎紅葉と共に「紅露時代」と並び称せられた。
幸田露伴，五重塔

□17 日清戦争前後になると，個人の内面の解放や理想を追求しようとする傾向が現れ，いわゆる　★★★　文学が盛んになった。　（慶應大）
ロマン主義

X 明治

明治時代の文化(6) 〜文学〜

X 明治時代　10c 明治時代の文化(6) 〜文学〜

- [ ] 18 ★★★ は，ロマン主義文学の舞台となった雑誌である『 ★★★ 』を創刊した。　　　（津田塾大）
　　→ 北村透谷，文学界

- [ ] 19 『舞姫』は， ★★ の処女作である。　　　（法政大）
　　→ 森鷗外
　◆『舞姫』は，ドイツ（ベルリン）を舞台とした，留学生太田豊太郎と踊り子（舞姫）エリスの恋愛物語。

- [ ] 20 『即興詩人』の著者は ★ である。　　　（津田塾大）
　　→ 森鷗外
　◆デンマークの童話作家アンデルセンの小説を翻訳したもの。

- [ ] 21 『高野聖』の著者は ★★ である。　　　（法政大）
　　→ 泉鏡花
　◆彼は，尾崎紅葉の門下生である。

- [ ] 22 『にごりえ』・『たけくらべ』の著者は ★★ である。
　　　　　　　　　　　　　　　　　　　　　　（聖心女子大）
　　→ 樋口一葉

- [ ] 23 『不如帰』の著者は ★ である。　　　（津田塾大）
　　→ 徳冨蘆花
　◆『自然と人生』は彼の随筆集，『思出の記』は彼の自伝的小説である。

- [ ] 24 人間社会の現実をありのままに表現しようとした文学形態を ★★★ という。　　　（立教大）
　　→ 自然主義
　◆フランスやロシアの影響を受けたものである。

- [ ] 25 被差別部落出身者の生き方を扱い，自然主義文学の先駆となった小説は， ★★★ 著の『 ★★★ 』である。
　　　　　　　　　　　　　　　　　　　　　　（日本大）
　　→ 島崎藤村，破戒
　◆『夜明け前』も彼の小説。

- [ ] 26 『武蔵野』の著者は ★★ である。　　　（津田塾大）
　　→ 国木田独歩
　◆彼の著書には『牛肉と馬鈴薯（ばれいしょ）』もある。

- [ ] 27 私小説の先駆となった小説『蒲団』の著者は ★★ である。　　　（津田塾大）
　　→ 田山花袋
　◆彼の著書には『田舎教師』もある。

- [ ] 28 『あらくれ』の著者は ★ である。　　　（立正大）
　　→ 徳田秋声
　◆彼の著書には，『黴（かび）』もある。

- [ ] 29 『何処へ』の著者は　　　である。　　　（上智大）
　　→ 正宗白鳥

- [ ] 30 夏目漱石の出世作は『 ★ 』で，死によって中絶した未完作に『 ★ 』がある。　　　（早稲田大）
　　→ 吾輩は猫である，明暗
　◆彼は反自然主義の立場をとった。
　◆『草枕』・『坊っちゃん』・『こころ』・『それから』なども彼の作。

31	森鷗外は晩年に殉死の問題をとりあげた『 ★ 』などの歴史小説を著した。（関西大）	阿部一族
32	1897年には『若菜集』が ★★★ によって著された。◆彼の詩の形態は新体詩である。（関西学院大）	島崎藤村
33	『天地有情』は， ★ の処女詩集である。（明治大）◆彼の詩の形態は新体詩である。	土井晩翠
34	『 ★ 』は，上田敏の訳詩集である。（上智大）	海潮音
35	1900年，与謝野鉄幹はロマン的叙情を主義とする新詩社の機関誌『 ★★ 』を刊行した。（津田塾大）	明星
36	1901年に刊行された ★★★ の歌集『 ★★ 』は，初めての女流による画期的な新派歌集であった。（南山大）	与謝野晶子，みだれ髪
37	『歌よみに与ふる書』の著者 ★★★ は，短歌の革新をめざし，「写生」を主張した。（慶應大）◆彼は結核の発病後に文学活動を開始。最終の日記的随筆には『病牀六尺』がある。	正岡子規
38	正岡子規の創刊した俳句雑誌『 ★ 』は，のちに ★ が主宰となった。（日本大）	ホトトギス，高浜虚子
39	『 ★ 』は伊藤左千夫が創刊した短歌雑誌で，万葉調と写生を強調した。（関西学院大）	アララギ
40	『土』の著者は ★★ である。（法政大）◆彼は正岡子規に師事した，『アララギ』の代表的歌人。	長塚節
41	★★ は『一握の砂』などの歌集を残した。（岡山大）◆彼の歌集には『悲しき玩具』もある。	石川啄木
42	石川啄木は評論『 ★★★ 』で，自然主義文学と社会主義の弾圧を批判した。（学習院大）	時代閉塞の現状
43	北原白秋の第一歌集は『 ★ 』である。（同志社大）	邪宗門

X 明治

103 明治時代の文化(6) ～文学～

104 明治時代の文化(7) ～芸術・その他～

1 明治時代になると歌舞伎の改革が行われ，史実を重んじた歴史劇である ★ や，明治の新風俗を主題とした ___ が上演された。 (中央大)

活歴，**散切物**

2 1886年には，伊藤博文の女婿である末松謙澄らを中心に ___ が結成され，「上等社会の観に供して恥じる所」のない演劇をめざした。 (立命館大)

演劇改良会

3 明治中期の歌舞伎全盛時代を築いた俳優は ★ ・ ★ ・ ★ で，この時代を ★ 時代という。 (早稲田大)

市川団十郎，**尾上菊五郎**，**市川左団次**，**団・菊・左時代**

◆歌舞伎は，京橋の新富座や銀座の歌舞伎座で演じられた。

4 坪内逍遥の歌舞伎の代表的戯曲を，『___』という。 (中央大)

桐一葉

5 ★ は，壮士芝居をおこし，★★ の創始者となった。 (学習院大)

川上音二郎，**新派劇**

◆彼は，時局風刺の演歌「オッペケペー節」で名をあげた。

6 歌舞伎などに対して，近代劇のことを ★★ という。 (同志社大)

新劇

7 演劇では，坪内逍遥・島村抱月によって ★★ が，小山内薫によって ★★ が組織された。 (京都産業大)

文芸協会，**自由劇場**

8 文芸協会は，★★ ・ ★★ が中心，自由劇場は ★★ ・二代目市川左団次が中心となった。 (成蹊大)

坪内逍遥，**島村抱月**，**小山内薫**

9 ★ は，西洋音楽を小学教育に採用，東京音楽学校の初代校長となった。 (法政大)

伊沢修二

◆唱歌教育を推進させた。

10 「荒城の月」の作曲者は ★ である。 (立正大)

滝廉太郎

◆この歌の作詩者は土井晩翠。

11 1876年に明治政府は ★★ を設立し，お雇い外国人を招き，日本の洋画の基礎を築いた。 (関西大)

工部美術学校

12 工部美術学校で，油絵を教えたイタリア人は ★ である。 (関西大)

フォンタネージ

□13 ★	工部美術学校で，西洋彫刻を教えたイタリア人は， ★ である。 (関西大)	ラグーザ
□14 ★	イギリス人の ★ は，『 ★ 』の特派員として来日し，洋画技法も教えた。 (関西学院大) ◆彼は，『ジャパン＝パンチ』を創刊した。	ワーグマン，絵入ロンドン＝ニュース
□15 ★	★ は，雑誌『トバエ』の発行人で，諷刺画で著名な画家である。 (駒澤大) ◆彼の描く風刺画はポンチ絵とよばれた。	ビゴー
□16 ★	イタリア人銅版画家の ★ は，最初の日本銀行券の肖像画の原画を作成した。 (慶應大)	キヨソネ
□17 ★★★	岡倉天心は，1887年，★★★ を開校し伝統美術の保護育成につとめた。 (日本女子大)	東京美術学校
□18 ★★★	アメリカ人の ★★★ は，岡倉天心と共に東京美術学校の設立に努力し，日本美術の保存・紹介に尽くした。 (成蹊大) ◆『法隆寺夢殿救世観音像』を初めて調査したのも彼。	フェノロサ
□19 ★★	『悲母観音』の作者は ★★ である。 (関西学院大)	狩野芳崖
□20 ★	『竜虎図』の作者は ★ である。 (関西学院大)	橋本雅邦
□21 ★★★	東京美術学校の校長を辞任した ★★★ は，1898年に美術団体 ★★ を設立した。 (明治学院大)	岡倉天心，日本美術院
□22 ★	日本美術院には，『落葉』・『黒き猫』を描いた ★ のほか，橋本雅邦・下村観山・横山大観らが参加した。 (成蹊大)	菱田春草
□23 ★★	★★ は，ワーグマンにも師事した，近代日本洋画の最初の画家である。 (関西学院大) ◆彼の代表作は『鮭（さけ）』。	高橋由一
□24 ★★	1889年に，工部美術学校出身の画家たちが中心になって，日本最初の洋画団体である ★★ がつくられた。 (関西学院大) ◆この団体の絵画は，その暗い色調から「脂派（やには）」とよばれた。	明治美術会

X 明治

104 明治時代の文化(7)〜芸術・その他〜

X 明治時代 10 明治時代の文化(7) 〜芸術・その他〜

- [ ] 25 ★★ は，『収穫』の作者でもあり，明治美術会結成の中心となった。　(早稲田大)　**浅井忠**

- [ ] 26 1896年には，東京美術学校に西洋画科が設けられ，★★★ が講師に迎えられた。　(日本女子大)　**黒田清輝**

- [ ] 27 黒田清輝はフランス ★ 派の画風を学んで帰国し，久米桂一郎と共に1896年に ★★★ を創設して外光派の明るい画風をもたらした。　(早稲田大)　**印象派，白馬会**

- [ ] 28 『舞妓』の作者は ★★ である。　(関西大)　**黒田清輝**

- [ ] 29 『湖畔』の作者は ★★ である。　(関西大)　**黒田清輝**

- [ ] 30 『読書』の作者は ★★ である。　(関西大)　**黒田清輝**

- [ ] 31 白馬会の画家で，『海の幸』の作者は ★★ である。　(成城大)　**青木繁**

- [ ] 32 白馬会の画家で，『天平の面影』の作者は ★ である。　(成城大)　**藤島武二**

- [ ] 33 白馬会の画家で，『渡頭の夕暮』の作者は ★ である。　(成城大)　**和田英作**

  ◆『某婦人の像』の岡田三郎助，『南風』の和田三造も白馬会。

- [ ] 34 明治時代の彫刻家で，『老猿』の作者は ★ である。　(同志社大)　**高村光雲**

- [ ] 35 明治時代の彫刻家で，『女』の作者は ★ である。　(同志社大)　**荻原守衛**

- [ ] 36 明治時代の彫刻家で，『坑夫』の作者は ★ である。　(同志社大)　**荻原守衛**

- [ ] 37 明治時代の彫刻家で，『ゆあみ』の作者は 　　 である。　(同志社大)　**新海竹太郎**

- [ ] 38 コンドルは，鹿鳴館や神田の ★ を設計した。　(関西学院大)　**ニコライ堂**

- [ ] 39 ★ は東京駅や日本銀行本店を，★ は赤坂離宮や京都国立博物館を設計した。　(同志社大)　**辰野金吾，片山東熊**

- ☐ 40 [____]は，文明開化を象徴する，和泉要助発明の乗り物である。 (中央大)

  人力車

  ◆文明開化を象徴するものに，ざんぎり頭・ガス灯（⇔石油ランプ）・牛鍋・煉瓦造・鉄道馬車（⇔乗合馬車）などもある。
  ◆活動写真・蓄音機（レコードを再生する機器）・電灯・電車・自転車は明治時代に輸入された。

MANIAC X 日本史を極めたい人のための 超ハイレベル問題

- ☐ 1 [____]は京都の両替商であったが，長州藩閥の反感を買い破産に追い込まれた。 (関西大)

  小野組

- ☐ 2 立憲改進党幹部の小野梓が中心になっていた[____]は，「私擬憲法意見」という憲法案を作成した。

  共存同衆

  ◆福地源一郎の私擬憲法は「国憲意見」。 (早稲田大)

X 明治

104 明治時代の文化(7) 〜芸術・その他〜

大正時代
TAISHO PERIOD
1912/7 — 1926/12

105 第一次護憲運動

ANSWERS □□□

□**1** 1912年（明治45年）7月，[★]内閣のときに明治天皇が崩御し，大正天皇が即位した。(中央大)

第二次西園寺公望内閣

□**2** 1907年の[★]では，陸軍は17師団から25師団へ増強，海軍は[　　]艦隊建造を目標とした。(立命館大)

帝国国防方針，
八・八艦隊

□**3** 立憲政友会を与党とする第二次西園寺公望内閣は，1912年12月に[★★★]で総辞職した。(学習院大)

2個師団増設問題

□**4** 清国における1911年の[★★]革命に刺激された陸軍は，[★]に駐屯させる2個師団の増設を政府に要求した。(明治大)

◆師団…陸軍部隊編制の単位。例えば「司令部＋戦車隊＋砲兵隊＋偵察隊など」で1個師団，それが2つで2個師団などと数える。

辛亥革命，
朝鮮

□**5** 陸軍の2個師団増設要求を内閣が拒否したため，陸相[★★★]は単独辞職し，[★★]内閣は倒れた。(中央大)

◆この陸相は帷幄(いあく)上奏権を駆使して大正天皇に辞表を提出した。

上原勇作，第二次西園寺公望内閣

□**6** [★★]があったため，第二次西園寺公望内閣は後任陸相を立てることができなかった。(明治大)

軍部大臣現役武官制

□**7** 2個師団の増設を実現したのは[★]内閣のときである。(早稲田大)

◆1915年の総選挙で立憲同志会が圧勝したため。

第二次大隈重信内閣

□**8** 第二次西園寺内閣倒閣がきっかけでおこった運動を[★★★]という。(東京学芸大)

第一次護憲運動

□**9** [★★★]内閣のときに，第一次護憲運動はおこった。(東海大)

第三次桂太郎内閣

□10 ★ 桂太郎が内閣総理大臣就任前に就任していた宮中の役職は ★ ・侍従長である。　　　　　　　　（早稲田大）
◆「宮中・府中の別を乱す」と批判された。

内大臣

□11 ★★★ 第一次護憲運動は，★★★〈政党名〉・★★〈政党名〉が中心となって行った。　　　　　　　　　　（関西学院大）

立憲政友会，立憲国民党

□12 ★★ 第一次護憲運動では，「★★・★★」というスローガンがかかげられた。　　　　　　　　　　（立教大）

閥族打破，憲政擁護

□13 ★★★ 第一次護憲運動の中心人物は，立憲政友会の★★★や立憲国民党の★★★であった。　　　　　（立教大）

尾崎行雄，犬養毅

□14 ★★ 第一次護憲運動の際の1913年に，★★〈政党名〉の★★は政府批判の議会演説を行った。　　　（中央大）

立憲政友会，尾崎行雄

□15 第一次護憲運動を積極的に推進した，実業家を中心とするクラブを　　　という。　　　　　　　　（早稲田大）

交詢社

□16 ★★★ 第一次護憲運動に対して，桂太郎は新政党の★★★を組織しようとした。　　　　　　　　　　（学習院大）

立憲同志会

□17 ★★ ↳この政党の初代総裁は★★である。　　（立教大）

加藤高明

□18 ★★ ★★の一部と　　　によって，1913年，立憲同志会が結成された。　　　　　　　　　　　　（中央大）

立憲国民党，中央俱楽部

□19 ★★★ 桂内閣は，第一次護憲運動の結果，組閣53日にして退陣した。この事件を★★★という。　　（明治大）
◆大岡育造衆議院議長が内閣退陣を勧告した。

大正政変

□20 ★★★ 第一次護憲運動の結果，海軍の★★★が★★★を与党に内閣を組織した。　　　　　　　　　　（成蹊大）
◆この人物は，薩摩藩の出身。

山本権兵衛，立憲政友会

□21 ★★ 第一次山本権兵衛内閣は★★を改正して，政党員が上級官吏につくことができるようにした。（学習院大）

文官任用令

□22 ★★ 1913年軍部大臣現役武官制が改正された当時の首相は★★である。　　　　　　　　　　　　（立命館大）
◆この改正により，予備役・後備役に拡大された。

山本権兵衛

□23 山本内閣の海軍予算拡大に反対し，　　　税・織物消費税・通行税の廃税運動がおこった。（早稲田大）

営業税

XI 大正

105 第一次護憲運動

XI 大正時代　105 第一次護憲運動

□24 第一次山本内閣は，1914年，軍艦をめぐる汚職事件である ★★★ により崩壊し，★★★ 内閣が成立した。
（上智大）

ジーメンス事件，第二次大隈重信内閣

□25 ジーメンス事件の際，贈収賄関係が明らかになったイギリスの会社は ____ である。
（明治大）
◆ジーメンス会社はドイツの会社。

ヴィッカース会社

106 第一次世界大戦

ANSWERS □□□

□1 20世紀に入ると，イギリスを中心とした ★ と，ドイツを中心とした ★ などの同盟関係が結ばれた。
（法政大）
◆前者は露仏同盟にイギリスが加わって組織された。
◆イギリスの帝国主義政策を3C政策，ドイツの帝国主義政策を3B政策という。

三国協商，三国同盟

□2 三国協商はイギリス・ ★ ・ ★ 間で結ばれた。
（國學院大）

フランス，ロシア

□3 ★ 半島は「ヨーロッパの火薬庫」とよばれていた。
（立命館大）

バルカン半島

□4 ボスニアの都 ★ で，★ 帝位継承者夫妻が暗殺されたことをきっかけとして，★★ 年に第一次世界大戦が勃発した。
（國學院大）

サライェヴォ，オーストリア，1914

□5 皇太子を暗殺されたオーストリアは，1914年，★ 〈国名〉に対して宣戦を布告し，この戦争が ★★★ へと発展していった。
（立教大）
◆この戦争はまもなくドイツとロシアの戦争に発展した。

セルビア，第一次世界大戦

□6 第一次世界大戦が勃発すると，日本の ★★★ 内閣は ★★★ を理由に，★★★ 〈国名〉領を攻撃，参戦した。
（中央大）
◆同盟国側：ドイツ・オーストリア・ブルガリア・オスマン帝国
◆連合国側：露・英・仏・米・日・伊など27カ国
◆アメリカが連合国側に参戦したことで，戦況は連合国側に有利になった。

第二次大隈重信内閣，日英同盟，ドイツ

□7 ★★	第二次大隈重信内閣が与党とした ★★ の総裁は ★ である。(早稲田大)	立憲同志会, 加藤高明
□8 ★★	第一次世界大戦の参戦決定時の外相は ★★ である。(早稲田大)	加藤高明
□9 ★★	元老 ★★ は，第一次世界大戦を「天佑」であるとし，積極的に参戦すべきことを提言した。(立教大)	井上馨
□10 ★★★	1914年，日本は中国におけるドイツの拠点であった ★★ 半島の ★★★ を占領した。(関西学院大)	山東半島, 青島
□11 ★★	1914年，日本海軍は， ★★ にあったドイツ領の ★★ の一部を占領した。(上智大) ◆「海軍」が占領したとあるので，青島としてはならない。	赤道以北, 南洋諸島
□12 ★★★	日本は1915年1月， ★★ 内閣が，中国に対して ★★★ を行った。(青山学院大)	第二次大隈重信内閣, 二十一カ条の要求
□13 ★★★	日本は，中国の ★★★ 大総統の政府に二十一カ条の要求をつきつけた。(中央大)	袁世凱
□14 ★★	二十一カ条の要求により， ★★ ・ ★★ の租借期限が99年に延長された。(立教大) ◆もともとの租借期限は25年間。	旅順, 大連
□15 ★	二十一カ条の要求により南満州と ★ の権益強化が定められた。(中央大)	東部内蒙古
□16 ★★★	二十一カ条の要求によって， ★★★ の日中合弁化が行われた。(立教大) ◆この会社は製鉄会社。「合弁」とは共同で経営すること。	漢冶萍公司
□17 ★	日本政府は，二十一カ条の要求のうち，第 ★ 号要求を他日に留保したうえで，ほかの要求のほとんどを認めさせた。(立教大)	5
□18 ★★	中国では，二十一カ条要求を受け入れた ★ 月 ★ 日を， ★★ とした。(國學院大)	5, 9, 国恥記念日
□19 ★★	★★ 内閣は，袁世凱のあとを受けついだ北方軍閥 ★★ に巨額の借款を与えた。(青山学院大)	寺内正毅, 段祺瑞

XI 大正時代　106 第一次世界大戦

20 ★★★　段祺瑞政権に与えた借款は、★★★ とよばれ、私設公使 ★ を通じて 1億4500万円が貸与された。（中央大）
→ 西原借款, 西原亀三

21 ★★　ロシアとは、1916年には ★★ を結び、極東における両国の特殊権益の再確認を行った。（共立女子大）
→ 第四次日露協約

◆当時の内閣は、第二次大隈重信内閣。
◆イギリスとの間では日英覚書が交わされた。

22 ★★★　1917年11月に成立した ★★★ は、日本が中国の門戸開放と機会均等の尊重を認めるかわりに、アメリカが日本の中国における特殊権益を承認するというものであった。（南山大）
→ 石井・ランシング協定

◆日本側の代表は石井菊次郎で、内閣は寺内正毅内閣。

23 ★★★　ロシアでは、1917年に ★★★ 革命がおこり、ボルシェヴィキ党の ★ が ★★ 政権を樹立した。（上智大）
→ ロシア革命, レーニン, ソヴィエト政権

24　ロシア革命のうち、皇帝ニコライ2世を退位させた変革を ____ といい、ソヴィエト政権を樹立した変革を ____ という。（日本大）
→ 3月革命, 11月革命

25 ★★★　ロシア革命に対する干渉として、1918年8月、★★★ が行われた。（関西大）
→ シベリア出兵

◆ソヴィエト政権は、ドイツなどとブレスト＝リトフスク条約を結んで単独講和した。

26 ★　1918年に、日本は ★ ・ ★ ・フランスと共にシベリア出兵を行った。（甲南大）
→ アメリカ, イギリス

27 ★★　シベリア出兵は ★★ 軍の救出を名目としていた。（関西学院大）
→ チェコスロヴァキア軍

28 ★★★　★★★ 内閣は、★ 年にシベリア出兵を行った。（青山学院大）
→ 寺内正毅, 1918

29 ★　シベリア出兵の最中、1920年に日本軍と抗日パルチザンとの間でおきた事件を ★ という。（青山学院大）
→ 尼港事件

30 ★★　日本軍は ★★ 年の ★★ 内閣のときにシベリア出兵から引き上げた。（甲南大）
→ 1922, 加藤友三郎

◆北樺太をのぞく撤兵であった。

□31 ★★★	第一次世界大戦が始まると、日本はいわゆる ★★★ によって不況を脱した。 (東京女子大)	大戦景気
□32 ★★	大戦景気の結果、日本は債務国から ★★ 国に転じた。 (東京女子大)	債権国
□33 ★★	大戦景気により、日本は世界第 ★★ 位の海運国となった。 (東海大)	3
□34 ★★★	第一次世界大戦の大戦景気により、急速に莫大な利益を得た者を ★★★ という。 (共立女子大)	成金
□35 ★★★	第一次世界大戦時、船舶不足により船の価格が高騰したことで海運業・造船業で巨大な富を獲得した企業家を ★★★ という。 (東京女子大)	船成金

◆内田信也の内田汽船や、山下亀三郎の山下汽船が有名。

□36 ★★★	1918年に、南満州鉄道株式会社が設立した製鉄所は、★★★ である。 (学習院大)	鞍山製鉄所
□37 ★★	日本の化学工業は、★★ 〈国名〉からの薬品・化学染料・肥料などの輸入が途絶えたために発展した。 (学習院大)	ドイツ
□38 ★	1915年に完成し、東京までの長距離送電を可能にした発電所を ★ 水力発電所という。 (同志社大)	猪苗代水力発電所
□39 ★	第一次世界大戦中には、電力はそれまで主力であった ★ 力を上回った。 (学習院大)	蒸気力
□40 ★	第一次世界大戦中には、★ 生産額が50%を超えた。 (駒澤大)	工業

◆重化学工業は工業生産額の30%を占めるようになった。
◆工業労働者数は150万人を超え、工業生産額は農業生産額を追いこした。

□41 ★★★	★★ 年、★★★ 内閣のもとで金輸出禁止がなされた。 (立命館大)	1917, 寺内正毅

107 政党内閣の成立と終戦

1 ★★★ 第二次大隈重信内閣が辞職し、長州出身の陸軍元帥 ★★★ が組閣した。 (立教大) — 寺内正毅

2 ★★ ↳この内閣を支持した政党は ★★ である。 (中央大) — 立憲政友会

3 ★★★ 寺内正毅が組閣すると、 ★★ を中心とする前内閣の与党は合同して ★★★ を結成した。 (立教大) — 立憲同志会, 憲政会

4 ★★ シベリア出兵の知らせを受けて ★★ の価格が暴騰した。 (上智大) — 米

5 ★★★ 1918年、 ★★★ 県の漁民の主婦らが米の安売りを求めて立ち上がったのをきっかけに、 ★★★ がおこった。 (獨協大) — 富山, 米騒動

6 ★★★ 米騒動は、 ★★★ にからむ兵糧米としての米買い占めが原因である。 (日本女子大) — シベリア出兵

◆米騒動は別名「越中女一揆」とよばれた。

7 ★★★ 米騒動で ★★★ 内閣は総辞職した。 (上智大) — 寺内正毅

8 ★★★ 米騒動で総辞職した内閣にかわって、1918年に衆議院第一党の ★★★ の総裁を首班とした ★★★ 内閣が誕生した。 (上智大) — 立憲政友会, 原敬

◆この人物は、衆議院議員で初めて内閣総理大臣となった。

9 ★★ 華族でも藩閥出身でもなかった原敬は、当時民衆から ★★ という愛称でよばれた。 (東海大) — 平民宰相

10 ★ 原敬は、陸軍・海軍・ ★ の3大臣以外をすべて政友会員から任命した。 (東洋大) — 外務

11 ★ 高橋是清は、原敬内閣で2度目の ★ 大臣をつとめた。 (慶應大) — 大蔵大臣

12 ★★ 原敬内閣は、 ★ 年の選挙法改正で、 ★★ 選挙区制に改めた。 (立命館大) — 1919, 小選挙区制

13 ★★ 原敬内閣は、選挙人資格を直接国税 ★★ 円以上納入者に引き下げた。 (明治大) — 3

- □14 1920年, ★★ は衆議院に男子普通選挙法案を提出した。 （日本大）
  憲政会

- □15 原敬内閣は, 教育の改善整備, 交通通信の整備拡充, 産業および通商貿易の振興, 国防の充実の ★ をかかげた。 （早稲田大）
  四大政綱
  ◆積極的な財政支出で地方利益を促し政権基盤を拡大していく「積極政策」がとられた。

- □16 原敬内閣のもとで行われた1920年の総選挙で圧勝した政党は ★★ である。 （関西学院大）
  立憲政友会

- □17 原敬内閣のとき, 帝国大学以外に官・公・私立大学の設立を認めた教育法規を ★★★ という。 （早稲田大）
  大学令
  ◆同年, 高等学校令も出された。

- □18 1920年におこった恐慌を ★★★ という。 （東京女子大）
  戦後恐慌
  ◆原敬内閣のときにおこり, 綿糸・生糸の価格は半値以下に暴落した。

- □19 第一次世界大戦の終結は ★★ 年である。 （立教大）
  1918

- □20 1919年, 第一次世界大戦の講和会議が ★★ で開かれ, ★★★ 内閣は, 日本全権として ★★★ ・ ★ を派遣した。 （駒澤大）
  パリ, 原敬, 西園寺公望, 牧野伸顕

- □21 講和会議で, アメリカ大統領 ★★ は14カ条の平和原則を提唱し, 国際平和・ ★★ などのスローガンを唱えた。 （跡見学園女子大）
  ウィルソン, 民族自決

- □22 第一次世界大戦後開かれた講和会議で, ★★★ 〈条約名〉が結ばれた。 （國學院大）
  ヴェルサイユ条約

- □23 日本は国際連盟規約の中に ★ 条項を盛り込もうとしたが, 欧米諸国の反対にあい, 実現はできなかった。 （大妻女子大）
  人種差別撤廃条項

- □24 パリ講和会議で, 日本は ★★★ の旧ドイツ権益を継承し, 国際連盟の委任を受けて旧ドイツ領 ★★ の委任統治国に指名された。 （青山学院大）
  山東省, 南洋諸島
  ◆この統治する権利のことを委任統治権という。

XI 大正

107 政党内閣の成立と終戦

XI 大正時代　107 政党内閣の成立と終戦

□25 ヴェルサイユ条約で設立が決まった国際平和維持のための機関を ★★★ という。　(駒澤大)

国際連盟

□26 国際連盟は，アメリカ大統領 ★★★ の提唱により ★ 年に設立された。　(國學院大)

ウィルソン, 1920

□27 国際連盟の最初の常任理事国は， ★★ ・ ★★ ・ ★★ ・ ★★ であった。　(同志社大)

◆提唱国であるアメリカは，モンロー主義に抵触するという上院の反対により，国際連盟に参加しなかった。

イギリス, 日本, フランス, イタリア

□28 国際連盟の本部は，スイスの ★ に設置された。　(日本大)

ジュネーヴ

□29 1919年に，朝鮮では民族の独立を求める ★★★ がおこり，一方，中国では ★★★ という反日運動がおこった。　(成城大)

三・一独立運動, 五・四運動

□30 三・一独立運動のとき，ソウルの ★ で独立宣言が読み上げられた。　(明治大)

パゴダ公園

□31 三・一独立運動のあと，朝鮮総督となった ____ は，武力による朝鮮の統治をあきらめて ____ 政治を表明した。　(明治学院大)

◆日本政府は，朝鮮総督の資格を文官に拡大し，憲兵警察を廃止した。

斎藤実, 文化政治

□32 五・四運動の中心となったのは ____ 運動であった。　(上智大)

日貨排斥運動

108 ワシントン体制と護憲運動

ANSWERS □□□

□1 1921年に原敬が暗殺されたあと，後継の ★★★ 内閣が成立したが， ★★★ 〈政党名〉をまとめることができなかった。　(青山学院大)

高橋是清, 立憲政友会

□2 1921～22年，海軍軍縮と太平洋および極東地域の問題を審議するため，アメリカ大統領 ★ の提唱で ★★★ が開かれた。　(早稲田大)

ハーディング, ワシントン会議

328

3 ワシントン会議で，[★★★]内閣は海軍大臣[★★★]，駐米大使[★★]，貴族院議長[　　]らを全権とする代表団を派遣した。 (関西学院大)

高橋是清，加藤友三郎，幣原喜重郎，徳川家達

4 ↳この会議にもとづくアジア・太平洋地域の国際秩序を[★★★]体制という。 (北海道大)

ワシントン体制

5 ワシントン会議では，太平洋諸島における各国の権利の尊重と勢力の現状維持を定めた[★★★]条約や，中国問題に関する[★★★]条約が結ばれた。 (立命館大)

四カ国条約，九カ国条約

6 ワシントン会議では，主力艦の保有量の制限等をとり決めた[★★★]条約が締結された。 (駒澤大)

ワシントン海軍軍縮条約

7 [★★★]は四カ国条約によって，[★★★]は九カ国条約によって廃棄された。 (法政大)

日英同盟協約，石井・ランシング協定

8 四カ国条約の参加国はアメリカ・イギリス・日本・[★★]である。 (明治大)

フランス

9 九カ国条約によって，日本は[★★]省の旧ドイツ権益を中国に返還することになった。 (関西大)
◆このとき結ばれた条約を山東懸案解決条約という。

山東省

10 九カ国条約の参加国は米・英・日・仏・伊・[★]・[★]・[★★]・[★★]である。 (早稲田大)
◆九カ国条約は，1922年に締結された。

ポルトガル，オランダ，ベルギー，中国

11 ワシントン会議では，海軍[★★]の保有量を制限する軍縮条約が成立した。 (関西学院大)

主力艦

12 ワシントン海軍軍縮条約の定める主力艦の建造禁止期間は[　　]年間である。 (早稲田大)

10

13 [★★]・[★★]・[★★]・[★★]・[★★]の五大国の間で，ワシントン海軍軍縮条約が結ばれた。 (青山学院大)

アメリカ，イギリス，日本，フランス，イタリア

14 [★★]年のワシントン海軍軍縮条約で，主力艦保有率はイギリス5，アメリカ5，日本[★★]，仏・伊は[★]の比率になるよう定められた。 (同志社大)

1922，3，1.67

XI 大正

108 ワシントン体制と護憲運動

XI 大正時代 108 ワシントン体制と護憲運動

15 加藤友三郎内閣のもと，軍縮を実施した陸相は ★ である。　(明治学院大)
◆加藤高明内閣の陸相宇垣一成が行ったのは宇垣軍縮。

山梨半造

16 大正時代に戒厳令の出された出来事は，★★ である。　(同志社大)

関東大震災

17 関東大震災の混乱の中，在任中に亡くなった ★★★ 内閣にかわって，★★★ 内閣が成立した。　(上智大)
◆関東大震災当時の内相は後藤新平。
◆関東大震災は9月1日におこった。

加藤友三郎，
第二次山本権兵衛

18 関東大震災をきっかけにしておこった ★★ 恐慌の結果，支払い能力を失った手形を ★★ という。　(京都産業大)

震災恐慌，
震災手形

19 関東大震災がおこると，内閣は，銀行の支払いを一時停止する ★★ を震災地に限定して出すなどし，経済の混乱を防いだ。　(甲南大)

支払猶予令
（モラトリアム）

20 政府は関東大震災の大混乱を鎮めるために ★★ を発して，警察・軍隊を動員した。　(立教大)

戒厳令

21 関東大震災の混乱の中で，一般住民により組織された ★ により関東各地で「朝鮮人狩り」が行われた。　(日本大)

自警団

22 関東大震災の混乱の中で，無政府主義者の ★★ ・伊藤野枝が殺害された。★ 事件である。　(中央大)
◆憲兵大尉の甘粕正彦によって扼殺(首を締めて殺すこと)された。

大杉栄，
甘粕事件

23 関東大震災の混乱の中で，平沢計七・川合義虎ら労働運動家が殺される ★ がおこった。　(日本大)

亀戸事件

24 第二次山本権兵衛内閣総辞職の原因となった事件を ★★★ という。　(学習院大)
◆無政府主義者の難波大助が，摂政宮裕仁親王を狙撃した事件。

虎の門事件

25 1924年，★★★ が ★★★ を背景にして超然内閣を組織した。　(上智大)

清浦奎吾，
貴族院

26 清浦奎吾が超然内閣を組織すると，★★★ ・ ★★★ ・ ★★★ の護憲三派は，第二次護憲運動を展開した。　(早稲田大)

憲政会，立憲政友会，革新倶楽部

☐27 ★★	第二次護憲運動は, 憲政会の ★★ , 立憲政友会の ★★ , 革新倶楽部の ★★ が中心となった。 ◆革新倶楽部は, 立憲国民党の後身である。　　　　　　（國學院大）	加藤高明, 高橋是清, 犬養毅
☐28	第二次護憲運動のスローガンは, 普選断行, ＿＿＿, ＿＿＿である。　　　　　　　　　　　　　　　　　　（専修大）	貴族院・枢密院改 革, 行政整理
☐29 ★★★	第二次護憲運動に反対した立憲政友会の一部は, 分裂して ★★★ をつくり, 政府を支持した。　　　　（中央大）	政友本党
☐30 ★	政友本党の初代党首は ★ である。　　　　　（学習院大）	床次竹二郎
☐31 ★★★	第二次護憲運動に勝利し, ★ 年, 護憲三派内閣を組織したのは ★★★ 〈政党名〉の ★★★ である。　　　　　　　　　　　　　　　　　　　　　　　　　　（青山学院大）	1924, 憲政会, 加藤高明
☐32	加藤高明内閣の大蔵大臣は＿＿＿で, 外務大臣は＿＿＿である。　　　　　　　　　　　　　　　　（東洋大）	浜口雄幸, 幣原喜重郎
☐33 ★★	加藤高明内閣から犬養毅内閣までの, 衆議院の多数党の党首が内閣を組織する政党内閣制の慣例を ★★ という。　　　　　　　　　　　　　　　　　　　　　　（早稲田大）	憲政の常道
☐34 ★	★ は, 1925年, ★ を党首とする立憲政友会と合併した。　　　　　　　　　　　　　　　　　（近畿大） ◆この結果, 護憲三派は崩壊し, 第二次加藤高明内閣は憲政会の単独内閣として成立した。	革新倶楽部, 田中 義一
☐35 ★★★	★★★ 年の普通選挙法によって, 満 ★★★ 歳以上の男子に選挙権が与えられた。　　　　　　　　　　（学習院大）	1925, 25
☐36 ★	普通選挙法によって, 有権者数はそれまでに比べて ★ 倍となり, 総人口の約5％から, 約 ★ ％となった。　　　　　　　　　　　　　　　　　　　　　　（明治大）	4, 20
☐37 ★★★	1925年, 護憲三派内閣のとき普通選挙法が成立したが, 同時に ★★★ という社会主義運動取締法が成立した。　　　　　　　　　　　　　　　　　　　　　　　　（法政大）	治安維持法
☐38 ★★	治安維持法は, ★★ の変革と ★★ 制度の否認を目的とする結社のとりしまりを目的とした。　　（中央大） ◆最高刑は10年以下の懲役・禁錮であった。	国体, 私有財産制 度

XI 大正

108 ワシントン体制と護憲運動

| □39 | 治安維持法が最初に適用された事件は，_____であった。(武蔵大) | 京都学連事件 |

| □40 | 日本のソ連承認はほかの列強に遅れ，___★___年に調印した___★★★___によってであった。(中央大)◆北樺太からの撤兵と引きかえに，北樺太における油田の半分の開発権を獲得した。 | 1925,日ソ基本条約 |

| □41 | 加藤高明内閣の陸軍大臣___★___は，第一次世界大戦後の軍縮世論を背景に，4個師団廃止を実現させた。◆将校の失業救済として軍事教練が始まった。(同志社大) | 宇垣一成 茂× |

| □42 | 1925年の___★★___は，上海の在華紡の労働運動が反日運動に発展した事件である。(成城大) | 五・三〇事件 |

109 大正時代の社会運動

ANSWERS □□□

| □1 | 1912年，___★★★___の創立した___★★★___は，当初，労資協調路線をとった労働団体であった。(國學院大) | 鈴木文治，友愛会 |

| □2 | 友愛会は，1919年___★___と改称したあと，1921年，___★★★___に再編成され，労働運動は次第に階級闘争の性格を強めていった。(立教大) | 大日本労働総同盟友愛会，日本労働総同盟 |

| □3 | 第1回メーデーは___★___年に行われた。(中央大)◆メーデー…毎年5月1日に世界各国で行われる労働祭。労働者が団結をはかるためにデモ行進する。 | 1920 |

| □4 | 第1回メーデーの中心となった労働団体は___★___である。(立命館大) | 大日本労働総同盟友愛会 |

| □5 | ___★___は，1925年に日本労働総同盟を除名された左派によって結成された。(東京女子大) | 日本労働組合評議会 |

| □6 | 1920年，社会主義者の大同団結が行われ，___★★___が結成されたが，翌年に活動禁止となった。(近畿大) | 日本社会主義同盟 |

| □7 | 資本主義・国家・議会などを否定すべきだと考える社会主義思想を___★___という。(立教大)◆すべての権力を廃して，個人の自由をしばることの絶対にない社会をつくろうとする主義。 | 無政府主義(アナーキズム) |

- □8 ★★ 日本における無政府主義(アナーキズム)の中心的指導者は ★★ である。 (早稲田大) — 大杉栄

- □9 ★★★ ロシア革命の成功などを背景に, ★★ やレーニンの研究が進展し, 1922年には ★★★ が非合法で結成された。 (立命館大) — マルクス, 日本共産党

- □10 ★ 1922年に結成された日本共産党は, ★ という国際組織の支部となっていた。 (中央大) — コミンテルン(国際共産党)

- □11 ★★ 日本共産党は, ★★ ・ ★★ ・荒畑寒村らが非合法で結成した。 (立命館大) — 山川均, 堺利彦

- □12 ★★ 1920年, 東京帝国大学助教授であった ★★ は先に発表したロシアの革命家クロポトキンの研究が無政府主義の宣伝であると問題視され, のちに起訴されて有罪となり, 職を追われた。 (慶應大) — 森戸辰男

  ◆このとき大内兵衛も掲載責任を問われ起訴され, 有罪となった。

- □13 ★ 大正時代には, ★ とよばれる小作料の引き下げを求める運動が各地でおこった。 (早稲田大) — 小作争議

- □14 ★★★ 著書『死線を越えて』で知られる ★ らは, 1922年に日本最初の全国組織の小作人組合となる ★★★ を結成して, ★★ の指導にあたった。 (立命館大) — 賀川豊彦, 日本農民組合, 小作争議

- □15 ★ 小作農も, 賀川豊彦・ ★ たちの指導のもと, 日本農民組合を結成した。 (京都府立大) — 杉山元治郎

- □16 ★★ 1924年, 小作争議発生の場合の対応を定めた ★★ が公布された。 (上智大) — 小作調停法

- □17 ★★★ 1922年, 部落解放運動の全国団体である ★★★ が結成された。 (中央大) — 全国水平社

- □18 ★★ ★★ は, 全国水平社の創立に努力し, 水平社宣言を起草した。 (西南学院大) — 西光万吉

  ◆全国水平社の綱領(こうりょう)は阪本清一郎が起草した。

XI 大正

109 大正時代の社会運動

XI 大正時代　109 大正時代の社会運動

□19 1911年，平塚らいてうらによって結成された文学団体を ★★★ といい，機関誌は『★★★』である。
（津田塾大）

青鞜社，青鞜

◆この機関誌の創刊号の表紙絵は，長沼智恵子が描いた。彼女は，『道程』・『智恵子抄』などで有名な詩人高村光太郎の妻。

□20 ★★ は，雑誌『青鞜』で「元始，女性は実に ★ であった」との宣言文を発表した。
（立命館大）

平塚らいてう，太陽

◆与謝野晶子は「山の動く日来る」との宣言を同紙に発表した。

□21 1920年に結成された ★★ の活動により，★★ 法第5条で禁止されていた女子の政治集会への参加が認められるようになった。
（聖心女子大）

新婦人協会，治安警察法

□22 ★★★ ・ ★★★ ・ ★ らによって新婦人協会が結成された。
（聖心女子大）

平塚らいてう，市川房枝，奥むめお

□23 新婦人協会の市川房枝らは ★ を結成し，女子に対する選挙権・被選挙権の付与を求めた。（聖心女子大）

婦人参政権獲得期成同盟会

□24 1921年に山川菊栄らにより，社会主義の実現によって女性の解放を勝ちとろうと ★ が結成された。
（明治大）

赤瀾会

□25 ★ ・ ★ らによって赤瀾会が結成された。
（明治大）

山川菊栄，伊藤野枝

110 大正時代の文化(1) ～学問・思想～

ANSWERS □□□

□1 1920年代の日本は，★★★ とよばれる民主主義的改革を要求する運動がおこっていた。
（駒澤大）

大正デモクラシー

□2 吉野作造は「デモクラシー」の訳語として「★★★」を提唱したことで知られる。
（青山学院大）

民本主義

◆吉野作造は，天皇主権の憲法体制下における民衆の政治参加を主張し，政党内閣制と普通選挙の実現を提唱した。

□3 1916年に雑誌『★』に発表された論文「憲政の本義を説いて其有終の美を済すの途を論ず」の筆者は ★★★ である。
（青山学院大）

中央公論，吉野作造

□4 ★★	東京帝国大学の学生を中心として結成された民本主義組織を　★★　という。（東京大）	東大新人会
□5 ★★	吉野作造は福田徳三らと共に，学者・思想家の集団　★★　を組織した。（立教大）	黎明会
□6 ★★★	1912年，憲法学者の　★★★　が『憲法講話』を刊行して　★★★　説を唱えた。（立教大）	美濃部達吉，天皇機関説
□7 ★★	美濃部達吉の憲法学説は，統治権の主体を君主ではなく，法人としての　★★　に求めた。（立命館大）	国家
□8 ★★	『　★★　』・『　★　』は，美濃部達吉が天皇機関説を唱えた著書である。（早稲田大）	憲法撮要，憲法講話
□9 ★	『　★　』は，大正政変へいたる政治的混乱時に出版され，政党内閣論を唱えた。（早稲田大）	憲法講話
□10 ★	★　は，天皇機関説を批判して天皇の権力は絶対であるという天皇主権説を唱えた，東京帝国大学の憲法学者である。（青山学院大）	上杉慎吉
□11 ★★★	『貧乏物語』を著して貧困を経済学的に分析したのは　★★★　である。（明治学院大）	河上肇
□12 ★★★	『　★★★　』を著した河上肇は，　★★　主義経済学の道に進んだ。（関西学院大）	貧乏物語，マルクス主義
□13	1919年，河上肇は雑誌，『　　　』を刊行した。（関西大）	社会問題研究
□14 ★	★　は，わが国で初めて『資本論』を全訳した。（福岡大）	高畠素之
□15 ★	★　・羽仁五郎・山田盛太郎は『日本資本主義発達史講座』を企画・編集した。（日本大）	野呂栄太郎
□16 ★★★	石橋湛山は『　★★★　』の記者として健筆をふるった。◆この人物は，戦後首相となった。☞126-19（立命館大）	東洋経済新報
□17 ★★★	★★★　は『善の研究』を著した。（学習院大）	西田幾多郎
□18 ★★★	★★★　は『神代史の研究』を著した。（学習院大）	津田左右吉

XI 大正

110 大正時代の文化(1)〜学問・思想〜

XI 大正時代　110 大正時代の文化(1) 〜学問・思想〜

□19 ★★ 　★★ は『古寺巡礼』を著した。　　　　　　　（関西大）　　　和辻哲郎
　　◆この人物は『風土』なども著した。

□20 ★★ 　津田左右吉の著書には，『 ★★ 』・『古事記及日本書紀の研究』などがある。　　　　　　　　　　　　（上智大）　　　神代史の研究

□21 ★ 　 ★ は，中国周辺民族史および東西交渉史研究を開拓した。　　　　　　　　　　　　　　　　　　（立命館大）　　　白鳥庫吉

□22 ★★★ 　雑誌『郷土研究』を発行した ★★★ は，民間伝承・風習・祭礼などを通して民衆文化を明らかにしようとし，日本における ★★★ の基礎を築いた。　　（立命館大）　　　柳田国男，民俗学

□23 ★ 　柳田国男は『 ★ 』を著し，民衆のことを ★ と表現した。　　　　　　　　　　　　　　　　　　（早稲田大）　　　遠野物語，常民

□24 ★ 　 ★ は，日本や朝鮮の伝統的な民衆工芸品の発掘・収集・研究を通じて，固有な民族性を理解した民芸運動家である。　　　　　　　　　　　　　　　　（西南学院大）　　　柳宗悦

□25 ★★ 　 ★★ は，黄熱病の研究で有名である。　　　（東海大）　　　野口英世
　　◆彼は，梅毒スピロヘータの純粋培養も行った。
　　◆黄熱病…突然の高熱のあと，重度の肝障害に伴い身体に黄疸（おうだん）が出る感染症。蚊を媒介として人から人へ感染する。

□26 ★★★ 　KS磁石鋼を発明した物理・冶金学者 ★★★ の提唱で， ★ 年に東北帝国大学に鉄鋼研究所が設立された。　　　　　　　　　　　　　　　　　　（同志社大）　　　本多光太郎，1919

□27 ★ 　 ★ は，指向性超短波用アンテナを発明した。　（同志社大）　　　八木秀次

□28 ★★ 　1917年に設立された ★★ は，物理・化学の研究およびその応用を目的とした研究機関で， ★ 所長はこれを新興財閥へと発展させた。　　　　　　　（同志社大）　　　理化学研究所，大河内正敏

□29 　航空研究所と地震研究所は ★ の付属機関として設立された。　　　　　　　　　　　　　　　　　　（上智大）　　　東京帝国大学

□30 ★ 　成城小学校の創設者である ★ などは，児童の個性尊重をうたった ★ 運動を行った。　　　　　（立命館大）　　　沢柳政太郎，自由教育運動

□31 羽仁もと子は大正時代に活発化した自由教育運動を実践して ★ を創設した。 （青山学院大）　自由学園
◆山本鼎（かなえ）は自由画教育運動を提唱した。

□32 児童雑誌の『 ★★ 』は，児童に自由に詩を書くことを提唱したが，これはのちに ___ 運動として，児童の生活体験に即した自己表現へと継承されていった。 （同志社大）　綴方生活，綴方教育運動

111 大正時代の文化(2) ～文学～

ANSWERS □□□

□1 自然主義に対して，人道主義・理想主義・個人主義をかかげた文学者グループ ★★★ 派は，学習院出身者によって結成された。 （関西大）　白樺派

□2 白樺派の中心人物であり，『その妹』を著した人物は ★★★ である。 （成蹊大）　武者小路実篤
◆彼の作品には，『人間万歳』・『友情』・『お目出たき人』などがある。

□3 白樺派の作家には，『暗夜行路』の ★★ などがいる。 （立命館大）　志賀直哉

□4 白樺派の作家には，『或る女』の ★★ などがいる。 （立命館大）　有島武郎
◆この人物は，『カインの末裔』の著者でもある。

□5 『愛と認識との出発』の作者 ★ は ___ 哲学に傾倒していた。 （明治大）　倉田百三，西田哲学

□6 倉田百三の代表的戯曲に『 ___ 』がある。 （九州産業大）　出家とその弟子

□7 谷崎潤一郎は，★★★ 派の作家である。 （立教大）　耽美派

□8 耽美派の文芸雑誌を『 ★★ 』という。 （関西大）　スバル
◆耽美…ひたすら美にひたり，美を楽しむこと。

□9 耽美派の作家には，★★★ ・ ★★★ ・佐藤春夫らがいる。 （津田塾大）　永井荷風，谷崎潤一郎

□10 『腕くらべ』の作者は ★★ である。 （同志社大）　永井荷風
◆彼の作品には，『冷笑』や，日記『断腸亭日乗』などがある。

XI 大正時代　11 大正時代の文化(2) 〜文学〜

11 『痴人の愛』の作者は ★★ である。　（法政大）　谷崎潤一郎
◆彼の代表作はほかに『刺青（しせい）』・『細雪（ささめゆき）』など。

12 葛西善蔵の小説のジャンルは ▢ である。　自然主義
◆彼の代表的な私小説に，『子をつれて』などがある。　（日本大）

13 芥川竜之介は ★★ 派の作家である。　（立教大）　新思潮派

14 新思潮派の作家には，芥川竜之介・ ★★ ・久米正雄・ ★ らがいる。　（津田塾大）　菊池寛，山本有三

15 『鼻』の作者は ★★ である。　（津田塾大）　芥川竜之介
◆彼の作品にはほかに『羅生門』・『河童』・『或阿呆の一生』・『地獄変』などがある。

16 『恩讐の彼方に』・『父帰る』・『真珠夫人』の作者は ★ である。　（京都女子大）　菊池寛

17 『女の一生』の作者は ★ である。　（日本大）　山本有三
◆彼の作品には，『路傍の石』・『波』などがある。

18 『学生時代』の作者は ▢ である。　（明治大）　久米正雄
◆彼の作品にはほかに『受験生の手記』などがある。

19 川端康成は ★★★ 派の作家である。　（日本大）　新感覚派

20 新感覚派の作家には，川端康成・ ★★ らがいる。　（津田塾大）　横光利一

21 『日輪』の作者は ★★ である。　（日本大）　横光利一
◆彼の作品には，『機械』・『旅愁（りょしゅう）』などがある。

22 『伊豆の踊子』の作者は ★★ である。　（立正大）　川端康成
◆彼の作品にはほかに『雪国』などがある。

23 徳永直の文学ジャンルは ★★ である。　（関西学院大）　プロレタリア文学
◆小林多喜二・葉山嘉樹らも同じジャンルであった。

24 1921年に，プロレタリア文学の出発点となった雑誌『 ★ 』が創刊された。　（明治学院大）　種蒔く人

25 1924年に創刊された『 ★ 』は，日本プロレタリア文芸連盟の活動の中心であった雑誌である。　（立教大）　文芸戦線

□26 ★	1928年に全日本無産者芸術連盟（ナップ）が発刊した機関誌は、『 ★ 』である。 （早稲田大）	戦旗
□27 ★★	『海に生くる人々』の作者は ★★ である。◆この小説は貨物船員の苦闘を表現した小説である。（立命館大）	葉山嘉樹
□28 ★★★	『蟹工船』の作者は ★★★ である。 （京都大）◆のちに彼は非合法活動中、治安維持法によって逮捕され、激しい拷問の末、撲殺された。	小林多喜二
□29 ★★★	『太陽のない街』の作者は ★★★ である。（東京女子大）	徳永直
□30 ★	『道程』は ★ の代表的詩集である。 （明治大）	高村光太郎
□31 ★	『月に吠える』は ★ の代表的詩集である。（明治大）	萩原朔太郎
□32 ★	詩集『邪宗門』の著者は ★ である。（西南学院大）	北原白秋
□33 ★	詩集『思ひ出』の著者は ★ である。（西南学院大）◆当時の代表的詩人に、室生犀星（むろうさいせい）もいる。	北原白秋
□34 ★	『赤光』は ★ の歌集である。（関西学院大）◆当時の代表的歌人には、島木赤彦もいる。	斎藤茂吉
□35 ★★	大佛次郎の文学ジャンルは ★★ である。 （日本大）中里介山・直木三十五・吉川英治・林芙美子らも同じジャンル。	大衆文学
□36 ★★	『大菩薩峠』の作者は ★★ である。 （同志社大）	中里介山
□37 ★	『宮本武蔵』の作者は ★ である。 （同志社大）	吉川英治
□38 ★★	『鞍馬天狗』の作者は ★★ である。 （京都産業大）◆『赤穂浪士（あこうろうし）』も彼の代表作。	大佛次郎
□39	『南国太平記』の作者は ☐ である。 （同志社大）	直木三十五
□40	☐ は、日本における探偵小説（推理小説）の基盤を築いた。 （城西大）	江戸川乱歩
□41 ★★★	昭和に入ると、文学全集を均一価格で売る ★★★ や、★ 文庫が登場した。 （立教大）	円本、岩波文庫

XI 大正

[11] 大正時代の文化(2)〜文学〜

XI 大正時代　111 大正時代の文化(2) ～文学～

- **42** 1926年に『現代日本文学全集』の配本を開始した出版社は□である。（慶應大）
  ◆これは代表的な円本である。
  → 改造社

- **43** 1920年代になると，『□』・『□』は，発行部数100万部を超えた。（上智大）
  → 大阪朝日新聞，大阪毎日新聞

- **44** 大正時代における総合雑誌の中で，発行部数を大きく伸ばしたものに，『★』・『★』がある。（横浜国立大）
  → 中央公論，改造

- **45** 1922年には，日本最初の週刊誌である『週刊朝日』と『★』が発売された。（慶應大）
  → サンデー毎日

- **46** 1925年，大日本雄弁会講談社創刊の大衆娯楽雑誌『★★』の創刊号は74万部も売れた。（明治大）
  ◆この雑誌はのちに100万部を突破した。
  → キング

- **47** 夏目漱石門下の★★は，児童雑誌『赤い鳥』を刊行した。（同志社大）
  → 鈴木三重吉

- **48** 童話『風の又三郎』・『銀河鉄道の夜』の作者は★である。（関西大）
  → 宮沢賢治

112 大正時代の文化(3) ～美術・芸能・生活～

ANSWERS □□□

- **1** 大正時代の美術界では，官展としての★★や，日本美術院の★が行われた。（同志社大）
  → 文展，院展

- **2** 文展は1919年に★に引きつがれた。（同志社大）
  ◆文展の創始者は，牧野伸顕(のぶあき)。
  → 帝展

- **3** 1914年，横山大観・下村観山らは★★を再興した。
  ◆安田靫彦，小林古径らも参加した。（京都大）
  → 日本美術院

- **4** ★★★は，『生々流転』を描いた。（関西学院大）
  ◆彼の作品にはほかに，純粋な幼児を描いた『無我』などがある。
  → 横山大観

- **5** ★の代表作には『大原御幸』がある。（上智大）
  ◆安田靫彦(ゆきひこ)・小林古径(こけい)らも日本美術院の画家。
  → 下村観山

□6 ★	★ は，円山応挙以来の写生画と洋画技法を融合させ，『斑猫』や『アレタ立に』などを描いた。(関西学院大)	竹内栖鳳 西×
	◆彼の門下には，『大原女』の土田麦僊（ばくせん）がいる。	
□7 ★★	★★ は，1912年に岸田劉生が中心になって結成された洋画団体である。(明治大)	フューザン会
□8 ★★	1914年，梅原竜三郎らは，洋画団体 ★★ を結成した。(京都大)	二科会
□9	1922年，院展の日本画部と対立し脱退した人を中心に ___ が結成された。(関西学院大)	春陽会
□10 ★★	『麗子微笑』の作者は ★★ である。(成城大)	岸田劉生
□11 ★★	『紫禁城』の作者は ★★ である。(成城大)	梅原竜三郎
□12 ★★	『金蓉』の作者は ★★ である。(成城大)	安井曽太郎
□13 ★★	抒情画家の ★★ は，『黒船屋』などの美人画で知られる。(立教大)	竹久夢二
□14 ★	彫刻『墓守』は ★ の代表作である。(同志社大)	朝倉文夫
	◆代表的な彫刻家に『転生（てんしょう）』の平櫛田中もいる。	
□15 ★★★	1913年，島村抱月らは ★★★ を結成した。(立教大)	芸術座
	◆「1913年」とあるので，「文芸協会」は不可！ ☞104-7	
□16 ★★	『人形の家』のノラ役を演じて有名になり，のちに島村抱月と芸術座を組織した女優は ★★ である。(聖心女子大)	松井須磨子
□17 ★★	1924年に小山内薫・土方与志によって東京に設立され，新劇運動の拠点になった劇場名を ★★ という。☞104-7 (同志社大)	築地小劇場
□18 ★	1917年，芸術座を脱退した沢田正二郎らは，大衆演劇をめざし ★ を結成した。(立命館大)	新国劇
□19	東京の浅草では，清水金太郎・田谷力三らが活躍する ___ が大衆に人気を得た。(京都産業大)	浅草オペラ

XI 大正

112 大正時代の文化(3)〜美術・芸能・生活〜

XI 大正時代 112 大正時代の文化(3) ～美術・芸能・生活～

- [ ] 20 小林一三が創設した劇団は ★ である。（同志社大）　**宝塚少女歌劇**

- [ ] 21 日本交響楽協会の中心人物は ★ である。　**山田耕筰**
  - ◆新交響楽団を結成したのは、近衛秀麿。（関西学院大）

- [ ] 22 オペラ歌手の ★ は、『蝶々夫人』で世界的に有名になった。（日本大）　**三浦環**

- [ ] 23 『ゴンドラの唄』を作曲したのは ★ である。　**中山晋平**
  - ◆この人物は、『波浮の港』も作曲した。（京都産業大）

- [ ] 24 『からたちの花』を作曲したのは ★ である。　**山田耕筰**
  - ◆この人物は、『赤とんぼ』も作曲した。（同志社大）

- [ ] 25 映画は19世紀末に輸入され、活動写真とよばれていたが、1930年代に入ると ★ が現れた。（慶應大）　**トーキー**

- [ ] 26 ラジオ放送が開始されたのは ★★ 年である。　**1925**
  - ◆翌年日本放送協会が発足した。（早稲田大）

- [ ] 27 野球では1903年より ★ が始まり、1925年からは東京六大学野球へと発展した。（慶應大）　**早慶戦**

- [ ] 28 1915年には大阪朝日新聞によって第1回 ＿＿＿ が始められ、1924年よりその舞台を甲子園球場に移した。（慶應大）　**全国中等学校優勝野球大会**

- [ ] 29 オリンピックでは、1928年の ＿＿＿ 大会で、織田幹雄と鶴田義行が、わが国の選手としては初の金メダルを獲得した。（慶應大）　**アムステルダム大会**

- [ ] 30 1936年のベルリンオリンピックでは、＿＿＿ が日本女子選手として初めて金メダルに輝いた。（慶應大）　**前畑秀子**

- [ ] 31 大正時代には、女性も、タイピスト、デパート店員、あるいは電話交換手として職場に進出するようになり、 ★★ とよばれた。（明治大）　**職業婦人**

- [ ] 32 都市郊外の住宅地に登場した洋間や洋風の台所や浴室などをもつ和洋折衷の住宅を ★★ という。（同志社大）　**文化住宅**
  - ◆当時、給与生活者（サラリーマン）を中心とする新中間層が形成された。
  - ◆大都市では三越などの百貨店（デパート）が発展した。

- ☐ 33. 関東大震災後の1924年には、罹災者への住宅供給を主たる事業とする 「　　　」が設立された。　（慶應大）　**同潤会**

- ☐ 34. 「今日は　　　　、明日は三越」というような言葉も生まれ、都会的生活の娯楽としてショッピングが位置づけられるようになった。　（慶應大）　**帝劇**

- ☐ 35. 1929年には本格的ターミナルデパートの第1号として 「　　　」がつくられた。　（慶應大）　**阪急百貨店**

XI 大正

112 大正時代の文化(3) ～美術・芸能・生活～

昭和時代
SHOWA PERIOD
1926/12/25 — 1989/1/7

113 恐慌の時代

1 1926年に大正天皇が崩御し，摂政であった ★ が即位した。昭和天皇である。 (同志社大)
◆当時の内閣は，第一次若槻礼次郎内閣。
→ 裕仁親王

2 1927年，★★ の処理などをめぐって一部の銀行経営の悪化が表面化したため，★★★ とよばれる状態となった。 (関西大)
→ 震災手形，金融恐慌

3 大蔵大臣 ★★ の，★ 銀行に関する失言をきっかけに取付け騒ぎがおこった。 (日本女子大)
→ 片岡直温，東京渡辺銀行

4 金融恐慌の中，総合商社 ★★★ は倒産し，★★★ 銀行は休業した。 (中央大)
◆当時，華族資本の十五銀行も休業に追い込まれた。
→ 鈴木商店，台湾銀行

5 政府は，★★ をもって台湾銀行を救済しようとしたが，★★ がこの提案を否決した。 (札幌大)
◆当時の枢密顧問官は，伊東巳代治。
→ 緊急勅令，枢密院

6 第一次若槻礼次郎内閣の外交方針は ★★★ ，もしくは当時の外相の名を冠して ★★ とよばれる。 (駒澤大)
→ 協調外交，幣原外交

7 ★★★ 〈政党名〉の ★★★ 内閣は金融恐慌の収拾に失敗して総辞職し，かわって ★★★ 〈政党名〉の ★★★ 内閣が成立した。 (早稲田大)
→ 憲政会，若槻礼次郎，立憲政友会，田中義一

8 田中義一内閣が成立すると，憲政会は ★★ と合同して，★★★ となった。 (明治大)
→ 政友本党，立憲民政党

9 田中義一内閣は，3週間の ★★★ （別名＝ ★★ ）を実施し，金融恐慌を収束させた。 (同志社大)
→ 支払猶予令，モラトリアム

344

□10 金融恐慌を収束させた当時の蔵相は，★★★ であった。 (早稲田大) — 高橋是清

□11 五大銀行は，三井・住友・三菱・★★・★★ である。 (立教大) — 安田, 第一
◆四大財閥との違いに注意。☞96-27
◆三菱と憲政会，三井と立憲政友会のつながりは，国民の政党不信を強めることとなった。

□12 普通選挙法による最初の総選挙は，★★ 年，★★★ 内閣のときに行われた。 (学習院大) — 1928, 田中義一

□13 第一回普通選挙の際に，安部磯雄や片山哲らによる社会民衆党などの ★★ から8名の当選者が誕生した。 (明治大) — 無産政党
◆無産階級（資産のない人々）の意見を代表する政党のこと。

□14 1925年に結成されたが，即日結社禁止を命ぜられた無産政党は ★ である。 (早稲田大) — 農民労働党

□15 1926年に，大衆政党として ★★ が結成されたが，同年中に分裂した。 (関西大) — 労働農民党

□16 1926年に，労働農民党内で共産主義者の影響力が強まると，同党右派は脱退分裂して ★ を結成し，同党中間派もまた脱退分裂して ★ を結成した。 (明治大) — 社会民衆党, 日本労農党

□17 治安維持法は，★★ 年の改正により，その内容は死刑を含むものに強化された。 (慶應大) — 1928
◆議会で改正法案が成立しなかったため緊急勅令による改正。
◆改正前の最高刑は懲役10年。☞108-38

□18 1928年の治安維持法改正当時の内閣は ★★ 内閣であった。 (中央大) — 田中義一

□19 田中義一内閣は，1928年に ★★ を全国各府県に設けて治安対策を固めた。 (関西学院大) — 特別高等警察（特高）

□20 1928年の ★，1929年の ★ と，共産党員の弾圧事件が続いた。 (関西大) — 三・一五事件, 四・一六事件

□21 三・一五事件では，★ が共産党との関連を理由に解散させられた。 (上智大) — 日本労働組合評議会

XII 昭和 113 恐慌の時代

XII 昭和時代　118 恐慌の時代

22 1929年，労働農民党の ★ が暗殺された。
（早稲田大）
→ 山本宣治

23 1927年の ★★ 軍縮会議では，米英をリードして協定の妥結につとめたが不調に終わった。（学習院大）
◆この会議の日本全権は斎藤実。
→ ジュネーヴ軍縮会議

24 戦争は，1928年の ★★ によって，原則として禁止された。（駒澤大）
◆この会議の日本全権は内田康哉（やすや）。
◆この条約では戦争放棄を，「其ノ各自ノ人民ノ名ニ於テ」宣言するものであった。
→ パリ不戦条約

25 田中義一内閣の展開した外交を，★★ という。（龍谷大）
→ 積極外交

26 1927年4月，★★ の率いる中国国民党が南京に国民政府を樹立した。（津田塾大）
◆中国国民党は，1919年に孫文が結成した。
→ 蔣介石

27 1926年，蔣介石は中国を統一するための軍事行動を開始した。★★ である。（法政大）
→ 北伐

28 国民革命軍の北伐の最初の出発地点は ____ である。（明治大）
→ 広州

29 国民革命軍による北伐を阻止する目的で，田中義一内閣は ★★★ を行った。（津田塾大）
→ 山東出兵

30 田中義一内閣は，1927年5月に ____ の名目で山東省に出兵した。（龍谷大）
→ 居留民保護

31 山東出兵は，満州軍閥の ★★★ を支援するために行われた。（中央大）
◆日本人居留民の保護は名目（表面的な理由）で，これが本当の目的。
→ 張作霖

32 1927年，政府は ★★ 会議を開き「対支政策綱領」を決定した。（早稲田大）
→ 東方会議

33 1928年，第二次山東出兵で国民革命軍と武力衝突がおこった。★★ である。（学習院大）
→ 済南事件

- □34 1928年，満州の占領を狙って，[★★]の河本大作らは，北京を去った北方軍閥の[★★★]を奉天郊外で爆殺した。 （津田塾大）

  関東軍，張作霖

- □35 張作霖爆殺事件は当時，[★★]とよばれた。 （京都産業大）

  満州某重大事件

- □36 田中義一内閣は，満州某重大事件で，[★]の不信を買い総辞職した。 （立教大）

  天皇

- □37 張作霖の死後，満州の実力者となった[★★]は，国民党による抗日運動に対して理解を示し，満州において国民党の青天白日旗をかかげる易幟を行った。 （法政大）

  張学良

114 政党内閣の終焉

- □1 田中義一のあとを受けて，1929年，[★★★]〈政党名〉の[★★★]が首相となった。 （早稲田大）

  立憲民政党，浜口雄幸

- □2 浜口雄幸内閣の大蔵大臣は[★★★]である。 （慶應大）

  井上準之助

- □3 浜口雄幸内閣の外務大臣は[★★]である。 （慶應大）

  幣原喜重郎

- □4 浜口首相は，経済的不況を打開するため，[★★]・[★★]・金解禁の3大政策をかかげた。 （慶應大）

  財政緊縮，産業合理化

- □5 浜口雄幸内閣は慢性的不況を打開するため，為替相場の安定と輸出の振興をはかって，[★★★]を断行した。 （法政大）

  金解禁

  ◆金貨や地金といった正貨の輸出を認めることで，為替相場を安定させる目的で断行された。

- □6 [★★]年1月，[★★★]内閣は金解禁を断行した。 （立教大）

  1930，浜口雄幸

- □7 金解禁は，100円＝[★]ドルの[★]水準で行われた。 （立命館大）

  49.85，旧平価

  ◆円の切上げとなったため，日本の輸出商品が割高になり，輸出が停滞した。
  ◆当時は100円＝46.5ドル前後の円安水準であった。

XII 昭和時代　114 政党内閣の終焉

8 1929年，<u>★★</u>の<u>ウォール街</u>を襲った株式大暴落をきっかけに<u>★★</u>が始まった。　　（京都産業大）
◆この結果，<u>アメリカ</u>への<u>生糸</u>輸出が激減した。

ニューヨーク，世界恐慌

9 1930年に<u>世界恐慌</u>に<u>金解禁</u>があいまっておこった，日本経済空前の恐慌を<u>★★</u>という。　　（甲南大）

昭和恐慌

10 昭和恐慌は農村で深刻化し，<u>★★</u>を引きおこし，<u>東北</u>地方を中心に<u>★</u>児童や，娘の<u>★</u>などが続出した。　　（成蹊大）
◆1930年は豊作のため，米価が下落し「<u>豊作貧乏</u>」の状態となり，<u>1931</u>年には東北地方を中心に大凶作となったためおこった。

農業恐慌，欠食児童，身売り

11 失業救済を目的とする河川修理，湾港修築および道路改良等の土木事業のための経費を<u>★</u>という。　　（中央大）

時局匡救費

12 1932年，あらたに成立した斎藤実内閣は，<u>★</u>運動をスタートさせ，農村の<u>自力更生</u>をはかろうとした。　　（早稲田大）

農山漁村経済更生運動

13 金融恐慌，震災恐慌，世界恐慌，戦後恐慌，農業恐慌を発生順に並べると，<u>★★</u>→<u>★★</u>→<u>★★</u>→<u>★★</u>→<u>★★</u>の順となる。　　（早稲田大）

戦後恐慌，震災恐慌，金融恐慌，世界恐慌，農業恐慌

14 <u>浜口雄幸</u>内閣は，<u>★</u>年，<u>★★★</u>を制定し，<u>カルテル</u>の結成を助長した。　　（東京経済大）

1931，重要産業統制法

15 浜口雄幸内閣のもと，多くの産業分野で，企業の集中や，<u>★★</u>とよばれる企業連合，<u>★</u>とよばれる企業合同の結成などが行われた。　　（大阪経済大）

カルテル，トラスト

16 <u>★★</u>外相は，1930年に<u>日中関税協定</u>を締結した。　　（近畿大）
◆日本は条件つきの関税自主権を中国に認めた。
◆当時の首相は<u>浜口雄幸</u>。

幣原喜重郎

17 1930年，<u>浜口雄幸</u>内閣は，軍縮の方針に従って，<u>海軍軍令部</u>の反対を押し切って<u>★★★</u>に調印した。　　（立教大）
◆政府は<u>枢密院</u>の同意をとりつけて，条約を批准した。

ロンドン海軍軍縮条約

18 ロンドン海軍軍縮会議で，<u>★★★</u>内閣は，首席日本全権<u>★★</u>を派遣した。　　（成蹊大）
◆海相の<u>財部彪（たからべたけし）</u>も全権として参加した。

浜口雄幸，若槻礼次郎

#	問題	解答
19	ロンドン海軍軍縮条約で，日本は，対米約 ★ 割の ★ 保有トン数の制限を受け入れた。（慶應大）◆大型巡洋艦の対米7割は受け入れられなかった。	7，補助艦
20	ロンドン海軍軍縮条約で，主力艦建造禁止は ★ 年延長されることが決められた。（立命館大）	5
21	ロンドン海軍軍縮条約の調印に際し，★★★ 問題がおこった。（明治学院大）	統帥権干犯問題
22	統帥権干犯問題がおきたとき，海軍軍令部長であったのは ★ である。（京都産業大）◆民間右翼や当時野党であった立憲政友会も反対した。	加藤寛治
23	統帥権干犯問題をきっかけにして，★★★ 首相は □ で右翼の青年に狙撃された。（早稲田大）◆現在，東京駅中央通路に遭難現場と記されたプレートがあり，遭難現場には色の違うタイルが埋め込まれている。	浜口雄幸，東京駅
24	★★〈組織名〉は，協調外交の方針を「満蒙の危機」と叫び，満州を日本の勢力下におくことを計画した。（甲南大）	関東軍
25	★ 年 □ 月 □ 日に，★★ 郊外でおこった ★★★ 事件が，満州事変の発端となった。（京都大）	1931，9，18，奉天，柳条湖事件
26	柳条湖事件当時の関東軍参謀は ★★ である。（関西学院大）◆彼は板垣征四郎・本庄繁（しげる）と共に満州事変を画策した。	石原莞爾
27	★★ は，満州事変当時の関東軍参謀で『世界最終戦論』を著した。（関西学院大）	石原莞爾
28	満州事変勃発の背景には，□ 大尉の暗殺事件や，朝鮮人農民と満州人の衝突である □ があった。（日本大）	中村震太郎，万宝山事件
29	満州事変に際して，★★ 党の ★★★ 内閣は不拡大方針を決定しながら，軍部の行動を阻止できなかったため，総辞職を余儀なくされた。（慶應大）	立憲民政党，第二次若槻礼次郎内閣

XII 昭和

114 政党内閣の終焉

XII 昭和時代　114 政党内閣の終焉

- [ ] 30 第二次若槻礼次郎内閣の外務大臣は ★★ である。
（法政大）
幣原喜重郎

- [ ] 31 1932年，日本軍は中国の都市の占領をもくろんで出兵し，日中両軍の衝突事件である ★★ がおこった。
（学習院大）
上海事変

- [ ] 32 柳条湖事件を機に，日本軍は奉天・吉林・黒竜江の □ を武力占領し，その地を ★★★ として独立させた。
（明治大）
東三省，満州国

  ◆軍部は，のちに熱河省も占領した。
  ◆占領後の1932年9月，抗日ゲリラの抵抗に対する報復として，関東軍は平頂山の住民を虐殺した（平頂山事件）。

- [ ] 33 1932年3月，中国東北部に ★★★ が建国された。
（大東文化大）
満州国

- [ ] 34 1932年3月に清朝最後の皇帝となった ★ 帝で，廃位後の ★★ を ★★ に就任させ，満州国の建国を宣言させた。
（京都大）
宣統帝，溥儀，執政

  ◆当時の内閣は，犬養毅内閣。
  ◆1934年，満州国は帝政となり，彼が皇帝となった。

- [ ] 35 ★ 年，□・王道楽土をかかげて満州国が建国された。
（立教大）
1932，五族協和

- [ ] 36 満州国は，満州・漢・ ★ ・朝鮮・日本の五族協和を理想としてかかげて，建国が宣言された。（立教大）
蒙古

- [ ] 37 1931年におこった，宇垣一成の軍部内閣樹立計画を ★ ，荒木貞夫の軍部内閣樹立計画を ★ という。
（明治大）
三月事件，十月事件

- [ ] 38 1931年の三月事件は ★ 内閣の倒閣を，十月事件は ★ 内閣の倒閣を企てた。
（龍谷大）
浜口雄幸，第二次若槻礼次郎内閣

- [ ] 39 三月事件の首謀者は橋本欣五郎を中心とした ★ と，民間右翼の ★ である。
（立命館大）
桜会，大川周明

- [ ] 40 十月事件の首謀者は ★ を中心とした ★ と，民間右翼の ★ ・ ★ である。
（立命館大）
橋本欣五郎，桜会，大川周明，北一輝

- [ ] 41 1932年には，金解禁時の蔵相 ★★ や，三井合名会社理事長の ★★ が暗殺される ★★ 事件がおこった。
（学習院大）
井上準之助，団琢磨，血盟団事件

□42 血盟団を編成した日蓮宗僧侶は ★★ である。 井上日召
　　　　　　　　　　　　　　　　　　　　　　　　（京都大）

□43 ★★★ によって ★★★ 〈首相名〉による政党内閣が倒　五・一五事件,
　　れ，以降第二次世界大戦後まで政党内閣は組織されな　犬養毅
　　かった。　　　　　　　　　　　　　　　　（上智大）
　　◆この事件により，8年間にわたる憲政の常道の時代は幕を閉じた。

□44 ★★★ 内閣は ★★ 年の五・一五事件で倒された。　犬養毅，1932
　　　　　　　　　　　　　　　　　　　　　　　　（中央大）

□45 五・一五事件は， ★ 青年将校が指導したクーデ　海軍
　　ター未遂事件である。　　　　　　　　　　（関西学院大）
　　◆橘孝三郎が主宰する愛郷（あいきょう）塾も事件に加わった。

115 ファシズムの台頭と昭和初期の経済

ANSWERS □□□

□1 1931年，★★★ が行われ，金本位制を再び放棄した。　金輸出再禁止
　　　　　　　　　　　　　　　　　　　　　　　　（南山大）

□2 1931年，★★ 〈政党名〉の ★★★ 内閣が成立し，金輸　立憲政友会，犬養
　　出再禁止を決定した。　　　　　　　　　　　　（立教大）　毅

□3 金輸出の再禁止を実施した内閣の大蔵大臣は ★★★　　高橋是清
　　である。　　　　　　　　　　　　　　　　　（立命館大）

□4 ★ 年に実施された金輸出再禁止により，日本経　1931,
　　済は ★★ 制度の時代に入った。　　　　　　（学習院大）　管理通貨

□5 金輸出再禁止のため円為替相場は ★ した。　　　　下落
　　　　　　　　　　　　　　　　　　　　　　　（立命館大）
　　◆1932年には，100円につき20ドルを割るなど大幅な円安となり，日本の輸出は大きく躍進した。

□6 昭和初期に，イギリスにかわって世界第1位となった　綿織物
　　輸出品目は ★★ である。　　　　　　　　　（成城大）

□7 円安を利用して輸出を拡大することに対し，イギリス　ソーシャル＝ダン
　　などの諸外国は ★★ であると非難した。（立命館大）　ピング

□8 ★★ 〈国名〉は世界恐慌からの脱出をはかるためブ　イギリス
　　ロック経済圏をつくった。　　　　　　　　（防衛大学校）

XII 昭和時代　115 ファシズムの台頭と昭和初期の経済

9 ★　アメリカは［ ★ ］で世界恐慌を乗り切ろうとした。
◆これは、フランクリン=ローズヴェルト大統領の提案。(日本大)

ニューディール政策

10 ★★　昭和初期に、わが国の原料輸入の依存度が急に高くなった国は［ ★★ ］である。 (防衛大学校)
◆綿花・石油・くず鉄などが輸入された。

アメリカ

11 ★　1934年には、八幡製鉄所と財閥系鉄鋼会社などが合同して［ ★ ］が発足し、鉄鋼業の独占化を進めた。 (立命館大)
◆1933年、重化学工業の生産額が繊維工業の生産額を上回った。
◆1938年には、重化学工業の生産額が全体の過半を超えた。

日本製鉄会社

12 ★　日露戦争を経て、いわゆる財閥は企業活動の範囲を大幅に広め、持株会社を頂点とする［ ★ ］を形成した。 (学習院大)

コンツェルン

13 ★★　1930年代に入ると、鮎川義介が率いる［ ★★ ］や、野口遵が率いる［ ★★ ］を代表とする新興財閥が登場してきた。 (学習院大)
◆理研コンツェルン(大河内正敏)・森コンツェルン(森矗昶)・日曹コンツェルン(中野友礼)も新興財閥。

日産コンツェルン, 日窒コンツェルン

14 ★　新興財閥である［ ★ ］は、満州国と共同出資で、［　　　］会社を設立した。 (立命館大)
◆この財閥は、日本産業会社を母体とする。

日産コンツェルン, 満州重工業開発

15 ★　新興財閥である［ ★ ］は、朝鮮に巨大化学工場を建設した。 (立命館大)
◆この財閥は、日本窒素肥料会社を母体とする。

日窒コンツェルン

16 ★★★　五・一五事件のあとで結成された内閣は［ ★★★ ］内閣である。 (早稲田大)
◆この人物は、海軍穏健派である。

斎藤実

17 ★　最後の元老として政界で活動した［ ★ ］が、斎藤実を内閣総理大臣に推薦した。 (同志社大)

西園寺公望

18 ★★　1932年、日本政府は満州国を承認し、［ ★★ ］に調印した。 (京都大)

日満議定書

□19 ★★★	1932年に国際連盟は満州事変に関して、中国側の提訴にもとづき現地に ★★★ を派遣した。（青山学院大）◆米・英・仏・伊・独の代表5名で構成された。団長はイギリス（英）のリットン。	リットン調査団
□20 ★★★	日本は満州事変がきっかけとなって ★★★ を脱退した。（法政大）	国際連盟
□21 ★	国際連盟による満州国不承認の対日勧告案の賛成票は ★ 票である。（早稲田大）◆タイはこの案の投票を棄権した。	42
□22 ★★★	国際連盟脱退を決定した当時の内閣は ★★★ 内閣、日本側の代表は ★★★ である。（横浜国立大）	斎藤実, 松岡洋右
□23 ★	日本は ★ 年に国際連盟からの脱退を通告した。なお、この脱退通告の効力が生じたのは ★ 年のことである。（日本大）	1933, 1935
□24 ★★	1933年に ★★ が結ばれて、満州事変は形のうえでの終結をみた。（明治大）◆日中両軍は、河北省の冀東（きとう）地区から撤退し、そこを非武装地帯として、中国警察が治安維持にあたることとなった。	塘沽停戦協定
□25 ★	1934年、日本は ★ 条約の廃棄を通告し、1936年失効した。同年には、 ★ 条約も失効した。（関西学院大）	ワシントン海軍軍縮条約, ロンドン海軍軍縮条約
□26 ★★★	無産政党は、国家社会主義への ★★★ が活発化した。（横浜市立大）	転向
□27 ★	★ は社会民衆党を脱党し、1932年に日本国家社会党の結成の中心となった。（中央大）	赤松克麿
□28 ★	日本国家社会党に加わらなかったグループは合同して、当時最大の無産政党となる ★ を結成したが、同党も国家社会主義に傾斜していった。（早稲田大）	社会大衆党
□29 ★★	日本共産党幹部の ★★ , ★ らは獄中から転向声明書を発表した。（明治大）	佐野学, 鍋山貞親

XII 昭和

115 ファシズムの台頭と昭和初期の経済

XII 昭和時代 115 ファシズムの台頭と昭和初期の経済

30 ★ 日本軍の軍事行動を支持できなかった元新聞記者の[★]らは、1937年3月に、[★]と名づけた社会主義政党を結成したが、まもなく活動できなくなった。 (明治大)

鈴木茂三郎, 日本無産党

31 ★★★ 1933年、『刑法読本』などが国家破壊の思想であるという理由で、京都帝国大学教授[★★★]が休職させられた。 (上智大)

滝川幸辰

32 ★★★ [ ]は、斎藤実内閣の文相となり、1933年には[★★★]における思想弾圧に手を貸した。 (立教大)

鳩山一郎, 滝川事件(京大事件)

33 ★★★ [ ]事件によって斎藤実内閣が倒れると、同じ海軍の[★★★]が首相となった。 (上智大)

帝人, 岡田啓介

34 ★ [ ]年に[★]が発行した「国防の本義と其強化の提唱」というパンフレットは、軍の政治・経済への関与の意向を示すものとなった。 (上智大)

1934, 陸軍

35 ★★★ 1935年には貴族院における[★]による批判を契機として、通説を占めていた美濃部達吉の[★★★]が否定されるにいたった。 (青山学院大)

菊池武夫, 天皇機関説

◆美濃部達吉は『憲法撮要』などの著書でこの説を論述した。☞110-8
◆陸軍、民間右翼、在郷軍人会、立憲政友会の一部などがこの流れに同調した。

36 ★★★ 天皇機関説に対して、[★★★]内閣は[★★★]を出して天皇機関説を否定した。 (学習院大)

岡田啓介, 国体明徴声明

37 ★ 美濃部達吉は、天皇機関説問題で[★]を辞職した。 (立教大)

貴族院議員

38 ★★★ 陸軍内では、「高度国防国家」建設を志向する[★★★]派と、天皇中心の国体論を説く[★★★]派が対立していた。 (関西大)

統制派, 皇道派

39 ★★ 永田鉄山・東条英機は[★★]派、荒木貞夫・真崎甚三郎は[★★]派であった。 (慶應大)

統制派, 皇道派

40 ★ 1935年には、[★]派の陸軍中佐相沢三郎が[★]派のリーダーである[★]を惨殺した。 (駒澤大)

皇道派, 統制派, 永田鉄山

- **41** ★★ ★★★ の著した『日本改造法案大綱』に影響を受けた ★★★ 派の青年将校たちが、1936年 ★★★ をおこした。 (法政大)
  ◆空欄の人物は事件後，刑死となった。

  北一輝, 皇道派, 二・二六事件

- **42** ★★ ★★★ 年2月26日の二・二六事件では、★★★ 蔵相・★★★ 内大臣・★★ 陸軍教育総監らが殺害された。 (中央大)

  1936, 高橋是清, 斎藤実, 渡辺錠太郎

- **43** ★ 二・二六事件で ★ 侍従長は襲われ、重傷を負った。 (成蹊大)
  ◆二・二六事件では，戒厳令が出された。

  鈴木貫太郎

- **44** ★★★ 二・二六事件により、★★★ 内閣が倒壊した。
  ◆二・二六事件では，首相は暗殺されていない！ (同志社大)
  ◆二・二六事件により，統制派が陸軍の実権を握った。

  岡田啓介

116 日中戦争

ANSWERS □□□

- **1** ★★★ 1936年の二・二六事件のあとに ★★★ 内閣が成立した。 (中央大)

  広田弘毅

- **2** ★★★ 広田弘毅内閣は、陸軍の要求に従い ★★★ を復活させた。 (北海道大)

  軍部大臣現役武官制

- **3** ★ 広田弘毅内閣は「 ★ 」を目標にかかげ、準戦時体制をつくり上げた。 (明治大)

  広義国防国家

- **4** ★ 広田弘毅内閣は、1907年に制定された帝国国防方針の改定に伴い「 ★ 」を策定し、日満支の緊密な提携を実現することが確認された。 (日本大)
  ◆陸軍の北進論と，海軍の南進論を追認するものであった。
  ◆戦艦大和と戦艦武蔵が建造された。

  国策の基準

- **5** ★ 日満支からなる排他的経済圏は ★ とよばれた。 (関西大)

  円ブロック

- **6** ★★ 日本は1936年に広田弘毅内閣のもとで ★★ を結び、ドイツとは同盟関係にあった。 (上智大)

  日独防共協定

- **7** 広田弘毅内閣総辞職の原因となった、浜田国松の軍部批判を ○○○ という。 (学習院大)

  腹切り問答

XII 昭和時代　116 日中戦争

- □8 　**★★** は首相として組閣の大命を受けたが、陸軍が大臣を出さなかったため組閣を断念した。　（早稲田大）　→ 宇垣一成

- □9 　1937年には、陸軍大将 **★** が首班となった政府のもとで、内閣への政党の参加は排除された。　（成蹊大）　→ 林銑十郎
  - ◆この内閣は、結城豊太郎蔵相のもとで軍財抱合という軍部と財界の調整を行った。

- □10 　1933年、ドイツは **★** とよばれる全体主義体制を樹立すると共に、ヴェルサイユ体制の打破を唱えて国際連盟から脱退した。　（東洋大）　→ ナチズム
  - ◆ヒトラーが中心となった。

- □11 　イタリアの独裁者 **★** は、**★** 党を結成し、ファシズムを展開した。　（関西大）　→ ムッソリーニ, ファシスト党

- □12 　イタリアのムッソリーニは1936年、**★** を併合した。　（早稲田大）　→ エチオピア

- □13 　**★** では右翼のフランコ将軍が独裁政権を樹立した。　（東洋大）　→ スペイン

- □14 　ソ連は **★★** の指導により、一国社会主義のもとでの経済計画を実施した。　（國學院大）　→ スターリン
  - ◆第1次5カ年計画によって重工業化と農業集団化を推進させることに成功した。
  - ◆1933年にアメリカがソ連を承認し、1934年にソ連が国際連盟に加入した。

- □15 　塘沽（タンクー）停戦協定により、北京・天津東方地方を非武装地帯として国民政府の支配から切り離し、親日化しようとする **★** が行われた。　（東洋大）　→ 華北分離工作

- □16 　1935年、華北地方に親日的な自治政府である ____ が誕生した。　（日本大）　→ 冀東地区防共自治政府
  - ◆梅津・何応欽協定、土肥原・秦徳純協定によって誕生した。

- □17 　関東軍により父を爆殺された **★★** は、1936年には **★★** を監禁し、国共停戦を要求した。　（関西学院大）　→ 張学良, 蔣介石

- □18 　中国国内では、1936年12月の **★★** をきっかけに、抗日民族統一戦線が結成された。　（学習院大）　→ 西安（シーアン）事件
  - ◆当時、中国共産党は瑞金から延安への長征を行っていた。

- **19** ★★★ ★★ 年7月7日におこった ★★★ をきっかけに日中戦争が始まった。 （東京学芸大） 　1937，盧溝橋事件
  - ◆日中戦争は，日本国内では最初北支事変とよばれ，のちに支那事変とよばれた。
  - ◆この橋の付近で演習していた日本軍部隊が，謎の銃撃と行方不明者が出たのを理由に，中国軍陣地を攻撃した。

- **20** ★★★ 日中戦争が始まったときの首相は ★★★ である。　近衛文麿
  - ◆この人物は，首相就任前は貴族院議長であった。（早稲田大）

- **21** ★ 1937年8月には，日本軍は ★ に出兵した。　上海
  - ◆これを第二次上海事変という。（明治大）

- **22** ★★ 日中戦争開始直後の1937年9月に，国民政府と中国共産党は ★★ を宣言して抗日民族統一戦線が完成した。（東海大）　第二次国共合作

- **23** ★★ 1937年12月，日本軍は国民政府の首都 ★★ を占領した。（津田塾大）　南京

- **24** ★★ 南京占領を受けて国民政府は首都を漢口，★★ と移した。（京都大）　重慶

- **25** ★★★ 1937年には，★★★ が結ばれ，枢軸陣営が形成された。（早稲田大）　日独伊三国防共協定
  - ◆イタリアも国際連盟を脱退した。

- **26** ★★ 政府は，「★★ を対手とせず」という近衛声明を発表した。（明治大）　国民政府
  - ◆この声明はトラウトマン和平工作の難航を受けて行われた。

- **27** トラウトマンは ___ 人である。（早稲田大）　ドイツ

- **28** ★★ 近衛文麿首相は，日中戦争の目的を「★★ 」の建設とした。（龍谷大）　東亜新秩序
  - ◆近衛文麿は，日・満・華の3国の連帯を唱えた。

- **29** 東亜新秩序の理論的支柱を提供した政策研究会を，1933年に組織したのは ___ である。（早稲田大）　後藤隆之助

- **30** ★ 1938年12月の第3次近衛声明では，「★ ，共同防共，経済提携」が日本の目的であるとの「近衛三原則」を表明した。（明治学院大）　善隣友好

XII 昭和 116 日中戦争

XII 昭和時代　116 日中戦争

□31 1938年にはソ連と満州の国境での ★★★ 事件，1939年には満蒙国境で ★★★ 事件と，日ソ間の軍事衝突が続いた。
（同志社大）
→ 張鼓峰事件，ノモンハン事件

□32 日中戦争開始後，軍需産業へ優先的に資金を供給するために ★★ が，輸出入品および輸入品を原料とする製品に関する統制のために ★★ が公布された。
（法政大）
→ 臨時資金調整法，輸出入品等臨時措置法

□33 1938年には ★★★ が制定され，政府は ★★ の承認なしに，★ で経済と国民生活の全体にわたって統制運用する権限を得た。
（明治大）
→ 国家総動員法，議会，勅令

□34 国家総動員法は，★★ が中心となって起案され，★★★ 内閣で成立した。
（早稲田大）
→ 企画院，近衛文麿

□35 1938年3月，★ 法案が議会を通過した。
（早稲田大）
→ 電力国家管理

□36 電力国家管理法にもとづいて1939年につくられた国策会社を ＿＿＿ という。
（中央大）
→ 日本発送電会社

□37 内閣直属の ★★★ の手で物資動員計画が作成され，軍需物資の確保を行った。
（学習院大）
→ 企画院

□38 企画院は，1943年に新設された ＿＿＿〈省庁名〉に吸収合併された。
（日本女子大）
→ 軍需省

□39 1939年，国家総動員法の規定にもとづいて ★★★ が公布され，国民の軍需産業への動員が可能になった。
（関西学院大）
→ 国民徴用令

□40 1939年には，国家総動員法にもとづいて ★★ が出されて，公定価格制が導入された。
（明治学院大）
→ 価格等統制令

□41 1939年には，国家総動員法にもとづき，労働力確保のための賃金の競争的賃上げとそれに伴う労働力の頻繁な移動を抑制する狙いで ★★ が制定され，★ が公定された。
（早稲田大）
→ 賃金統制令，初任給

□42 <u>文部省</u>は，国家の正統イデオロギーの解説書である
★   『　★　』を刊行し，1941年にはこれを発展させ，すべ
   ての国民を天皇に帰一させるべきだと説く『　　　』
   を出版した。　　　　　　　　　　　　　　(津田塾大)

国体の本義，
臣民の道

□43 文部省思想局は，1937年に拡充されて，　　　　となっ
   た。　　　　　　　　　　　　　　　　　　(立命館大)

教学局

□44 1937年秋から「挙国一致・尽忠報国・堅忍持久」をス
★★★ ローガンにして展開した一大思想運動を　★★★　運動
   という。　　　　　　　　　　　　　　　　(津田塾大)

国民精神総動員運動

□45 1938年には，各職場において労資一体となって国家に
★★★ 奉仕することを主眼とした　★★★　が設置された。
   　　　　　　　　　　　　　　　　　　　　(立命館大)

産業報国会
告×

□46 1939年8月，突如　★★　の調印が発表された。★★★
★★★ 内閣は，「欧州情勢複雑怪奇」であるということを理由
   に総辞職を決行した。　　　　　　　　　　(中央大)
   ◆首相はもともと<u>枢密院議長</u>であった。

独ソ不可侵条約，
平沼騏一郎

117 第二次世界大戦

ANSWERS □□□

□1 　★　〈国名〉の　★　〈国名〉への進撃が開始され，
★   　★　年に<u>第二次世界大戦</u>が始まった。　(学習院大)
   ◆枢軸国…<u>独</u>・<u>伊</u>・<u>日</u>・<u>西</u>　VS　連合国…<u>ポーランド</u>・英・仏・
   ソ・米・中・蘭
   ◆ドイツは，1938年に<u>オーストリア</u>を併合し，<u>チェコスロヴァキア</u>に侵攻した。

ドイツ，ポーランド，1939

□2 第二次世界大戦勃発時の　★★★　内閣は，不介入方針
★★★ をとった。　　　　　　　　　　　　　　　(明治大)
   ◆空欄の人物は<u>陸軍大将</u>出身であった。

阿部信行

□3 阿部信行内閣に続く　★★★　内閣も大戦不介入方針を
★★★ とった。　　　　　　　　　　　　　　　　(甲南大)
   ◆空欄の人物は<u>海軍大将</u>であった。

米内光政

XII 昭和時代　117 第二次世界大戦

4 ★★　1939年，アメリカは ★★ の廃棄を日本に通告し，翌年廃棄された。　（日本大）

日米通商航海条約

◆この結果，石油・ゴム・ボーキサイトなどの資源の入手が困難となった。

5 ★★★　日本政府は，1940年，★★★ を代表とする新国民政府を ★★ に樹立させた。　（明治大）

汪兆銘，南京

6 ★★　★ 内閣のときに，反軍演説で議員を除名された人物は ★ 〈政党名〉の ★★ である。　（立教大）

米内光政，立憲民政党，斎藤隆夫

7 ★★★　近衛文麿を中心にして，★★★ とよばれる国民的規模での戦争への総力結集の運動が各分野で推進された。　（中央大）

新体制運動

◆近衛文麿は枢密院議長の職を辞してこの運動の先頭に立った。

8 ★★　近衛文麿を総理大臣にすべく，1940年に ★★ は退陣に追い込まれた。　（立教大）

米内光政

9 ★★★　★ 年になると，すべての政党が解党され，新体制運動の指導的組織として ★★★ が結成された。　（関西大）

1940，大政翼賛会

10 ★　大政翼賛会は，総裁を ★，支部長を ★ とした上意下達機関であった。　（関西学院大）

首相，道府県知事

11 ★　大政翼賛会は，下部組織に農村部の ★，都市部の ★，および各々の末端組織である ★ を組み込み，政府の上意下達機関としての機能をはたしていった。　（北海学園大）

部落会，町内会，隣組

◆大日本婦人会や大日本翼賛壮年団，大日本青少年団なども大政翼賛会の下部組織。

12 ★★★　1940年には ★★★ が結成され，すべての労働組合が解散されることになった。　（東海大）

大日本産業報国会

◆この組織の総裁は厚生大臣。

13 ★　1932年に，社会民衆党と全国労農大衆党が合同して結成された政党で，1940年7月に解党した無産政党は，★ である。　（東京経済大）

社会大衆党

115-28

360

#	問題	解答
☐14 ★	戦時中の報道の規制を行っていた1940年に設置された公機関は ★ である。(明治大)	内閣情報局
☐15 ★	1940年11月は，神武天皇即位 ★ 年にあたるとして祝賀行事が盛大に営まれた。(津田塾大)	2600
☐16 ★★★	1941年には，小学校は戦時体制を支える小国民の錬成を目的とした ★★★ へと改められた。(成城大)	国民学校
☐17 ★	1940年に入ると砂糖・マッチ・木炭などで ★ がしかれた。(学習院大)	切符制

◆1940年には七・七禁令が出され，ぜいたく品の製造・販売を禁止された。

| ☐18 ★★ | 1941年には主食である米に対して ★★ 〈制度名〉が施行された。(日本女子大) | 配給制 |

◆1940年には，供出制が実施され，政府による米の強制的買い上げが行われるようになった。

| ☐19 ★ | 1942年，米穀の管理・統制法案を集大成した ★ が公布された。(立命館大) | 食糧管理法 |
| ☐20 ★ | 1937年～38年の ★ で，日本無産党が結社禁止となった。(早稲田大) | 人民戦線事件 |

◆1937年に加藤勘十・鈴木茂三郎らが，1938年に大内兵衛・有沢広巳・美濃部亮吉らが検挙された左翼弾圧事件。

☐21 ★	★ は，『帝国主義下の台湾』などで日本の大陸政策を批判した。(同志社大)	矢内原忠雄
☐22 ★★	★★ は，著書『ファシズム批判』が発禁となった。(早稲田大)	河合栄治郎
☐23 ★★	歴史学者で早大教授の ★★ は，古代史研究に独自の見解を発表したため，1940年主著4冊が発禁処分を受けた。(関西大)	津田左右吉
☐24 ★★	治安維持法は，第二次近衛文麿内閣の1941年には，★★ が採用された。(関西学院大)	予防拘禁制
☐25 ★★★	1940年，近衛文麿が首相になると，アメリカの威圧抑制を狙って ★★★ を締結した。(上智大)	日独伊三国同盟

◆アメリカを仮想敵国とする内容であった。

XII 昭和 117 第二次世界大戦

361

XII 昭和時代　117 第二次世界大戦

26 アメリカは，日独伊三国同盟の締結に反発・対抗して，[　★　]・[　★　]・航空用ガソリンの対日輸出を禁止した。　　　　　　　　　　　　　　　　　　（日本大）
→ くず鉄，鉄鋼

27 日本は[★★★]に進駐し，対中国援助物資の輸送路の遮断をはかった。　　　　　　　　　　　　　　　　　　（龍谷大）
→ 北部仏印

28 [　★　]年に行った北部仏印進駐の目的は，いわゆる[★★]を遮断することであった。　（西南学院大）
◆仏印…仏（フランス）領インドシナ（印度支那）半島のこと。
→ 1940，援蔣ルート

29 北部仏印進駐は，第[★★]次[★★★]内閣のもとで行われた。　　　　　　　　　　　　　　　　　　　　（早稲田大）
→ 二，近衛文麿

30 1941年から行われた日米交渉は，駐米大使[★★]と来栖三郎が，[★★★]国務長官と交渉を行った。
　　　　　　　　　　　　　　　　　　　　　　　　（明治大）
→ 野村吉三郎，ハル

31 1941年4月，第二次近衛内閣の[★★★]外相はソ連に赴き，[★★★]に調印した。　　　　　　（津田塾大）
◆この条約の有効期間は5年間。当時のソ連の首相はモロトフ。
→ 松岡洋右，日ソ中立条約

32 1941年6月に独ソ戦争が始まると，日本は対ソ戦に備え，[★★]と称して約70万の兵力を満州に集結させた。　　　　　　　　　　　　　　　　　　　　　　（甲南大）
→ 関東軍特種演習　殊✕

33 近衛文麿は，外務大臣[★★]と対立し，これが主因で1941年7月にいったん内閣総辞職した。　（同志社大）
→ 松岡洋右

34 1941年，日本の南進政策は加速化し，[★★]への進駐を行った。　　　　　　　　　　　　　　　　　（東京学芸大）
→ 南部仏印

35 南部仏印進駐は，石油や[　★　]の資源確保が目的であった。　　　　　　　　　　　　　　　　　　　　　（学習院大）
→ ボーキサイト

36 南部仏印進駐に対して，アメリカは対日[★★]輸出禁止という措置をとった。　　　　　　　　　（明治大）
◆在米日本資産の凍結も行った。
→ 石油

37 日本の南進政策に対する，アメリカなどの対日包囲網を[★★]という。　　　　　　　　　　　　　（成蹊大）
◆この対日包囲網は，米・英・中・蘭によるものであった。
→ ABCDライン

- □38 1941年9月,「 ★★ 」で戦争準備を10月下旬をめどに完成することを定めた。 (日本大) — 帝国国策遂行要領
  ◆日米交渉の締め切りは10月上旬までで,それで成功しなければ開戦にふみ切るという要領。

- □39 近衛文麿は,陸軍大臣 ★★ と対立し,この結果1941年10月に第三次近衛内閣は総辞職した。 (同志社大) — 東条英機（樹×）
  ◆近衛文麿が日米交渉妥結を望むのに対し,彼は交渉の打ち切りと即開戦を主張した。

118 太平洋戦争

- □1 1941年10月,第三次近衛内閣が総辞職すると, ★★★ が内閣総理大臣となった。 (中央大) — 東条英機

- □2 東条英機を首相に推挙したのは,内大臣 ★★ である。 (明治大) — 木戸幸一
  ◆東条英機は陸軍大臣と内務大臣を兼任した。

- □3 1941年11月,アメリカ側はいわゆる ★★★ を最終提案として示したことに対し, ★★★ 内閣は開戦を決定した。 (学習院大) — ハル=ノート, 東条英機

- □4 ハル=ノートでは,日本が ★★ 以前の状態に戻ることを要求した。 (関西大) — 満州事変

- □5 1941年12月8日,日本の陸軍が ★★ 上陸作戦を,海軍が ★★ に ★★ 攻撃を行い,太平洋戦争が始まった。 (京都大) — マレー半島, ハワイ, 真珠湾
  ◆このあと日本軍は,シンガポール・香港・ビルマ・オランダ領東インド・フィリピンなどを軍政下においていった。

- □6 太平洋戦争を当時日本は ★★ とよんだ。 (関西大) — 大東亜戦争
  ◆日本がアメリカに参戦すると,ドイツ・イタリアもアメリカに参戦した。

- □7 太平洋戦争の目的を日本は ★★★ の建設であると宣伝した。 (関西大) — 大東亜共栄圏

- □8 太平洋戦争が始まると,日本軍は ★★ 領のマレー半島・シンガポール・香港・ビルマを軍政下においた。 (上智大) — イギリス

XII 昭和

117 第二次世界大戦

363

XII 昭和時代　118 太平洋戦争

9 太平洋戦争が始まると，日本軍は ★★ 領の東インド，★★ 領のフィリピンを軍政下においた。
(上智大)
オランダ，アメリカ

10 1942年2〜3月，★ で，日本軍が抗日分子とみなした中国人数万人を虐殺した。
(早稲田大)
シンガポール

11 戦前における最後の衆議院議員選挙である1942年の総選挙は，別名 ★★ ともよばれている。
(立教大)
翼賛選挙

12 翼賛選挙では，★★ の推薦を受けた候補が絶対多数を獲得した。
(青山学院大)
◆非推薦の主な候補者：鳩山一郎・尾崎行雄・芦田均・片山哲
大政翼賛会

13 翼賛選挙の当選者が中心となって ★ が結成された。
(立教大)
◆この組織は，のちに大日本政治会となった。
翼賛政治会

14 日本海軍は，1942年の ★★ に敗北し，戦局は次第に不利に転じた。
(京都大)
ミッドウェー海戦

15 1943年2月には南太平洋の ★ 島から日本軍は撤退し，5月にはアリューシャン列島の ＿＿ 島の日本軍が全滅した。
(津田塾大)
ガダルカナル島，アッツ島

16 1943年，法文系学生の在学中の徴兵猶予を停止し，★ が始まった。
(日本大)
学徒出陣

17 1943年に結成された，女性に対する勤労動員組織の名は ★ である。
(学習院大)
女子挺身隊

18 戦時期に軍需産業の労働力確保のために ★ が行われた。
(聖心女子大)
勤労動員

19 1943年9月30日の御前会議では，★★（千島列島・小笠原諸島・マリアナ諸島・カロリン諸島・西ニューギニア・ビルマを含む圏域）まで防衛ラインを後退させることを決定した。
(愛知学院大)
絶対国防圏

□20 ★★	1943年アジア諸国の代表者を集めて ★★ が開かれ，大東亜共同宣言が採択された。　（関西大）◆満州国・汪兆銘政権・タイ・ビルマ・自由インド・フィリピンの代表者が参加した。	大東亜会議
□21 ★★★	1944年7月，マリアナ諸島の ★★ が陥落し，★★ の一角が崩壊した。その責任を負う形で ★★★ 内閣は総辞職した。　（法政大）	サイパン島，絶対国防圏，東条英機
□22 ★★	太平洋戦争開戦後，占領地では軍政と日本語の強制使用などの ★★ 政策のもとで，圧政と収奪が行われた。　（早稲田大）◆強制連行が原因となっておこった事件に花岡事件がある。	皇民化政策
□23 ★★	朝鮮人を日本式氏名に改名する ★★ が行われた。　（成城大）	創氏改名
□24 ★	戦地には，朝鮮・中国・フィリピンなどから ★ とよばれる女性が集められた。　（日本大）	従軍慰安婦
□25	日本軍による抗日ゲリラに対する大掃討作戦を，中国側は「焼きつくし，殺しつくし，奪いつくす」という意味の □ 作戦とよんだ。　（立教大）	三光作戦
□26	関東軍防疫給水部（731部隊）が細菌兵器の開発を進め，生体実験を行った場所は □ 〈都市名〉の近郊である。　（早稲田大）◆石井四郎中将を中心に結成された。	ハルビン
□27 ★★	東条内閣退陣後は，★★ 内閣が成立した。（札幌大）◆この人物は陸軍大将であった。◆海軍大将の米内光政と協力する形で連立内閣を成立させた。	小磯国昭
□28	1944年より米軍の □ 爆撃機による本土空襲が始まった。　（日本大）◆1945年には東京大空襲が行われ，10万人の死者が出た。	B29爆撃機
□29 ★	日本軍が敗れアメリカ軍機による本土空襲につながった1944年の戦いを ★ 海戦という。　（立教大）◆この海戦で，サイパン島が陥落した。	マリアナ沖海戦
□30 ★	戦時中，大都市の児童に対しては，集団で地方の寺院や旅館などに避難させる ★ が行われた。（成城大）	学童疎開

XII 昭和

118 太平洋戦争

XII 昭和時代 118 太平洋戦争

- **31** 1944年10月，[★]海戦で，連合艦隊は最大の戦艦武蔵を失うなど，フィリピン奪還をめざしたアメリカ艦隊に大敗した。 (関西大)
  → レイテ沖海戦

- **32** 海軍は[ ]を編制し，航空機による米艦艇への体当たり攻撃を行った。 (関西大)
  → 神風特別攻撃隊
  ◆この作戦は，レイテ沖海戦で行われた。

- **33** アメリカ軍は，1945年3月に[★]を陥落させ，4月に[★★]への上陸作戦が開始され，多くの一般住民が命を失った。 (早稲田大)
  → 硫黄島，沖縄本島

- **34** 沖縄戦では，男子中学生が[★★]として戦闘要員に組織され，女子中学生はひめゆり隊などとよばれる[★★]に組織された。 (関西大)
  → 鉄血勤皇隊，女子学徒隊

- **35** 沖縄戦では，県民の[ ]人に一人が命を落とした。 (和歌山大)
  → 4
  ◆集団自決・集団自害もあった。

- **36** 沖縄戦における県民の死者は，およそ[ ]万人である。 (津田塾大)
  → 10

- **37** ガダルカナル島撤退，サイパン島陥落，米軍による沖縄本島に上陸，米軍によるフィリピンのレイテ島上陸を年代順に並べると，[★★] → [★★] → [★★] → [★★]の順となる。 (同志社大)
  → ガダルカナル島撤退，サイパン島陥落，レイテ島上陸，沖縄本島上陸

- **38** 枢軸国では，1943年に[★]が，1945年5月に[★]が降伏した。 (同志社大)
  → イタリア，ドイツ
  ◆この大戦を引きおこしたナチスのヒトラーは，1945年4月30日，ベルリンの地下壕で自殺した。

- **39** 1943年11月には，アメリカの[★★]・イギリスの[★★]・中国の[★★]が会談し，日本の領土問題などに関する[★★★]を発表した。 (関西学院大)
  → ローズヴェルト，チャーチル，蔣介石，カイロ宣言
  ◆満州・台湾・澎湖諸島の中国返還，朝鮮の独立，日本の委任統治領である南洋諸島の剥奪を決定した。

- **40** [★★★]では，ドイツの降伏後2～3カ月の間にソ連が対日参戦することを決めた。 (慶應大)
  → ヤルタ協定
  ◆これを決めた会議はクリミア半島で行われた。

- □41 ［ ★ ］年のヤルタ会談において，ソ連の［★★★］は，アメリカ・イギリスに対し，対日参戦を約束した。 (立命館大)

  1945, スターリン

- □42 小磯内閣退陣のあとを受けて成立した［★★★］内閣は，［　　　］に和平交渉の仲介を依頼しようとしていた。
  ◆軍部は，本土決戦を主張した。 (國學院大)

  鈴木貫太郎, ソ連

- □43 1945年［ ★ ］月には，［ ★ ］の対日参戦と，アメリカによる［ ★ ］・［ ★ ］への原子爆弾投下が行われた。 (同志社大)
  ◆原爆によって破壊された広島県産業奨励館の残骸は，現在「原爆ドーム」としてユネスコの世界遺産に指定されている。

  8, ソ連, 広島, 長崎

- □44 ［ ★ ］月［ ★ ］日に広島で初めて原子爆弾が投下された。 (和歌山大)

  8, 6

- □45 1945年8月14日，日本政府は［★★★］を受諾することを連合国側に通告した。 (立教大)
  ◆ポツダム宣言は，米のトルーマン，英のチャーチル（のちアトリー），ソ連のスターリンが討議し，米・英・中の名で出された。

  ポツダム宣言

- □46 1945年8月14日，日本はポツダム宣言を受諾して［★★★］した。 (立教大)
  ◆昭和天皇の聖断によるものであった。

  無条件降伏

- □47 ポツダム宣言受諾当時の内閣は，［★★★］内閣である。 (中央大)

  鈴木貫太郎

119 戦前の文化

ANSWERS □□□

- □1 文芸評論家の保田与重郎・［　　　］らは『　　　』を刊行した。 (関西学院大)
  ◆当時の文芸評論家としては小林秀雄・伊藤整らも有名。

  亀井勝一郎, 日本浪曼派
  漫×

- □2 1942年，徳富蘇峰を会長に，政府の外郭団体として設置された文学団体は［　　　］である。 (同志社大)

  日本文学報国会

- □3 ［ ★ ］は，小説『村の家』で，自らの転向体験を描いた。 (立教大)

  中野重治

XII 昭和時代　119 戦前の文化

- **4** 1937年に ★ は転向問題をテーマにした小説『生活の探求』を著した。　（甲南大）
  → 島木健作

- **5** 『麦と兵隊』の作者は ★ である。　（明治学院大）
  → 火野葦平

- **6** ★ の小説『生きてゐる兵隊』は，日本軍の残虐行為の描写で発禁処分となった。　（上智大）
  → 石川達三

- **7** 『風立ちぬ』の作者は ★ である。　（関西大）
  → 堀辰雄

- **8** 『如何なる星の下に』の作者は □ である。　（関西大）
  → 高見順

- **9** 昭和初期の刹那的・享楽的・退廃的な時代の風潮は □ と称された。　（立命館大）
  → エロ・グロ・ナンセンス

- **10** 浅草のカジノ＝フォーリーから生まれた喜劇スターの ★ は，歌とギャグとアクロバティックな動きで観客を魅了し，「喜劇王」とよばれた。　（立命館大）
  → 榎本健一

- **11** 喜劇俳優 □ は1933年浅草に「笑いの王国」を結成した。　（立命館大）
  → 古川緑波（ロッパ）

- **12** 「東京音頭」の作詞者は ★ である。　（京都産業大）
  → 西条八十

- **13** 「東京ブギウギ」・「青い山脈」など3000曲に及ぶ作品を残し，1993年に死去，国民栄誉賞を与えられた作曲家は ★ である。　（立命館大）
  → 服部良一

120 占領と戦後処理

ANSWERS □□□

- **1** 日本はポツダム宣言にもとづいて ★★ に占領された。　（中央大）
  → 連合国
  - ◆実質はアメリカ軍による単独占領であった。
  - ◆満州などの日本軍捕虜らは，ソ連によってシベリアで強制労働に従事させられた（シベリア抑留）。

- **2** 日本政府は ★★★ の指令・勧告にもとづいて政治を行った。　（駒澤大）
  → 連合国軍最高司令官総司令部（GHQ〔GHQ/SCAP〕）

| ３ | 連合国軍最高司令官総司令部の略称は ★★★ である。(横浜国立大) | GHQ（GHQ/SCAP） |

| ４ | GHQ の最高司令官は、アメリカの陸軍元帥 ★★ である。(同志社大)
◆ GHQ… General Headquarters（総司令部）, the Supreme Commander for Allied Powers（連合国軍最高司令官）の略称。 | マッカーサー |

| ５ | GHQ は ★ 〈地名〉におかれた。(明治大) | 東京 |

| ６ | 1945年の ★ により、GHQ の指令にもとづき、法律の制定を待たずに命令を発し得るようになった。(明治大) | ポツダム勅令 |

| ７ | 占領政策の国際的な最高決定機関として ★★★ が設置された。(早稲田大)
◆ これはワシントンにおかれ、11カ国（米・英・ソ・中・仏・蘭・カナダ・オーストラリア・ニュージーランド・インド・フィリピン）で構成された。 | 極東委員会 |

| ８ | アメリカは、極東委員会において唯一、拒否権と ［　　］ が認められるなど、特別の地位を保障された。(上智大) | 中間指令権 |

| ９ | 連合国最高司令官の諮問機関として東京に ★★★ が設けられた。(明治大) | 対日理事会 |

| 10 | 対日理事会は、★★・★★・★★・★★ の４カ国で構成された。(青山学院大) | アメリカ、イギリス、ソ連、中国 |

| 11 | GHQ は、直接の軍政ではなく、★★ の方法を採用した。(慶應大)
◆ 奄美群島・南西諸島・小笠原諸島はアメリカが軍政をしいた。
◆ 同じ敗戦国のドイツは、米・英・仏・ソによって分割統治され、直接軍政がしかれた。これが1949年のドイツ東西分裂の原因となる。 | 間接統治 |

| 12 | 占領政策は ★★ 政府を通して ★ 最高司令官に指令された。(慶應大) | アメリカ政府、連合国軍最高司令官 |

| 13 | ポツダム宣言の受諾と共に ★★★ 内閣は総辞職し、★★★ を首班とする内閣が発足した。(明治大)
◆ 初の皇族による首相であった。
◆ この内閣は「国体護持」・「一億総懺悔（ざんげ）」を唱えた。 | 鈴木貫太郎、東久邇宮稔彦 |

XII 昭和 120 占領と戦後処理

XII 昭和時代　120 占領と戦後処理

14 ★★　降伏文書の調印式は東京湾上のアメリカ戦艦ミズーリ号上で行われ，[★★] 外相が日本政府代表であった。
- ◆軍部代表は，梅津美治郎参謀総長。　　（京都大）
- ◆9月2日に行われた。

重光葵

15 ★★　GHQ は占領軍批判を禁止する目的で，新聞報道に対しては [★★] を，放送に関しては [★] を示した。
（立教大）

プレス＝コード，ラジオ＝コード

16 ★★★　東久邇宮稔彦内閣は，GHQ の人権指令の実行をためらい，総辞職し，[★★★] 内閣が成立した。　（慶應大）

幣原喜重郎

17 ★★　幣原喜重郎は [★★]〈党名〉の総裁・民主自由党の最高顧問・衆議院議長などを歴任した。
（青山学院大）

日本進歩党

18 ★★★　1945年に，GHQ は婦人の解放・労働組合の結成などを求めた [★★★] を [★★★] 内閣に発した。(聖心女子大)

五大改革指令，幣原喜重郎

19 ★★★　五大改革指令は，[★★★] の解放，[★★★] の結成，[★★★] の自由主義化，[★★] の撤廃，[★★] の民主化からなる。
（立教大）

婦人，労働組合，教育，圧政的諸制度，経済

20 ★　GHQ は [★] を政府に示して国家神道体制を解体し，神社と国家との完全な分離をはかった。（早稲田大）
- ◆これにより神社神道に対する政府の支援は廃止され，国家神道は消滅した。

神道指令

21 ★★　1946年1月1日に天皇は [★★] を行い，自らの神格を否定した。
（早稲田大）

人間宣言

22 ★★★　1946年，日本の指導者層の交代を促すため，戦時中の一定の指導者を対象として GHQ は [★★★] を行った。
（京都大）
- ◆鳩山一郎など対象となった者は約21万名にものぼった。

公職追放

23 ★★　1946年 [★★] が開廷され，A 級戦犯7名が死刑となった。
（青山学院大）
- ◆判決は1948年に出された。
- ◆この裁判は A 級戦犯のみ（28名）の裁判であった。
- ◆B 級戦犯・C 級戦犯は，戦争中に捕虜や住民を虐待した者で，関係諸国の裁判所で起訴され，1000人近くが死刑となった。

極東国際軍事裁判（東京裁判）

□24 極東国際軍事裁判で、インドの ★ 判事は全員無罪を唱えた。 (中央大)

パル

◆オランダのレーリンク判事も反対意見を述べた。

121 戦後の経済の民主化

ANSWERS □□□

□1 総司令部は、 ★ と ★ とが軍国主義の基盤になっていたと考えた。 (学習院大)

財閥, 寄生地主制

□2 1945年、GHQは15財閥の ★ と ★ を命じた。 (慶應大)

資産凍結, 解体

◆四大財閥とその他11の財閥がこの対象となった。

□3 1946年に設置された ★★★ に、財閥企業、家族の所有有価証券が委譲され、一般に売却された。 (青山学院大)

持株会社整理委員会

□4 持株会社整理委員会は、三井・三菱など80余社を ★ に、三井・三菱など10財閥を構成していた50数家を ★ に指定した。 (関西学院大)

持株会社, 財閥家族

□5 1947年に ★★ が制定され、カルテルやトラストが禁止された。 (法政大)

独占禁止法

□6 独占禁止法の違反行為を監視するために ★★ が設置された。 (早稲田大)

公正取引委員会

◆独占禁止法の正式名称は、「私的独占の禁止及び公正取引の確保に関する法律」である。

□7 1947年に各産業部門での巨大独占企業を分割するために ★★★ が公布された。 (学習院大)

過度経済力集中排除法

◆経済力の大きすぎる財閥をつぶすための法律である。

□8 過度経済力集中排除法により実際に企業分割が行われたのは、指定を受けた ★ 社のうち、日本製鉄・三菱重工業・王子製紙など ★ 社のみであった。 (千葉大)

325, 11

□9 過度経済力排除法の適用にあたって、 ★★ は対象外とされた。 (國學院大)

財閥系銀行

XII 昭和時代　124 戦後の経済の民主化

□10 GHQは寄生地主制を解体させるために，日本政府に ★★★ を行わせた。　　　　　　　　　　　　（中央大）
→ 農地改革

□11 第一次農地改革は， ★ 年の ★★ 内閣のときに行われた。　　　　　　　　　　　　　　　　　（横浜国立大）
→ 1946，幣原喜重郎

◆当時の農林大臣は松村謙三。

□12 1946年の第一次農地改革では ★★ が改正され，内地の在村地主の貸付地保有限度が ★★ 町歩に定められた。　　　　　　　　　　　　　　　　　　　　（学習院大）
→ 農地調整法，5

◆この法律は，1938年に出されたものである。

□13 第二次農地改革を行ったのは ★★ 内閣である。（立教大）
→ 第一次吉田茂内閣

□14 第二次農地改革実施のため，1946年に制定された法律は ★★★ である。　　　　　　　　　　　　　　（立教大）
→ 自作農創設特別措置法

◆この法律はGHQの勧告案にもとづいて制定された。

□15 第二次農地改革では， ★ の貸付地全部および北海道以外の在村地主の ★★ 町歩を超える部分の強制買い上げが行われた。　　　　　　　　　　　　（京都産業大）
→ 不在地主，1

◆貸付地は解放されたが，山林原野は解放されなかった。

□16 小作地の買収・譲渡を調整する機関として ★★ がおかれた。　　　　　　　　　　　　　　　　　（西南学院大）
→ 農地委員会

◆構成は，地主3・自作農2・小作農5の割合。

□17 第二次農地改革で，北海道の在村地主の貸付地保有限度は ★ 町歩となった。　　　　　　　　　　（甲南大）
→ 4

□18 第二次農地改革は， ★ 年にはほぼ完了した。（西南学院大）
→ 1950

◆農地改革により，小作地の約80％が解放され，小作地の総耕地面積に占める割合は10％となった。

□19 1946年に再結成された ★ は，農地改革によりその使命を終え，1947年以降は農業経営の支援を目的とした ★ が各地に設立された。　　　　（立命館大）
→ 日本農民組合，農業協同組合（農協）

122 民主化政策

1 新選挙法によって女性参政権が確立するのは ★★ 年のことである。 （明治大）
→ 1945

◆有権者の人口比率は50%となった。

2 1945年に，旧政友会系は ★★★ を，旧民政党系は ★★★ を結成した。 （立教大）
→ 日本自由党，日本進歩党

◆日本自由党の初代総裁は鳩山一郎。

3 翼賛選挙での非推薦議員を中心に結成された政党は ★★ ，翼賛選挙の推薦議員を中心に結成された政党は ★★ である。 （中央大）
→ 日本自由党，日本進歩党

◆労資協調をかかげた日本協同党も結成された。

4 1945年，旧無産政党を結合させた ★★★ が結成された。 （関西学院大）
→ 日本社会党

◆日本共産党は無産政党の合同ではない！

5 1945年には，非合法政党であった ★★ も初めて合法化された。 （関西大）
→ 日本共産党

6 日本共産党は1945年10月に出獄した ★ を書記長として再建された。 （慶應大）
→ 徳田球一

7 1946年4月，帝国議会最後の衆議院議員の総選挙が行われ，★★★ 内閣が成立した。 （成城大）
→ 第一次吉田茂内閣

8 1946年4月に戦後初の総選挙が行われ，★★ 人の女性議員が誕生した。 （青山学院大）
→ 39

◆この人数は，2005年の郵政選挙で43名の女性議員が当選するまで最高記録であった。

9 日本自由党の鳩山一郎が公職追放されたため，前内閣の外相であった吉田茂が日本自由党と ★ との連立内閣を組織した。 （青山学院大）
→ 日本進歩党

10 1945年，★★★ が公布され，団結権・団体交渉権・争議権が法律で保障された。 （早稲田大）
→ 労働組合法

11 労働法規として，1945年には労働組合法，1946年には ★★ ，1947年には ★★★ と，いわゆる労働三法が制定された。 （関西学院大）
→ 労働関係調整法，労働基準法

XII 昭和時代　122 民主化政策

- [ ] **12** 1947年には，労働者の基本官庁として ★★ が設けられた。　　　　　　　　　　　　　　　　　　（明治大）
  ◆設置当時の内閣総理大臣は片山哲。

  労働省

- [ ] **13** 1946年には，右派の ★★ と，左派の ★★ の2つの全国的労働組合が結成された。　　　　　（青山学院大）
  ◆前者の略称が総同盟，後者の略称が産別会議。

  日本労働組合総同盟，全日本産業別労働組合会議

- [ ] **14** GHQは， ★ ・日本歴史・ ★ の授業を一時停止した。　　　　　　　　　　　　　　　　　　　（慶應大）
  ◆新しい教科として社会科が導入され，『くにのあゆみ』・『あたらしい憲法のはなし』といった教科書が刊行された。

  修身，地理

- [ ] **15** 1946年5月，日本政府に命じて ★ を実施させ，軍国主義者・超国家主義者・職業軍人を教職から追放させた。　　　　　　　　　　　　　　　　　　　（成城大）
  ◆教科書の墨塗りも行われた。

  教職追放

- [ ] **16** 校舎を焼失した学校では，校庭で授業を行うこともまれではなく， □ とよばれた。　　　　　（成城大）

  青空教室

- [ ] **17** アメリカ教育使節団の勧告に協力するために，日本側では安倍能成を委員長とする □ が設置された。　　　　　　　　　　　　　　　　　　　　　　　（成城大）

  教育刷新委員会

- [ ] **18** 1947年に定められた ★★★ は，平和主義，個人の尊重，男女共学など，戦後の教育の理念を提示した。　　　　　　　　　　　　　　　　　　　　　　　（同志社大）

  教育基本法

- [ ] **19** 教育基本法は ★★ の勧告にもとづいて制定された。　　　　　　　　　　　　　　　　　　　　　（慶應大）

  アメリカ教育使節団

- [ ] **20** 1947年には ★★★ が制定され，同法にもとづいて六・三・三・四制の学校系列が定められた。　　　（中央大）

  学校教育法

- [ ] **21** 教育勅語の廃止は □ 年である。　　　　　（早稲田大）
  ◆勅語…天皇のみことのり（仰せ・お言葉）のこと。

  1948

- [ ] **22** 1948年には，教育の地方分権をはかるため， ★★ が都道府県・市町村ごとに設けられた。　　　　　（明治大）

  教育委員会

- [ ] **23** 教育委員会の委員は，当初は ★★ 制であったが，1956年に ★★ 制に変更された。　　　　　　（立命館大）

  公選制，任命制

☐24 1949年に制定された[　　　]にもとづいて青少年教育・成人教育が行われた。　　(成城大)

社会教育法

123 日本国憲法の公布と政治

ANSWERS ☐☐☐

☐1 1945年，GHQは[★★]内閣に対して憲法改正の指示を行った。　(成城大)

幣原喜重郎

☐2 GHQの憲法改正指示を受けて，政府内に[★★]が設置された。　(上智大)

憲法問題調査委員会

☐3 憲法問題調査委員会の委員長は[★★]国務相である。　(明治大)

松本烝治

◆憲法問題調査委員会は「憲法改正要綱」を提出したが，天皇統治権を依然として認める保守的なものだったため，GHQに拒否された。

☐4 日本国憲法のマッカーサー草案が提示されたときの内閣は[★★]内閣である。　(早稲田大)

幣原喜重郎

◆日本国憲法はGHQの草案をもとに作成された。

☐5 [★★]・森戸辰男らの憲法研究会がつくった，主権在民と立憲君主制をかかげた憲法草案を「[★]」という。　(慶應大)

高野岩三郎，憲法草案要綱

◆マッカーサー草案の参考とされた。

☐6 [★]は，民間にあって大統領制の憲法私案を唱えた。　(慶應大)

高野岩三郎

◆この私案を「日本共和国憲法私案要綱」という。

☐7 日本国憲法の審議の過程では，[★]の発案により，戦力不保持を定める第9条第2項の冒頭に「前項の目的を達するため」の文言が加えられるなどの修正が行われた。　(関西学院大)

芦田均

☐8 日本国憲法が公布されたときの内閣は[★★★]内閣である。　(立教大)

第一次吉田茂内閣

◆日本国憲法は，大日本帝国憲法を改正する形をとった。

XII 昭和

122 民主化政策

XII 昭和時代　123 日本国憲法の公布と政治

9 日本国憲法は ★★ 年 ★ 月 ★ 日に公布され，★★ 年 ★ 月 ★ 日に施行された。（中央大）

1946, 11, 3, 1947, 5, 3

◆現在，この公布日は「文化の日」，施行日は「憲法記念日」として，国民の祝日に指定されている。

10 日本国憲法の三原則は，★★ ・ ★ ・ ★ である。（津田塾大）

主権在民，基本的人権の尊重，平和主義（戦争放棄）

◆戦争放棄は，第2章第9条に記されている。

11 日本国憲法により，天皇のあり方は国民統合の ★ となった。（西南学院大）

象徴

12 日本国憲法によって，国権の最高機関は ★ となった。（福岡大）

国会

◆最高司法機関は最高裁判所。

13 日本国憲法により国会は ★★ と ★★ の2院から構成されるようになった。（南山大）

衆議院，参議院

◆内閣の組織制度として議院内閣制が規定された。

14 日本国憲法の第 ★★★ 条では「 ★ を解決する手段」としての戦争を放棄すると定められた。（上智大）

9, 国際紛争

15 民法は ★ 年に改正され，★★ 権をその中核とする家中心の家族制度が廃止された。（中央大）

1947, 戸主権

16 1947年に改正された刑法では，不敬罪や女性の ▢ の規定が削除された。（中央大）

姦通罪

◆翌年には刑事訴訟法も改正された。

17 ★ 年，★★ が成立して，都道府県知事が公選となった。（駒澤大）

1947, 地方自治法

18 1947年に警察法が制定され，全国の市町村に ★★ が，それ以外の地域に ★ が設置された。（明治大）

自治体警察，国家地方警察

◆1947年には，地方自治法も公布された。

19 1946年にインフレ抑制を目的に ★★★ が出され，預金封鎖と新円切りかえが行われた。（中央大）

金融緊急措置令

20 金融緊急措置令が決定されたときの内閣総理大臣は ★★ である。（立教大）

幣原喜重郎

- □21 1947年には，資材と資金を重要産業部門に集中する ★★★ を採用した。 （学習院大）　**傾斜生産方式**

- □22 傾斜生産方式により生産拡大の軸となった二大基礎産業部門とは ★★ ・ ★★ である。 （東京女子大）　**石炭，鉄鋼**

- □23 傾斜生産方式の提唱者は ★ である。 （東京女子大）　**有沢広巳**
  ◆傾斜生産方式は，経済安定本部が中心となって行った。

- □24 傾斜生産方式の資金確保のため，★★★ が設置された。 （関西学院大）　**復興金融金庫**
  ◆この機関によるばらまきは，いわゆる復金インフレを引きおこすこととなった。

- □25 敗戦直後，各地の焼け跡などに開かれた露店市は，庶民の間では ★ とよばれていた。 （東京女子大）　**闇市**
  ◆都市住民が農村へ食料購入に赴く「買出し」も行われた。
  ◆1946年5月には，食糧メーデー（飯米獲得人民大会）が行われ，約25万人が参加した。

- □26 軍人が家庭に戻ることを ★ といい，海外在留日本人の帰国を ★ という。 （立命館大）　**復員，引揚げ**

- □27 1947年，総司令部の命令により中止させられた全国規模の労働闘争は ★★★ である。 （明治大）　**二・一ゼネスト**
  ◆この計画は，伊井弥四郎議長の全官公庁共同闘争委員会が中心となった。

- □28 1947年の選挙では，★★★ が第1党になり，★★ ・ ★★ との三党連立の ★★★ 内閣が組織された。 （立教大）　**日本社会党，民主党，国民協同党，片山哲**

- □29 片山内閣では，戦前の治安維持の中枢官庁であった ★★ 〈省庁名〉を廃止し，労働省を創設するなどの重要な機構改革を実現した。 （立命館大）　**内務省**

- □30 ★★ 内閣は，炭鉱国家管理問題をめぐる党内の対立から退陣した。 （神奈川大）　**片山哲**

- □31 片山哲内閣が日本社会党内部抗争によって倒壊したため，1948年 ★★ の ★★★ を首相とする連立内閣に交替した。 （青山学院大）　**民主党，芦田均**

XII 昭和時代 123 日本国憲法の公布と政治

□32 芦田均内閣は，★★ ・ ★★ との三党連立内閣である。 (青山学院大)

日本社会党，国民協同党

□33 芦田均内閣は，★★ という疑獄事件で総辞職した。 (早稲田大)

昭和電工事件

124 冷戦と占領政策の転換

ANSWERS □□□

□1 連合国は，1945年6月の A★ 会議で B★★★ 憲章に調印し，同年10月に B★★★ を，連合国 C★ カ国で発足させた。 (明治大)

A サンフランシスコ会議,
B 国際連合,
C 51

□2 国際連合の機関である ★★ は，常任理事国と非常任理事国から構成され，国際紛争解決のために経済制裁や軍事行動を実施する権限をもつ。 (福岡大)

安全保障理事会

□3 国際連合は，アメリカ・イギリス・フランス・★ ・ ★ を常任理事国とする ★ を設けた。 (青山学院大)

ソ連，中国，安全保障理事会

□4 アメリカを中心とする資本主義陣営と，ソ連を中心とする社会主義陣営との間の東西対立を「★★」という。 (西南学院大)
◆両陣営間に「鉄のカーテン」がおろされているともいわれた。

冷戦(冷たい戦争)

□5 共産主義封じ込め政策を遂行していたアメリカ大統領は ★ である。 (成蹊大)

トルーマン

□6 1947年，アメリカは東欧に対抗し，西欧の経済の再建のために ★ を実施した。 (立教大)
◆これによりアメリカを盟主とする西側陣営が形成された。

マーシャル=プラン

□7 1949年アメリカは，西欧諸国と共に共産圏に対抗するため，★ という集団安全保障機構を結成した。 (上智大)

NATO (北大西洋条約機構)

□8 1947年，ソ連を中心に，西欧陣営に対抗して結成された情報交換組織を ★ という。 (上智大)
◆ソ連は，東欧の小国を支配する衛星国化を進行させた。

コミンフォルム

■9 ★	1955年には，ソ連と東欧諸国の共同防衛組織として ★ が設立された。（明治学院大）	ワルシャワ条約機構
■10	1948〜49年の，ソ連による ＿＿＿ によって，ドイツは分裂した。（日本大）	ベルリン封鎖
■11 ★★	中国では，1945年11月，★★ と ★★ との間で内戦が始まった。（東洋大）	中国国民党，中国共産党
■12 ★★	1949年には，中国共産党により ★★ が建国され，★ が国家主席に就任した。（東京学芸大）◆この国は中ソ友好同盟相互援助条約を結んで，東側陣営に加わった。◆中国国民党は，蔣介石を総統にして台湾に中華民国を存続させた。	中華人民共和国，毛沢東
■13 ★	1948年には，朝鮮半島南部に ★ を大統領とする ★ が，朝鮮半島北部には ★ を首相とする ★ がそれぞれ成立した。（立教大）◆後者の長男が，金正日(キム・ジョンイル)総書記。	李承晩，大韓民国，金日成，朝鮮民主主義人民共和国
■14 ★	1948年1月，アメリカの陸軍長官 ★ が占領政策の転換を表明し，外交官 ★ の提言をもとに，経済復興と再軍備という路線が方向づけられることになる。（上智大）	ロイヤル，ケナン
■15 ★★★	1948年10月，芦田均内閣が倒れると，第二次 ★★★ 内閣が誕生した。（東海大）	第二次吉田茂内閣
■16 ★★	日本自由党は民主党の脱党者を集めて ★★ を結成し，第二次吉田茂内閣を成立させた。この政党は1950年には ★★ と改称した。（中央大）	民主自由党，自由党
■17 ★★★	アメリカ政府は日本のインフレ収束策として1948年，★★★ を指令した。（早稲田大）	経済安定九原則
■18 ★★★	経済安定九原則の指令を受けた内閣の首班は ★★★ である。（東京女子大）	吉田茂
■19	1948年，アメリカは ＿＿＿ 使節団の報告書をもとに，経済安定九原則を指示した。（法政大）	ドレーパー使節団
■20 ★★★	1949年に行われた，GHQ顧問による緊縮財政の指導を ★★★ という。（早稲田大）	ドッジ=ライン

XII 昭和

124 冷戦と占領政策の転換

XII 昭和時代　124 冷戦と占領政策の転換

- [ ] **21** 1949年には、GHQ財政顧問 ★★★ により、1ドル＝ ★★★ 円の ★★★ が設定された。 （関西学院大）
  ◆それまでは、品目別にレートが異なる複数為替レートであった。

  ドッジ, 360, 単一為替レート

- [ ] **22** 1949年、GHQは ★★★ を日本に派遣して税制改革を行わせた。 （東海大）

  シャウプ

- [ ] **23** シャウプ勧告により ★★★ 税を中心とする課税方式が実施された。 （早稲田大）
  ◆累進所得税制も採用された。

  所得税

- [ ] **24** 食糧不足に対処するためのアメリカによる資金援助を ★★ という。 （中央大）

  ガリオア資金

- [ ] **25** ★★ は、占領地の産業復興を目的として提供された。 （早稲田大）

  エロア資金

- [ ] **26** 1948年 ★★ が改正され官公庁労働者の争議権が否認された。 （明治大）

  国家公務員法

- [ ] **27** 国家公務員法改正は、GHQの出した ★★ にもとづいて行われた。 （東北学院大）

  政令201号

- [ ] **28** 1949年、国鉄総裁が轢死体で発見される ★ がおこった。 （立命館大）

  下山事件

- [ ] **29** 1949年には、東京都の三鷹駅で無人電車が暴走する ★ がおこり、福島県の松川駅では列車が脱線転覆する ★ がおこった。 （関西学院大）
  ◆いずれも未だ犯人不明の謎の事件である。

  三鷹事件, 松川事件

- [ ] **30** 1949年の国鉄をめぐった三大怪事件について、政府は ★ と ★ の関与によるものであると発表した。 （立教大）

  国鉄労働組合, 日本共産党

- [ ] **31** 米ソ関係の冷戦下の進行を背景に、 ★★ 年、朝鮮半島北緯 ★★ 度線で戦闘がおこり、 ★★★ が勃発した。 （学習院大）
  ◆この戦争では、大韓民国をアメリカを中心とする国連軍が支援し、朝鮮民主主義人民共和国を中国人民義勇軍が支援した。

  1950, 北緯38度線, 朝鮮戦争

- [ ] **32** 朝鮮戦争に関連して ★ は、朝鮮民主主義人民共和国に対する武力制裁を決定した。 （慶應大）

  安全保障理事会

#	問題	解答
33 ★	朝鮮戦争中，マッカーサーは米大統領 ★ と対立して，最高司令官を解任された。 (立教大) ◆マッカーサーは中国東北部の爆撃を主張したが，トルーマンは戦争拡大を恐れた。	トルーマン
34	マッカーサー解任のあとをついだ後任の最高司令官は____である。 (関西学院大)	リッジウェイ
35 ★	朝鮮戦争は1953年に ★ で休戦協定が結ばれた。 (成城大) ◆休戦であり停戦ではない。 ◆1951年から休戦会談は始まった。	板門店 飯×
36 ★★★	1950年に朝鮮戦争が勃発すると，マッカーサーは日本に対して ★★★ の創設と海上保安庁の増員を指令した。 (明治大)	警察予備隊
37 ★★★	警察予備隊創設時の首相は ★★★ である。 (立教大)	吉田茂
38 ★★	1950年， ★★ 首相のとき，左派の活動家を職場から追い出す ★★ が強行された。 (立教大)	吉田茂， レッド=パージ
39 ★★	1950年， ★★ 党の幹部は公職を追放され，なかば非合法の状態に追い込まれた。 (立教大) ◆これらの動きを戦前への復古ととらえ「逆コース」という。	日本共産党
40 ★	1950年に反共民主労組である ★ が結成されて，社会運動が活発化することになった。 (慶應大)	日本労働組合総評議会 (総評)
41 ★★	1950年， ★★ が解除され，戦前に活動していた保守的政治家などが復帰した。 (立教大)	公職追放
42 ★★★	朝鮮戦争の勃発をきっかけに，日本では ★★★ 景気がおこった。 (関西学院大)	特需景気
43 ★★	この景気の中心となった産業は， ★★ と ★★ であった。 (明治大)	繊維，金属
44	鉱工業生産が戦前の水準を超えたのは____年である。 (早稲田大)	1951

XII 昭和

124 冷戦と占領政策の転換

125 日本の独立

1. アメリカ大統領特使として，対日講和条約の草案作成や関係国との調整を行い，対日講和を推進した人物は ★★ である。 （日本女子大）
   ダレス

2. 政府・保守系政党は条約締結に対して ★★ を主張した。 （立教大）
   単独講和

3. この講和条約締結に抗議する人たちによって主張されていた講和の方式を ★★ という。 （成蹊大）
   ◆日本社会党・日本共産党がこれを主張した。
   全面講和

4. ★ は，講和問題では吉田茂内閣の方針に異を唱え，全面講和を主張した。 （立命館大）
   ◆大内兵衛も全面講和を主張した。
   南原繁

5. ★★ は，1951年に講和条約の是非をめぐって左右に分裂した。 （学習院大）
   日本社会党

6. 1951年，日本は，アメリカなど ★ カ国との間で ★★★ に調印し，主権を回復した。 （上智大）
   ◆独立国としての主権が回復する一方，領土は削られ，沖縄・小笠原諸島はアメリカの施政権下におかれた。
   48，サンフランシスコ平和条約

7. サンフランシスコ講和会議の首席全権は ★★★ である。 （立教大）
   吉田茂

8. サンフランシスコ平和条約の「発効」は ★ 年 ★ 月である。 （立命館大）
   1952，4

9. ★ ・ ★ ・ ★ は，サンフランシスコ講和会議に招かれながら参加しなかった国である。 （青山学院大）
   インド，ビルマ，ユーゴスラビア

10. ★★ ・ ★ ・ ★ は，サンフランシスコ講和会議に参加したが調印しなかった国である。 （青山学院大）
    ソ連，ポーランド，チェコスロヴァキア

11. ★★ ・ ★★ 〈国名〉は，サンフランシスコ講和会議に招かれなかった。 （早稲田大）
    中華人民共和国，中華民国

12 1952年，日本と中華民国との間の戦争状態を終結させるために ★★ が結ばれた。 (上智大) → 日華平和条約

◆1952年にインドとは日印平和条約，1954年にビルマとは日ビルマ平和条約を締結した。

13 日本は ▭ ・フィリピン・ビルマ・南ベトナムと別途賠償協定を締結して賠償を支払った。 (慶應大) → インドネシア

◆1976年までに10億ドルの賠償を支払った。

14 ★★ は，サンフランシスコ平和条約によって沖縄と共にアメリカの信託統治が予定された地域であったが，アメリカは ★ 権下においた。 (上智大) → 小笠原諸島，施政権

15 1953年，★ が日本に返還された。 (成城大) → 奄美諸島

16 ★★ 年のサンフランシスコ平和条約と同時に日米間で ★★★ が調印された。 (同志社大) → 1951，日米安全保障条約

17 日米安全保障条約の締結により，独立後も日本国内にアメリカ軍が「 ★ の平和と安全」のために駐留を続けることとされた。 (明治大) → 極東

◆日本の防衛に寄与するとされた。

18 1952年，日米安全保障条約実施に関する具体的条件を定めた ★★★ が結ばれた。 (学習院大) → 日米行政協定

◆日本は駐留軍に基地を提供し，駐留費用を分担することが定められた。

19 1952年，海上警備隊が設置されると共に，警察予備隊は ★★★ に改組された。 (立教大) → 保安隊

20 日本は ★ 年にIMFとIBRDに加盟した。
◆IMFは国際通貨基金，IBRDは世界銀行の略称。 (上智大) → 1952

21 ★ 年，日本はアメリカとの間に ★★★ を結び，アメリカの軍事ならびに経済的援助を受けると共に，他面防衛力の強化をはかった。 (上智大) → 1954，日米相互防衛援助協定(MSA協定)

22 1954年，MSA協定にもとづいて保安隊はさらに改組・再編され，★★★ に移行した。 (立命館大) → 自衛隊

◆これを統括したのが，保安庁が改組された防衛庁。
◆最高指揮監督権は内閣総理大臣に属し，防衛庁長官は文民から選ぶとされた。

XII 昭和 125 日本の独立

XII 昭和時代　125 日本の独立

☐23 1952年の ★ 事件では，デモ隊と警官が皇居前広場で衝突した。　（日本大）
→ 血のメーデー事件

☐24 メーデー事件を機に1952年7月に ★★ を制定し，調査機関として公安調査庁が設置された。　（早稲田大）
→ 破壊活動防止法

◆1953年には電気・石炭業のストライキを制限するスト規制法が出された。

☐25 1954年に新警察法が公布され， ★ 警察を廃止し， ★ 指揮下の国家警察に一本化した。　（駒澤大）
→ 自治体警察，警察庁

☐26 1954年には，公立学校教員の政治活動の抑制を狙った ★ が，国会での強行採決により成立した。　（島根県立大）
→ 教育二法

☐27 1956年，新教育委員会法が出され，教育委員が ★★ 制に切りかえられた。　（福岡大）
→ 任命制

☐28 米軍基地の増強をめぐり，石川県の ★★ や東京都の ★ 町で住民の反対運動がおこった。　（日本女子大）
→ 内灘，砂川

◆富士山麓基地でも基地反対闘争がおこった。

☐29 1954年のアメリカによるビキニ水爆実験により，日本の漁船 ★ が被爆した。　（日本女子大）
→ 第五福竜丸

☐30 ★ 年， ★ で第1回原水爆禁止世界大会が開かれた。　（日本女子大）
→ 1955，広島

126 55年体制

ANSWERS ☐☐☐

☐1 1954年12月， ★★ によって吉田茂内閣が退陣した。　（学習院大）
→ 造船疑獄事件

☐2 造船疑獄事件で最高検察庁が逮捕許諾請求を決定したものの，法務大臣による指揮権発動により逮捕されなかった当時の自由党幹事長は ★ である。　（明治大）
→ 佐藤栄作

◆犬養健法務大臣が指揮権を発動した。

☐3 吉田茂内閣退陣後，1954年に結成された ★★★ 党の ★★★ が内閣を組織した。　（上智大）
→ 日本民主党，鳩山一郎

◆この党の前身は重光葵を党首とする改進党である。

☐4 ★	鳩山一郎内閣は，憲法改正を実現するため ★ を設置し，再軍備を実現するため ★ を発足させた。(早稲田大)	憲法調査会，国防会議
☐5 ★★	日本社会党は ★★ 年10月再統一された。(明治大) ◆日本社会党は，憲法改正と再軍備に反対して再統一し，改憲阻止に必要な3分の1の議席数を確保した。 ◆日本社会党は総評の支援を受けた。	1955
☐6 ★	再統一された日本社会党の党首は ★ である。(早稲田大)	鈴木茂三郎
☐7 ★★★	★★★ 党と ★★★ 党とのいわゆる保守合同によって ★★★ 党が結成された。(立教大)	日本民主党，自由党，自由民主党
☐8 ★★	保守合同は ★★ 年11月に実現した。(同志社女子大)	1955
☐9 ★	保守合同の際の自由党総裁は， ★ であった。(明治大)	緒方竹虎
☐10 ★★★	自由民主党と日本社会党を軸とする政界のあり方は ★★★ とよばれた。(東京女子大)	55年体制
☐11 ★★★	1956年の ★★★ によって日ソ間の国交が回復した。 ◆内閣は自主外交を唱えた。(学習院大)	日ソ共同宣言 声明×
☐12 ★★★	日ソ共同宣言調印時の日本の首相は ★★★ ，ソ連の首相は ★ である。(同志社大)	鳩山一郎，ブルガーニン
☐13 ★	日ソ共同宣言では，平和条約締結後に ★ ・ ★ を日本に返還することが約束された。(甲南大) ◆ソ連は国後島・択捉島の帰属については解決済みとの立場をとったため，平和条約締結にはいたらなかった。	歯舞群島，色丹島
☐14 ★★★	日ソ共同宣言の結果，日本は1956年， ★★★ への加盟が認められた。(立教大)	国際連合
☐15	国際連合加盟時に，日本の政府代表となった外相は ◯ である。(青山学院大)	重光葵
☐16 ★★★	1955年に始まる経済ブームを ★★★ という。 ◆1956年，造船量は英国を抜いて世界一となった。(早稲田大)	神武景気

XII 昭和

126 55年体制

XII 昭和時代　126 55年体制

17 1955年より賃上げ要求統一行動である [★] が始まった。　(関西学院大)
◆総評を指導部として行われた。

春闘

18 1956年の『[★★]』に「もはや戦後ではない」と記されたのは，[★★] 景気のさなかであった。(関西学院大)
◆1955年に米の大豊作がおこり，食糧不足が解消されたことが背景となっている。

経済白書, 神武景気

19 [★★★] は，自由民主党初の総裁公選で総裁に選ばれ，1956年に内閣を組織したが，病に倒れたため2カ月足らずで総辞職した。　(上智大)
◆彼は戦前，『東洋経済新報』の記者であった。☞ 110-16

石橋湛山

20 石橋湛山内閣のあとを受けて [　　] 年成立したのは自由民主党の [★★★] 内閣である。　(神奈川大)

1957, 岸信介

21 岸信介は，「[★]」を唱えて，日米安全保障条約のもつ対米従属性を改めようとした。　(早稲田大)
◆自衛隊装備の近代化をはかって防衛力整備計画を発表した。

日米新時代

22 1958年，岸内閣は，警察官の権限を強化するために，[★]〈3文字〉改正案を国会に上程した。　(中央大)
◆正式名称は警察官職務執行法。

警職法

23 岸信介内閣は，1958年に教員の勤務成績評定を実施して [　　] の激しい抵抗を受けた。　(慶應大)

日本教職員組合

24 1960年1月に，岸信介内閣は国内の反対を押し切って [★★★] を締結した。　(関西学院大)
◆この条約は，衆議院では強行採決され，参議院では自然成立した。

日米相互協力及び安全保障条約

25 [★★] 年の [★★★] 内閣のときに日米相互協力及び安全保障条約が締結された。　(立教大)

1960, 岸信介

26 日米相互協力及び安全保障条約では，在日アメリカ軍の [★] および日本における軍事行動に関する事前協議制などが規定された。　(明治大)
◆アメリカの日本防衛義務が明文化された。

極東

27 日米相互協力及び安全保障条約の有効期間は [★] 年間であった。　(早稲田大)

10

☐28 ★	日米相互協力及び安全保障条約（新安保条約）調印時のアメリカ合衆国大統領は ★ である。 (立教大)	アイゼンハワー
☐29 ★	安保改定の前年 ★ が組織され、安保改定の強い反対運動が展開された。 (早稲田大)	安保改定阻止国民会議
☐30 ★★	安保改定阻止国民会議や全学連などを中心に ★★ が展開された。 (明治大) ◆民主主義の擁護を唱えた。	安保闘争
☐31	日米安保条約の改定が行われた際、日本社会党は委員長の ▢ を先頭に強力な反対運動を展開した。 ◆この人物はまもなく刺殺された。 (慶應大)	浅沼稲次郎
☐32 ★★	1960年には社会党右派から ★ の率いる ★★ が分離独立した。 (慶應大)	西尾末広、民主社会党
☐33 ★	1958〜61年の好況を ★ 景気という。 (早稲田大)	岩戸景気
☐34 ★	工場や機械の近代化のための積極的な ★ と、それに伴う技術革新が高度経済成長を支えた。 ◆「投資が投資をよぶ」というやり方であった。 (立命館大)	設備投資
☐35 ★	1960年、日本は経済開放のため ★ の自由化にふみ切った。 (上智大)	貿易
☐36 ★★	1960年代になると、 ★★ から石油へのエネルギー転換が進んだ。 (青山学院大)	石炭
☐37 ★	1960年の炭鉱労働者の大量解雇をめぐっておこった、282日にわたる大規模な労働争議を ★ という。 (立教大)	三井三池炭鉱争議
☐38 ★★	東西冷戦が緩和する動きを ★★ という。 (関西大)	雪どけ
☐39 ★	1955年には、 ★ で米英仏ソの四巨頭会談があった。 (学習院大)	ジュネーヴ
☐40	ジュネーヴ四巨頭会談に、アメリカは ▢ 大統領が参加した。 (日本大)	アイゼンハワー

XII 昭和

126 55年体制

XII 昭和時代　126 55年体制

41 ソ連の [　　] 書記長は，1956年にスターリン批判を行った。（上智大）
→ フルシチョフ

◆彼は，平和共存を主張したため，中ソ関係が悪化し，中ソ論争がおこった。また，1959年に訪米してアイゼンハワー大統領と首脳会談を行った。

42 ★ 1963年には，地下実験をのぞく [　★　] 条約が調印された。（同志社大）
→ 部分的核実験停止条約

43 ★ 日本は「非核三原則」を表明し，1970年に [　★　] 条約に調印した。（早稲田大）
→ 核兵器拡散防止条約

◆非核三原則。127-24

44 1957年，[　　] は世界で初めて人工衛星の打ち上げに成功した。（東海大）
→ ソ連

45 1969年，アメリカは [　　] を月面に着陸させた。（西南学院大）
→ アポロ11号

◆このときアームストロング船長が「これは，一人の人間にとっては小さな一歩だが，人類にとっては偉大な一歩だ」といった。

46 ★ 西欧6カ国の経済統合のための機構である [　　] が1957年に結成され，それは1967年に [　★　] に発展した。（青山学院大）
→ EEC（ヨーロッパ経済共同体），EC（ヨーロッパ共同体）

◆1993年にはEU（ヨーロッパ連合：European Union）となった。

47 1954年，中国の周恩来がインドのネルーと [　　] を確認した。（東洋大）
→ 平和五原則

48 ★ 1955年，インドネシアのバンドンで [　★　] 会議が開かれ，平和十原則を決議した。（青山学院大）
→ アジア・アフリカ会議（バンドン会議）

49 ★ 1966～68年に激化した，10年間に及ぶ中国の思想・奪権運動を [　★　] という。（中央大）
→ 文化大革命

◆社会主義を資本主義に変えようとする国家主席の劉少奇らを毛沢東らが批判・攻撃し，争いが中国全土に広がった。

50 1945年，ベトナムでは [　　] が中心となり，[　　]（北ベトナム）を建国した。（上智大）
→ ホー＝チミン，ベトナム民主共和国

◆この国と対立するフランスは1949年にベトナム国（南ベトナム）を建国した。

□51 1954年，ベトナムでは[____]戦争が休戦した。　インドシナ戦争
◆フランス軍は撤退したが，依然内戦状態は続いた。（青山学院大）

□52 1965年のアメリカの[★★]がきっかけとなってベトナム戦争が始まった。（早稲田大）　北爆
◆1961年以降，南ベトナム解放民族戦線による解放闘争が激化していた。

□53 アメリカによる北ベトナム爆撃に抗議して，作家の[____]は，鶴見俊輔，開高健らと，ベ平連を結成した。（早稲田大）　小田実

□54 1956年，エジプトで[____]がおこり，第二次中東戦争が始まった。（専修大）　スエズ動乱

127 高度経済成長

ANSWERS □□□

□1 1960年成立した[★★★]内閣は，「寛容と忍耐」を唱えた。（同志社大）　池田勇人

□2 [★★★]内閣は，1961年から70年までの10年間で国民総生産（GNP）を2倍にすることをかかげた「国民[★★★]計画」を打ち出し，高度経済成長を推進する政策を展開した。（関西学院大）　池田勇人，所得倍増
◆この計画は，1967年に達成した。

□3 1961年[★★★]が制定され，農業構造の改善がはかられた。（立教大）　農業基本法

□4 [★★]内閣は，産業の大都市集中の緩和のために新産業都市建設促進法を制定した。（関西学院大）　池田勇人

□5 京浜から北九州にかけて出現した帯状の重化学工業地帯を[★]とよぶ。（南山大）　太平洋ベルト地帯
◆京浜・中京・阪神・北九州の4つの工業地帯が形成された。

□6 池田勇人内閣は「[★★]」を唱えて準政府間貿易のとり決めを行った。（上智大）　政経分離

□7 中華人民共和国との間の準政府間貿易を[★★]貿易という。（早稲田大）　LT貿易

XII 昭和　126 55年体制

XII 昭和時代　127 高度経済成長

■8 1962年，日本の[★]と中国の[★]が覚書を調印してLT貿易が始まった。　（上智大）
→ 高碕達之助，廖承志

■9 1963～64年の好景気を[★]という。　（早稲田大）
→ オリンピック景気

■10 1963年，日本は[★]11条国に移行した。　（立教大）
◆ General Agreement on Tariffs and Trade（関税及び貿易に関する一般協定）の略。
→ GATT11条国

■11 1964年，日本は国際収支を理由として，為替管理を行えない[★★]に移行した。　（法政大）
→ IMF8条国

■12 1964年，日本は[★★]に加盟し，資本の自由化が義務づけられた。　（慶應大）
◆ 資本や物資の自由な対外取引を認める開放経済体制が進んだ。
→ OECD（経済協力開発機構）

■13 池田勇人内閣のあとをついだのは[★★★]内閣である。　（神奈川大）
→ 佐藤栄作

■14 日本と韓国との国交は，1965年の[★★★]によって樹立された。　（上智大）
→ 日韓基本条約

■15 日韓基本条約が締結されたときの韓国の政権担当者は[★★]である。　（早稲田大）
→ 朴正煕（パクチョンヒ）

■16 日韓基本条約締結時の外務大臣は[★]である。　（立教大）
→ 椎名悦三郎

■17 日韓基本条約と同時に，漁業協定，請求権・経済協力協定，在日韓国人の法的地位協定，[ ]協定の四協定が調印された。　（早稲田大）
→ 文化協定

■18 1968年には[★★★]の返還が実現した。　（中央大）
→ 小笠原諸島

■19 沖縄の日本への帰属を求める運動を[★★]という。　（東京学芸大）
→ 祖国復帰運動

■20 1960年に[★]が結成され，沖縄の即時・無条件・全面返還を求めて運動を開始した。　（慶應大）
→ 沖縄県祖国復帰協議会

■21 佐藤栄作首相は1967年に[★★]大統領と会談し，3年以内の沖縄返還決定が合意された。　（慶應大）
→ ジョンソン

| 22 | 1968年琉球政府の主席公選が実現され，★が当選した。(早稲田大) | 屋良朝苗 |

| 23 | 1969年の佐藤・ニクソン会談の結果，★が発表され，「核抜き・本土なみ」で沖縄返還への合意がなされた。(関西大) | 日米共同声明 |

| 24 | 佐藤栄作首相の唱えた★★★とは，核兵器を「持たず」，「作らず」，「★★」のことである。(早稲田大) | 非核三原則，もち込ませず |

| 25 | 1971年，日米間で★★★が調印され，沖縄は日本の一部となることになった。(東京学芸大) | 沖縄返還協定 |

| 26 | 沖縄の祖国復帰は，★★★内閣のときの★年5月に実現した。(明治大) | 佐藤栄作，1972 |

| 27 | 1955年から1973年までの，いわゆる★★★の時代のおよそ20年間の国民総生産の成長率は，年平均で約★％にのぼった。(関西学院大) | 高度経済成長，10 |

◆第二次・第三次産業の地位が高まって産業構造の高度化につながった。

| 28 | 1966～70年におこった最も長い期間続いた好景気を★★景気という。(関西学院大) | いざなぎ景気 |

| 29 | 国民総生産（GNP）が，アメリカに次いで資本主義国第2位の規模に達したのは★★年である。(立教大) | 1968 |

◆この頃日本はいざなぎ景気，米はベトナム戦争の最中だった。

| 30 | 1950年代後半から始まる急激な高度経済成長に伴って，大量生産・大量消費が日常化した。この変革を★とよぶ。(同志社大) | 消費革命 |

| 31 | 1950年代後半以降，★★・★★・★★からなる三種の神器は当時の憧れの的であった。(早稲田大) | 白黒テレビ，電気冷蔵庫，電気洗濯機 |

| 32 | 1960年代末以降普及した，3Cとは，★★・★★・★★である。(同志社大) | カー，クーラー，カラーテレビ |

| 33 | 四大公害とは，富山県の★★・新潟県の阿賀野川水銀中毒（＝★★）・三重県の★★・熊本県の★★をさす。(日本女子大) | イタイイタイ病，新潟水俣病，四日市ぜんそく，（熊本）水俣病 |

◆公害問題によるこれらの患者が，それぞれに損害賠償を求めておこした訴訟を四大公害訴訟という。
◆これらの訴訟は，1971～73年に被害者側の勝訴に終わった。

XII 昭和 127 高度経済成長

XII 昭和時代　127 高度経済成長

34 公害問題では，1967年に ★★★ 法が制定され，1971年には公害行政を一本化する ★★ が発足した。
◆政府が水俣病を公害病と認定したのは1968年。　（津田塾大）
→ 公害対策基本法，環境庁

35 1964年には，創価学会を母体とした ____ が結党された。　（日本大）
→ 公明党

36 1964年には公明党が結党され，1967年からは20年近く ____ が党首として活動し，政界で一定の影響力を維持した。　（慶應大）
→ 竹入義勝

37 住民運動が活発化する中，★★ が東京都知事に当選するなど，★★ が増加した。　（センター）
◆1970年代はじめには東京・京都・大阪の知事と，大都市の市長の多くが革新首長となった。
→ 美濃部亮吉，革新自治体

38 東京都では1967年の知事選で ★ と日本共産党が推薦する美濃部亮吉が当選した。　（立教大）
→ 日本社会党

39 1964年に ____ で，住民運動の結果として石油化学コンビナートの建設が断念された。　（青山学院大）
→ 三島・沼津

40 過度経済力集中排除法により，1950年に三社に分割された ★ は高度経済成長下の1964年に再合併された。　（慶應大）
→ 三菱重工

41 八幡製鉄は，1970年に富士製鉄と合併して ★ となった。　（学習院大）
→ 新日本製鉄

42 六大企業集団は，★★・★★・★★・富士・三和・第一勧銀である。　（中央大）
→ 三井，三菱，住友

43 日本的経営における労使関係の主な特徴は，★・★・____ である。　（慶應大）
→ 終身雇用制，年功序列型賃金制，労資協調主義

44 「三ちゃん農業」のにない手は，★・★・★ である。　（愛知大）
◆兼業農家のうち農外収入を主とする第2種兼業農家の率は，1970年には農家総数の50％に達した。
→ 祖父（じいちゃん），祖母（ばあちゃん），母親（かあちゃん）

- □45 1970年度から開始された米の生産調整政策を ★★ 政策という。　(福岡大)　→ 減反政策
  - ◆食糧管理制度のもと，政府が補助金により生産者米価を毎年引き上げた結果，消費者米価を上回るようになった。

- □46 1955年に発足した ★ は，千里ニュータウンなどの大規模団地を次々と建設した。　(青山学院大)　→ 日本住宅公団

- □47 世帯の平均人数は低下し，夫婦とその子供からなる ★★ が家族構成の中心になった。　(青山学院大)　→ 核家族

- □48 約9割の人々が，人並みの生活階層に属しているという ★ 意識を抱くようになった。　(南山大)　→ 中流意識

- □49 都市部への人口移動に伴い農村では ★ 化が進んだ。　(津田塾大)　→ 過疎化

- □50 ★★ は，東京オリンピックが開催された年に開通した。　(早稲田大)　→ 東海道新幹線
  - ◆1964年に開催された。

- □51 1964年の東海道新幹線に次いで ____ 新幹線が，さらに1982年には ____ 新幹線・____ 新幹線が開通した。　(関西学院大)　→ 山陽新幹線，東北新幹線，上越新幹線

- □52 1965年には，最初の自動車専用道路として ★ が開通し，続いて ____ が開通した。　(学習院大)　→ 名神高速道路，東名高速道路
  - ◆自動車が交通手段の主力となるモータリゼーションが実現した。

- □53 1955年には ★ が制定され，平和利用に限定した原子力の研究，開発が規定された。　(立命館大)　→ 原子力基本法

- □54 1963年には ★ 県東海村の原子力研究所で初の原子力発電がなされた。　(立命館大)　→ 茨城

- □55 1979年にはアメリカのスリーマイル島原発事故，1986(=昭和61)年にはソ連の ★ 原発事故がおこった。　(青山学院大)　→ チェルノブイリ原発事故

- □56 日本でも1995年福井県の高速増殖炉もんじゅの事故，1999年茨城県の ★ の臨界事故により原子力の安全性が問われることになった。　(青山学院大)　→ 東海村

XII 昭和　127 高度経済成長

XII 昭和時代　127 高度経済成長

- [ ]57 部落解放運動では、全国水平社の伝統を受け、1946年に　　　　が結成された。そして、1955年には　　　　と改称され、解放運動を主導した。　　　　（日本大）

  部落解放全国委員会、部落解放同盟

- [ ]58 ★　　　は、同和対策審議会答申の直接の結果として1969年に公布された法令である。　　　　（同志社大）

  同和対策事業特別措置法

  ◆これは1982年の地域改善対策特別措置法に引きつがれた。

128 高度経済成長の終焉

ANSWERS □□□

- [ ]1 アメリカの　★★　大統領は、1971年8月に「　★　政策」を発表した。　　　　（明治大）

  ニクソン、新経済政策

  ◆ドル危機が背景。

- [ ]2 アメリカ大統領ニクソンは、　★　年に1ドル＝　★★★　円で固定していた円相場を　★★　円にして、円切上げを行った。　　　　（南山大）

  1971、360、308

  ◆ニクソンによる訪中や金・ドル交換停止などの衝撃的政策をニクソン＝ショックという。当時の首相は佐藤栄作。
  ◆10カ国蔵相会議の結果定められた。

- [ ]3 1971年のドル防衛措置の内容は、輸入課徴金の徴収と　★　である。　　　　（慶應大）

  金・ドル交換停止

- [ ]4 アメリカが金・ドル交換停止を決定した結果、第二次世界大戦後の国際通貨の枠組である　★　が崩壊した。　　　　（関西学院大）

  IMF体制

- [ ]5 1973年　★　が結ばれてベトナム戦争は終結した。　　　　（明治学院大）

  ベトナム和平協定

  ◆1975年に南ベトナムは崩壊し、ベトナム社会主義共和国が南北統一を実現した。
  ◆ベトナムやカンボジアなどから多くの難民が流出するインドシナ難民問題がおこった。

- [ ]6 佐藤栄作内閣退陣後、自由民主党の　★★★　内閣が誕生した。　　　　（立教大）

  田中角栄

- [ ]7 田中角栄は、「　★★★　」をかかげて、産業を全国の地方都市に分散させようとした。　　　　（明治大）

  列島改造

- **8** 田中角栄内閣は1972年9月に訪中を行い ★★★ を発表して，中国との関係を正常化した。 （立教大）
  - ◆日中間の「不正常な状態」の終結を宣言した。
  - ◆日本は中華人民共和国を「中国で唯一の合法政府」と認めた。

  日中共同声明

- **9** 日中共同声明が発表された際の中国の首相（国務院総理）は ★ である。 （関西学院大）

  周恩来

- **10** 日中国交正常化は，1972年のアメリカ大統領 ★ の訪中をきっかけとしている。 （早稲田大）
  - ◆当時訪中を行った，アメリカ大統領の補佐官はヘンリー・キッシンジャー。

  ニクソン

- **11** 1973年の ★★★ への移行により，実質的円の切上げが行われた。 （成蹊大）
  - ◆当時の首相は田中角栄。1944～71年の，固定相場制による世界の通貨体制をブレトン＝ウッズ体制という。

  変動為替相場制

- **12** 1973年の原油価格の引上げに伴う ★★★ によって，日本の高度経済成長は終わりを告げた。 （早稲田大）

  石油危機

- **13** 石油輸出国機構（OPEC）は原油価格を ★ 倍にまで引き上げた。 （関西学院大）
  - ◆アラブ産油国でつくるアラブ石油輸出国機構（OAPEC）は，石油輸出制限を行った。

  4

- **14** 石油危機のきっかけとなった戦争は ★★ である。 （早稲田大）

  第四次中東戦争

- **15** 第四次中東戦争において， ★ 〈国名〉がアラブ諸国と交戦した。 （津田塾大）

  イスラエル

- **16** 石油危機によって日本にも異常な物価高騰がおこった。これを ★★ という。 （中央大）

  狂乱物価

- **17** 田中角栄内閣は，金脈問題で1974年に総辞職し，次いで ★★ 内閣が成立した。 （日本大）
  - ◆クリーンな政治をかかげて組閣した。

  三木武夫

- **18** 日本経済の高度成長が終わったのは，経済成長率が戦後初めてマイナスとなった ★ 年のことである。 （明治大）

  1974

XII 昭和

128 高度経済成長の終焉

XII 昭和時代 128 高度経済成長の終焉

19 1975年にフランスのランブイエで第1回 ★ が開かれた。 (上智大)
◆当時の首相は三木武夫。最初の東京サミットは1979年。

→ サミット(先進国首脳会議)

20 ★ 〈国名〉は，1976年の先進国首脳会議(サミット)の参加国に加えられた。 (早稲田大)
◆最初の参加国は，アメリカ・イギリス・日本・西ドイツ・フランス・イタリア。

→ カナダ

21 1976年以降，日本の経済は高度経済成長に対して，★★ とよばれる時代に入った。 (立教大)

→ 安定成長

22 田中角栄元首相が逮捕された汚職事件を ★★★ という。 (中央大)
◆この事件が表面化したのは，1976年の三木武夫内閣のとき。
◆この事件で逮捕された元運輸政務次官は佐藤孝行。

→ ロッキード事件

23 1976年，自由民主党の一部が離党して ★ が結成された。 (慶應大)

→ 新自由クラブ

24 1978年には，日中間で ★★★ が締結され，当時の ★★ 内閣の外相園田直が出席した。 (同志社大)
◆中国側は，黄華外交部長が調印に参加した。

→ 日中平和友好条約, 福田赳夫

25 ★ 内閣の時代には，日米防衛協力の指針，いわゆる旧ガイドラインが閣議決定され，日米の共同訓練も頻繁に行われるようになった。 (慶應大)

→ 福田赳夫

26 1970年代後半，日本の貿易 ★★ 字が拡大し，対外経済摩擦が頻発するようになった。 (センター)

→ 黒字

27 1979年の第二次石油危機は， ★ を契機に生じた。 (明治大)
◆当時の首相は大平正芳。
◆革命の指導者はホメイニ。

→ イラン革命

28 第二次石油危機の際，原油価格は ___ 倍に引き上げられた。 (関西学院大)

→ 3

29 1979年には ★ が出され，一世一元の制が法制化された。 (上智大)
◆当時の首相は大平正芳。
◆一世一元の制…「大化」「大宝」「昭和」「平成」などの元号は，天皇一人につき一つとし，天皇がかわったときのみ改元する制度。

→ 元号法

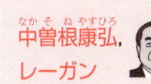

- 30. 1970年代に急速な工業化を遂げた国と地域のことを ▢（＝新興工業地域経済群）という。 (福岡大) —— NIES
- 31. NIESは，★・★・★・★ をさす。 (関西学院大) —— 韓国，台湾，香港，シンガポール
- 32. NIESは1970年代から急速な工業化によって経済発展を遂げ，インドや中国なども高い経済成長率を示し，★ と共に，アジアの経済的躍進が注目されるようになった。(青山学院大) —— 東南アジア諸国連合

129 1980年代の日本と世界

ANSWERS

- 1. 1981年に鈴木善幸内閣は，★ を発足させ，行政改革の方向を検討した。(慶應大) —— 第二次臨時行政調査会
- 2. ★ は，第二次臨時行政調査会（臨調）に参加した財界人である。(日本女子大) —— 土光敏夫
- 3. 1982年に誕生した ★★★ 内閣は，アメリカの ★ 大統領のめざしていた「新保守主義（ニューライト）」とよばれる政策の影響を受け，行政改革の実現をはかった。(関西大) —— 中曽根康弘，レーガン
- 4. 1982年に発足した中曽根康弘内閣は「★ の総決算」をかかげた。(立教大) —— 戦後政治
- 5. 中曽根康弘内閣は，★★・★★・★★ の民営化を進めた。(関西学院大) —— 日本電信電話公社（電電公社），日本専売公社（専売公社），日本国有鉄道（国鉄）

◆これを電電・専売・国鉄民営化といい，三公社は，NTT・JT・JRになった。

- 6. 1985年，企業による性差別的な待遇の禁止を義務づけた ★★ が公布された。このときの内閣は ★★ 内閣である。(東京学芸大) —— 男女雇用機会均等法，中曽根康弘

XII 昭和時代 129 1980年代の日本と世界

7 ★★★内閣のもとでは，1987年の防衛予算は，先に ★ 内閣が定めた防衛費を国民総生産（GNP）の ★★ ％以内にするという枠を突破した。
(青山学院大)

中曽根康弘, 三木武夫, 1

8 首相として戦後初めて靖国神社を公式参拝したのは， ★ である。
(立教大)

中曽根康弘

9 中曽根康弘内閣は， ★ 税の導入をはたせず，1987年に退陣した。
(日本大)

大型間接税

10 大企業を中心に ★★ によるコスト減らしと輸出競争力の強化がはかられた結果，1970年代後半の日本経済は比較的安定した成長を続けることに成功した。
(センター)

減量経営

◆コンピュータや産業用ロボットなどME（マイクロ＝エレクトロニクス）技術を利用した工場・オフィスの自動化が進んだ。

11 日本は，1980年代末には世界最大の ★ 国となった。
(関西学院大)

債権国

◆1980年の世界のGNP総計に占める日本の比重が約10％となった。

12 発展途上国に対する ★★ の供与額は1985年以降急増し，1989年には世界第1位となった。
(青山学院大)

ODA（政府開発援助）

13 政府開発援助は，英語表記の頭文字をとって ★★ と略称されている。
(青山学院大)

ODA

◆Official Development Assistanceの略。

14 1980年代，「　　　」とよばれる貿易赤字と財政赤字に苦しむアメリカは，日本との間で大きな ★ を生み出した。
(明治大)

双子の赤字, 貿易摩擦

15 日米間においては徐々に経済摩擦が深まっていったため，1989年から ★ が始められた。
(早稲田大)

日米構造協議

16 アメリカが農産物の輸入自由化を迫った結果，日本政府は1988年に ★ ・ ★ の輸入自由化を，1993年には米市場の部分開放を決定した。
(立教大)

牛肉, オレンジ

◆1988年の自由化を決定した内閣は竹下登内閣。

- □17 日本の米市場の部分開放は，GATTの多角的貿易交渉で話し合われたが，1986年にこの開催地となった国は□□□□である。 (立教大) — ウルグアイ

- □18 ★ 1985年のG5で□★□がなされ，円高（えんだか）が急速に進行した。 (慶應大) — プラザ合意（ごうい）

  ◆G5… Group of five（5大国：米・日・独・仏・英）の略。5カ国蔵相会議のこと。G7（7カ国蔵相会議）はこれにカナダ・伊が加わる。

- □19 ★ 1987年のG7で□★□がなされ，円高に歯止めがかかった。 (慶應大) — ルーブル合意（ごうい）

- □20 ★★ 1987年頃から超低金利政策のもとで投機的資金が株や不動産市場に流れ込んだ結果□★★□経済が発生し，地価と住宅価格が高騰した。 (立教大) — バブル経済

  ◆この景気が1991年に崩壊し，日本は複合不況に陥った。

- □21 ★ 革新勢力は，支持母体であった総評の解散と□★□の結成（1989年）などを背景に政策を変化させ，保守・革新の区別はあいまいになり，政治体制は不安定化した。 (青山学院大) — 日本労働組合総連合会（連合）（にほんろうどうくみあいそうれんごうかい れんごう）

  ◆1987年に発足した全日本民間労働組合連合会に総評が合流して結成された。

- □22 ★★★ 1989年には，□★★★□内閣のもとで，大型間接税である□★★★□が導入された。 (上智大) — 竹下登（たけしたのぼる），消費税（しょうひぜい）

- □23 ★ □★□内閣のとき，昭和から平成へと改元された。 (日本大) — 竹下登（たけしたのぼる）

  ◆昭和64年（1989年）1月7日に昭和天皇が崩御したため，翌日，「昭和64年」は「平成元年」に改められた。

- □24 ★★ 竹下登内閣は，前年に発覚した□★★□の疑惑の中で，1989年に退陣した。 (関西大) — リクルート事件（じけん）

- □25 ★ リクルート疑惑で前内閣が退陣すると□★□内閣が成立したが，参議院選挙で大敗し，短命内閣で終わった。 (上智大) — 宇野宗佑（うのそうすけ）

- □26 1986年に，日本社会党の党首に初めて女性が選出された。この人物は□□□□である。 (日本女子大) — 土井たか子（どいたかこ）

XII 昭和

129 1980年代の日本と世界

XII 昭和時代　129 1980年代の日本と世界

☐27 1979年の暮れ，ソ連が ★ に突然侵攻すると米ソ関係は緊張し，新冷戦の時代を迎えた。　（明治学院大）
→ アフガニスタン

☐28 ペレストロイカを進め「新思考外交」をかかげたソ連の大統領は ★ である。　（成城大）
→ ゴルバチョフ

☐29 1987年ワシントンで調印され，米ソ2国の中距離核戦力廃止を約した条約を ★ という。　（立命館大）
◆当時の米大統領はレーガン。
→ INF全廃条約

☐30 1989年には東アジア諸国・オーストラリア・アメリカを中心に ★ が政府間公式協議体として発足し，経済の協力関係は強化された。　（青山学院大）
→ APEC

☐31 1989年「 ★ 」が崩壊し，ドイツ統一が実現した。
◆1991年にはソヴィエト連邦が崩壊した。　（法政大）
→ ベルリンの壁

☐32 1989年の ★ 会談によって東西冷戦は終結した。　（南山大）
◆ブッシュとゴルバチョフによる米ソ首脳会談が行われた。
→ マルタ島会談

☐33 先進国と途上国との間の格差や対立を ★ という。　（津田塾大）
→ 南北問題

130 1990年代以降の日本と世界

ANSWERS ☐☐☐

☐1 宇野宗佑内閣が短命に終わったあと， ★★ 内閣が成立した。　（関西大）
→ 海部俊樹

☐2 海部俊樹内閣は，1991年におこった ★ への対応に苦慮し，アメリカを中心とする多国籍軍に戦費支援を行った。　（関西大）
→ 湾岸戦争

☐3 1990年8月にイラクが ★ に侵攻し，翌年に湾岸戦争がおこった。　（立教大）
→ クウェート

☐4 宮沢喜一内閣は，1992年に成立した ★★ 法にもとづいて，自衛隊を ★★ に派遣した。　（関西大）
◆法案は湾岸戦争をきっかけに成立した。
→ PKO協力法，カンボジア

☐5 PKOとは ★ のことである。　（青山学院大）
→ 国連平和維持活動

400

□6 宮沢喜一内閣のもとで、1992年には ★★ 事件、1993年には ★ 事件などの汚職事件が明るみに出た。
(明治大)

佐川急便事件, ゼネコン汚職事件

□7 ★ 年, ★★★ は総選挙で過半数を獲得できず ★★★ 内閣は退陣, 8党派の連立政権が ★★★ を首相として誕生し, 55年体制は崩壊した。(関西学院大)
◆この内閣は「政治改革」を唱えた。

1993, 自由民主党, 宮沢喜一, 細川護熙

□8 非自民8党派連立政権は、★★★ の細川護熙を首相として成立した。(関西大)
◆8党派：日本新党・新生党・新党さきがけ・日本社会党・公明党・民社党・社会民主連合・民主改革連合

日本新党

□9 細川護熙内閣のときに導入された選挙制度の名称は ★★ である。(青山学院大)

小選挙区比例代表並立制

□10 細川護熙内閣に続き、新生党の ★ を首班とする非自民連立内閣が組閣されたが短命に終わった。(慶應大)

羽田孜

□11 ___ 年には日本社会党の ★★ を首班とする3党連立内閣が組閣された。(慶應大)
◆3党とは、自由民主党・日本社会党・新党さきがけのこと。

1994, 村山富市

□12 日本社会党は党の基本路線を変更すると、野党の大部分は合同して ★ を結成した。(上智大)
◆日本社会党は、安保・自衛隊・消費税を容認した。

新進党

□13 与党に返り咲いた ★★★ は、1996年には ★★ が首相となり、再び与党の中軸を占めるようになった。(慶應大)
◆この内閣は、社会民主党・新党さきがけと連立を組んだ。
◆1997年に財政構造改革法を成立させ、行政改革の基本方針を固めた。

自由民主党, 橋本龍太郎

□14 1997年, ★★★ 内閣のときに、消費税が3%から5%に引き上げられた。(上智大)
◆アジア諸国の通貨(金融)危機と重なり、景気は再び後退した。

橋本龍太郎

□15 1998年10月には ___ が破綻し、戦後初めて民間銀行が国有化され、12月には ___ も一時国有化され特別公的管理下に入った。(明治大)

日本長期信用銀行, 日本債券信用銀行

XII 昭和

130 1990年代以降の日本と世界

XII 昭和時代　130　1990年代以降の日本と世界

□16 1997年に ★ が成立したため，北海道旧土人保護法は廃止された。　（明治大）
☞ 85-20
→ アイヌ新法

□17 1997年，気候変動枠組条約の締結国会議が日本で開催され，温室効果ガスの排出削減目標を定めた ★★ が採択された。　（青山学院大）
→ 京都議定書

□18 「日米防衛協力のための指針」（いわゆる新ガイドライン）を具体化するため，1999年 ★ が成立した。
◆当時の内閣は小渕恵三内閣。　（早稲田大）
◆1999年に国旗・国歌法が制定された。
→ 周辺事態法

□19 1999年には，対等な構成員として男女が社会のあらゆる分野の活動に参画する機会を確保することを理念にかかげた □ が成立した。　（早稲田大）
→ 男女共同参画社会基本法

□20 2001年に「聖域なき構造改革」をかかげて首相に就任した人物は ★★ である。　（立教大）
◆森喜朗内閣退陣後成立した。
→ 小泉純一郎

□21 郵政民営化を実現した当時の首相は ★★ である。　（上智大）
→ 小泉純一郎

□22 2006年に成立した ★ 内閣は，2007年に ★ 庁を省に格上げし，国民投票法を定め，憲法改正に必要な国民投票の手続きを定めた。　（上智大）
→ 安倍晋三，防衛庁

□23 2009年， ★ 〈政党名〉が政権交代を実現し， ★ 内閣が誕生した。　（法政大）
→ 民主党，鳩山由紀夫

131　戦後の文化と生活

□1 1949年，日本の学問の発展促進を目的として，学会の代表機関として ★★ が設立された。　（立教大）
→ 日本学術会議

□2 理論物理学の分野で ★★ が1949年に日本人として初めてノーベル賞を受けた。　（立教大）
→ 湯川秀樹

□3 1965年には ★ がノーベル物理学賞を受賞した。　（立教大）
→ 朝永振一郎

☐4 1968年には ★★ がノーベル文学賞を受賞した。
(立教大) 川端康成

☐5 1973年には ★ がノーベル物理学賞を受賞した。
(立教大) 江崎玲於奈

☐6 1974年には ★★ がノーベル平和賞を受賞した。
(立教大) 佐藤栄作

☐7 ★ はフロンティア電子理論を開発し，1981年にノーベル化学賞を受賞した。
(早稲田大) 福井謙一

☐8 1987年に ★ は，ノーベル医学・生理学賞を受賞した。
(早稲田大) 利根川進

☐9 1994年 ★★ はノーベル文学賞を受賞した。代表作に『ヒロシマ・ノート』・『あいまいな日本の私』・『個人的な体験』がある。
(愛知学院大) 大江健三郎

◆最近のノーベル賞：白川英樹（化学：2000年）・野依良治（化学：2001年）・小柴昌俊（物理学：2002年）・田中耕一（化学：2002年）

☐10 政治学者の ★ は，「超国家主義の論理と心理」で日本ファシズムの精神構造を究明した。
(同志社大) 丸山真男

☐11 『日本社会の家族的構成』を著した法社会学者は □ である。
(立命館大) 川島武宜

☐12 経済史学の ★ は，『近代資本主義の系譜』などで，近代社会をつくり出した人間類型を論じた。
(同志社大) 大塚久雄

☐13 □ の『中世的世界の形成』は古代から中世への歴史を明らかにした。
(同志社大) 石母田正

☐14 日本文化の向上・発展に貢献した者を讃えるために，1937年に ★ の制度が制定された。
(立教大) 文化勲章

☐15 1949年に ★ が火災により焼損したこともあり，1950年に ★★ が制定され，1968年には国の機関として ★ が設置された。
(立教大) 法隆寺金堂壁画，文化財保護法，文化庁

☐16 世界遺産の登録と認定を管轄している国際機関の正式名称は ★ である。
(上智大) 国際連合教育科学文化機関

◆略称はユネスコ。

XII 昭和
131 戦後の文化と生活

XII 昭和時代　131 戦後の文化と生活

17 『斜陽』・『人間失格』の作者は ★★ である。（立教大）
　太宰治

18 『白痴』の作者は ★ である。（上智大）
　坂口安吾

19 『天平の甍』の作者は ★ ，『山椒魚』の作者は □ である。（日本大）
　井上靖，井伏鱒二

20 戦争体験に裏づけられた文学作品の代表的なものに，★ の『俘虜記』，★ の『真空地帯』，□ の『人間の条件』がある。（同志社大）
　大岡昇平，野間宏，五味川純平
　◆井伏鱒二の『黒い雨』も同様の作品。

21 純文学と大衆小説の両方の要素を合わせた半通俗的な文芸ジャンルを ★ とよぶ。（同志社大）
　中間小説
　◆松本清張・司馬遼太郎などが代表的な作家。

22 『ゼロの焦点』の作者は □ である。（同志社大）
　松本清張

23 ★ の小説『太陽の季節』によって太陽族ブームがおこった。（立教大）
　石原慎太郎
　◆俳優の故石原裕次郎の兄である元東京都知事の出世作。太陽族とは，この小説の登場人物の姿を真似した若者たちの総称。

24 『仮面の告白』の作者は ★ である。（立教大）
　三島由紀夫

25 『ヒロシマ・ノート』の作者は ★ である。（明治大）
　大江健三郎

26 『原爆詩集』の作者は ★ である。（同志社大）
　峠三吉

27 ベネチア国際映画祭において，1950年代のはじめに，黒澤明の映画「 ★ 」がグランプリを受賞した。（立教大）
　羅生門
　◆黒澤明監督は1980年に，「影武者」でカンヌ映画祭のグランプリも受賞している。

28 ベネチア国際映画祭において，1950年代のはじめに，★★ の映画「西鶴一代女」が国際賞を受賞した。（立教大）
　溝口健二

29 テレビ放送は ★ 年に開始された。（青山学院大）
　1953
　◆1951年にはラジオの民間放送が開始された。

| □30 ★ | 終戦直後,映画「そよかぜ」の主題歌　★　が爆発的にヒットした。 (早稲田大) | リンゴの唄 |

◆並木路子が歌唱した。
◆この時期の歌手には美空ひばりがいる。

□31 ★★	1963年には漫画家の　★★　の作品を原作とする国産初の連続テレビアニメが放映された。 (明治大)	手塚治虫
□32	1949年に水泳競技の　　　選手が世界記録を樹立した。 (早稲田大)	古橋広之進
□33 ★	★　年に,東京オリンピックが開かれた。 (関西学院大)	1964
□34 ★★	1970年,大阪で「人類の進歩と調和」をテーマにした　★★　という国際的なイベントが開催された。 (同志社大)	日本万国博覧会
□35	1972年にはスーパーマーケットの　　　が三越を抜いて小売売上高トップに立った。 (慶應大)	ダイエー

XII 昭和

131 戦後の文化と生活

COLUMN-4 そして時代は続く ～あとがきにかえて～

「日本史」の歴史

　「日本史」という科目名は，戦後に登場したものです。戦前は「国史」といいました。戦前の歴史教育に対する是非はともかく，自国の歴史なのですから，わざわざ「日本」と断るのもおかしな話であるという考え方もできます。この「日本史」という科目の名称は，GHQによる占領下につけられた名称です。「日本史」という言葉一つをとっても，歴史というものを大きく感じることができるといえるでしょう。

　戦後，「日本史」は社会科の中の1科目として学ばれていましたが，1989年に告示された学習指導要領で高等学校の社会科が地理歴史科と公民科に分割されます。この学習指導要領は1994年度の第1学年から適用され，同時に世界史を必修科目とし，日本史は地理との選択必修という形をとることになってしまいます。つまり平成になってから，日本史を選択しないで高等学校を卒業する学生というものが生まれてきたわけです。とりわけ，理系の学生にとっては，地理の方が理系の人に向いた科目ということで，日本史を選択しない傾向が強くなりました。ちなみに自国の歴史が選択科目である国は，私は日本以外に知りません。

　自国の歴史を知らない，自国の文化を知らないということは，国際社会においては，自国のアイデンティティを持たない人間であるととらえられることが多いです。この傾向はとりわけ欧米諸国に強く，「自国のアイデンティティに希薄な人間は教養人に値しない」と評価する風潮すらあるようです。また，戦争問題や領土問題等など，その歴史認識の重要性が問われる問題に直面した時，自国の歴史を知らない人間は，相手側の主張にただ追随するだけ，もしくは相手側の主張を頭ごなしに全否定するだけといった両極端に陥りがちになってしまう傾向があります。

　自国の自慢できるものは堂々とアピールし，反省すべきところは反省し改善できる冷静な日本人になるためにも，「日本史を学ぶ」ということは，ますます重要性を増していくことになるのではないでしょうか。

　日本の成立背景や文化背景，そして他国との関係の変遷を踏まえながら，自らの国をアピールできる「リーダー」になっていくための教養として，是非ともしっかりと日本史を学び，学んだ内容を本書などでしっかりと刻みつけたうえで，社会に，そして世界に，積極的に飛び出してもらいたいと切に願っております。

　東国原英夫氏が，知事就任時に「私は宮崎のセールスマンになる」と述べられましたが，それこそ日本人一人一人が，日本の良さやすばらしさを世界中にアピールできる「『日本』のセールスマン」になってもらえれば，日本という国はもっともっと発展するのではと思っております。

巻末付録

索引

INDEX

この索引には、問題文の空欄に入る「正解」が五十音順に整理されています。ただし、「日本史用語ではない一般用語や数字」「地名・国名・藩名・内閣名」などは、原則として除いています。
※問題文・注釈中で赤文字になっている日本史用語は掲載していません。

【凡例】
※列の左側にある「-あ」「-い」などの赤文字は「用語の二文字目の読み」です。例えば、「卑弥呼（ひみこ）」は ひ 列の「-み」を検索すればすぐに見つかるなど、検索性が高まるよう工夫されています。
※用語の右側にある数字はページ数です。同一テーマ内で同じ用語が重複している場合は、基本的に初出のページ数のみを掲載しています。

あ PAGE ▼

-あ
- あゝ野麦峠 … 299

-い
- 藍 … 119,206
- INF全廃条約 … 400
- IMF体制 … 394
- IMF8条国 … 390
- 相川金山 … 207
- 相給 … 191
- 愛国公党 … 268
- 愛国社 … 269
- 会沢正志斎 … 240
- 相沢忠洋 … 15
- 会沢安 … 240
- アイゼンハワー … 387
- 相対済し令 … 222
- 会津農書 … 205
- アイヌ … 148
- アイヌ新法 … 402

-う
- アウストラロピテクス … 25

-お
- 葵祭 … 202
- 亜欧堂田善 … 244
- 青木昆陽 … 223,236
- 青木繁 … 318
- 青木周蔵 … 280
- 青空教室 … 374

-か
- 赤蝦夷風説考 … 225
- 赤子養育法 … 227
- 明石人骨 … 25
- 赤染衛門 … 105
- 県主 … 33
- 赤旗事件 … 301
- 赤松克麿 … 353
- 赤松則村 … 129
- 赤松満祐 … 139
- 明障子 … 162

-き
- 秋田城 … 60
- 秋月の乱 … 269
- 商場 … 196
- 商場知行制 … 196

-く
- 芥川竜之介 … 338
- 悪党 … 129
- 悪人正機説 … 121
- 握斧 … 15
- 安愚楽鍋 … 312

-け
- 明智光秀 … 173,174
- 揚浜ись … 149
- 上げ米 … 222

-こ
- 阿衡の紛議（阿衡事件） … 81

-さ
- 浅井忠 … 318
- 浅井長政 … 172
- 浅草オペラ … 341
- 朝倉孝景条々 … 154
- 朝倉宮 … 43
- 朝倉文夫 … 341

- 朝倉義景 … 172
- 浅野総一郎 … 293
- 浅野長政 … 176
- 朝日新聞 … 312
- 浅間山 … 225

-し 按司 … 147

- アジア・アフリカ会議 … 388
- 足尾銅山 … 207
- 足利学校 … 161
- 足利成氏 … 151
- 足利尊氏 … 134
- 足利高氏 … 130
- 足利直義 … 131,135
- 足利政知 … 152
- 足利満兼 … 138
- 足利持氏 … 138
- 足利基氏 … 137
- 足利義昭 … 172
- 足利義勝 … 139
- 足利義輝 … 152
- 足利義教 … 139
- 足利義尚 … 139
- 足利義政 … 139,157
- 足利義視 … 139
- 足利義満 … 135,144,157,163
- 足利義持 … 138,144
- 足軽 … 140,173
- 芦田均 … 375

-す 飛鳥池遺跡 … 45
- 飛鳥浄御原宮 … 45
- 飛鳥浄御原令 … 45
- 飛鳥寺 … 38
- 飛鳥寺式伽藍配置 … 40
- 預所 … 93
- 東歌 … 69

-た 直 … 33
- 安達泰盛 … 117

-ち 阿知使主 … 30

-つ 安土城 … 173
- アッツ島 … 364
- 吾妻鏡 … 127

-て 阿氏河荘民訴状 … 119
- 阿弖流為 … 72

-な アナーキズム … 332

-に 阿仁銅山 … 207
- アニミズム … 18

-ね 姉川の戦い … 172

-ひ あひびき … 313

-ふ 阿仏尼 … 128
- 油粕 … 205
- 油菜 … 207

-へ 安部磯雄 … 301
- 阿部一族 … 315
- 安倍晋三 … 402

- 阿倍内麻呂 … 42
- 阿倍仲麻呂 … 60
- 阿倍比羅夫 … 43
- 阿部信行 … 359
- 阿部正弘 … 246
- アヘン戦争 … 245

-ほ アポロ11号 … 388

-ま 甘粕事件 … 330
- 天草四郎時貞 … 197
- 天草版 … 180
- 奄美諸島 … 383

-み 網子 … 207
- 阿弥陀如来像 … 105
- 阿弥陀仏 … 89
- 網元 … 207

-む アムステルダム大会 … 342
- 天охос久山 … 46
- 雨森芳洲 … 196
- アメリカ教育使節団 … 374
- アメリカ式旋盤 … 298

-や 漢氏 … 30

-ゆ アユタヤ … 195

-ら 新居（関所） … 209
- 新井白石 … 203
- 愛発関 … 59
- アララギ … 315

-り 有沢広巳 … 377
- 有島武郎 … 337
- 有田焼 … 180,200,208
- 有松絞 … 208
- 有間皇子 … 43
- 有馬晴信 … 172
- 在原業平 … 86

-る アルタイ語 … 25

-ろ アロー号事件 … 247
- アロー戦争 … 247

-わ 粟田口吉光 … 126
- 粟田真人 … 60

-ん 安阿弥様 … 132
- 安康天皇 … 27
- 安国寺 … 157
- 鞍山製鉄所 … 325
- 安史の乱 … 84
- 安重根 … 291
- アンジロー（ヤジロー） … 181
- 安政の改革 … 246
- 安政の五カ国条約 … 248
- 安政の大獄 … 250
- 安全保障理事会 … 378
- 安定成長 … 396
- 安藤昌益 … 240
- 安東大将軍 … 27
- 安藤信正 … 250
- 安藤広重 … 243
- 安徳天皇 … 108

- 安和の変 … 82
- 安保改定阻止国民会議 … 387
- 安保闘争 … 387

い

-い EC … 388
- EEC … 388
- 飯田事件 … 272
- 井伊直弼 … 247,250

-え イエズス会 … 171

- 家主 … 192
- 家子 … 94
- 家持 … 192

-お 硫黄島 … 366

-か 位階 … 53
- 威海衛 … 287
- 斑鳩寺 … 39
- 斑鳩宮 … 48
- 衣冠 … 88

-き イギリス公使館 … 249

-く 生田万 … 231
- 生野の変 … 251

-け 池上曽根遺跡 … 21
- 池田輝政 … 178
- 池田勇人 … 389
- 池田光政 … 201
- 池田屋事件 … 251
- 池坊専慶 … 165
- 池坊専好 … 165
- 池坊専応 … 165

-こ 異国警固番役 … 116
- 異国船打払令 … 230,245

-さ いざなぎ景気 … 391
- 十六夜日記 … 128
- いざり機 … 208
- 伊沢修二 … 316
- 胆沢城 … 73

-し 石井・ランシング協定 … 324,329
- 石川島 … 227
- 石川島造船所 … 234
- 石川啄木 … 291,315
- 石川達三 … 368
- 石川雅望 … 242
- 石鏃 … 17
- 石匙 … 17
- 石皿 … 17
- 石田梅岩 … 239
- 石田三成 … 176
- 石塚山古墳 … 28
- 石橋湛山 … 386
- 石山の戦い … 108
- 石原莞爾 … 349
- 石包丁 … 20
- 石母田正 … 403

石山本願寺	174	猪苗代水力発電所	325	印旛沼	224
-す 伊豆金山	207	-ぬ 犬追物	118	院分国	98
泉鏡花	314	犬養毅	321,331,351	陰陽五行	89
出雲大社	32	犬上御田鍬	38,42	**う**	
出雲阿国	180	犬筑波集	164	ヴァリニャーニ	172,180
-せ 伊勢街道	209	-の 井上円了	306	-い ヴィッカース会社	322
伊勢講	244	井上馨	279,287,323	ヴィッテ	289
伊勢神宮	32,305	井上毅	275,308	ウィリアム＝アダムズ	193
伊勢物語	87	井上準之助	347	ウィルソン	327
-そ 石上神宮七支刀	30	井上哲次郎	308	右院	262
石上宅嗣	67	井上日召	351	-え 植木枝盛	271,304
-た イタイイタイ病	391	井上靖	404	上杉景勝	182
板垣退助	268,272,284	稲生若水	217	上杉謙信	152
板倉重昌	198	伊能忠敬	236	上杉重房像	125
板付遺跡	20	-は 茨城大一揆	264	上杉慎吉	335
-ち 市川左団次	316	井原西鶴	219	上杉禅秀の乱	138
市川団十郎	220,316	位封	54	上杉憲実	139,161
市川房枝	334	井伏鱒二	404	上杉憲政	152
一期分	119	-ま 今井宗久	180	上杉治憲	228
市座	150	今鏡	127	上田秋成	241
一条兼良	160	今川氏親	154	上原勇作	320
一条家	111	今川仮名目録	154	植村正久	306
一の谷の戦い	109	今川貞世	135	ヴェルサイユ条約	327
市司	58	今川義元	152,172,255	-お 魚市	150
市聖	90	今様	102	宇垣一成	332,356
一分金	213	-み 斎蔵	37	右京	58,72
一木造	78	鋳物師	120,149	浮世草子	219
一味神水	141	-よ 壹与	24	-け 宇下人言	226
市村座	242	-ら イラン革命	396	-こ 右近衛大将	110
一里塚	209	-り 入会	190	-さ 宇佐八幡宮神託事件	64
-つ 五日市憲法	271	入会地	141,263	-し 氏	32
一休宗純	158,165	入鉄砲に出女	210	氏神	32
厳島神社	103	入浜式塩田	149,207	氏寺	38
一向宗	155	-わ 磐井の乱	36	氏上	32
一国一城令	185	岩倉具視	253,279	羽州探題	137
一茶	242	岩崎弥太郎	297	碓氷〔関所〕	209
一山一寧	160	石清水八幡宮	97	右大臣	113,188,
乙巳保護条約	290	岩宿遺跡	15		262,279
一寸法師	166	岩橋千塚	29	歌川広重	243
一世一元の制	261	岩戸景気	387	宇田川榕庵	236
一地一作人	175	岩戸山古墳	36	宇多天皇	81,85
一遍	121	岩波文庫	339	-ち 打払	181
一遍上人絵伝	120,125	磐舟柵	43	内管領	117
-て 位田	53	石見大森銀山	207	袿	89
-と 伊東玄朴	237	-ん 允恭天皇	27	打ちこわし	224
伊藤仁斎	216	院宮王臣家	76	内臣	42
伊藤東涯	217	隠元隆琦	189	内灘事件	384
伊藤野枝	334	院司	98	内村鑑三	288,308
伊藤博文	270,274,	印象派	318	-つ 宇都宮辻子	132
	279,282,285,290	院政	97	内海船	211
伊東マンショ	181	院宣	98	畝傍山	46
伊東巳代治	275	院展	340	采女	33
糸割符制度	194	インドシナ戦争	389	-の 宇野宗佑	399
糸割符仲間	194	院の近臣	98	-ま 厩戸王	37
-な 稲村三伯	236	院庁	98		
稲荷山古墳	27	院庁下文	98		

-め 梅原竜三郎	341		
-ら 浦賀	245		
盂蘭盆(会)	245		
-り 売込商	249		
-る 漆	206		
得撫島	246		
運脚	56		
運慶	124		
運上	224		
芸亭	67		
え			
-い 栄花(華)物語	102		
営業税	321		
永享の乱	139		
栄西	122		
叡尊	123		
永仁の徳政令	117		
ABCDライン	362		
永平寺	123,158		
APEC	400		
永楽通宝	150		
絵入ロンドン＝ニュース	317		
-え ええじゃないか	255		
-か エカチェリーナ2世	229		
江川英竜（江川太郎左衛門〔担庵〕）	233		
-き 駅家	59		
駅制	59		
駅馬	59		
駅鈴	59		
-こ 会合衆	156		
荏胡麻	119		
-さ 江崎玲於奈	403		
-し 恵慈	41		
衛士	57		
衛士府	51		
懐奘	123		
恵心僧都	90		
-そ 絵草紙	240		
蝦夷ヶ島	147		
エゾシカ	14		
江田船山古墳	27		
-と 江藤新平	268,276		
江戸川乱歩	339		
江戸参府	198		
択捉航路	256		
択捉島	229,246		
-の 榎本健一	368		
榎本武揚	254,281		
-ひ 海老名弾正	306		
絵師	189		
えぶり	20		
-ふ 絵巻物	103		
-み 蝦夷	43		

恵美押勝 … 63	近江毛野 … 48	ODA … 398	小田野直武 … 235,244
-む MSA協定 … 383	淡海三船 … 68	大友宗麟 … 172,181	織田信雄 … 174
-も 衛門府 … 51	近江令 … 44	大伴金村 … 36	織田信秀 … 255
-り 撰銭 … 151	往来物 … 239	大友黒主 … 86	小田実 … 389
撰銭令 … 151	押領使 … 94	大伴旅人 … 69,71	-ち 落窪物語 … 87
-る LT貿易 … 389	鴨緑江 … 26	大友皇子 … 44,47	-つ 越訴 … 117
-れ エレキテル … 236	-お 大足 … 20	大伴御行 … 45	-と 御伽草子 … 165,200
-ろ エロア資金 … 380	大海人皇子 … 44	大伴家持 … 69,71	おとな … 140
エロ・グロ・ナンセンス … 368	OECD … 390	大友義鎮 … 172,181	踊念仏 … 121
-ん 円伊 … 125	大井川 … 210	大野城 … 44	-の 尾上菊五郎 … 316
円覚寺 … 123,158	大井憲太郎 … 273	大野東人 … 71	小野組 … 319
円覚寺舎利殿 … 124	大内義弘 … 138	太安万侶（安麻呂）… 67	小野妹子 … 38
延喜式 … 75	大江健三郎 … 403	大祓 … 84	小野小町 … 86
延喜・天暦の治 … 81	大江広元 … 110	大原幽学 … 206	小野篁 … 104
延喜の荘園整理令 … 81	大江匡房 … 97	大湊 … 156	小野道風 … 87
延久の荘園整理令 … 97	大岡昇平 … 404	大神神社 … 32	小野岑守 … 78
縁切寺 … 193	大岡忠相 … 221	大村純忠 … 172,177,181	小野好古 … 95
円空 … 221	大鏡 … 102	大村益次郎 … 262	-は 小浜 … 156
演劇改良会 … 316	大型間接税 … 398	大目付 … 184	大原女 … 150
縁坐 … 154	大川周明 … 350	大本教 … 306	小墾田宮 … 48
援蔣ルート … 362	大木喬任 … 307	大森貝塚 … 17	-ふ 男衾三郎絵巻 … 125
袁世凱 … 293,323	正親町天皇 … 174	大森房吉 … 311	御文 … 158
エンタシス … 39	大君 … 45	大山崎油座 … 150	御触書寛保集成 … 223
円珍 … 77	大首絵 … 243	オールコック … 252	-ほ オホーツク文化 … 19
羨道 … 29	大久保利通 … 265,269,279	大輪田泊 … 101	-み 臣 … 33
円筒埴輪 … 28	大隈重信 … 270,271,280,284,309	-か 岡倉天心 … 317	-も おもろそうし … 147
円仁 … 77	大蔵卿 … 271	御蔭参り … 254	-や 親方 … 193
役小角 … 77	大蔵大臣 … 326	岡崎正宗 … 126	-ら オランダ正月 … 236
円ブロック … 355	大蔵永常 … 206	小笠原諸島 … 383,390	オランダ風説書 … 198
塩浦 … 146	大河内正敏 … 336	岡田寒泉 … 228	-り 折たく柴の記 … 215
円本 … 339	大御所 … 183	岡田啓介 … 354	オリンピック景気 … 390
円融天皇 … 82	大御所時代 … 231	緒方洪庵 … 237	オルガンティーノ … 171
延暦寺 … 76,99,104,143,172	大阪朝日新聞 … 340	尾形光琳 … 220	-ん 蔭位の制 … 53
	大阪会議 … 269	緒方竹虎 … 385	遠国奉行 … 185
お	大阪事件 … 273	岡田山1号古墳 … 35	園城寺 … 77
-い 笈の小文 … 219	大坂夏の陣 … 183	-き 沖縄県祖国復帰協議会 … 390	音戸瀬戸 … 101
-う 応安新式 … 164	大坂冬の陣 … 183	沖縄返還協定 … 391	女大学 … 193
奥羽越列藩同盟 … 254	大阪紡績会社 … 294	沖縄本島 … 366	陰陽師 … 89
応永の外寇 … 146	大阪砲兵工廠 … 265	沖縄本島上陸 … 366	
応永の乱 … 138	大阪毎日新聞 … 312,340	沖ノ島 … 32	**か**
欧化政策 … 279	大塩平八郎の乱 … 231	荻生徂徠 … 217,221	-い 改易 … 186
扇谷 … 152	大新聞 … 312	荻原重秀 … 203	海禁 … 144
奥州総奉行 … 111	大杉栄 … 330,333	荻原守衛 … 318	海禁政策 … 195
奥州探題 … 137	太田道灌 … 182	-く 晩稲 … 148	海軍軍令部 … 286
往生伝 … 90	大田南畝 … 242	奥の細道 … 219	海軍伝習所 … 247
往生要集 … 90	大田文 … 113	奥むめお … 334	快慶 … 125
王政復古の大号令 … 253	大塚遺跡 … 21	-さ 刑部親王 … 50	開元通宝 … 59
汪兆銘 … 360	大塚楠緒子 … 288	尾崎紅葉 … 313	戒厳令 … 330
応仁の乱 … 139	大塚久雄 … 403	尾崎行雄 … 284,321	外交失策 … 273
応仁・文明の乱 … 139	大塚山古墳 … 28	御定書百箇条 … 223	会合衆 … 156
黄檗宗 … 189	大槻玄沢 … 236	小山内薫 … 316	外国債 … 289
近江坂本 … 213	大津事件 … 280	長船長光 … 126	外国人判事 … 279
近江商人 … 213	大角鹿 … 14	大佛次郎 … 339	海国兵談 … 228
近江大津宮 … 44	大津皇子 … 47	-す 御救小屋 … 231	外債 … 289
		-た 織田有楽斎 … 180	開市 … 247

INDEX 索引

あ
- 改正日米通商航海条約 … 281
- 改税約書 … 252
- 外戚 … 84
- 廻船式目 … 166
- 改造 … 340
- 改造社 … 340
- 海賊取締令 … 177
- 解体新書 … 235
- 開拓使 … 266
- 戒壇（戒壇院） … 65
- 開帳 … 245
- 海潮音 … 315
- 華夷通商考 … 235
- 貝塚 … 17
- 貝塚文化 … 19
- 改定律例 … 276
- 懐徳堂 … 238
- 海舶互市新例 … 204
- 開発領主 … 92
- 貝原益軒 … 193,218
- 懐風藻 … 68
- 海部俊樹 … 400
- 海北友松 … 179
- 海保青陵 … 240
- 外務 … 326
- 開目鈔 … 122
- カイロ宣言 … 366

え
- 替銭（替米） … 120

お
- 可翁 … 162

か
- 河海抄 … 160
- 過客 … 219
- 価格等統制令 … 358
- 加賀の一向一揆 … 143
- 香川景樹 … 242
- 賀川豊彦 … 333

き
- 嘉吉の徳政一揆 … 142
- 嘉吉の変 … 139
- 柿本人麻呂 … 47
- 部曲 … 34,45

く
- 核家族 … 393
- 学館院 … 79
- 革新倶楽部 … 330
- 革新自治体 … 392
- 学制 … 307
- 学童疎開 … 365
- 学徒出陣 … 364
- 核兵器拡散防止条約 … 388
- 学問のすゝめ … 303

け
- 駆込寺 … 193
- 花月草紙 … 226
- 掛屋 … 212
- 景山英子 … 273
- 勘解由使 … 73
- 蜻蛉日記 … 87

こ
- 囲米 … 227
- 笠懸 … 118
- 笠置寺 … 123

し
- 借上 … 120
- 加持祈禱 … 77
- 加地子 … 118,140
- 貸本屋 … 241
- 鹿島神宮 … 35
- 梶原景時 … 112
- 臥薪嘗胆 … 283

す
- 春日権現験記 … 125
- 春日神社 … 99
- 春日山 … 70,155
- 嘉助騒動 … 225
- 和宮 … 250
- ガスパル＝ヴィレラ … 171
- 耕 … 208
- 過疎化 … 393

そ
- 華族 … 263,275,296
- 華族令 … 274

た
- 片岡健吉 … 270
- 片岡直温 … 344
- 仮名 … 86
- 肩衣 … 181
- 方違 … 89
- 荷田春満 … 234
- 片山潜 … 300
- 片山哲 … 377
- 片山東熊 … 318
- ガダルカナル島 … 364
- ガダルカナル島撤退 … 366

ち
- 月行司 … 157,192
- 徒歩 … 184
- 家長 … 193
- 加徴米 … 113
- 花鳥余情 … 160

つ
- 勝海舟（義邦） … 248,254
- 学校教育法 … 374
- 学校令 … 307
- 活字 … 180
- 葛飾北斎 … 243
- 勝手方 … 223
- GATT11条国 … 390
- 桂川甫周 … 235
- 桂・タフト協定 … 290
- 桂太郎 … 288,291
- 桂・ハリマン協定 … 292
- 桂女 … 150
- 桂離宮 … 199
- 活歴 … 316

て
- 花伝書 … 163

と
- 加藤高明 … 321,323,331
- 加藤忠広 … 186
- 加藤友三郎 … 324,329
- 加藤寛治 … 349
- 加藤弘之 … 303

な
- 家督 … 118
- 過度経済力集中排除法 … 371
- 門田 … 118
- カトリック … 171
- 仮名垣魯文 … 312
- 仮名草子 … 200

ね
- 金子堅太郎 … 275
- 金沢柵 … 105
- 金沢文庫 … 127
- 金田城 … 44
- 懐良親王 … 135,144

の
- 狩野永徳 … 179
- 狩野山楽 … 179
- 狩野探幽 … 199
- 狩野長信 … 179
- 狩野派 … 163
- 狩野芳崖 … 317
- 狩野正信 … 163
- 狩野元信 … 163
- 鹿子木荘 … 93

は
- 加波山事件 … 272
- 姓 … 33
- 樺山資紀 … 278,283

ひ
- カピタン … 198

ふ
- かぶき者 … 201
- 家父長制 … 276
- 株仲間 … 212,232

へ
- 貨幣法 … 297

ほ
- 法家 … 153
- 華北分離工作 … 356

ま
- 釜石鉱山 … 293
- 鎌倉公方 … 137
- 鎌倉幕府 … 166
- 鎌倉番役 … 111
- 鎌倉府 … 137
- 卿 … 53
- 守 … 53
- 上方漁法 … 207

む
- カムチャツカ … 289

め
- 甕 … 19
- 亀井勝一郎 … 367
- 亀戸事件 … 330
- 亀ヶ岡式土器 … 17
- 甕棺墓 … 21
- 亀山天皇 … 129

も
- 加茂一揆 … 231
- 加茂岩倉遺跡 … 22
- 蒲生君平 … 239
- 鴨川の水 … 99
- 鴨長明 … 128
- 賀茂祭 … 84
- 賀茂真淵 … 234
- 伽耶（加耶） … 36

ら
- 柄井川柳 … 242
- 唐絵 … 88

〔その他〕
- 傘連判 … 225
- 韓鍛冶部 … 33
- 我楽多文庫 … 313
- 唐古・鍵遺跡 … 21
- 犂 … 119
- ガラス器 … 19
- 樺太 … 246,289
- 樺太・千島交換条約 … 267
- ガラ紡 … 294
- 唐物 … 101
- 唐様 … 124
- 伽藍配置 … 39

り
- ガリオア資金 … 380
- 狩衣 … 88
- 刈敷 … 119
- 刈田狼藉の取り締まり権 … 137

る
- カルテル … 348

れ
- 枯山水 … 162

ろ
- 家老 … 188
- 家禄 … 265

わ
- 河合栄治郎 … 361
- 川上音二郎 … 316
- 河上肇 … 335
- 川口新田 … 204
- 川崎 … 293
- 川崎正蔵 … 293
- 為替 … 120
- 川路聖謨 … 246
- 川島武宜 … 403
- かわた … 193
- 河竹黙阿弥 … 242
- 河内源氏 … 96
- 川端康成 … 338,403
- 河村瑞賢 … 211
- 河村瑞軒 … 211
- 干 … 39

ん
- 貫 … 213
- 観阿弥 … 163
- 冠位十二階 … 37
- 官位相当の制 … 53
- 閑院宮 … 228
- 閑院宮家 … 203
- 官営 … 296
- 寛永通宝 … 213
- 寛永の飢饉 … 191
- 官営模範工場 … 265
- 寛永令 … 186
- 神尾春央 … 222
- 勧学院 … 79
- 咸宜園 … 239
- 寛喜の大飢饉 … 115
- 環境庁 … 392
- 元慶の乱 … 73
- 閑吟集 … 165

官戸	57
勘合	145
元興寺	66
元興寺縁起	30
環濠集落	21
韓国併合条約	291
乾漆像	66
甘蔗	223
環状集落	17
勘定所御用達	227
勘定奉行	183,203
官省符荘	93
環状列石	18
『漢書』地理志	22
鑑真	65
観心寺	78
勧進上人	124
完新世	16
含翠堂	238
寛政異学の禁	228
寛政の改革	226
観世座	164,167
間接統治	369
貫高	154
姦通罪	376
乾田	20
官田	75
官道	59
関東管領	137
関東軍	347,349
関東軍特種演習	362
関東御分国(関東知行国)	111
関東御領	111
関東州	292
関東進止の地	111
関東総督府	292
関東大震災	330
関東都督府	292
関東取締出役	231
関東ローム層	15
寛徳	97
梶取	132
観応の擾乱	135
管野スガ	301
漢委奴国王	23
関白	83,174
神庭荒神谷遺跡	22
寛平	85
間氷期	14
寛平御遺誡	81
灌仏会	84
漢文	68
官幣社	305
官報	312
カンボジア	400
桓武天皇	72,85,95
官物	92
漢訳洋書輸入の禁	223
漢冶萍公司	323
管理通貨	351
咸臨丸	248
管領	136
観勒	42

き

木	20
魏	23
紀伊	221
基肄城	44
生糸	145,171,194,249,294
木臼	20
棄捐令	227,232
祇園社	90
祇園祭	157
議会	358
機会均等	287
器械製糸	294
企画院	358
企業勃興	294
菊池寛	338
菊池武夫	354
義経記	159
紀元節	305
既墾地系荘園	91
器財埴輪	28
岸田俊子	273
岸田劉生	341
鬼室福信	43
岸信介	386
騎射三物	118
議定	253
起請文	141
『魏志』倭人伝	23
寄進	93
寄進地系荘園	93
議定官	260
寄生地主	272
寄生地主制	371
偽籍	64
義倉	56,227
議奏	255
議奏公卿	110
貴族	86
貴族院	274,330
貴族院議員	354
貴族院・枢密院改革	331
木曽福島〔関所〕	209
北一輝	350,355
喜多川歌麿	243
喜田貞吉	311
北里柴三郎	310
北大西洋条約機構	378
北野	180
北野神社	90,150
北野天神縁起絵巻	125
北畠顕家	131
北畠親房	135,159
北原白秋	339
北前船	211
北村季吟	202,218
北村透谷	314
北山十八間戸	123
北山文化	157
吉祥天像〔薬師寺〕	69
木賃宿	210
亀甲船	178
喫茶養生記	122
切符制	361
紀伝道	79
鬼道	24
義堂周信	160
冀東地区防共自治政府	356
木戸幸一	363
木戸孝允	253,260,269,279
キトラ古墳	47
紀伊国屋文左衛門	214
紀古佐美	72
木下順庵	201,215
木下尚江	301
紀貫之	86
吉備内親王	70
吉備真備	62
黄表紙	241
義兵運動	291
奇兵隊	252
基本的人権の尊重	376
君	33
義民	225
木村栄	311
肝胆	190
格	75
久隔帖	79
九カ国条約	329
旧辞	31
九州	105
九州探題	137
旧人	14,25
牛肉	398
弓馬の道	118
旧平価	347
己酉約条	195
旧里帰農令	227
九竜半島	287
卿	262
教育	370
教育委員会	374
教育基本法	374
教育刷新委員会	374
教育勅語	308
教育二法	384
教育令	307
教王護国寺	76
景戒	79
教学局	359
行基	63,65
教行信証	121
狂言	164
協賛機関	275
京職	51
教職追放	374
共進会	266
行政整理	331
共存同衆	319
京大事件	354
協調外交	344
協定関税	248
京都	195,213
共同運輸会社	297
京都大番役	110
京都学連事件	332
京都議定書	402
享徳の徳政一揆	142
享徳の乱	151
京都守護	111,114
京都守護職	251
京都所司代	185
教派神道	255
教部省	262,305
刑部省	51
享保金銀	222
享保の改革	221
享保の飢饉	224
京枡	175
清浦奎吾	330
狂乱物価	395
共和演説事件	284
曲亭馬琴	241
極東	383,386
極東委員会	369
極東国際軍事裁判	370
玉葉	128
キヨソネ	317
清原夏野	75
居留地	248
居留民保護	346
漁労	16
キリシタン大名	171
キリシタン版	180
ギリシヤ	41

INDEX 索引

あ

切捨御免	192	公事根源	160	蔵宿	212	計帳	54
桐一葉	316	倶舎宗	65	-り 倶利伽羅峠の戦い	109	慶長金銀	203,213

ろ
記録所 129
記録荘園券契所 97

わ
義和団 287

ん
金 115,213
銀 171,194,213
金解禁 347
金槐和歌集 128
緊急勅令 275,344
禁教令 197
金玉均 282
金銀複本位制 264
キング 340
金属 381
金属器の使用 19
銀兌換 272
禁中並公家諸法度 188
欽定憲法 275
均田制 233
均田法 54
-と 工藤平助 225
金・ドル交換停止 394
金日成 379
金肥 205
禁秘抄 126
金本位制 264,297
銀本位制 272
欽明天皇 30
禁門の変 251
金融恐慌 344,348
金融緊急措置令 376
金輸出再禁止 351
禁裏御料 188
勤労動員 364
金禄公債証書 265

く

-い 悔返し権 132
-う 空海 76,85
郡家 53,70
空也 89
-え 公営田 75
-お 久遠寺 122
-か 陸羯南 305
盟神探湯 32
愚管抄 127
-き 公卿 51
公暁 113
-け 公家法 114
-こ 供御人 150
-さ 草壁皇子 45
草双紙 240
草戸千軒町 156
-し 公事 94
公事方 223
公事方御定書 222

九十九里浜 205
九条兼実 110,127
九条家 111
九条道家 131
九条頼嗣 115
九条頼経 113,115
-す 公出挙 56,74
グスク 147
薬子の変 130
楠木正成 130
楠葉西忍 146
久隅守景 199
-せ 曲舞 167
九谷焼 208
百済 30,35,36,39,43
百済大寺 39
-ち 具注暦 89
-つ 屈葬 18
宮内省 274
-な グナイスト 274
宮内大臣 275
狗奴国 24
クナシリ島の蜂起 196
クニ 22
国絵図 175
国替 186
国木田独歩 314
恭仁京 62
国地頭 110
国友（村） 170
国造 33,36
国別 280
国役 191
-ぬ 公奴婢 57
-ま 熊沢蕃山 201,216
熊野詣 98
熊本水俣病 391
-み 組頭 190
-め 久米邦武 279,311
久米正雄 338
-も 公文 93
公文所 110
-ら クラーク 306
蔵入地 176,187
倉敷由三 337
鞍作鳥 40
鞍作部 33
グラバー 233
蔵米 212
蔵元 212
蔵物 212
倉役 136
蔵屋敷 212

蔵宿 212
-り 倶利伽羅峠の戦い 109
栗橋〔関所〕 209
-れ グレゴリウス13世 172
-ろ 黒井峯遺跡 31
蔵人 75
蔵人所 74
蔵人頭 74,81
黒田清隆 270,275,277
黒田清輝 318
-わ 鍬下年季 204
-ん 郡 52,94
郡衙 53,70
軍記物語 102
郡区町村編制法 277
軍事 74
郡司 52,67,70,73,94
軍事費 271
群集墳 29
軍需工場 271
軍需省 358
群書類従 235
軍人勅諭 308
君臣豊楽 183
郡代 183
軍団 57,73
郡内一揆 231
軍部大臣現役武官制 285,320,355
軍役 187

け

-い 桂庵玄樹 160
慶安の触書 192
慶安の変 200
桂園時代 285
慶應義塾 309
慶賀使 196
経国集 78
経済安定九原則 379
経済協力開発機構 390
経済白書 386
警察庁 384
警察予備隊 381
警視庁 263
傾斜生産方式 377
芸術座 341
京城 291
桂昌院 202
形象埴輪 28
警職法 386
敬神党の乱 269
計数貨幣 213
経世秘策 240
継体天皇 36
契沖 218

計帳 54
慶長金銀 203,213
慶長条約 195
慶長勅版 180
慶長の役 177
鯨油 205
-う ケーベル 311
毛織物 249
-か 穢 32
-き 外京 58
-こ 下戸 24
華厳宗 65
戯作文学 312
-し 下司 93
解脱 123
-つ 欠食児童 348
血税一揆 262
血税騒動 262
血盟団事件 350
-な ケナン 379
-に 家人 57,101
下人 94,118
-ひ 検非違使 74
-ふ ケプロン 306
-み 検見法 222
-ゆ 解由状 73
-ら 下落 351
-ん 元 115,143
玄恵 161
護園学派 217
護園塾 217
顕戒論 76
喧嘩両成敗 154
建艦詔書 279
源空 120
元勲内閣 279
券契 97
乾元大宝 82
蹇蹇録 281
元弘 130
元亨釈書 127
元弘の変 129
元号法 396
乾坤通宝 130
元山 267
玄室 29
源氏物語 87
源氏物語玉小櫛 234
元正天皇 61,68
原子力基本法 393
源信 90
原人 14
憲政会 326,330,344
憲政党 284
憲政の常道 331
憲政本党 284

413

憲政擁護	321
現世利益	77
減反政策	393
検地	175
検地帳	176
建長寺	123,143,158
検田使	93
元和偃武	183
元和大殉教	197
元和令	185
顕如(光佐)	173
建仁寺	122,158
元服	89
元文一揆	225
言文一致体	313
元文金銀	222
ケンペル	236
玄昉	62
憲法講話	335
憲法撮要	335
憲法十七条	37
憲法草案要綱	375
憲法調査会	385
憲法問題調査委員会	375
建武以来追加	134
建武式目	134
建武年間記	131
建武年中行事	160
建武の新政	130
元明天皇	58,68
硯友社	313
玄洋社	280
減量経営	398
県令	261
建礼門院徳子	108
元老	286
元老院	269
元禄金銀	203
元禄文化	219
言論集会	273

こ

呉	23
-あ ゴア	170,177
-い 恋川春町	228,241
小石川薬園	223
小石川養生所	223
小泉純一郎	402
小泉八雲	311
小磯国昭	365
五・一五事件	351
後一条天皇	83
肥富	144
古医方	235
後院	105

-う 侯	274
公	274
興	27
講	159,244
郷	54,94
公案(問答)	122
弘安の役	116
庚寅年籍	46
広益国産考	206
黄河	19
航海奨励法	297
公害対策基本法	392
郷学	238
耕稼春秋	206
光格天皇	228
江華島事件	267
黄禍論	292
合巻	241
広域国防国家	355
公議所	261
公議政体論	253
硬玉	18
皇極天皇	42
恒居倭	166
高句麗	26,35,42,47
高家	188,203
江家次第	84
孝謙上皇	63
孝謙天皇	50,63
郷戸	54
神籠石	44
光孝天皇	80
考古学	14
庚午年籍	44,55
甲午農民戦争	282
光厳天皇	129
高山国	177
高山寺	123
貢士	260
郷司	94
皇室典範	276
杭州	283
甲州道中	209
広州湾	287
膠州湾	286
交詢社	271,321
康勝	125
考証学派	237
興譲館	238
工場制手工業	231
工場法	302
公職追放	370,381
好色物	219
庚申講	244
甲申事変	281
更新世(洪積世)	14

皇親政治	45
公正取引委員会	371
興禅護国論	122
楮	119,148,206
強訴	98,141
高宗	281,290
皇族	275
小歌	181
好太王(広開土王)	26
交替式	75
後宇多上皇	129
幸田露伴	313
小袿	89
公地公民制	43
高地性集落	21
郷帳	183
皇朝十二銭	59
公田	57
高等学校	308
弘道館	238
高等小学校	308
高等女学校令	308
皇道派	354
幸徳秋水	285,288,300
孝徳天皇	42
高度経済成長	391
江南軍	116
弘仁・貞観文化	76
光仁天皇	64,72
鴻池家	214
鴻池新田	204
河野広中	272
高師直	135
甲府雨宮製糸工場	299
公武合体	250
興福寺	47,66,99,109, 125,143,164
興福寺阿修羅像	66
講武所	247
工部省	265
洪武通宝	150
光武帝	23
洪武帝	144
工部美術学校	316
弘文院	79
弘文館	215
神戸港	101
康弁	125
高弁	123
光明子	62
光明天皇	134
皇民化政策	365
孝明天皇	247,253
公明党	392
紅毛人	194
広目天	67

高野詣	98
高麗	85,116,146
広隆寺	39
広隆寺半跏思惟像(弥勒菩薩像)	41
公領	94,97,110
鴻臚館	52
幸若舞	165
-え 五衛府	50
-お 小面	167
評	52
御恩	111
-か 古学派	216
五箇条の御誓文	260
五箇条の誓文	260
五力所商人	195
古賀精里	228
子方	193
後亀山天皇	135
御家門	187
後漢	23
『後漢書』東夷伝	23
虎関師錬	127
-き 古義堂	216
こき箸	205
五経博士	30
古今和歌集	86,164
-く 国	52
国意考	234
国衙	52,56,70
国学	67,234
國學院大学	309
国衙領	94,97,110
国際共産党	333
国際紛争	376
国際連合	378,385
国際連合教育科学文化機関	403
国際連盟	328,353
国策の基準	355
国産力織機	295
国司	52,92,97,131
国守	98
国人	151
国粋保存主義	304
国姓爺合戦	220
国性爺合戦	220
国訴	226
国体	331
国体の本義	359
国体明徴声明	354
石高	176
石高制	175
国恥記念日	323
国中掟法	142
国定	309

国鉄	397
国鉄労働組合	380
国府	52
国風文化	86
国幣社	305
国防会議	385
国民皆兵	262
国民学校	361
国民協会	278
国民協同党	377
国民主義	304
国民精神総動員運動	359
国民政府	357
国民徴用令	358
国民之友	304
国免荘	93
石盛	176
国役金	203
黒曜石	18
極楽寺	123
国立銀行	272
国立銀行条例	264
国連平和維持活動	400
-け 御家人	110,114,184
-こ 小御所会議	254
後小松天皇	135
古今著聞集	128
-さ 後嵯峨上皇	129
後嵯峨天皇	115
小作争議	333
小作調停法	333
後桜町天皇	189
御三家	187
五・三〇事件	332
後三条天皇	97
後三年合戦（後三年の役）	96
五山の制	157
五山版	160
-し 五・四運動	328
甑	19
古事記	67
古事記伝	234
五色の賤	57
古史通	215
越荷方制度	233
児島惟謙	280
児島湾	205
コシャマイン	148
戸主	54,193,276
55年体制	385
五重塔	313
戸主権	376
呉春	244
小姓組番	184
後白河天皇	100
後白河法皇	98,102,108
子代	34
小新聞	312
御親兵	261
-す 後朱雀天皇	83
-せ 御成敗式目	114
戸籍	54
小関三英	230
戸籍法	263
巨勢金岡	88
巨勢野足	74
-そ 五族協和	350
小袖	181
後醍醐天皇	129,144
五代友厚	270
-つ 国家	335
国家安康	183
国会	376
国会開設の勅諭	270
国会期成同盟	270
骨角器	17
国家公務員法	380
国家総動員法	358
国家地方警察	376
国記	37
滑稽本	241
-と 後藤庄三郎	213
後藤象二郎	253,268,272,293
後藤新平	283
後藤祐乗	163
後藤隆之助	357
詞書	103
後鳥羽上皇	113,127,167
後鳥羽天皇	109
-に 小西行長	182
小西隆佐	177
五人組	190
-の 近衛家	111
近衛文麿	357,362
-は 小林一茶	242
小林多喜二	339
小判	213
-ひ 五品江戸廻送令	249
後深草天皇	129
呉服	249
古文辞学派	217
御文章	158
五榜の掲示	260
小仏	210
後堀河天皇	113
-ま 小牧・長久手の戦い	174
駒場農学校	266
-み 五味川純平	404
後水尾天皇	188
コミンテルン	333
コミンフォルム	378
-む 後村上天皇	135,159
小村寿太郎	281,288,291
-め 米公方	221
米騒動	326
米場（米市）	150
-も 小物成	191
-よ 後陽成天皇	174,183
-り 御霊会	90
五稜郭	254
御料所	136
-る ゴルバチョフ	400
-れ 後冷泉天皇	83
コレジオ	171
伊治呰麻呂	72
惟宗直本	75
-ろ ゴロー（ウ）ニン	229
-ん 権現	90
権益	199
金剛界	78
金光教	255
金剛座	164
金剛峰寺	76
金光明経	65
金光明最勝王経	65
金光明四天王護国之寺	65
金剛力士像	125
今昔物語集	92,102
誉田御廟山古墳	29
金地院崇伝	186
コンツェルン	298,352
健児の制	73
墾田永年私財法	63
墾田地系荘園	91
金堂	39
近藤重蔵	229
コンドル	279
金春座	164
金春禅竹	164
金毘羅宮（金刀比羅宮）	244
困民党	273
さ	
座	120,150
歳役	55
-い 西園寺公経	131
西園寺公望	327,352
西海道	52
在方町（在郷町）	188
西宮記	84
西行	128
最恵国待遇	246
債権国	325,398
在郷商人（在方商人）	230,249
西郷隆盛	253,268
西郷従道	267
西光万吉	333
西国立志編	303
推邪輪	123
採集	16
税所	94
西条八十	368
財政緊縮	347
崔済愚	282
細石器	15
西大寺	66
最澄	76,85
在庁官人	92,109
斎藤隆夫	360
斎藤竜興	172
斎藤道三	152
斎藤実	328,352
斎藤茂吉	339
済南事件	346
財閥	371
財閥家族	371
財閥系銀行	371
サイパン島	365
サイパン島陥落	366
割符	120
斉明天皇	43
西面の武士	113
済物浦条約	281
采覧異言	235
左院	262
-か 酒井田柿右衛門	200
酒井忠清	201
堺利彦	288,333
坂口安吾	404
坂下門外の変	250
坂田藤十郎	220
嵯峨天皇	74,76,104
坂上田村麻呂	73
佐賀の乱	269
坂本	155
坂本竜馬	253
酒屋	151
酒屋役	136
相楽総三	254
佐川急便事件	401
主典	53
目	53

き
- 防人 57
- 左京 58

く
- 柵戸 73
- 作人 94,118,175
- 冊封 147
- 佐久間象山 237
- 桜会 350
- 桜田門外の変 250
- 座繰製糸 294

こ
- 雑喉場〔魚市〕 213
- 佐々木道誉 165
- 佐々木八郎 293

し
- 沙市 283
- 指出検地 154,173

た
- 左大臣 188
- 佐竹義和 228
- 沙汰人 140
- 定高貿易仕法 198

つ
- 薩英戦争 251
- 雑戸 57
- 雑穀 249
- 雑訴決断所 130
- 薩長連合（薩長同盟） 252
- 薩摩焼 200
- 擦文文化 19

と
- 佐藤栄作 384,390,403
- 佐藤信淵 240
- 佐渡金山 207
- 里内裏 104

ぬ
- サヌカイト 18

の
- 佐野学 353

み
- サミット 396

む
- 侍所 110,131,136
- 侍所別当 113

ら
- サライェヴォ 322
- 晒 208
- 更級日記 87

る
- 猿楽 163
- 猿楽 220

わ
- 沢柳政太郎 336
- 早良親王 72

ん
- 讃 27
- 三・一五事件 345
- 三・一独立運動 328
- 三院制 262
- 散楽 167
- 三角縁神獣鏡 28
- 山家集 128
- 3月革命 324
- 三月事件 350
- 三管領 136
- 参議 262
- 参議院 376
- 産業組合法 296
- 産業合理化 347

- 三経義疏 41
- 産業報国会 359
- 散切物 316
- 参勤交代 186
- 参勤交代の在府期間の半減 222
- 三家 187
- 山家学生式 76
- 三光作戦 365
- 三教指帰 76
- 三国干渉 283
- 三国協商 322
- 『三国志』魏書東夷伝倭人条 25
- 三国通覧図説 228
- 三国同盟 322
- 三斎市 120
- 三十三間堂 124
- 三条殿 105
- 三新法 277
- 三世一身法 61
- 三代格式 75
- 三大事件建白運動 273
- サンデー毎日 340
- 三都 211
- 山東京伝 228,240
- 山東出兵 346
- 山東省 327,329
- 山東半島 286,323
- 三内丸山遺跡 17
- 山王神道 124
- 三筆 68
- サン＝フェリペ号 177
- 三奉行 184
- サンフランシスコ会議 378
- サンフランシスコ平和条約 382
- 三別抄の乱 116
- 参謀本部 286
- 讒謗律 269
- 三方領知替え 232
- 三浦の乱 147
- 三民主義 292
- 三毛作 148
- 山門派 77
- 参与 253
- 山陽新幹線 393
- 山陽鉄道 296
- 山陽道 52
- 蚕卵紙 249
- 三論宗 65

し
い
- GHQ (GHQ/SCAP) 368

- 椎名悦三郎 390
- シーボルト 229,237
- ジーメンス事件 322
- 寺院 64

う
- 紫雲出山遺跡 21
- 紫雲寺潟新田 204

え
- 自衛隊 383
- ジェーンズ 306
- 紫衣事件 189
- 思円 123
- 慈円 127

か
- 志賀潔 310
- 四カ国条約 329
- 地方知行制 188
- 志賀直哉 337
- 志賀島 23
- 紫香楽宮 62
- 地借 192
- 只管打坐 122
- 辞官納地 254

き
- 式 75
- 式家 62,72
- 私擬憲法 271
- 直参 183
- 信貴山縁起絵巻 103
- 式亭三馬 241
- 職印 53
- 職封 54
- 食封 43
- 式部省 51,67
- 直播 20
- 式目追加 114
- 時局匡救費 348

け
- 自警団 330
- 地下請 141
- 地下掟 141
- 地下検断 141
- 重光葵 370,385
- 自検断 141

こ
- 持国天 67
- 四国八十八カ所 244
- 色丹島 385
- 自墾地系荘園 91

さ
- 自作農創設特別措置法 372
- 地侍 141
- 地子 57
- 鹿ヶ谷の陰謀 100
- 四職 136
- 地子銭 192
- 寺社地 192
- 寺社奉行 184
- 時宗 121
- 時衆 121
- 時習館 238
- 慈照寺 161

- 治承・寿永の乱 108
- 四条畷の戦い 135
- 自助社 268
- 自助論 303
- 四神 47
- 資人 54

す
- 私出挙 56
- 賤ヶ岳の戦い 174
- 閑谷学校 238

せ
- 氏姓 55
- 施政権 383
- 氏姓制度 32
- 市制・町村制 277
- 支石墓 21
- 使節遵行 137
- 自然主義 314,338
- 自然真営道 240

そ
- 士族 263

た
- 時代閉塞の現状 315
- 時代物 220
- 下地中分 119
- 七支刀 30
- 自治体警察 376,384
- 七道 52
- 質流し(れ)禁令 222
- 七分金積立 227
- 七分積金 227
- 私鋳銭 151
- 仕丁 56

つ
- 志筑忠雄 236
- 実語教 161
- 十刹の制 157
- 執事 110
- 執政 350
- 質地騒動 222
- 湿田 20
- 十返舎一九 241
- 幣原外交 344
- 幣原喜重郎 329,347,370,372,375
- 賜田 53
- 四天王寺 39
- 四天王寺式伽藍配置 40
- 四天王像 67

と
- 地頭 101,109
- 地頭請 119
- 祠堂銭 151
- 持統天皇 45
- 私度僧 64
- シドッチ 235

な
- 寺内町 155
- 品川弥二郎 329
- 品部 33,57

に
- 神人 150

ぬ
- 地主手作 226

索引

し
- 私奴婢 57
- 篠田直方 294
- 司馬江漢 244
- 地機 208
- 柴田勝家 174
- 司馬達等 31,41
- 柴野栗山 228,256
- 斯波義廉 140
- 斯波義敏 140
- 支払猶予令 330,344
- 師範学校令 308
- 地曳 149
- 地曳網 207
- 渋川春海 202,218
- 渋沢栄一 264,294
- 治部省 51
- 渋染一揆 226
- シベリア出兵 324,326
- 司法省 262
- 島井宗室 177
- 島木健作 368
- 島崎藤村 314
- 島地黙雷 306
- 島田宿 210
- 島津家久 196
- 島津重豪 232
- 島津斉彬 233,247
- 島津久光 251
- 島津義久 174
- 島原の乱 197
- 島村抱月 316
- 清水家 187
- 持明院統 129
- 四民平等 263
- 除目 84
- 下肥 148
- 霜月騒動 117
- 下野薬師寺 64,66
- 下関条約 283
- 下村観山 340
- 下山事件 380
- 寺門派 77
- シャウプ 380
- 謝恩使 196
- 社会教育法 375
- 社会主義協会 301
- 社会主義研究会 301
- 社会大衆党 353,360
- 社会民衆党 345
- 社会民主党 301
- 社会問題研究 335
- シャクシャイン 196
- 釈日本紀 127
- 写実主義 313
- 車借 151
- 邪宗門 315
- 沙石集 128
- 社倉 227
- 借金党 273
- 車輪石 35
- 洒落本 240
- 上海事変 350
- 朱 213
- 朱印状 177,195
- 11月革命 324
- 周恩来 395
- 集会条例 270,272
- 自由学園 337
- 十月事件 350
- 衆議院 376
- 集議院 261
- 衆議院議員選挙法 275
- 自由教育運動 336
- 従軍慰安婦 365
- 重慶 283,357
- 自由劇場 316
- 私有財産制度 331
- 宗旨人別帳 189
- 修身 374
- 終身雇用制 392
- 自由新聞 312
- 集成館 233
- 自由党 270,284,
  379,385
- 十人両替 214
- 自由之理 303
- 周辺事態法 402
- 十便十宜図 243
- 自由貿易 248
- 自由民主党 385,401
- 宗門改 189
- 宗門改帳 189
- 重要産業統制法 348
- 自由論 303
- 修学院離宮 199
- 朱熹 127
- 綜芸種智院 79
- 主権在民 376
- 朱元璋 144
- 主権線 278
- 修験道 77
- 守護 109,131
- 守護請 138
- 守護代 151
- 守護大名 138
- 守護領国制 138
- 朱子学 215
- 朱舜水 201
- 首相 360
- 主政 53
- 修禅寺 112
- 鋳銭司 59

す
- 酒造税 271
- シュタイン 274
- 主帳 53
- 出家とその弟子 337
- 出定後語 238
- 酒呑童子 166
- 寿福寺 122,158
- 聚楽第 174,179
- 首里 147
- 狩猟 16
- 主力艦 329
- 春屋妙葩 157
- 俊寛 100
- 春慶塗 208
- 巡見使 255
- 巡査 263
- 順子 104
- 俊芿 123
- 俊乗坊 124
- 順帝 27
- 春闘 386
- 順徳上皇 113
- 淳和天皇 79
- 淳仁天皇 63
- 春陽会 341
- 巡礼 244
- 如庵 180
- 書院造 178
- 判官 53
- 掾 53
- 杖 54
- 貞永 114
- 貞永式目 114
- 上越新幹線 393
- 荘園 91,110
- 荘園公領制 94
- 蔣介石 346,356,366
- 奨学院 79
- 城郭建築 178
- 松下村塾 250
- 城下町 155
- 荘官 93
- 彰義隊 254
- 承久の乱 113
- 貞享暦 218
- 蒸気力 295,325
- 上宮聖徳法王帝説 30
- 将軍後見職 251
- 貞慶 123
- 成功 92
- 彰考館 201
- 相国寺 158,162,215
- 招魂社 305
- 正作 118
- 彰子 83
- 荘子 93
- 尚歯会 230
- 成実宗 65
- 称制 44
- 招婿婚 84
- 小説神髄 313
- 小選挙区制 278,326
- 小選挙区比例代表並立制 401
- 正倉 70
- 正倉院 69
- 尚泰 267
- 城代 185
- 樵談治要 160
- 浄智寺 158
- 正中の変 129
- 定朝 91
- 正長の土一揆 141
- 正長の徳政一揆 141
- 上知令 232
- 乗田 57
- 賞典禄 265
- 浄土教 89
- 正徳金銀 203
- 聖徳太子 37
- 称徳天皇 64,66
- 正徳の治 203
- 浄土宗 120
- 浄土真宗 121,155
- 尚寧 196
- 肖柏 164
- 尚巴志 147
- 消費革命 391
- 定火消 223
- 消費税 399
- 上布 208
- 正風連歌 164
- 昌平黌 228
- 昌平坂学問所 228
- 承平・天慶の乱 95
- 正法 90
- 正法眼蔵 122
- 条坊制 58
- 春米 70
- 勝鬘経 41
- 浄妙寺 158
- 常民 336
- 聖武天皇 62
- 定免法 222
- 将門記 102
- 庄屋 190
- 条約勅許 252
- 小右記 83
- 条里制 55
- 少納言 53
- 秤量貨幣 213
- 性霊集 79

生類憐みの令	202
青蓮院流	126
定六	210
昭和恐慌	348
昭和電工事件	378
承和の変	80
女学雑誌	312
初期荘園	64,91
蜀	23
職業婦人	342
職原抄	160
殖産興業政策	265
続日本紀	68
続日本後紀	68,80
職人	192
職人尽絵	149
職人尽図屏風	179
食糧管理法	361
女工哀史	299
諸国高役金	203
諸山	157
庶子	118
所司	136
女子英学塾	309
女子学徒隊	366
女子師範学校	307
女子挺身隊	364
諸社禰宜神主法度	190
所従	118
諸宗寺院法度	189
女真族	85
如拙	162
職工義友会	300
職工事情	299
初唐文化	46
所得税	380
所得倍増	389
初任給	358
庶物類纂	217
舒明天皇	42
ジョンソン	390
ジョン＝ヘイ	287
─ら 白樺派	337
白河上皇	99
白河天皇	97
白河法皇	99
新羅	36,43,60,85
白瀬矗	311
白滝	18
白鳥庫吉	336
白浪物	242
白拍子	103
芝蘭堂	236
─ろ 白黒テレビ	391
─わ 志波城	73
─ん 晋	26

清	198
秦	19
沈惟敬	178
新恩給与	111
辛亥	27
辛亥革命	292,320
塵芥集	154
新海竹太郎	318
心学	239
新貨条例	264
新加制式	154
進化論	304
辰韓	26
新感覚派	338
神祇官	261,305
神祇官	50
神祇省	305
親魏倭王	24
神宮寺	77
新経済政策	394
新劇	316
新元号	236
信玄堤	154
塵劫記	218
新古今和歌集	127
清国	294
新国劇	341
壬午軍乱	281
神護寺	126
壬午事変	281
震災恐慌	330,348
震災手形	330,344
新猿楽記	92
新思潮派	338
新自由クラブ	396
人種差別撤廃条項	327
真珠湾	363
尋常小学校	308
壬申戸籍	263
壬申地券	263
新進党	401
壬申の乱	44
薪水給与令	245
新制	112
信西	100
神聖不可侵	275
新関	142
新石器文化	16
仁川	267
神泉苑	90,104
新選（撰）組	251
新撰姓氏録	79
新撰菟玖波集	164
神前読経	77
尋尊	143
神代史の研究	336

新体制運動	360
寝殿	88
新田開発	204
伸展葬	22
寝殿造	88,161
神道指令	370
新日本製鉄	392
真如堂縁起	140
新皇	95
神皇正統記	159
陣定	84
新派劇	316
親藩	187
神風特別攻撃隊	366
神風連の乱	269
新婦人協会	334
神仏混淆	305
神仏習合	77
清仏戦争	282
神仏分離令	305
新聞紙条例	269
親兵	261
辛卯	26
新補地頭	113
進歩党	284
新補率法	113
神本仏迹説	124
新町紡績所	266
新見正興	248
臣民	276
人民戦線事件	361
臣民の道	359
神武景気	385
神明造	32
親鸞	121
人力車	319
新律綱領	276
新立荘園	97

す

徒	54
─い 垂加神道	216
水干	89
瑞渓周鳳	146
出挙	56
推古天皇	37
『隋書』倭国伝	37
水稲耕作	19
杉原紙	149,208
水墨画	162
─う 枢密院	275,344
枢密院議長	285
─え 須恵器	31
スエズ動乱	389
陶晴賢	152
末広鉄腸	313

陶部（陶作部）	33
─か 菅江真澄	241
菅野真道	74
菅原孝標の女	87
菅原道真	81,85,125
─き 杉田玄白	235
数寄屋造	199
杉山元治郎	333
─く 須玖遺跡	25
─け 介	53
次官	53
助郷	191
─さ 朱雀大路	58
朱雀天皇	82
─し 崇峻天皇	37
調所広郷	232
─す 鈴鹿関	59
鈴木梅太郎	310
鈴木貫太郎	355,367,369
鈴木商店	344
鈴木春信	243
鈴木文治	332
鈴木牧之	241
鈴木三重吉	340
鈴木茂三郎	354,385
─た スターリン	356,367
隅田八幡神社	30
─て ステゴドン象	14
─と 崇徳上皇	100
─な 砂沢遺跡	20
─は スパル	337
─み 住友財閥	298
角倉了以	210
住吉具慶	199
住吉如慶	199
住吉派	199
─り すり石	17
受領	92
─ん 駿台雑話	215

せ

─あ 世阿弥	163
─い 済	27
西安事件	356
西域物語	240
征夷大将軍	73,109,134,182
正院	262
正学	228
正貨兌換	264
正貨兌換義務	264
征韓論	268
政教社	304
聖教要録	216
政経分離	389

418

税権回復 …… 279	折衷学派 …… 237	前方後円墳 …… 28	惣領制 …… 118		
生口 …… 23	折衷様 …… 124	宣明暦 …… 218	-え 副島種臣 …… 260,268		
政治小説 …… 312	摂津職 …… 51	賤民 …… 57	-お ソーシャル＝ダンピング		
政事総裁職 …… 251	摂津平野 …… 195	全面講和 …… 382	…… 351		
政社 …… 268	設備投資 …… 387	扇面古写経 …… 103	-か 蘇我稲目 …… 36		
政商 …… 265	節用集 …… 161	善隣友好 …… 357	蘇我入鹿 …… 42		
清少納言 …… 87 -と	瀬戸内海航路 …… 101	先例 …… 114	蘇我馬子 …… 37,38,48		
井真成 …… 70	瀬戸焼 …… 126		蘇我蝦夷 …… 42		
西説内科撰要 …… 236 -に	銭両替 …… 214	**そ**	蘇我倉山田石川麻呂 42		
政体書 …… 260 -ね	ゼネコン汚職事件 · 401		曽我物語 …… 132,159		
征ского役 …… 267 -み	セミナリオ …… 171	租 …… 55	-く 続縄文文化 …… 19		
政談 …… 217 -や	施薬院 …… 69	-そ 祖阿 …… 144	束帯 …… 88		
青鞜 …… 334 -る	セオドア＝ローズヴェルト	蘇因高 …… 48	-こ 祖国復帰運動 …… 390		
聖堂学問所 …… 202	…… 289	-う 宋 …… 85,101	-し 租借 …… 286		
青銅器 …… 19 -わ	世話物 …… 220	惣 …… 140	蘇州 …… 283		
青鞜社 …… 334 -ん	銭 …… 264	ソヴィエト政権 …… 324	礎石 …… 39		
盛唐文化 …… 64	善阿弥 …… 162	惣請 …… 141 -そ	塑像 …… 66		
制度取調局 …… 274	銭貨 …… 213	早雲寺殿二十一箇条	-ち 帥 …… 53		
西南戦争 …… 269	仙覚 …… 127	…… 154 -ん	尊円入道親王 …… 126		
政費節減 …… 278	前漢 …… 22	惣掟 …… 141	尊号一件 …… 228		
政府開発援助 …… 398	戦旗 …… 339	宗祇 …… 164	尊勝寺 …… 98		
聖明王 …… 30	前九年合戦（前九年の役）	宋希璟 …… 148	孫文 …… 292		
政友本党 …… 331,344	…… 96	僧形八幡神像 …… 78	村法 …… 190		
西洋紀聞 …… 235	善光寺 …… 245	早慶戦 …… 342			
西洋事情 …… 303	戦後恐慌 …… 327,348	総裁 …… 253	**た**		
清良記 …… 205	全国水平社 …… 333	造作 …… 74			
清涼寺 …… 85	全国中等学校優勝野球	宗貞茂 …… 146	-あ ダーウィン …… 310		
政令201号 …… 380	大会 …… 342	宗氏 …… 146	ターヘル＝アナトミア		
清和天皇 …… 80,95	千石簁 …… 205	蔵志 …… 235	…… 235		
-か 世界恐慌 …… 348	戦後政治 …… 397	創氏改名 …… 365	-い 大安寺 …… 40,46,66		
-き 関ヶ原の戦い …… 182,187	宣旨枡 …… 97	造士館 …… 238	大安寺式伽藍配置 …… 40		
関somewhere …… 136,173,209	千字文 …… 30	総持寺 …… 158	第一国立銀行 …… 265		
石人 …… 30	禅宗様 …… 161	増上寺 …… 202	第一次護憲運動 …… 320		
石刃 …… 15	千住製絨所 …… 266	装飾画 …… 199	第一次世界大戦 …… 322		
石錘 …… 18	専修念仏 …… 120	装飾古墳 …… 30	第一次長州征討 …… 252		
関銭 …… 136	漸次立憲政体樹立の詔	『宋書』倭国伝 …… 26	第一次日露協約 …… 291		
石鏃 …… 18	…… 269	早水台遺跡 …… 15	第一次日韓協約 …… 290		
関孝和 …… 218	先進国首脳会議 …… 396	宋銭 …… 101,120	大院君 …… 281		
赤道以北 …… 323	洗心洞 …… 231	造船疑獄事件 …… 384	大王 …… 67		
石馬 …… 30	千宗易 …… 180	造船所 …… 265	大覚寺統 …… 129,166		
石棒 …… 18	戦争放棄 …… 376	造船奨励法 …… 297	大学章句 …… 160		
赤報隊 …… 254	選択本願念仏集 …… 120	草創期 …… 16	大学頭 …… 202		
石油危機 …… 395	尖底土器 …… 16	惣村 …… 140	大学別曹 …… 79		
石陽社 …… 268	尖頭器 …… 15	宗長 …… 164	大学令 …… 327		
赤瀾会 …… 334	宣統帝 …… 350	増長天 …… 67	大学或問 …… 216		
石塁 …… 116	先土器文化 …… 15	惣追捕使 …… 110	代官 …… 183,227		
-け 世間胸算用 …… 219	宣徳通宝 …… 150	曹洞宗 …… 122	大官大寺 …… 46		
-そ 世尊寺流 …… 88	全日本産業別労働組合	惣百姓 …… 140	大韓帝国 …… 290		
-つ 絶海中津 …… 160	会議 …… 374	惣百姓一揆 …… 225	代官見立新田 …… 204		
摂関家 …… 166	千利休 …… 180	崇福寺 …… 46	大義名分論 …… 127		
積極外交 …… 346	専売公社 …… 397	惣無事令 …… 174	大逆事件 …… 301		
節句 …… 245	専売制度 …… 217	僧兵 …… 98	大教宣布の詔 …… 305		
雪舟 …… 163	千歯扱 …… 205	像法 …… 90	大君 …… 252		
雪舟等楊 …… 163	全藩一揆 …… 225	草木灰 …… 119	大君の都 …… 252		
摂政 …… 83,253	善福寺釈迦堂 …… 132	雑徭 …… 56	太閤 …… 175		
絶対国防圏 …… 364	泉福寺洞穴 …… 16	惣領 …… 118	大航海時代 …… 170		
		総領事 …… 247	太閤検地 …… 175		

大黒屋光太夫 …… 229	大宝律令 …… 50,52	高橋至時 …… 237	橘広相 …… 81
醍醐天皇 …… 81,86	大犯三カ条 …… 110	高機 …… 208	橘諸兄 …… 62
第五福竜丸 …… 384	台密 …… 77	高畠素之 …… 335	つ 脱亜論 …… 282
第三次日韓協約 …… 291	大名貸 …… 226	高浜虚子 …… 315	辰野金吾 …… 318
大社造 …… 32	大名証人制 …… 201	高松城 …… 174	辰松八郎兵衛 …… 220
大衆文学 …… 339	大名田堵 …… 92	高塚古墳 …… 47	て 竪穴式石室 …… 28
大乗院寺社雑事記 … 143	大名飛脚 …… 210	高間伝兵衛 …… 256	竪穴住居 …… 17
大乗院日記目録 …… 142	題目 …… 122	高見順 …… 368	竪杵 …… 20
太政官 …… 50,93	大冶鉄山 …… 298	高峰譲吉 …… 310	楯築墳丘墓 …… 22
大嘗祭 …… 31,202	太陽 …… 305,312,334	高向玄理 …… 38,42	伊達宗城 …… 247
大正政変 …… 321	太陽暦 …… 306	高村光雲 …… 318	と 田堵 …… 91
太政大臣 …… 50,80,84,	第四次中東戦争 …… 395	高村光太郎 …… 339	田所 …… 94
100,138,174,188	第四次日露協約 …… 324	高望王 …… 95	田荘 …… 34
太政大臣禅師 …… 64	平清盛 …… 100,108	高安城 …… 44	な 田中角栄 …… 394
大正デモクラシー …… 334	平国香 …… 95	高山右近 …… 177,197	田中義一 …… 331,344
大乗仏教 …… 35	平貞盛 …… 95	高山樗牛 …… 305	田中丘隅 …… 221
大人 …… 24	平重衡 …… 109	高山彦九郎 …… 239	田中勝介 …… 194
大審院 …… 269,280	平忠常の乱 …… 96	高床倉庫 …… 20	田中正造 …… 300
大政翼賛会 …… 360,364	平忠正 …… 100	宝塚少女歌劇 …… 342	田中館愛橘 …… 310
大戦景気 …… 325	平忠盛 …… 99	き 滝川事件 …… 354	田中豊益 …… 92
大仙陵古墳 …… 29	平時忠 …… 100	滝川幸辰 …… 354	店借 …… 192
胎蔵界 …… 78	平将門 …… 95	滝口の武士 …… 94	に 谷崎潤一郎 …… 337
大蔵経 …… 71,147	平正盛 …… 99	滝沢馬琴 …… 241	谷時中 …… 215
大内裏 …… 130	平頼綱 …… 117	滝廉太郎 …… 316	谷干城 …… 280
大都 …… 115	内裏 …… 58	く 沢庵（沢庵宗彭）… 189	谷文晁 …… 243
帯刀 …… 192	大領 …… 53	田口卯吉 …… 311	ぬ 田沼意次 …… 224
大東亜会議 …… 365	大連 …… 286	け 竹入義勝 …… 392	田沼意知 …… 224
大東亜共栄圏 …… 363	大老 …… 184	竹内栖鳳 …… 341	ね 種子島 …… 170
大東亜戦争 …… 363	対露同志会 …… 288	竹崎季長 …… 116	種子島時堯 …… 170
大同団結 …… 273	台湾銀行 …… 344	竹下登 …… 399	種蒔く人 …… 338
大唐米 …… 148	台湾出兵 …… 267	田下駄 …… 20	の 田能村竹田 …… 243
大統暦 …… 144	台湾総督府 …… 283	竹田出雲 …… 242	田舟 …… 20
大徳寺 …… 158	台湾民主国 …… 283	武田勝頼 …… 173	へ 田部 …… 34
第二次国共合作 …… 357	か 高掛物 …… 191	竹取物語 …… 87	ま 玉川上水 …… 204,255
第二次日英同盟協約	高倉天皇 …… 108	竹内式部 …… 239	玉虫厨子 …… 41
…… 290	高碕達之助 …… 390	武野紹鷗 …… 165	み 濃絵 …… 179
第二次日露協約 …… 292	高三隆達 …… 181	竹橋事件 …… 270	為永春水 …… 232,241
第二次日韓協約 …… 290	タカジアスターゼ …… 310	竹原古墳 …… 30	も 多聞天 …… 67
第二次臨時行政調査会	高階隆兼 …… 125	竹久夢二 …… 341	や 田安家 …… 187
…… 397	高島秋帆 …… 233	竹本義太夫 …… 220	田安宗武 …… 226
大日如来 …… 77,90	高島炭坑 …… 299	さ 太宰治 …… 404	田山花袋 …… 314
対日理事会 …… 369	高島炭鉱 …… 299	太宰春台 …… 217	ら 陀羅尼経 …… 67
大日本産業報国会 … 360	多賀城 …… 60,72	太宰権帥 …… 81	る 樽廻船 …… 211
大日本史 …… 201	多賀城遺跡 …… 70	太宰少弐 …… 62	れ ダレス …… 382
大日本史料 …… 311	高杉晋作 …… 252	太宰府 …… 51,62	垂柳遺跡 …… 20
大日本労働総同盟友愛会	高田事件 …… 272	し 足高の制 …… 221	わ 俵物 …… 224
…… 332	高田屋嘉兵衛 …… 229	但馬生野銀山 …… 207	俵屋宗達 …… 199
対屋 …… 88	鷹匠 …… 111	太政官札 …… 264	ん 単一為替レート …… 380
台場 …… 247	高杯（坏） …… 19	太政官制 …… 261,274	団・菊・左時代 …… 316
代表越訴型一揆 …… 225	高野岩三郎 …… 375	太政官布告 …… 307	段祺瑞 …… 323
大輔 …… 262	高野長英 …… 230	太政大臣 …… 262	塘沽停戦協定 …… 353
大仏様 …… 124	高野新笠 …… 104	せ 打製石器 …… 15	湛慶 …… 125
太平記 …… 159	高野房太郎 …… 300	た 多田源氏 …… 95	弾正台 …… 51,262
太平記読み …… 159	高橋景保 …… 237	たたら …… 208	男女共同参画社会基本法
太平洋ベルト地帯 …… 389	高橋是清 …… 328,345,351	ち 橘奈良麻呂 …… 63	…… 402
帯方郡 …… 24	高橋由一 …… 317	橘逸勢 …… 79,80,85	男女雇用機会均等法 … 397

段銭	137	中山	147	鎮守	77	帝国主義	286
団琢磨	350	中新世	14	陳寿	23	帝国大学	308
単独講和	382	沖積世	16	鎮守府	60,73	帝国大学令	308
単独相続	118	中石器時代	15	鎮守府将軍	96	定子	83
歎異抄（鈔）	121	中尊寺金色堂	101	鎮西探題	116	帝人	354
壇の浦の戦い	109	抽分銭	145	鎮西奉行	111	逓信省	274
耽美派	337	中流意識	393	頂相	126	帝展	340
短粒米	20	町	55	鎮台	262	手賀沼	224
		調	55	青島	323	適塾	237

ち

智	37	長安	58	陳和卿	124	出島	198
答	54	長安城	58			手島堵庵	239
治安維持法	331	潮音洞	167	**つ**		手代	193
治安警察法		張学良	347,356	追葬	29	手塚治虫	405
	285,301,334	長享	143	追捕使	94	鉄器	19
チェコスロヴァキア軍	324	丁銀	213	通信使	196	鉄血勤皇隊	366
チェルノブイリ原発事故		重源	124	通信符	146	鉄座	224
	393	重源上人像	125	築地小劇場	341	丁稚	193
近松半二	242	長江	20	月番	185	鉄道国有法	297
近松門左衛門	220	朝貢貿易	145	継飛脚	210	てつはう	116
知行国	101	張鼓峰事件	358	筑紫観世音寺	66,71	鉄砲	171
知行国制度	98	張作霖	346	佃	118	鉄砲隊	173
蓄銭叙位令	59	逃散	141	菟玖波集	164	手紡	295
筑豊炭田	298	町衆	143,157	造山古墳	29	デフレ政策	271
地券	263	鳥獣戯画	103	付書院	162	寺請証文	189
知行合一	216	長春	289,292	津田梅子	279	寺請制度	189
治罪法	276	超然主義	277	津田三蔵	280	寺内正毅	291,323,326
地租	273	朝鮮戦争	380	津田真一郎	303	寺子屋	239
地租改正条例	263	朝鮮総督府	291	津田左右吉	335,361	寺沢堅高	198
地租増徴案	284	朝鮮通信使	203	津田宗及	180	寺島宗則	279
秩父事件	272	朝鮮人参	223	津田真道	303	寺屋事件	251
縮	208	朝鮮人参座	224	蔦屋重三郎	228	出羽柵	60
千々石ミゲル	181	重祚	43	土一揆	141	田楽	103,163
秩禄公債	265	長宗我部元親	174	土御門上皇	131	天下の台所	211
秩禄処分	269	朝堂院	58,80	土御門天皇	131	殿下渡領	84
治天の君	98	町年寄	192	綴方教育運動	337	電気洗濯機	391
血のメーデー事件	384	町内会	360	綴方生活	337	電気冷蔵庫	391
知藩事	261	町名主	192	津留	226	転向	353
地方改良運動	286	町入用	227	恒貞親王	80	天竺様	124
地方官会議	269	町人	192	坪内逍遙	313,316	天智天皇	44,64
地方自治法	376	重任	92	妻問婚	64	天寿国繡帳	41
地方税規則	277	町人請負新田	204,222	冷たい戦争	378	天正大判	176
チャーチル	366	町人地	192	釣殿	88	天正遣欧使節	172
嫡子単独相続制	154	町人物	219	津料	136	天正の石直し	175
茶々	182	斎然	85	鶴岡八幡宮	113	天津条約	247,282
中央倶楽部	321	調の副物	70	鶴屋南北	242	天神山古墳	29
中央公論	312,334,340	徴兵告諭	262	徒然草	128	天台座主	127,139
中華民国	292,382	徴兵令	262	兵の道	118	天台宗	76,122
中間小説	404	朝野新聞	312			天誅組の変	251
中間指令権	369	勅旨田	76,82	**て**		天長節	305
仲恭天皇	113	直接行動派	301	出会貿易	195	電電公社	397
中宮寺	41	勅選議員	275	帝紀	31	天皇	275,347
中継貿易	147	珍	27	庭訓往来	161	天皇記	37
中国共産党	379	チンギス＝ハン（成吉思汗）		帝劇	343	天皇機関説	335,354
中国国民党	379		115	帝国国策遂行要領	363	天皇親政	130
中国同盟会	293	賃金統制令	358	帝国国防方針	320	田畑永代売買の禁令	
		鎮護国家	65	帝国在郷軍人会	286		191,263

田畑勝手作の禁令	191
天賦人権論	303
天文法華の乱	143
転封	186
天保の改革	232
天保の飢饉	231
天満紡績工場	299
伝馬役	191
天武天皇	46,61,68,71
天明の打ちこわし	225
天明の飢饉	225
天目山の戦い	173
天理教	255
天竜寺	143,158
天領	183
電力国家管理	358

と

-い 土井たか子	399
刀伊の入寇	85
土井晩翠	315
問丸	120
問屋	151
問屋制家内工業	230
問屋場	210
-う 唐	42,50
東亜新秩序	357
銅戈	22
東海散士	313
東海寺	255
東海道	52,109,209
東海道新幹線	393
東海道線	296
東海村	393
東学	282
東学の乱	282
東関紀行	128
統監府	290
道鏡	63
銅鏡	24
東京駅	349
東京裁判	370
東京大学	307
東京帝国大学	336
東京美術学校	317
東京府	268
東京砲兵工廠	265
東京渡辺銀行	344
東求堂	162
東慶寺	193
峠三吉	404
刀剣	145,149
道元	122
東郷荘	119
東郷平八郎	289
銅座	224

東三省	350
東山道	52,59,109
東寺	76
陶磁器	156,233
童子教	161
堂島	212,222
東洲斎写楽	243
同潤会	343
唐招提寺	66
東条英機	363
同心	184
同仁斎	162
東清鉄道	289,292
唐人屋敷	198
統帥権	275
統帥権干犯問題	349
当世書生気質	313
統制派	354
東禅寺事件	249
東大寺	40,65,69
東大寺三月堂	66
東大寺式伽藍配置	40
東大寺法華堂	66
東大新人会	335
銅鐸	22
統治権	275
闘茶	165
道中奉行	209
東常縁	164
東南アジア諸国連合	397
道南十二館	147
討幕の密勅	253
東福寺	158
道府県知事	360
東部内蒙古	323
東方会議	346
同朋衆	162
東北新幹線	393
銅矛(鉾)	22
唐箕	205
東密	77
東名高速道路	393
東洋経済新報	335
東洋拓殖会社	291
東洋紡績株式会社	295
道理	114,127
棟梁	95
東路軍	116
同和対策事業特別措置法	394
-お トーキー	342
遠の朝廷	51
遠野物語	336
-か 富樫政親	143
富樫泰高	143
十勝岳	18

-き 土岐氏	138
土岐康行	138
-く 徳	37
土偶	18
徳川家定	246
徳川家達	329
徳川家重	224
徳川家継	203
徳川家綱	200
徳川家斉	226,231, 240,250
徳川家宣	203
徳川家治	224
徳川家光	184,186,200
徳川家茂	250,253
徳川家康	176,182, 186,193
徳川家慶	232
徳川和子	188
徳川綱吉	202
徳川斉昭	233,246,250
徳川秀忠	183,186
徳川光圀	201
徳川慶福	250
徳川慶喜	250,253
徳川吉宗	221,224,226
特殊器台	25
特殊銀行	297
特需景気	381
読史余論	215
徳政相論	74
独占禁止法	371
得宗	117
独ソ不可侵条約	359
徳田球一	373
徳田秋声	314
得度	66
徳富蘇峰	304
徳冨蘆花	314
徳永直	339
特別高等警察(特高)	302,345
十組問屋	212
独立党	281
-こ 土光敏夫	397
床次竹二郎	331
-さ 土佐日記	87
土佐派	199
外様	187
外様衆	166
土佐光起	199
土佐光信	163
十三湊	147
-し 祈年の祭り	31
年寄	184
-す 土鍾	18

-そ 土倉	151
土倉役	136
-た 戸田茂睡	218
-ち 土地調査事業	291
-つ ドッジ	380
ドッジ=ライン	379
-て 徒弟制度	192
-な 砺波山の戦い	109
隣組	360
-ね 利根川進	403
舎人	33
舎人親王	68
-は 鳥羽上皇(法皇)	98,99
鳥羽殿	101
鳥羽・伏見の戦い	254
-ひ 飛び杼	295
都鄙問答	239
-ふ 烽	44
-み 富岡製糸場	265
富くじ	244
戸水寛人	288
富突	244
富永仲基	238
-も 伴	33
朝永振一郎	402
伴健岑	80
伴造	33
伴善男	80
-ゆ 豊浦宮	48
-よ 豊田佐吉	295
豊臣秀次	175
豊臣秀吉	178
豊臣秀頼	182
-ら 渡来人	30
トラスト	348
虎の門事件	330
鳥毛立女屏風	69
-り 鳥の子紙	149,208
鳥浜貝塚	17
止利仏師	40
-る 土塁	118
トルーマン	378
-れ ドレーパー使節団	379
-ろ 登呂遺跡	21
-ん 敦煌石窟壁画	47
曇徴	42
屯田兵制度	266
ドン=ロドリゴ	194

な

-い 内閣情報局	361
内国勧業博覧会	266
内国債(内債)	289
乃而浦	146
内大臣	274,321
内地開放	280

内地雑居	280	錦絵	243	日新館	238	
内藤新宿	209	**ぬ** 名主	190	錦織部	33	日清修好条規	267
ナイフ形石器	15	**は** 菜畑遺跡	20	西陣	208	日新真事誌	268
内務省	263,265,377	**へ** 鍋島直正	233	西田幾多郎	335	日清戦争	297
内務大臣	277	鍋山貞親	353	西田哲学	337	日清通商航海条約	283
う 名請人	175	**ま** 生麦事件	251	西市	58	日ソ基本条約	332
ナウマン	310	**む** 南無阿弥陀仏	89	西原亀三	324	日ソ共同宣言	385
ナウマン象	14	納屋物	212	西原借款	324	日ソ中立条約	362
お 直木三十五	339	**ら** 奈良仏師	124	西廻り航路	211	新田義貞	130
か 永井荷風	337	奈良屋茂左衛門	214	西村勝三	294	日窒コンツェルン	352
中井竹山	238	**り** 成良親王	131	西山宗因	219	日中共同声明	395
中浦ジュリアン	181	**る** 成瀬仁蔵	309	二十一カ条の要求	323	日中平和友好条約	396
中江兆民	303	鳴滝塾	237	二十四組問屋	212	日朝修好条規	267
中江藤樹	216	**な** 名和長年	130	26聖人殉教	177	入唐求法巡礼行記	85
長岡京	72	**ん** 南画	243	二条昭実	255	日葡辞書	180
長尾景虎	152	南海道	52	二条河原の落書	131	日本	237
中岡慎太郎	253	南海路	211	二条家	111	日本永代蔵	219
長谷半太郎	310	南京条約	245	二条城	179,188,199	荷積問屋	212
仲買	212	南山	147	**せ** 似絵	126	**と** 新渡戸稲造	306
長崎新令	204	南禅寺	158	**ち** 日英通商航海条約	281	**に** 二・二六事件	355
長崎高資	129	南宋	116,157	日英同盟	322	**の** 二宮尊徳	206
長崎奉行	198,230	難太平記	159	日英同盟協約	288,329	**ほ** 日本往生極楽記	90
中里介山	339	南大門	124	日英同盟論	287	日本海海戦	289
中沢道二	239	南朝	27	日字勘合	145	日本外史	239
長篠合戦	173	南島文化	19	日像	158	日本学術会議	402
中島俊子	273	南島路	60	日独伊三国同盟	361	日本勧業銀行	297
中先代の乱	134	南都焼き打ち	109	日独伊三国防共協定		日本共産党	
中山道	209	南蛮繁	382		357		333,373,380
中曽根康弘	397	南蛮屏風	179	日独防共協定	355	日本教職員組合	386
永田鉄山	354	南蛮貿易	171	日米安全保障条約	383	日本銀行	271
中務省	51	南部仏印	362	日米行政協定	383	日本後紀	68
長塚節	315	南北朝時代	26,38	日米共同声明	391	日本興業銀行	297
中鯖	148	南北問題	400	日米構造協議	398	日本国王	145,203
長門警固番役(長門探題)		南洋諸島	323,407	日米修好通商条約	247	日本国大君	203
	116	南鐐弐朱銀	224	日米紳士協約	292	日本国有鉄道	397
中臣鎌足	42	**に**		日米新時代	386	日本国憲按	269
中野重治	367			日米相互協力及び安全		日本債券信用銀行	401
仲間	212	**い** 新潟水俣病	391	保障条約	386	日本三代実録	68,82
中村座	242	新沢千塚古墳群	29	日米相互防衛援助協定		日本誌	236
中村震太郎	349	新島襄	309		383	日本社会主義同盟	332
中村太八郎	302	**い** NIES	397	日米通商航海条約		日本社会党	301,373,
中村正直	303	ニ・ゼネスト	377		281,360		377,382,392
長屋王	61	新嘗の祭り	31	日米和親条約	246	日本住宅公団	393
中山晋平	342	**か** 荷受問屋	212	日満議定書	352	日本自由党	373
こ 名子	191	二階堂是円	134	日蓮	121	日本主義	305
奴国	23	二科会	341	日蓮宗	173	日本書紀	37,67
名護屋城	178	二官	50	日露協商論	287	日本人	304
難升米	25	**き** 握槌	15	日貨排斥運動	328	日本新党	401
ナショナル=バンク	264	**く** ニクソン	394	日華平和条約	383	日本進歩党	370,373
名代	34	**こ** 尼港事件	324	日韓議定書	290	日本製鋼所	298
た 菜種	207	2個師団増設問題	320	日韓基本条約	390	日本製鉄会社	352
ち ナチズム	356	ニコライ堂	318	日韓併合条約	291	日本専売公社	397
NATO	378	**し** 西周(西周助)	303	日光東照宮	199	日本長期信用銀行	401
と 難波津	60	西尾末広	387	日光道中	209	日本帝国憲法	271
に 難波長柄豊碕宮	42	西川如見	237	日産コンツェルン	352	日本鉄道会社	296
難波宮	62	西川光二郎	301	日親	158	日本鉄道矯正会	300

423

日本電信電話公社	397	農業恐慌	348	幕府	253	蛤御門の変	251
日本農民組合	333,372	農業協同組合	372	白鳳文化	46	-や 林鵞峰	215
日本之下層社会	299	農業全書	205	幕領	183	林子平	228
日本発送電会社	358	農具便利論	206	-こ 箱式石棺墓	21	林銑十郎	356
日本万国博覧会	405	農工銀行	297	パゴダ公園	328	林道春	215
日本美術院	317,340	農山漁村経済更生運動		箱館奉行	229	林信篤	202
日本文学報国会	367		348	箱根〔関所〕	209	林鳳岡	202
日本平民党	302	直衣	88	箱根用水	204	林羅山	186,215
日本法律学校	309	農事試験場	296	-さ ばさら	165	隼人	60
日本町	195	農商務省	299	-し 土師器	31	葉山嘉樹	339
日本民主党	384	農村家内工業	230	箸墓	28	-ら 祓	31
日本無産党	354	農地委員会	372	土師部	33	腹切り問答	355
日本文徳天皇実録	68	農地改革	372	橋本雅邦	317	原城	198
日本郵船会社	297	農地調整法	372	橋本欣五郎	350	原城跡	197
日本霊異記	79	農民労働党	345	橋本左内	250	原敬	326
日本労働組合総同盟		-く 野口英世	336	橋本龍太郎	401	原マルチノ	172
	374	野尻湖	14	馬借	141,151	-り ハリス	247
日本労働組合総評議会		-と 能登客院	61	場所	196	バリニャーノ	172
(総評)	381	-な 野中兼山	216	場所請負制	196	パリ不戦条約	346
日本労働組合評議会		-の 野々宮仁清	221	-せ 櫃	223	播磨の土一揆	142
	332,345	-ひ ノビシヤド	181	長谷川等伯	179	-る ハル	362
日本労働組合総連合会		ノビスパン	194	長谷川平蔵	227	バル	371
(連合)	399	-ま 野間宏	404	支倉常長	194	ハル＝ノート	363
日本労働総同盟	332	-む 野村吉三郎	362	-た バタヴィア	194	ハルビン	291,365
日本労農党	345	-も ノモンハン事件	358	秦氏	30	ハルマ和解	236
日本浪曼派	367	-り 義良親王	131	畠山重忠	112	-ん 藩	187
-も 二毛作	119	野呂栄次郎	362	畠山重保	112	藩学	237
-ゆ ニューディール政策	352	-る ノルマントン号事件		畠山政長	140,142	番方	184
-よ 女房装束	89		280	畠山満家	141	阪急百貨店	343
-ん 人形浄瑠璃	181,220	-ろ 野呂栄太郎	335	畠山義就	140,142	班固	22
人間宣言	370	野呂元丈	223	旅籠(屋)	210	藩校	237
忍性	123	**は**		秦佐八郎	310	万国平和会議	290
人情本	241	-あ パークス	252	羽田孜	401	万国郵便連合条約	266
人足寄場	227	ハーグ密使事件	290	旗本	184	藩札	214
寧波の乱	145	ハーディング	328	旗本知行地	183	藩士	187
ぬ		ハーン	311	-ち 八月十八日の政変	251	蛮社の獄	230
-か 額田王	47	-い 俳諧連歌	164	八虐	54	反射炉	233
額田部臣	35	配給制	361	八代集	86	番匠	149
-た 渟足柵	43	梅松論	159	八・八艦隊	320	蛮書和解御用	237
ね		裴世清	38	-つ 抜歯	18	半済令	137
-か 根刈り	20	廃刀令	269	八省	50	版籍奉還	261
-ん 年行司	156	廃藩置県	261	閥族打破	321	伴大納言絵巻	103
年貢	94,175	灰吹法	208	服部良一	368	半知	226
年功序列型賃金制	392	廃仏毀釈	305	発微算法	218	班年	54
年中行事	84	-か 破戒	314	-て バテレン追放令	177	班田収授法	54
年中行事絵巻	103	破壊活動防止法	384	-と 鳩山一郎	354,384	番頭	193
粘土槨	28	袴	89,181	鳩山由紀夫	402	バンドン会議	388
念仏	90	芳賀矢一	311	-な 花の御所	135	伴信友	235
念仏踊り	165	馬韓	26	花畠教場	238	飯場制度	299
の		-き 萩の乱	269	塙保己一	235	反本地垂迹説	124
		萩原朔太郎	339	-に 埴輪	28	板門店	381
-う 農会法	296	-く 伯	274	-は 馬場辰猪	304	万里集九	160
農協	372	馬具	28	-ふ バブル経済	399	**ひ**	
農業基本法	389	薄葬令	48	歯舞群島	385	-い PKO協力法	400
		白馬会	318	-ま 浜北人骨	14	B29爆撃機	365
		幕藩体制	185	浜口雄幸	331,347		

-え 日吉神社 ……………99	兵粮米 ……………110	武士道 ……………118	藤原頼通 ………84,91	
稗田阿礼 ……………68	-ら 平賀源内 ……236,244	藤ノ木古墳 …………35	婦人参政権獲得期成同	
-か 菱垣廻船 ……………211	平形銅剣 ……………22	伏見城 …………179,186	盟会 ………………334	
非核三原則 …………391	平野朝雅 ……………112	俘囚 …………………73	扶清滅洋 ……………287	
東蝦夷地 ……………229	平仮名 ………………86	不受不施派 …………189	-そ 蕪村 …………………242	
東久邇宮稔彦 ………369	平城 …………………178	撫順炭田 ……………298	-た 譜代 …………………187	
東三条殿 ……………104	平田篤胤 ……………234	藤原京 ……………46,52	譜代衆 ………………166	
東市 …………………58	平塚らいてう ………334	藤原惺窩 ……………215	譜代大名 ……………185	
東廻り航路 …………211	平沼騏一郎 …………359	藤原家隆 ……………127	双子の赤字 …………398	
東山文化 ……………157	平山城 ………………178	藤原宇合 ……………62	札差 ………212,227,232	
被官 …………………191	-ろ 広田弘毅 ……………355	藤原緒嗣 ……………74	二葉亭四迷 …………313	
-き 引揚げ ………………377	裕仁親王 ……………344	藤原兼家 ……………83	武断政治 ……………201	
引付 …………115,131,136	-わ 檜皮葺 ………………88	藤原兼通 ……………83	-ち 府知事 ………………261	
引付衆 ………………115	琵琶法師 ……………128	藤原鎌足 ……………66	プチャーチン ………246	
比企能員 ……………112	-ん 貧窮問答歌 …………69	藤原清河 ……………61	-つ 普通銀行 ……………272	
-く 樋口一葉 ……………314	閔妃 (閔氏) …………281	藤原清衡 ……………96	普通選挙期成同盟会	
-こ ビゴー …………………317	貧乏物語 ……………335	藤原公任 ……………83	………………………302	
非御家人 …………111,116		藤原薬子 ……………74	服忌令 ………………202	
彦根城 …………179,199	**ふ**	藤原伊周 ……………83	福建省 ………………286	
-し 菱川師宣 ……………221	分 ……………………213	藤原定家 ……………127	復興金融金庫 ………377	
菱田春草 ……………317	武 ……………………27	藤原実資 ……………83	復古神道 ……………234	
聖 ……………………101	-あ ファシスト党 ………356	藤原実頼 ……………82	仏舎利 ………………39	
-す ひすい ………………18	分一銭 ………………142	藤原佐理 ……………87	-て 武帝 …………………22	
ビスカイノ …………194	分一徳政令 …………142	藤原純友 ……………95	-と 葡萄唐草文様 ………48	
-た 直垂 …………………89	フィルモア …………246	藤原隆家 ……………83	太型蛤刃石斧 ………25	
-つ 備中鍬 ………………205	-う 風姿花伝 ……………163	藤原隆信 ……………126	風土記 ………………68	
ピッドル ……………245	風信帖 ………………79	藤原隆能 ……………105	太占 …………………32	
悲田院 ………………69	-え フェートン号 ………230	藤原忠平 ……………82	船成金 ………………325	
-と 尾藤二洲 ……………228	フェノロサ ………47,317	藤原忠通 ……………100	-に 不入 (の権) …………93	
人返しの法 …………232	-お フォンタネージ ……316	藤原種継 ……………72	-ひ 史部 …………………67	
一橋家 ………………187	深鉢形土器 …………25	藤原時平 ……………81	フビライ ……………115	
人掃令 ………………175	不換紙幣 ………264,271	藤原仲成 ……………74	-ふ 部分的核実験停止条約	
-ひ 非人 …………………193	-き 溥儀 …………………350	藤原仲麻呂 …50,61,63	………………………388	
-の 火野葦平 ……………368	葺石 …………………28	藤原成親 ……………100	-ほ 富本銭 ………………45	
日野富子 ……………139	富貴寺大堂 …………102	藤原信実 ……………125	-み 踏車 …………………205	
-ひ 日比谷焼打ち事件 …290	-く 福井謙一 ……………403	藤原信頼 ……………100	負名体制 ……………91	
-ふ 広島 …………………95	復員 …………………377	藤原秀郷 ……………95	-や 夫役 …………………97	
-ほ 秘中玉くしげ ………234	不空羂索観音像 ……66	藤原秀衡 ……………97	-ゆ フューザン会 ………341	
-ま 日待 …………………244	福岡孝弟 ……………260	藤原広嗣の乱 ………62	不輸 (の権) …………93	
-み 卑弥呼 ………………24	福沢諭吉 ……282,303	藤原房前 ……………62	冬の時代 ……………301	
-め 姫路城 ………………178	福島正則 ……………186	藤原不比等 ………50,61	-ら 部落会 ………………360	
-や 百間川遺跡 …………21	福田赳夫 ……………396	藤原冬嗣 ……………74	部落解放全国委員会	
百姓 …………………192	福田英子 ……………273	藤原麻呂 ……………62	………………………394	
百姓一揆 ……………225	福地源一郎 …………270	藤原道隆 ……………83	部落解放同盟 ………394	
百姓請 ………………141	福原京 ………………109	藤原道綱の母 ………87	プラザ合意 …………399	
百姓代 ………………190	-け 武家諸法度 …………185	藤原道長 ……………83	フランシスコ＝ザビエル	
百姓申状 ……………141	武家地 ………………192	藤原通憲 ……………100	………………………171	
百万町歩開墾計画 …61	武家造 ………………118	藤原武智麻呂 ………62	-り 振売 …………………150	
-ゆ ヒュースケン ………249	武家伝奏 ……………188	藤原基経 ……………80	風流 …………………165	
-よ 兵衛府 ………………51	武家物 ………………219	藤原元命 ……………92	風流踊り ……………165	
評定 …………………114	府県会規則 …………277	藤原基衡 ……………97	-る 古市古墳群 …………29	
評定衆 ………………114	府県制・郡制 ………277	藤原基房 ……………64	ブルガーニン ………385	
評定所 ………………184	-さ 不在地主 ……………372	藤原行成 ……………87	古河 (市兵衛)	
平等院鳳凰堂 ………91	富山浦 ………………146	藤原良房 ……………80	……………………293,300	
瓢鮎図 ………………163	-し 藤島武二 ……………318	藤原頼長 ……………100	古川緑波 (ロッパ)・368	
兵部省 ………………262	藤田東湖 ……………239		フルシチョフ ………388	

古橋広之進	405
れ ブレイド	15
プレス＝コード	370
ろ 浮浪	64
プロシア	275
プロレタリア文学	338
わ 不破関	59
ん 文引	146
文永の役	116
文化協定	390
文学界	314
文化勲章	403
文化財保護法	403
文化住宅	342
文華秀麗集	78
文化政治	328
文化大革命	388
文化庁	403
分割相続	118
文化の撫恤令	229
文官高等試験	285
文官任用令	285,321
文久の改革	251
墳丘墓	21
文鏡秘府論	79
文芸協会	316
文芸戦線	338
分国法	153
文字金銀	222
文正草子	166
文人画	243
分地制限令	191
文治政治	201
文展	340
文明論之概略	303
文室綿麻呂	73
文禄の役	177

へ

部	33,34
い 平安京	72
平曲	128
平家納経	103
平家物語	128,180
平治の乱	100
平城京	58
平城太上天皇の変	74
平城太上天皇	74
平城天皇	74
平禅門の乱	117
兵農分離	175
平民	263
平民宰相	326
平民社	288
平民新聞	288
平和五原則	388

平和主義	376
き 碧蹄館の戦い	178
北京議定書	287
つ 別子銅山	207
別当	104,110
と ベトナム和平協定	394
に 紅花	206
の 部民	34
ほ ヘボン	309
ら ヘラジカ	14
り ペリー	245
る ベルツ	310
ベルリンの壁	400
ベルリン封鎖	379
ん 弁官	51
弁韓	26
変動為替相場制	395
編年体	68

ほ

保	54,94
あ ボアソナード	276,280
保安条例	273
保安隊	383
い ポイント	15
う 防衛庁	402
貿易摩擦	398
法王	64
方形周溝墓	21
封建制度	111
保元の乱	99
保元物語	128
房戸	54
奉公	111
方広寺	175,183
法興寺	38,46
奉公衆	136
奉公人	192
防穀令	282
澎湖諸島	283
保司	94
膀示	104
放射性炭素^{14}C測定法	16
北条氏綱	152
北条氏政	175
北条氏康	152
方丈記	128
宝生座	164
北条貞時	117
法成寺	91
北条重時	114
北条早雲	152
北条高時	129
北条時房	114
北条時政	111,112

北条時宗	115
北条時行	134
北条時頼	115,122
北条政子	112
北条泰時	114
北条義時	112,132
奉書船	197
紡錘車	19
紡績業	302
奉天	289
豊島沖の海戦	282
報徳仕法	206
法然	120
砲兵工廠	265
法隆寺	39,66
法隆寺金堂壁画	47,403
法隆寺夢殿救世観音像	41
法輪寺	39
防塁	116
宝暦事件	239
俸禄制	188
お ホー＝チ＝ミン	388
ポーツマス条約	289
く 北緯38度線	380
朴泳孝	291
北魏様式	41
北樵聞略	229
北山	147
北清事変	287
北爆	389
北伐	346
穂首刈り	20
北部仏印	362
北面の武士	98,99
け 法華経	41,65,76,89,122
し 干鰯	205
星亨	273,284
保科正之	200
補助艦	349
戊申詔書	286
戊辰戦争	254
そ 細井和喜蔵	300
細川勝元	140
細川重賢	228
細川興元	181
細川晴元	152
細川政元	140
細川護熙	401
細川頼之	135
た 菩提僊那	63
渤海	61,85
北海道旧土人保護法	267

北海道庁	267
北家	74,83
法華一揆	143
法華滅罪之寺	65
法勝寺	98
法相宗	65
堀田正俊	202
堀田正睦	247
ポツダム宣言	367
ポツダム勅令	369
北方仏教	35
穂積八束	276
と ホトトギス	315
ひ 輔弼機関	275
ふ ホフマン	310
堀川学派	217
り 堀河天皇	97
堀越公方	152
堀辰雄	368
ん 本阿弥光悦	200
本願寺	121
本家	93
凡下	117
本佐録	192
本山	189
本字勘合	145
本地垂迹説	90
本所	93,150
本所法	114
本陣	210
本草学	217
本多光太郎	336
本多利明	240
本多正信	192
本朝十二銭	59
本朝通鑑	215
本朝文粋	86
本途物成	191
本能寺	173
翻波式	78
本百姓	190
ボンベイ航路	297
本補地頭	113
本丸	178
本領安堵	111
本両替	214

ま

あ マーシャル＝プラン	378
い マイクロリス	15
え 前島密	266,312
前田玄以	176
前田綱紀	201
前田利家	176
前田正名	299
前野良沢	235

前畑秀子	342	-れ マレー	310	-と 御堂関白	83	三善康信	110
前原一誠	269	-ん 万延小判	249	御堂関白記	83	ミルン	310
-き 蒔絵	88	満韓交換論	287	-な 水無瀬三吟百韻	164	-ん 旻	38,42
巻狩	118	満州国	350	港川人骨	14	明	144
牧野富太郎	311	満州事変	363	湊川の戦い	134	民主社会党	387
牧野伸顕	327	満州重工業開発	352	南淵請安	38	民主自由党	379
-く 枕草子	87	満州某重大事件	347	水俣病	391	民主党	377,402
-さ 正岡子規	315	万寿寺	158	南満州鉄道株式会社	292	民撰議院設立の建白書	
正宗白鳥	314	曼荼羅	78	南村梅軒	160		268
-す 増鏡	159	政所	110,136	源実朝	112,122,128	民俗学	336
益田時貞	197	政所下文	84	源高明	82	民族自決	327
-せ 磨製石器	16	政所別当	112	源為朝	100	明兆	162
-ち 町方	192	万福寺	189	源為義	100	民党	278
町飛脚	210	万宝山事件	349	源経基	95	民部省	51,93
町火消	223	万葉仮名	69	源範頼	109	民部省札	264
町奉行	184	万葉集	69	源信	80	民法典論争	276
-つ 松井須磨子	341	万葉代匠記	218	源満仲	82,95	民本主義	334
松岡洋右	353,362			源義家	96	民約訳解	303
松尾芭蕉	219	**み**		源義親	99	民友社	304
マッカーサー	369	-い 三井寺	77	源義経	109	民力休養	278
松方正義	271,278	-う 御内人	117	源義仲	108		
靺鞨族	70	三浦按針	193	源頼家	112	**む**	
松川事件	380	三浦梧楼	290	源頼朝	100,109	-か 無学祖元	123
松倉勝家	198	三浦環	342	源頼信	96	-こ 婿入婚	84
末期養子	201	三浦梅園	240	源頼政	108	向ヶ岡貝塚	19
松崎天神縁起絵巻	119	三浦泰村	115	源頼光	96	-さ 無産政党	345
末寺	189	-き 三木武夫	395,398	源義義	96	-し 武者所	131
松平容保	254	-く 三行半	193	-ぬ 見沼代用水	204	武者小路実篤	337
松平定信	226	-さ 陵山古墳		-の 美濃紙	208	無条件降伏	367
松平信明	231	-し 粛慎	43	美濃部達吉	335	-せ 無政府主義	332
松平信綱	198	三島通庸	272	美濃部亮吉	392	-そ 夢窓疎石	143,162
松平康英	230	三島由紀夫	404	-ふ 身分解放令	263	-つ ムッソリーニ	356
松平慶永	247,250	-す 水鏡	127	身分統制令	175	陸奥宗光	281,283
松永尺五	215	水城	44	-み 耳成山	46	陸奥話記	102
松永貞徳	219	水帳	176	-や 屯倉	34	-と 無土器文化	15
松永久秀	152	水野忠邦	232,245	三宅雪嶺	304	-な 宗像大社	32
松原客院	61	水呑百姓	191	宮座	141	棟別銭	137
末法思想	90	-せ 見世棚	150	宮崎安貞	205	-ね 無二念打払令	230
松前奉行	229	-そ 禊	31	宮崎友禅	221	宗尊親王	115
松村月溪	244	溝口健二	404	宮沢喜一	401	-ら 村請制	191
松本烝治	375	-た 三田育種場	266	宮沢賢治	340	村請	141
松本清張	404	三鷹事件	380	明恵	123	村掟	141
-な 間部詮房	203	みだれ髪	315	冥加	224	村方三役	190
-に マニュファクチュア	231	-ち 道師	45	妙喜庵待庵	180	村方騒動	226
-ひ 間引	226	-つ 三井	293,298,392	三宅雪嶺		村上天皇	81
真人	45	三井家	214	明経道	67	紫式部	87
-み 間宮林蔵	229	三井合名会社	298	苗字	192	連	33
-め 豆板銀	213	三井高利	214	名主	94	村田珠光	165
マリアナ沖海戦	365	三井三池炭鉱争議	387	明星	288,315	村田清風	233
-る 丸木舟	17	密教	77	妙心寺	158	村入用	190
マルクス	333	ミッションスクール	309	明珍	126	村八分	190
マルクス主義	335	三ツ寺I遺跡	31	名田(名)	91	村山富市	401
マルタ島会談	400	ミッドウェー海戦	364	妙法蓮華経	65,89	-り 無量光院	102
丸橋忠弥	201	三菱	293,298,392	三好長慶	152	-ろ 室生寺	78
円山応挙	243	三菱財閥	298	三善清行	82	室鳩巣	215,221
丸山真男	403	三菱重工	392	三善為康	90		

め
- -い 明暗 314
- 明月記 128
- 明治美術会 317
- 明正天皇 189
- 名神高速道路 393
- 明帝 24
- 明徳館 238
- 明徳の乱 138
- 明倫館 238
- 明暦の大火 201
- 明六雑誌 303
- 明六社 302
- 明和事件 239
- -つ 目付 184
- -や 目安箱 223
- -ん 綿織物 249,351
- 綿布 147,299

も
- -う 蒙古 350
- 毛沢東 379
- 毛越寺 102
- 毛利敬親 233
- 毛利輝元 176,182
- 毛利元就 152
- -お モース 310
- -か 最上徳内 225
- -き 裳着 89
- -く 目代 92
- -こ 裳階 46
- -す 百舌鳥古墳群 29
- -ち 持株会社 298,371
- 持株会社整理委員会 371
- 以仁王 108
- -つ 木活字 180
- 木簡 52,56
- モッセ 277
- -と 本居宣長 234
- 本木昌造 311
- 本木良永 236
- 元田永孚 308
- 元能 163
- -の 物忌 89
- 物くさ太郎 166
- 物部氏 35
- 物部麁鹿火 36
- 物部尾輿 36
- 物部守屋 37
- -め 木綿 147,149,191
- -や もやい 190
- -ら モラトリアム 330,344
- -り 森有礼 302,307
- 森鷗外 314
- モリソン号 230
- 森座 242
- 森戸辰男 333
- 護良親王 129,134
- -ん 門戸開放 287
- 文章経国 78
- 問注所 110,136
- 文部省 307
- 文武天皇 50,61
- 勾 213
- モンロー主義 287

や
- -か 館 118
- -き 八木秀次 336
- -く 役方 184
- 八色の姓 45
- 薬師寺 40,46,66,78
- 薬師寺式伽藍配置 40
- 薬師寺東塔 47
- 矢倉 118
- -し 矢島楫子 302
- 屋島の戦い 109
- 社 32
- -す 安井算哲 202,218
- 安井曾太郎 341
- 安田財閥 298
- -そ 耶蘇会 171
- 矢内原忠雄 361
- 谷中村 300
- 柳沢吉保 202
- 柳田国男 336
- 柳宗悦 336
- -の 矢野竜溪 313
- 八幡製鉄所 298
- -ふ 流鏑馬 118
- -ま 山鹿素行 216
- 山県有朋 262,273,277,278,288
- 山県大弐 239
- 山片蟠桃 238
- 山川菊栄 334
- 山川捨松 279
- 山川均 333
- 山口義三 301
- 山崎闇斎 201,216
- 山崎宗鑑 164
- 山崎の戦い 174
- 山下人骨 15
- 山科本願寺 143
- 山背大兄王 42
- 山城の国一揆 142
- 邪馬台国 24
- 山田耕筰 342
- 山田寺 46
- 山田長政 195
- 山田美妙 313
- 大和絵 88,103
- ヤマト政権 32
- 東漢氏 30,104
- 大和国 65
- 大和本草 217
- 山名氏清 138
- 山梨半造 330
- 山名持豊(宗全) 139
- 山上憶良 69,70
- 山内 152
- 山内豊信(容堂) 253
- 山法師 99
- 山室軍平 302
- 山本権兵衛 321
- 山本茂実 300
- 山本宣治 346
- 山本有三 338
- 山脇東洋 235
- 闇市 377
- -よ 弥生文化 19
- 耶揚子 193
- -ら 屋良朝苗 391
- ヤルタ協定 366
- -ろ 野郎歌舞伎 220
- -ん ヤン=ヨーステン 193

ゆ
- -い 結 190
- 唯一神道 159
- 唯円 121
- 由井正雪 201
- 由井正雪の乱 200
- 維摩経 41
- 友愛会 332
- 結城氏朝 139
- 有司専制 268
- 友禅染 221
- 有職故実 126
- 郵便報知新聞 312
- 雄略天皇 27
- -か 湯川秀樹 402
- -き 雪どけ 387
- 遊行上人 121
- -し 輸出入品等臨時措置法 358
- -そ 輸租田 55
- -つ 弓月君 30
- -め 夢殿〔法隆寺〕 66
- 夢の代 238
- -り 由利公正 260,264

よ
- -う 庸 55
- 謡曲 164
- 用作 118
- 煬帝 38
- 遙任 92
- 陽明 231
- 養老律令 50
- 養和の大飢饉 109
- -お ヨーロッパ共同体 388
- ヨーロッパ経済共同体 388
- -く 翼賛政治会 364
- 翼賛選挙 364
- -こ 横穴式石室 29
- 横穴墓 29
- 横井小楠 240
- 横浜正金銀行 297
- 横浜毎日新聞 311
- 横光利一 338
- 横山源之助 299
- 横山大観 340
- -よ 与謝野晶子 288,315
- 与謝蕪村 242
- -し 吉川英治 339
- 芳沢あやめ 220
- 慶滋保胤 72,90
- 吉田兼倶 159
- 吉田家 190
- 吉田兼好 128
- 吉田茂 379,382
- 吉田松陰 250
- 吉田光由 218
- 吉野ヶ里遺跡 21
- 吉野宮 134
- 吉野作造 334
- -す 四隅突出墳丘墓 22
- 寄木造 91
- -せ 寄場組合 231
- -つ 四日市ぜんそく 391
- -と 淀君 182
- 淀屋辰五郎 214
- -な 米内光政 359
- 世直し一揆 254
- -ね 米代川 73
- -ひ 予備会議 280
- -ほ 予防拘禁制 361
- -み 読売新聞 312
- 読本 241
- -め 嫁入婚 119
- -り 寄合 117,140
- 寄親・寄子制 154
- 与力 184,231
- -ろ 万朝報 285,288
- -ん 四・一六事件 345
- 四大政綱 327

ら
- -い 来迎図 91
- 来迎壁画 105
- -く 楽市 156
- 楽市令 173

ラグーザ	317	令	50	連合国	368	-け 和気清麻呂 64,72
ラクスマン	229	竜安寺石庭	162	連合国軍最高司令官		和気広虫 69
洛中洛外図屛風	179	凌雲集	78		369	-こ 倭寇 144,146
楽焼	200	両替商	214	連合国軍最高司令官総		-さ 和算 218
洛陽	23	良寛	242	司令部	368	-し 輪島塗 208
楽浪郡	22,26	良観	123	連坐	154	和人 148
-し ラジオ=コード	370	領家	93	連雀商人	150	ワシントン会議 328
羅城	70	令外官	74	連署	114	ワシントン海軍軍縮条約
羅生門	404	陵戸	57	蓮如	143,158	329,353
羅城門	58	令旨	108			ワシントン体制 329
-て 螺鈿	88	領事	246	**ろ**		-せ 早稲 148
-ん 蘭学階梯	236	領事裁判権	248	-い ロイヤル	379	早稲田大学 309
蘭学事始	235	了俊	135	-う 蠟	233,249	-た 和田英作 318
蘭溪道隆	123	廖承志	390	労資協調主義	392	和田峠 18
欄間	178	梁塵秘抄	102	老中	197	渡殿 88
		領知宛行状	201	老松堂日本行録	148	渡辺崋山 230
り		両統迭立	129	郎党	94	渡辺錠太郎 355
里	52	遼東半島	283,287	労働関係調整法	373	和田義盛 110,113
-い リーフデ号	193	令義解	75	労働基準法	373	度会家行 123
-え 利益線	278	令集解	75	労働組合	370	渡良瀬川 300
-か 理化学研究所	336	両部神道	124	労働組合期成会	300	-つ 辻哲郎 336
-く リクルート事件	399	良民	57	労働組合法	373	-と 和銅 59
-こ 李鴻章	282	旅順	286,323	労働省	374	東国開珎 58
-し 李舜臣	178	-ら 離洛帖	88	労働世界	300	-に 王仁 30
利生塔	157	-ん 厘	264	労働農民党	345	-ひ 侘び茶 165
李承晩	379	林下	158	-え ロエスレル	275	-み 倭名類聚抄 88
-せ 李成桂	146	リング紡績機	295	-お ローズヴェルト	366	-よ 和与 119
-ち 里長	52	リンゴの唄	405	鹿苑寺	161	和様 124
-つ 律	50	臨済宗	122,157	六斎市	149	-り 割竹形木棺 35
立憲改進党		綸旨	130	六波羅探題	114	ワルシャワ条約機構 379
	270,273,278	臨時資金調整法	358	六波羅殿	100	-ん 湾岸戦争 400
立憲国民党	321	臨時雑役	92	六分一殿	138	
立憲自由党	278			鹿鳴館	279	
立憲政友会	285,321,	**る**		-こ 盧溝橋事件	357	
	326,328,344,351	流	54	-し ロシア革命	324	
立憲帝政党	270	-い 類聚国史	82	-つ ロッキード事件	396	
立憲同志会		類聚三代格	75	ロッシュ	252	
	321,323,326	類聚神祇本源	123	-ま ロマン主義	313	
立憲民政党		ルイス=フロイス	171	-ん ロンドン海軍軍縮条約		
	344,347,360	-う ルーブル合意	399		348,353	
リッジウェイ	381			ロンドン・タイムズ	280	
立志社	268	**れ**				
律宗	65	-い 礼	37	**わ**		
立正安国論	122	冷泉天皇	82	-あ ワーグマン	317	
立正治国論	158	冷戦	378	-か 和賀江島	132	
リットン調査団	353	レイテ沖海戦	366	和学講談所	235	
-と 吏党	278	レイテ島上陸	366	若草伽藍跡	39	
-ゆ 立阿弥	165	黎明会	335	若衆歌舞伎	220	
隆起線文土器	16	-え レーガン	397	ワカタケル	27	
琉球処分	267	レーニン	324	若槻礼次郎 344,348		
琉球貿易	147	-き 暦象新書	236	若年寄	184,224	
柳江人	15	-さ レザノフ	229	吾輩は猫である	314	
竜骨車	148,205	-つ 列侯	260	倭館	146	
柳条湖事件	349	列島改造	394	和漢朗詠集	86	
柳亭種彦	232,241	レッド=パージ	381	-き 脇街道	209	
-よ 両	213	-ん 蓮華王院	102	脇本陣	210	

大学受験 高速マスターシリーズ
日本史Ｂ一問一答【完全版】2nd edition

発行日：2013年 7月19日　初版発行
　　　　2015年12月11日　第11版発行

著　者：**金谷俊一郎**
発行者：**永瀬昭幸**
発行所：**株式会社ナガセ**
　　　　〒180-0003　東京都武蔵野市吉祥寺南町1-29-2
　　　　出版事業部（東進ブックス）
　　　　TEL：0422-70-7456／FAX：0422-70-7457
　　　　www.toshin.com/books（東進WEB書店）
　　　　（本書を含む東進ブックスの最新情報は、東進WEB書店をご覧ください）

編集担当：八重樫清隆

制作協力：岩切真鈴　野口実桜
編集協力：多湖奈央　大木誓子
　　校閲：田中祐介
校正協力：田村聡美　向山美紗子　田中美穂　港就太　大木晴香
カバーデザイン：LIGHTNING
本文イラスト：新谷圭子
本文デザイン：東進ブックス編集部
印刷・製本：日経印刷株式会社

　　　　※落丁・乱丁本は着払いにて小社出版事業部宛にお送りください。新本におとりかえ
　　　　　いたします。但し、古書店で本書を購入されている場合は、おとりかえできません。
　　　　※本書を無断で複写・複製・転載することを禁じます。

　　　　Ⓒ Shunichiroh Kanaya 2013　Printed in Japan
　　　　ISBN978-4-89085-572-8　C7321

東進ブックス

この本を読み終えた君に オススメの3冊！

日本史 史料問題 一問一答 完全版

「一問一答」の「史料」編。過去20年分の入試データを完全分析。これが試験に出る！ 史上最強の史料問題集。

センター 日本史B 一問一答 完全版

日本史B一問一答のセンター編。正誤問題の全パターンを完全収録！ センター受験者には絶対オススメ！

日本史B 表解演習書

受験生から圧倒的支持を集める金谷先生の「表解板書」を完全再現！ 日本史の整理とまとめはこの1冊で完璧！

体験授業

この本を書いた講師の 授業を受けてみませんか？

東進では有名実力講師陣の授業を無料で体験できる『体験授業』を行っています。
「わかる」授業、「完璧に」理解できるシステム、そして最後まで「頑張れる」雰囲気を実際に体験してください。

※1講座（90分×1回）を受講できます。
※お電話でご予約ください。
　連絡先は付録9ページをご覧ください。
※お友達同士でも受講できます。

金谷先生の主な担当講座
「スタンダード日本史B ①②」など

東進の合格の秘訣が次ページに

合格の秘訣 1　全国屈指の実力講師陣

ベストセラー著者のなんと7割が東進の講師陣!!

東進ハイスクール・東進衛星予備校では、そうそうたる講師陣が君を熱く指導する！

本気で実力をつけたいと思うなら、やはり根本から理解させてくれる一流講師の授業を受けることが大切です。東進の講師は、日本全国から選りすぐられた大学受験のプロフェッショナル。何万人もの受験生を志望校合格へ導いてきたエキスパート達です。

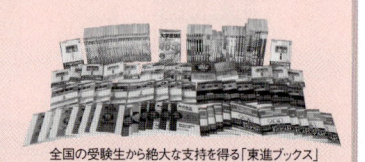

全国の受験生から絶大な支持を得る「東進ブックス」

英語

安河内 哲也 先生 [英語]
数えきれないほどの受験生の偏差値を改造、難関大へ送り込む！

今井 宏 先生 [英語]
予備校界のカリスマ講師。君に驚きと満足、そして合格を与えてくれる

福崎 伍郎 先生 [英語]
その鮮やかすぎる解法で受講生の圧倒的な支持を集める超実力講師！

渡辺 勝彦 先生 [英語] 
「スーパー速読法」で、難解な英文も一発で理解させる超実力講師！

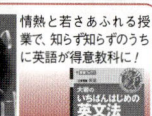

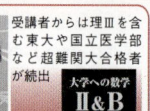

大岩 秀樹 先生 [英語] 
情熱と若さあふれる授業で、知らず知らずのうちに英語が得意教科に！

宮崎 尊 先生 [英語]
雑誌『TIME』の翻訳など、英語界でその名を馳せる有名実力講師！

数学

志田 晶 先生 [数学]
数学科実力講師は、わかりやすさを徹底的に追求する

長岡 恭史 先生 [数学] 
受講者からは理Ⅲを含む東大や国立医学部など超難関大合格者が続出

沖田 一希 先生 [数学] 
短期間で数学力を徹底的に養成。知識を統一・体系化する！

付録 1

WEBで体験

東進ドットコムで授業を体験できます！
実力講師陣の詳しい紹介や、各教科の学習アドバイスも読めます。
www.toshin.com/teacher/

国語

板野 博行 先生 [現代文・古文]
「わかる」国語は君のやる気を生み出す特効薬

出口 汪 先生 [現代文]  
ミスター驚異の現代文。数々のベストセラー著者としても超有名！

吉野 敬介 先生 [古文] ＜客員講師＞
予備校界の超大物が東進に登場。ドラマチックで熱い講義を体験せよ

富井 健二 先生 [古文]
ビジュアル解説で古文を簡単明快に解き明かす実力講師

三羽 邦美 先生 [古文・漢文] 
縦横無尽な知識に裏打ちされた立体的な授業に、グングン引き込まれる！

樋口 裕一 先生 [小論文] ＜客員講師＞
小論文指導の第一人者。著書『頭がいい人、悪い人の話し方』は250万部突破！

理科

橋元 淳一郎 先生 [物理]
橋元流の解法は君の脳に衝撃を与える！

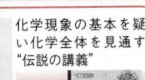

鎌田 真彰 先生 [化学]
化学現象の基本を疑う化学全体を見通す"伝説の講義"

田部 眞哉 先生 [生物]
全国の受験生が絶賛するその授業は、わかりやすさそのもの！

地歴公民

荒巻 豊志 先生 [世界史]
"受験世界史に荒巻あり"と言われる超実力人気講師

金谷 俊一郎 先生 [日本史]  
入試頻出事項に的を絞った「表解板書」は圧倒的な信頼を得る！

野島 博之 先生 [日本史]  
歴史の必然性に迫る授業で"日本史に野島あり"と評される実力講師！

村瀬 哲史 先生 [地理]
「そうだったのか！」と気づき理解できる。考えることがおもしろくなってくる授業

清水 雅博 先生 [公民]
全国の政経受験者が絶賛のベストセラー講師！

合格の秘訣2 革新的な学習システム

東進には、第一志望合格に必要なすべての要素を満たし、抜群の合格実績を生み出す学習システムがあります。

ITを駆使した最先端の勉強法
高速学習

一人ひとりのレベル・目標にぴったりの授業

東進はすべての授業を映像化しています。その数およそ1万種類。これらの授業を個別に受講できるので、一人ひとりのレベル・目標に合った学習が可能です。1.5倍速受講ができるほか自宅のパソコンからも受講できるので、今までにない効率的な学習が実現します。
（一部1.4倍速の授業もあります。）

現役合格者の声

東京大学 文科一類
稲澤 智子さん

1年間の留学から帰国後、あと1年に迫った受験に向けて高2の12月に東進に入学。毎日閉館時間まで学習し、未習だった世界史を高速学習で一気に進めることができました。

1年分の授業を最短2週間から3カ月で受講

従来の予備校は、毎週1回の授業。一方、東進の高速学習なら毎日受講することができます。だから、1年分の授業も最短2週間から3カ月程度で修了可能。先取り学習や苦手科目の克服、勉強と部活との両立も実現できます。

先取りカリキュラム（数学の例）

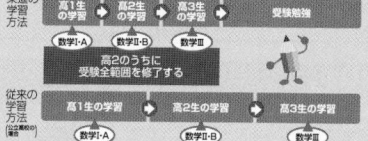

	高1	高2	高3
東進の学習方法	高1生の学習（数学I・A）→	高2生の学習（数学II・B）→ 高3生の学習（数学III）→	受験勉強
		高2のうちに受験全範囲を修了する	
従来の学習方法（公立高校の場合）	高1生の学習（数学I・A）	高2生の学習（数学II・B）	高3生の学習（数学III）

目標まで一歩ずつ確実に
スモールステップ・パーフェクトマスター

自分にぴったりのレベルから学べる
習ったことを確実に身につける

高校入門から超東大までの12段階から自分に合ったレベルを選ぶことが可能です。「簡単すぎる」「難しすぎる」といった無駄がなく、志望校へ最短距離で進みます。授業後すぐにテストを行い内容が身についたかを確認し、合格したら次の授業に進むので、わからない部分を残すことはありません。短期集中で徹底理解をくり返し、学力を高めます。

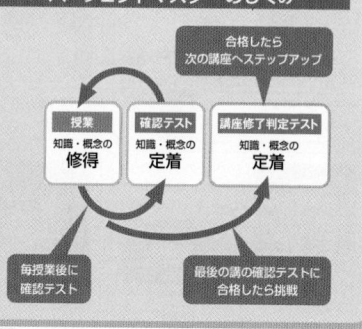

現役合格者の声

慶應義塾大学 商学部
島田 聖くん

毎回の授業後にある確認テストと、講座の総まとめの講座修了判定テストのおかげで、授業ごとに復習する習慣が身につきました。毎回満点を目標にしていたので、授業内容をしっかり理解することができました。

パーフェクトマスターのしくみ

授業（知識・概念の修得）→ **確認テスト**（知識・概念の定着）→ **講座修了判定テスト**（知識・概念の定着）→ 合格したら次の講座へステップアップ

- 毎授業後に確認テスト
- 最後の講の確認テストに合格したら挑戦

付録 3

個別説明会

全国の東進ハイスクール・東進衛星予備校の各校舎にて実施しています。
※お問い合わせ先は、付録9ページをご覧ください。

徹底的に学力の土台を固める

高速基礎マスター講座

高速基礎マスター講座は「知識」と「トレーニング」の両面から、科学的かつ効率的に短期間で基礎学力を徹底的に身につけるための講座です。文法事項や重要事項を単元別・分野別にひとつずつ完成させていくことができます。インターネットを介してオンラインで利用できるため、校舎だけでなく、自宅のパソコンやスマートフォンアプリで学習することも可能です。

現役合格者の声

東京工業大学 第4類
川野 鉄平くん

英語は苦手でしたが、「高速基礎マスター講座」の英文法まで完全修得した後に模試の点数が50点UP、完全修得後も毎日続けたことで、夏の時点でセンター試験本番の目標点数を取ることができました。

東進公式スマートフォンアプリ
■東進式マスター登場！
（英単語／英熟語／英文法／基本例文）

スマートフォンアプリですき間時間も徹底活用！

1）スモールステップ・パーフェクトマスター！
頻出度(重要度)の高い英単語から始め、1つのSTEP(計100語)を完全修得すると次のSTEPに進めるようになります。

2）自分の英単語力が一目でわかる！
トップ画面に「修得語数・修得率」をメーター表示。
自分が今何語修得しているのか、どこを優先的に学習すべきなのか一目でわかります。

3）「覚えていない単語」だけを集中攻略できる！
未修得の単語、または「My単語(自分でチェック登録した単語)」だけをテストする出題設定が可能です。
すでに覚えている単語を何度も学習するような無駄を省き、効率良く単語力を高めることができます。

「新・英単語センター1800」

君を熱誠指導でリードする

担任指導

志望校合格のために
君の力を最大限に引き出す

定期的な面談を通じた「熱誠指導」で、生徒一人ひとりのモチベーションを高め、維持するとともに志望校合格までリードする存在、それが東進の「担任」です。

現役合格者の声

早稲田大学 法学部
安岡 里那さん

担任の先生は、志望校にとても詳しく、受験勉強をどう進めればいいか具体的にアドバイスをしてくれました。受験期間には担任助手の先生が頻繁に声をかけてくださったことがとても力になりました。

合格の秘訣 3 東進ドットコム

ここでしか見られない受験と教育の情報が満載！
大学受験のポータルサイト

www.toshin.com

東進公式Twitter @Toshincom
東進公式Facebook www.facebook.com/ToshinHighSchool

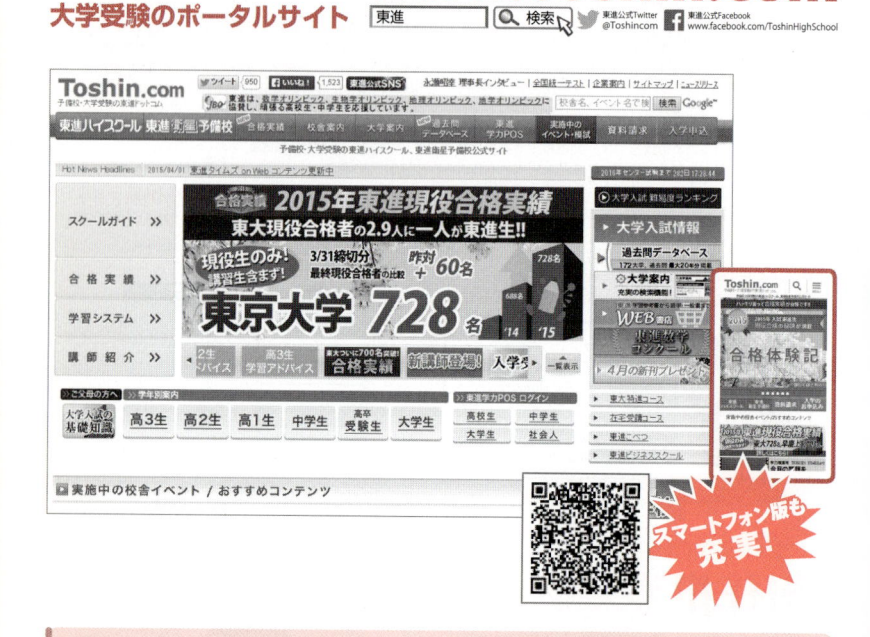

スマートフォン版も充実！

東進ブックスのインターネット書店
東進WEB書店

ベストセラー参考書から夢ふくらむ人生の参考書まで

学習参考書から語学・一般書までベストセラー＆ロングセラーの書籍情報がもりだくさん！あなたの「学び」をバックアップするインターネット書店です。検索機能もグンと充実。さらに、一部書籍では立ち読みも可能。探し求める1冊に、きっと出会えます。

付録 5

| スマートフォンからも ご覧いただけます | 東進ドットコムは スマートフォンから簡単アクセス！ |

最新の入試に対応!!
大学案内

偏差値でも検索できる。検索機能充実！

東進ドットコムの「大学案内」では最新の入試に対応した情報を様々な角度から検索できます。学生の声、入試問題分析、大学校歌など、他では見られない情報が満載！登録は無料です。
また、東進ブックスの『新大学受験案内』では、厳選した172大学を詳しく解説。大学案内とあわせて活用してください。

難易度ランキング　　50音検索

172大学・最大20年分以上の過去問を無料で閲覧
大学入試過去問データベース

君が目指す大学の過去問をすばやく検索、じっくり研究！

東進ドットコムの「大学入試問題 過去問データベース」は、志望校の過去問をすばやく検索し、じっくり研究することが可能。172大学の過去問をダウンロードすることができます。センター試験の過去問も20年分以上掲載しています。登録・利用は無料です。志望校対策の「最強の教材」である過去問をフル活用することができます。

学生特派員からの
先輩レポート

東進OB・OGが生の大学情報をリアルタイムに提供！

東進から難関大学に合格した先輩が、ブログ形式で大学の情報を提供します。大勢の学生特派員によって、学生の目線で伝えられる大学情報が次々とアップデートされていきます。受験を終えたからこそわかるアドバイスも！受験勉強のモチベーションUPに役立つこと間違いなしです。

付録 6

合格の秘訣4 東進模試

申込受付中
※お問い合わせ先は付録9ページをご覧ください。

学力を伸ばす模試

「自分の学力を知ること」が受験勉強の第一歩

「絶対評価」×「相対評価」のハイブリッド分析
志望校合格までの距離に加え、「受験者集団における順位」および「志望校合否判定」を知ることができます。

入試の『本番レベル』
「合格までにあと何点必要か」がわかる。早期に本番レベルを知ることができます。

最短7日のスピード返却
成績表を、最短で実施7日後に返却。次の目標に向けた復習はバッチリです。

合格指導解説授業
模試受験後に合格指導解説授業を実施。重要ポイントが手に取るようにわかります。

- 模試受験中に学力を伸ばす!
- 合格までの距離を知り、計画を立てる!
- 学習効果を検証、勉強法を改善する!

全国統一高校生テスト 高3生 高2生 高1生 　年1回

全国統一中学生テスト 中3生 中2生 中1生 　年1回

東進模試 ラインアップ 2015年度

模試名	対象	回数
センター試験本番レベル模試	受験生 高2生 高1生 ※高1は難関大志望者	年5回
高校生レベル（マーク・記述）模試	高2生 高1生 ※第1～3回…マーク、第4回…記述	年4回
東大本番レベル模試	受験生	年3回
京大本番レベル模試	受験生	年3回
北大本番レベル模試	受験生	年2回
東北大本番レベル模試	受験生	年2回
名大本番レベル模試	受験生	年2回
阪大本番レベル模試	受験生	年2回
九大本番レベル模試	受験生	年2回
難関大本番レベル記述模試	受験生	年5回
有名大本番レベル記述模試	受験生	年5回
大学合格基礎力判定テスト	受験生 高2生 高1生	年4回
センター試験同日体験受験	高2生 高1生	年1回
東大入試同日体験受験	高2生 高1生 ※高1は意欲ある東大志望者	年1回

※センター試験本番レベル模試とのドッキング判定

※最終回がセンター試験後の受験となる模試は、センター試験自己採点とのドッキング判定となります。

東進で勉強したいが、近くに校舎がない君は…

東進ハイスクール 在宅受講コースへ

「遠くて東進の校舎に通えない……」。そんな君も大丈夫！ 在宅受講コースなら自宅のパソコンを使って勉強できます。ご希望の方には、在宅受講コースのパンフレットをお送りいたします。お電話にてご連絡ください。学習・進路相談も随時可能です。

付録 7

2015年も難関大・有名大 ゾクゾク現役合格
現役合格実績 NO.1

現役のみ！
講習生含みます！
最終学年高3在籍者のみ！

※現役合格実績を公表している全国すべての塾・予備校の中で、表記の難関大合格実績において最大の合格者数です。
東進の合格実績には、高卒生や講習生、公開模試生を含みません。(他の大手予備校とは基準が異なります)

2015年3月31日締切

ついに700名突破！
東進生現役占有率 35.0%

東大現役合格者の2.9人に1人が東進生

東大 現役合格者 728名（昨対 +60名）

- 文Ⅰ … 122名
- 文Ⅱ … 113名
- 文Ⅲ … 86名
- 理Ⅰ … 243名
- 理Ⅱ … 122名
- 理Ⅲ … 42名

今年の東大合格者（前後期合計）は現浪合わせて3,108名。そのうち、現役合格者は2,075名。東進の現役合格者は728名ですので、東大現役合格者における東進生の占有率は35.0%となります。現役合格者の2.9人に1人が東進生です。合格者の皆さん、おめでとうございます。

現役合格 旧七帝大＋四大学連合 2,947名（昨対 +251名）

旧七帝大
- 東京大 … 728名
- 京都大 … 298名
- 北海道大 … 256名
- 東北大 … 194名
- 名古屋大 … 272名
- 大阪大 … 446名
- 九州大 … 314名

四大学連合
- 東京医科歯科大 … 50名
- 東京工業大 … 114名
- 一橋大 … 157名
- 東京外国語大 … 118名

現役合格 国公立医・医 581名（昨対 +38名）

- 東京大 … 42名
- 京都大 … 22名
- 北海道大 … 8名
- 東北大 … 12名
- 名古屋大 … 9名
- 大阪大 … 18名
- 九州大 … 11名
- 札幌医科大 … 14名
- 旭川医科大 … 15名
- 弘前大 … 7名
- 秋田大 … 8名
- 福島県立医科大 … 13名
- 筑波大 … 20名
- 群馬大 … 7名
- 千葉大 … 9名
- 東京医科歯科大 … 22名
- 横浜市立大 … 7名
- 新潟大 … 10名
- 金沢大 … 9名
- 福井大 … 11名
- 岐阜大 … 11名
- 浜松医科大 … 15名
- 三重大 … 22名
- 滋賀医科大 … 9名
- 大阪市立大 … 6名
- 神戸大 … 17名
- 岡山大 … 9名
- 広島大 … 7名
- 山口大 … 12名
- 徳島大 … 14名
- 愛媛大 … 19名
- 佐賀大 … 19名
- 長崎大 … 7名
- 熊本大 … 8名
- 大分大 … 7名
- 宮崎大 … 9名
- 琉球大 … 13名
- その他国公立医・医 … 86名

現役合格 早慶上 5,703名（昨対 +513名）

- 早稲田大 … 3,079名
- 上智大 … 1,061名
- 慶應義塾大 … 1,563名

現役合格 理明青立法中 14,086名（昨対 +1,568名）

- 東京理科大 … 1,640名
- 明治大 … 3,788名
- 青山学院大 … 1,684名
- 立教大 … 1,986名
- 法政大 … 2,893名
- 中央大 … 2,095名

現役合格 関関同立 10,514名（昨対 +1,317名）

- 関西学院大 … 2,015名
- 関西大 … 2,527名
- 同志社大 … 2,296名
- 立命館大 … 3,676名

現役合格 私立医・医 407名 ※防衛医科大学校を含む

- 慶應義塾大 … 33名
- 順天堂大 … 44名
- 昭和大 … 30名
- 東京慈恵会医科大 … 30名
- 防衛医科大学校 … 48名
- その他私立医・医 … 222名

現役合格 全国主要国公立大

- 北海道教育大 … 92名
- 旭川医科大 … 23名
- 北見工業大 … 37名
- 小樽商科大 … 48名
- 弘前大 … 77名
- 岩手大 … 53名
- 宮城大 … 19名
- 秋田大 … 50名
- 国際教養大 … 33名
- 山形大 … 93名
- 福島大 … 65名
- 筑波大 … 240名
- 茨城大 … 158名
- 宇都宮大 … 60名
- 群馬大 … 68名
- 高崎経済大 … 92名
- 埼玉大 … 139名
- 埼玉県立大 … 39名
- 千葉大 … 316名
- 首都大学東京 … 260名
- お茶の水女子大 … 54名
- 電気通信大 … 65名
- 東京学芸大 … 113名
- 東京工大 … 72名
- 東京海洋大 … 36名
- 横浜国立大 … 305名
- 横浜市立大 … 147名
- 新潟大 … 211名
- 富山大 … 145名
- 金沢大 … 170名
- 福井大 … 65名
- 山梨大 … 67名
- 信州大 … 152名
- 岐阜大 … 139名
- 静岡大 … 206名
- 静岡県立大 … 79名
- 浜松医科大 … 21名
- 愛知教育大 … 130名
- 名古屋工業大 … 136名
- 名古屋市立大 … 135名
- 三重大 … 181名
- 滋賀大 … 105名
- 滋賀医科大 … 14名
- 京都教育大 … 27名
- 京都府立大 … 41名
- 京都工芸繊維大 … 53名
- 大阪市立大 … 211名
- 大阪府立大 … 180名
- 大阪教育大 … 114名
- 神戸大 … 412名
- 神戸市外国語大 … 65名
- 兵庫教育大 … 28名
- 奈良女子大 … 46名
- 京都教育大 … 19名
- 和歌山大 … 80名
- 鳥取大 … 90名
- 島根大 … 72名
- 岡山大 … 238名
- 広島大 … 260名
- 山口大 … 236名
- 徳島大 … 127名
- 香川大 … 98名
- 愛媛大 … 169名
- 高知大 … 56名
- 北九州市立大 … 124名
- 九州工業大 … 113名
- 福岡教育大 … 68名
- 佐賀大 … 120名
- 長崎大 … 142名
- 熊本大 … 188名
- 大分大 … 73名
- 宮崎大 … 63名
- 鹿児島大 … 106名
- 琉球大 … 9名

※東進調べ

ウェブサイトでもっと詳しく ▶ 東進 🔍検索

付録 8

各大学の合格実績は、東進ハイスクールと東進衛星予備校の合同実績です。

東進へのお問い合わせ・資料請求は
東進ドットコム www.toshin.com
もしくは下記のフリーダイヤルへ！

ハッキリ言って合格実績が自慢です！ 大学受験なら、
東進ハイスクール　0120-104-555（トーシン ゴーゴーゴー）

●東京都

[中央地区]
市ヶ谷校	0120-104-205
新宿エルタワー校	0120-104-121
※新宿校大学受験本科	0120-104-020
高田馬場校	0120-104-770
人形町校	0120-104-075

[城北地区]
赤羽校	0120-104-293
本郷三丁目校	0120-104-068
茗荷谷校	0120-738-104

[城東地区]
綾瀬校	0120-104-762
金町校	0120-452-104
★北千住校	0120-693-104
錦糸町校	0120-104-249
豊洲校	0120-104-282
西新井校	0120-104-266-104
西葛西校	0120-104-289-104
門前仲町校	0120-104-016

[城西地区]
池袋校	0120-104-062
大泉学園校	0120-104-862
荻窪校	0120-687-104
高円寺校	0120-104-627
石神井校	0120-104-159
巣鴨校	0120-104-780
成増校	0120-028-104
練馬校	0120-104-643

[城南地区]
大井町校	0120-575-104
蒲田校	0120-265-104
五反田校	0120-672-104
三軒茶屋校	0120-104-739
渋谷駅西口校	0120-389-104
下北沢校	0120-104-672
自由が丘校	0120-964-104
成城学園前校	0120-104-616
千歳烏山校	0120-104-331
都立大学駅前校	0120-275-104

[東京都下]
吉祥寺校	0120-104-775
国立校	0120-104-599
国分寺校	0120-622-104
立川駅北口校	0120-104-662
田無校	0120-104-272
調布校	0120-104-305
八王子校	0120-896-104
東久留米校	0120-565-104
府中校	0120-104-676
★町田校	0120-104-507
武蔵小金井校	0120-480-104
武蔵境校	0120-104-769

●神奈川県
青葉台校	0120-104-947
厚木校	0120-104-716
川崎校	0120-226-104

湘南台東口校	0120-104-706
新百合ヶ丘校	0120-104-182
センター南駅前校	0120-104-722
たまプラーザ校	0120-104-445
鶴見校	0120-876-104
平塚校	0120-104-742
藤沢校	0120-104-549
向ヶ丘遊園校	0120-104-757
武蔵小杉校	0120-165-104
★横浜校	0120-104-473

●埼玉県
浦和校	0120-104-561
大宮校	0120-104-858
春日部校	0120-104-508
川口校	0120-917-104
川越校	0120-104-538
小手指校	0120-104-759
志木校	0120-104-202
せんげん台校	0120-104-388
草加校	0120-104-690
所沢校	0120-104-594
南浦和校	0120-104-573
与野校	0120-104-755

●千葉県
我孫子校	0120-104-253
市川駅前校	0120-104-381
稲毛海岸校	0120-104-575
海浜幕張校	0120-104-926
★柏校	0120-104-353

北習志野校	0120-344-104
新浦安校	0120-556-104
新松戸校	0120-104-354
★千葉校	0120-104-564
★津田沼校	0120-104-724
土気校	0120-104-584
成田駅前校	0120-104-346
船橋校	0120-104-514
松戸校	0120-104-157
南柏校	0120-104-439
八千代台校	0120-104-863

●茨城県
つくば校	0120-403-104
土浦校	0120-059-104
取手校	0120-104-328

●静岡県
★静岡校	0120-104-585

●長野県
長野校	0120-104-586

●奈良県
JR奈良駅前校	0120-104-746
★奈良校	0120-104-597

★は高卒本科(高卒生)設置校
※は高校生専用校舎

※変更の可能性があります。最新情報はウェブサイトで確認できます。

全国914校、10万人の高校生が通う、
東進衛星予備校　0120-104-531（トーシン ゴーサイン）

東進ドットコムでお近くの校舎を検索！

「東進衛星予備校」の「校舎案内」をクリック → エリア・都道府県を選択 → 校舎一覧が確認できます

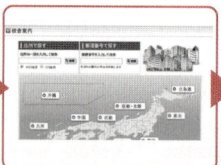

資料請求もできます

近くに東進の校舎がない高校生のための
東進ハイスクール 在宅受講コース　0120-531-104（ゴーサイン トーシン）

付録 9

※2015年3月末現在